W0190601

Herausgegeben von Bernhard Roloff
und Georg Seeßlen

Grundlagen des populären Films 9

Kino, das ist Faszination, Traum und Vergnügen. Das Kino spiegelt unsere Ängste und Wünsche. Das Kino entführt uns aus der Alltagswirklichkeit und ist doch zugleich ein Kommentar zu ihr. Das Kino verstehen heißt deshalb auch die Gesellschaft und unsere Rolle in ihr verstehen.

Der populäre Film ist die Form des Kinos, die Unterhaltung für alle bieten will. Er bedient sich dazu bestimmter Genres, die von der Erwartungshaltung des Publikums geprägt sind. Sein Wesen ist die Schaffung und Aufrechterhaltung von Mythen, in denen sich moralische und kulturelle Vorstellungen verdichten.

Die zehnbändige Reihe «Grundlagen des populären Films», herausgegeben von Bernhard Roloff und Georg Seeßlen, bringt einen neuen Ansatz in die Filmliteratur. Hier werden erstmals die wichtigsten Genres des Unterhaltungsfilms erschlossen: ihre Geschichte beschrieben, ihre Merkmale erklärt und ihre sozialen Bezüge ermittelt.

Der Abenteurer ist der Individualist, der die Welt durchstreift auf der Suche nach Welten, in denen es keinen Alltag gibt. Jeder Abenteuer-Film ist eine besondere Form des Kostüm- und Ausstattungsfilms; schon in der Kleidung und in der Architektur soll alles Normale ausgeschlossen sein. Der Abenteurer ist der naivste, strahlendste, phantastischste und doch zugleich auch einfachste Held der populären Mythologie. «Der Abenteurer» zeigt diesen Helden als Protagonisten von zunächst so unterschiedlich erscheinenden Genres wie Piratenfilm und Kriegsfilm. Von den Tarzan-Filmen über Mantel & Degen-Filme, Reiseabenteuer und antike «Muskelprotz»-Legenden, Ritterfilm und Fantasy reicht die Palette des prächtigsten aller Genres bis zur filmischen Bibel-Illustration.

Programm Roloff und Seeßlen

Christoph Fritze / Georg Seeßlen / Claudius Weil

Der Abenteurer

Geschichte und Mythologie des Abenteuer-Films

Mit einer Filmografie von Georg Seeßlen
und einer Bibliografie von Jürgen Berger

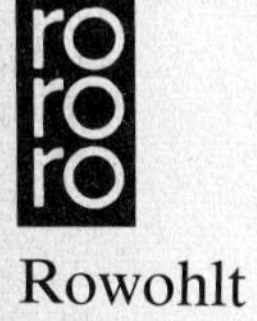

Rowohlt

Originalausgabe
Umschlagentwurf Heinz Waldvogel
(Foto: Burt Lancaster in «The Crimson Pirate» [Der rote Korsar – 1952] von Robert Siodmak)
Für die Bereitstellung der Filmfotos danken wir den Verleihfirmen
Veröffentlicht im Rowohlt Taschenbuch Verlag GmbH,
Reinbek bei Hamburg, März 1983
Die Taschenbuchausgabe erfolgt mit freundlicher Genehmigung des Verlages B. Roloff (Programm Roloff & Seeßlen),
8919 Schondorf/Ammersee

Satz Times (Linotron 404)
Gesamtherstellung Clausen & Bosse, Leck
Printed in Germany
1280-ISBN 3 499 17408 1

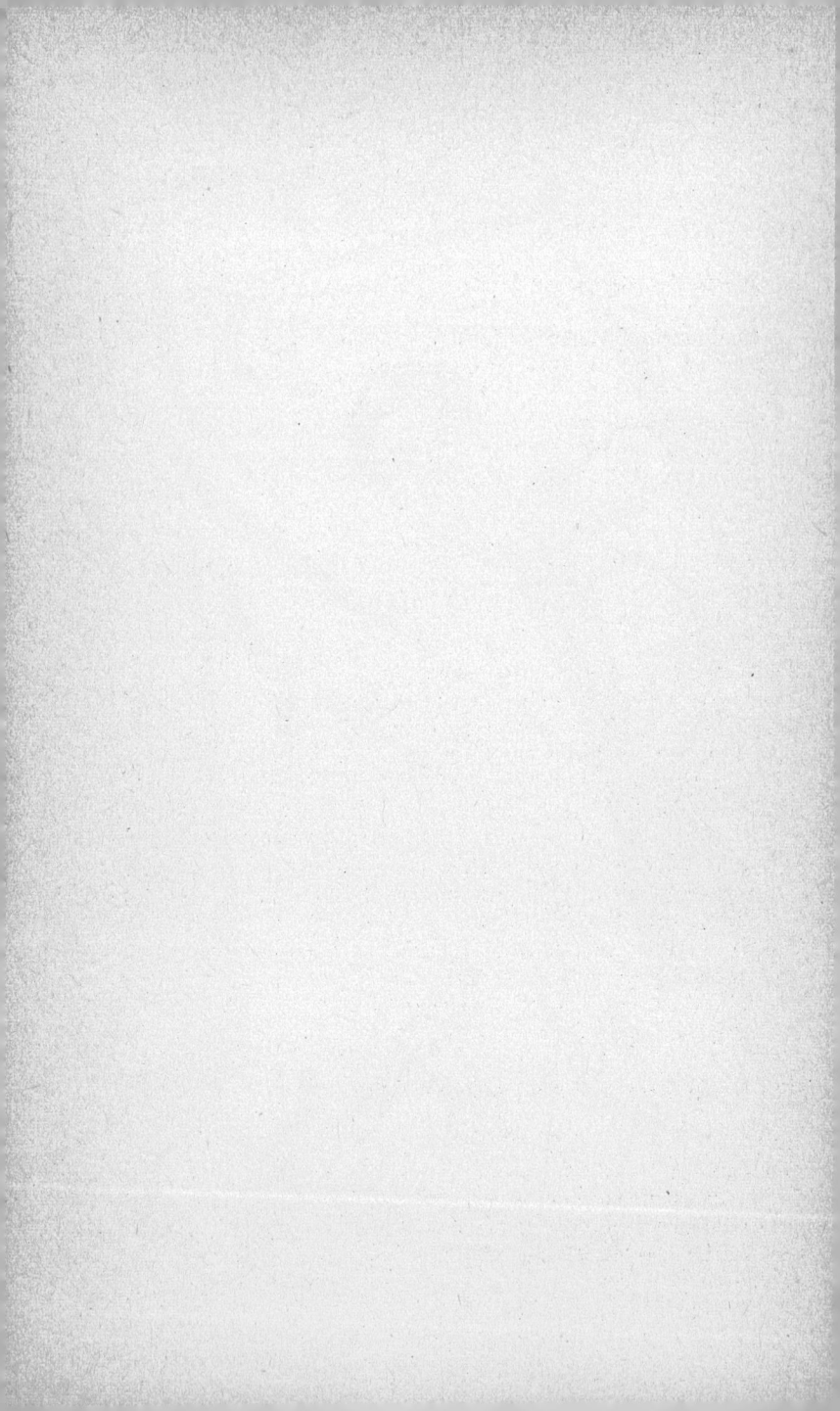

Inhalt

Vorwort

Von allen Genres des populären Films ist der Abenteuerfilm das am meisten flüchtige, zusammengesetzte, ein Genre, das eher von seiner «Seele» als von seiner Form her zu verstehen ist. Der Abenteuerfilm hat, anders als etwa der Western oder gar der Gangsterfilm, keine feste Ikonografie und keinen festen historischen Bezugspunkt. Abenteuerfilme können in fernster Vergangenheit spielen, genauso aber auch in der Gegenwart oder gar in der Zukunft. Verbunden sind die Filme des Genres untereinander dennoch mindestens so stark wie die Filme anderer Genres. Was sie verbindet, ist eben jener Geist des Abenteuers, der sich von der Ritterlegende bis zum Goldsucherdrama erstreckt, verkörpert vor allem in der Figur des Abenteurers, der etwas anderes ist als ein bloßer *action*-Held: Der Abenteurer lebt von Traum und Phantasie, von Eleganz und Stil, und was er erlebt, ist geprägt von seiner Lust an der Welt. Der Abenteurer ist der romantische Held, der sich über alles, was Unfreiheit und Tragödie bedeutete, behende hinwegsetzt, wie über jeden, der sich ihm in den Weg stellt.

So lag es nahe, als roten Faden durch die Geschichte des Abenteuerfilms diese Gestalt des Abenteurers, seine Entwicklung und seine Krisen, seine Metamorphosen und Wiedergeburten zu verfolgen. Der *swashbuckler*, der lachende, un-erwachsene und akrobatische Held, mag in den verschiedensten Kostümen und in den verschiedensten Traumarchitekturen auftauchen – er ist stets zu erkennen an der Art, wie er sich durch die Welt bewegt.

Bei der Fülle von Neben-, Parallel- und Subgenres, die man dem Abenteuerfilm zurechnen kann, war natürlich eine Auswahl von Beispielen unumgänglich. Relativ leichtgefallen ist uns der Verzicht auf die Erörterung zweier Genres, die zwar in enger Verwandtschaft mit dem Abenteuerfilm entstanden sind, aber im Kern vielleicht doch andere Anliegen haben: der Bibelfilm und der Kriegsfilm. Diese beiden Filmarten markieren gewissermaßen die beiden extremen Entwicklungsmöglichkeiten des Genres, liegen aber – zumindest nach unserer Auffassung – schon jenseits dessen, was der Abenteurer als Leitfigur des Genres an Einbindung in religiöse oder politische Systeme, an propagandistischem Auftrag und Ernst noch auf sich nehmen kann, ohne sich zu verraten. Die Mythologien dieser Nebengenres bedürfen sicherlich gesonderter Analysen in ihren jeweiligen Zusammenhängen.

Wesentlich schwerer gefallen ist uns der Verzicht auf zwei Genres des Abenteuerfilms, die einst fester Bestandteil des Abenteuers Kino für das (nicht nur) jugendliche Publikum waren: die Filme um die Figur des «Herrschers des Dschungels», Tarzan, und seine Nachfolger, und die Filme um die Figur des maskierten Rächers Zorro. Wir haben auf die Erörterung dieser Subgenres verzichtet, nicht bloß um das ausgebreitete Material im Rahmen zu halten, sondern auch weil sie in der Entwicklung des Abenteuer-Helden eher Seitenzweige bilden. Während die Tarzan- und andere Dschungelfilme gewiß eine gesonderte Darstellung verdienen, ist Zorro sozusagen eine Figur mit Ursprüngen in verschiedenen Genres: Er hat Züge und Attribute des Westerners, des Mantel & Degen-Helden, und nicht zuletzt gehört er auch in den Bereich der *mystery*. Informationen zu beiden Film-Helden wird der Band «Der Abenteuer-Film» in der Reihe «Enzyklopädie des populären Films» enthalten. In dieser Reihe erscheint parallel zu jedem Band in der Reihe «Grundlagen des populären Films» ein Lexikon mit biografischem und filmografischem Material zu Darstellern, Regisseuren und «Spezialisten» in einem Genre und mit Übersichtsartikeln zu grundlegenden Motiven.

Noch einmal möchten wir allen danken, die am Zustandekommen dieses Buches und der Reihe, in der es erschienen ist, beteiligt waren. Und selbstverständlich widmen wir dieses Buch allen Aficionados des Abenteuers, die vor großen Bildern noch wirklich großartige Träume haben können, und den Abenteurern des Denkens, die noch die Lust zu wissen verspüren.

Die Herausgeber

Mythologie des Abenteuer-Genres

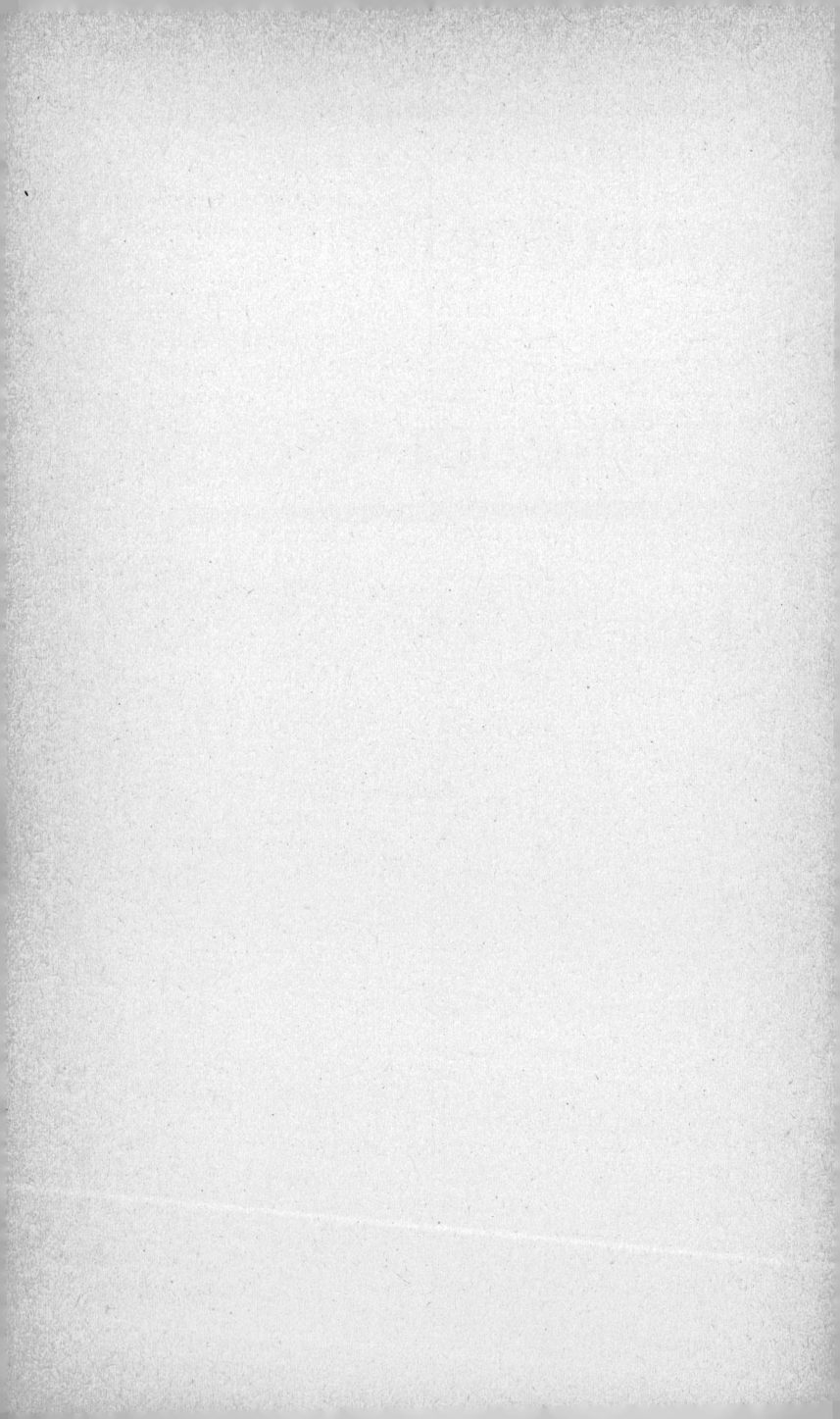

Der Abenteurer auf der Suche nach sich selbst

Es ist wirklich zum Verzweifeln; die Geschichte unserer Kulturen strebt, so scheint's, allemal vom vielen zum einen. Warum gibt es bald überall, auch dort, wo man's vor Tische anders las, den einen als Führer und Herrn? Warum sucht sich der Mann dann doch immer die eine Frau, die Frau den einen Mann? Warum siegt auf der Welt letzten Endes der eine Gott, wo doch nur viele, so viele Götter glaubhaft wären? Warum konstruiert man unter Zwang und mit Gewalt jeweils die eine Wahrheit, den einen Sinn in der Welt, in der Geschichte, warum läßt man nur eine Wirklichkeit zu? Das Abenteuer ist vielleicht der Versuch, sich die Vielheit in der Natur, in den Kulturen, in den Menschen zurückzuerobern; das geht selten ohne Gewalt und Verlust. So ist das Abenteuer immer auch ein wenig Leben gegen die Zeit. Je stärker spürbar der Zwang zur Einheit durch Macht und Gewohnheit, durch jenes Streben nach der Sicherheit, das die wirkliche Unsicherheit, unser Babylon, erst schafft, desto mehr ist der Abenteurer ein Flüchtling, ein heimlicher Melancholiker.

Aber es beginnt ganz fröhlich, ganz synchron mit den Hoffnungen in der Geschichte; da ist der Abenteurer Bote, Späher, Avantgardist einer Kultur. Er ist es, der das Feuer bringt, der das Wild entdeckt, den neuen Weg und das neue Land. Doch es endet in trauriger, ein bißchen schäbiger Einsamkeit an irgendeinem unmoralischen Flecken der Welt, der der Zivilisation nicht getrotzt hat, der nur von ihr übersehen worden ist: eine Falte im Gewand der Geschichte, in der sich ein wenig Schmutz angesammelt hat. Eine Fahrkarte für die Metro, ein Lied, ein paar Erinnerungen, das sind hier wahrscheinlich die kostbarsten Besitztümer. Die Geschichte des Abenteurers in unseren Mythologien ist die seines Niedergangs, seiner Verzweiflung.

Oder das Abenteuer endet im Kopf, als Tagtraum und längeres Gedankenspiel. Auch da strebt der Abenteurer der Geschichte nicht mehr voran, er fällt unter ihr weg. Überleben konnte er auch in der Unterhaltung nur durch die Phantastik; das heißt, er konnte nicht in einer als unsere kenntlichen Welt überleben.

Am Beginn jedenfalls ist der Abenteurer, wenn auch eine Idee von seinem Status wohl erst entsteht, als er sich zweifelhaft zu werden beginnt, noch ganz im Einklang mit den Erfordernissen des Fortschreitens in der Geschichte. Denn am Anfang ist ja nur Raum und Schrecken, der durchmessen sein will, eine Welt, die geschaffen werden kann, indem sie erzählbar wird. Und wer könnte anders die Welt erzählbar machen als der Abenteurer? Abenteuer und Erzählen sind untrennbar miteinander verbunden; der Held, der den Raum, welcher zur (eigenen) Welt werden soll, durchmißt, durchstreift, durchkämpft, erlebt seine Abenteuer nur, damit sie erzählt werden können, und erzählt werden sie, damit zugleich eine geografische und eine mythische Topografie in den Herzen der Menschen entstehen kann. Wir schicken den Abenteurer hinaus, damit er uns eine Welt erfindet und sie uns zu unserer erzählt. (Was den Tod des Abenteuers in unserer Zeit anbelangt, so ist keineswegs ausgemacht, ob es an der Unfähigkeit zum Erleben oder an der zum Erzählen hängt.)

Das Abenteuer ist die Begegnung mit allem Möglichen und allem Vorstellbaren, ein wenig darüber hinaus, und natürlich auch mit dem Wunder. Durch seine Bewegungen und seine Begegnungen schafft Odysseus eine ganze Welt, in der vieles seinen Ort hat, was zwischen Tag und Traum irrlichterte: Der Abenteurer verbindet durch seine Person und seinen Weg verschiedene Wirklichkeiten miteinander; darin ist er dem Künstler verwandt, der vielleicht ein Abenteurer der Seele ist. Solche Verbindungen sind nie ohne Gefahr, aber da ist immer einer, der sie sucht, solange es noch unverbundene Wirklichkeiten auf der Welt und in den Köpfen gibt.

Wir suchen in der Geschichte die großen Namen zurückzudrängen zugunsten der namenlosen Helden und Arbeiter, der Klassen und Massen, die, unter anderem, das siebentorige Theben erbauten. Das mag auch hier die «abenteuerliche» Erkenntnis zeugen, daß es nicht eine, sondern viele Geschichten gibt. Und eine Geschichte der Helden, der Abenteurer wird uns, neben anderen, wohl immer bleiben.

Der Abenteurer ist zunächst schon jener, der die Grenzen zwischen den Kulturen, den Aggregatzuständen überschreitet, der sich zu fremden Völkern wagt; ihn zeichnet aus, daß er es nicht allein als Eroberer tut, sondern auch als jemand, der versteht und Kunde bringt. So war es mit dem ägyptischen Arzt Sinuhe, der, als ein neuer, ihm feindlicher Pharao den Thron bestieg, sein Land verließ, um in den Jahren nach 1970 v. Chr. bei Nomadenstämmen in der Wüste zu leben. Sinuhe schrieb darüber, und er gehörte so zu denjenigen, welche die Einheit von Abenteuer und Literatur erschufen. Und so war es mit Erik dem Roten, dessen Wikinger in der Welt herumkamen in ihren langen Booten und vielleicht sogar dem großen Kontinent Amerika einen Besuch abstatteten, und ihre Taten wurden Gegenstand einer *oral history*.

Der edle Ritter sucht die Aventiure, das Wunder und die Gefahr, und «die Dichter wußten, was ihr ritterliches Publikum liebte und was sie ihren Zuhörern bzw. ihren Lesern schuldig waren. So berichteten sie von immer neuen Aventiuren ihrer Helden. Sie schöpften ihre Stoffe aus den großen Sagenkreisen, vor allem aus den zahlreichen Erzählungen um den britischen König Artus und die Ritter seiner Tafelrunde, in denen sich Geschichte und Sage unlösbar verbunden haben» (Heinrich Pleticha).

Das Abenteuer, die Aventiure ist für den einzelnen Schicksal; er ist gleichsam zum Abenteurer geboren (und das wird den Abenteurer kennzeichnen bis in die letzten Stadien seines Niedergangs). Im Parzival-Epos, das Wolfram von Eschenbach um 1200 verfaßt hat, wird der Held, aus dem Geschlecht der Gralskönige entstammend, von seiner Mutter abseits der großen Geschehnisse und Verführungen erzogen, damit ihn nicht dasselbe Schicksal ereile, das seinen Vater auf einem Zug der Aventiure das Leben gekostet hat. Aber wie so oft im Mythos ist gerade der Versuch, etwas zu verhindern, das probateste Mittel, es herbeizuführen. Alle Bemühungen, ihn von den Verlockungen der ritterlich-abenteuerlichen Lebensform fernzuhalten, sind zum Scheitern verurteilt; nachdem Parzival einigen Rittern begegnet ist, die ihm von ihren Taten und dem Leben an König Artus' Hof erzählten, ist auch er nicht zu halten. Seine Mutter gibt ihm das Gewand eines Narren, versucht, ihn durch allerlei falsche Belehrungen vor dem Schlimmsten zu bewahren. Aber Parzival erreicht schließlich doch den Hof des Königs. Sein Leben ist Kampf und Lernen, und was ihn begleitet, ihm immer wieder zur Schicksalswende wird, ist der Irrtum, die falsche Auslegung erhaltener Lehren. Hat er auf der Burg des Ritters Gurnemanz gelernt, daß es unklug ist, neugierige Fragen zu stellen, so wendet er diese Erkenntnis falsch an, als er in der Gralsburg den verwundeten König Amfortas findet und es verabsäumt, ihn nach der Geschichte seiner Wunden zu fragen. Es trifft ihn Fluch, Verbannung; Parzival entfremdet sich von Gott und den Menschen. Erst ein Einsiedler bringt ihn wieder auf den richtigen Weg; der führt ihn, nachdem er viele Gegner in ritterlichem Kampf besiegt hat, zurück zur Gralsburg, wo er den König heilt und erfährt, daß er dereinst dessen Platz einnehmen wird. Am Ende seines Wegs findet er auch zu seiner Frau zurück, deren Liebe er verloren hatte.

Das Abenteuer ist das Gegenteil des Erduldens von Schicksal, es ist der Kampf mit dem Schicksal, die Herausforderung. Nur die törichten Kinder der Aufklärung glaubten, der Abenteurer müsse dabei immer der Sieger sein, und die noch törichteren Enkel glaubten, er müsse dies obendrein immer mit einem strahlenden Lächeln tun. Der Abenteurer ist der Mensch, der nicht will, daß bloß mit ihm geschehe, er will selbst geschehen. Das kann so weit gehen, daß die Sache, an der sich das Geschehen entzündet, gleichgültig oder nur noch von formalem Wert sein wird.

Die Aventiure ist ein Bild des Lebenswegs, der sich über stete Bewährung in der Gefahr gestaltet. Auch zur Liebe gibt es keinen anderen Weg als den über die Aventiure. Erec, der Ritter der Tafelrunde, von dem Hartmann von Aue erzählt, führt nach seiner Heirat mit Enite ein unritterliches, beschauliches Leben. Als seine Frau sich darüber beklagt, zieht er auf Aventiure aus und nimmt Enite mit sich. Bedingung jedoch ist sein Gebot, zu schweigen, was auch kommen möge. Doch in den größten Gefahren rettet sie Erec im Kampf gegen Ritter und Riesen, gerade indem sie ihr Schweigen bricht. Erec bestraft trotzdem Enite hart; noch gibt es keine wirkliche Liebe zwischen ihnen. Schließlich bezwingt Erec den

Ritter Brandigan, der als unbesiegbar galt, und es ist, als habe er sich damit auch selbst bezwungen. Erec sieht ein, welches Unrecht er an Enite begangen hat, und sie hält ihn nun für würdig; beide kehren in die Heimat zurück.

Die Frau ist also ins mythische Konstrukt der Aventiure eingeschrieben. So wie es für den Ritter unmöglich ist, zur Frau zu gelangen ohne den Zug der Aventiure, so ist die Aventiure ohne den Weg zur Frau zum Scheitern verurteilt. Das Gegenstück zu Erec ist Iwein, den die Lust am Abenteuer treibt; er verläßt seine Frau, verspricht ihr, nach einem Zug der Aventiure in einem Jahr wiederzukehren. Aber er verliert ihre Liebe, als er sein Versprechen bricht, und darob verfällt er in langen Wahnsinn, bis ihn einige «Frauen des Waldes» heilen. Geradezu manisch stürzt er sich nun in die Aventiure, kein Gegner ist ihm zu stark oder zu phantastisch, und gewiß haben alle seine Taten mehr oder weniger symbolischen Charakter: Er tötet unter anderem einen Drachen, siegt in einem Gottesgericht, er befreit dreihundert Jungfrauen aus der Gewalt von Riesen, kämpft einen langen Kampf mit Ritter Gawain, dem er sich unerkannt stellt, eben jenem Ritter, der ihn durch ein mahnendes Beispiel von seiner Frau fort und in die Aventiure getrieben hat. Am Ende bedarf es, die Liebe seiner Frau zurückzuerobern, des Mittels der Zauberei.

Es geht also in diesen Epen vor allem um den Ausgleich zwischen zwei verschiedenen Anforderungen beziehungsweise Herausforderungen: die Pflichten des Ritters gegenüber seinem Leben, seiner Familie, seiner Frau vor allem, und die Aventiure als Auseinandersetzung mit dem polymorphen Wesen der Welt, der Lust in ihr. Das Epos der Aventiure ist also die Verknüpfung zweier gegenläufiger, in der Wirklichkeit wohl nur im seltensten Fall zu vereinender Tendenzen im Leben des Ritters. Alle Abenteurer durch die Jahrhunderte wird dieser Zwiespalt begleiten, daher sind sie von einer nie vollständig auslotbaren Tiefe.

Und so muß sich zwangsläufig der gute Abenteurer vom bösen scheiden, der, für den die Synthese (noch) möglich ist, von dem, der jede Möglichkeit dazu abgetan hat. Der gute Abenteurer kommt durch das Abenteuer zur Pflicht, zur Liebe, zum Glauben; er wird eines Tages heimkehren. Der böse Abenteurer entfernt sich von alledem immer weiter bis zu seinem bitteren Ende. Das Abenteuer ist vollständig sanktioniert nur, wenn es Prüfung ist, deren Bestehen und deren Verarbeitung die geistige Welt der umkreisten Heimat stabilisiert. Doch ganz abfinden hat sich der Abenteurer damit nie können.

Der Abenteurer als Entdecker, wie er besonders im 16. Jahrhundert in Europa ausgeprägt ist, bindet seine abenteuerliche Reise recht oberflächlich, doch insbesondere ökonomisch wirksam an Ruhm und Reichtum der Höfe, die ihn unterstützen. Diese zunächst heimliche «Vergesellschaftung» des Abenteuers verändert grundsätzlich dessen Moral. Die transkulturellen Begegnungen etwa der Konquistadoren hatten wenig Ritterliches noch an sich; das war nicht mehr Aventiure, keine Bewährung auch im Respekt vor dem Gegner. Und die individuellen Abenteurer wie später Sir Walter Raleigh hatten etwas durchaus Zweifelhaftes in ihrem Wesen; ungeachtet des Glanzes ihrer Taten war ihnen doch nie ganz zu trauen. Wie die Macht in engeren Netzen die Welt überzog, mußte sich zwangsläufig der Abenteurer den Weg zum Gesetzlosen offenhalten. Es war nun auch kaum mehr verpönt, im Abenteuer auch den persönlichen materiellen Vorteil zu suchen.

Seine große Zeit hatte der faszinierende, «böse», der zumindest amoralische Abenteurer im 18. Jahrhundert, Männer wie Giacomo Casanova oder Joseph Balsamo, genannt Cagliostro, konnten sich auch solcher Taten rühmen, in denen Betrug, Verstellung, Intrige und Schadenfreude ihren Platz hatten. Hier auch war die Dualität von Liebe und Abenteuer aufgegeben, die Liebe selbst, die erotische Intrige, war Gegenstand des Abenteuers. Und auch dies veränderte nun das Abenteuer: Es war nicht mehr fernab der Zivilisation zu erleben, nicht im Unbekannten, sondern gerade dort, wo die Zivilisation die peinlichsten Spielregeln entwickelt hatte; das Medium der Abenteurer dieses Schlages war nicht die Natur, nicht die fremden Kulturen, sondern die eigenen Gesellschaften (wenngleich hier in Form der Klassen und Kasten durchaus gefährliche Grenzen zu überschreiten waren).

Seine *moralische* Wiedergeburt erlebte der Abenteurer in geradezu puritanischem Geist in der Neuen Welt; die Trapper in den Wäldern Nordamerikas waren, wenn man so will, Zivilisationsflüchtlinge, die gerade jene «Dekadenz» der Gesellschaften Europas verabscheuten, deren sich die Glücksritter wie Casanova so virtuos zu bedienen gewußt hatten. Der Abenteurer der Neuen Welt wie Daniel Boone konzentrierte sich ganz auf das Durchmessen einer natürlichen, die urbanen Abenteurer auf das einer sozialen Topografie.

Nicht viel später etablierte sich der Wissenschaftler als Abenteurer neuer Art, der Forscher, dessen Legitimation in der technologischen «Eroberung» und Vermessung neuer unerforschter Länder bestand. Das Abenteuer fiel dabei sozusagen von selbst ab, es offenbarte sich in kühlem Understatement wie bei dem Afrikaforscher H. M. Stanley. Den Forschern folgten erneut die Kolonisatoren, und auch sie brachten ihren Abenteurer-Typus hervor, der nicht selten zwischen die Fronten gerät, wie T. E. Lawrence, der den Krieg in der Wüste als schieres Abenteuer erlebt. Dies mag sich fortsetzen bis in unsere Tage in den technologischen Abenteuern, bei den Astronauten und Wissenschaftlern, aber auch und wieder dem Kriegshelden als Abenteurer, dem der abenteuerliche Aspekt seiner Kämpfe um so eher zugestanden wird, weiter entfernt sie sich abspielen. Eine andere Form des modernen Abenteurers aber ist der «Aussteiger», derjenige, der die Zivilisation hinter sich läßt, um sich in eine Auseinandersetzung mit der Natur einzulassen, wie etwa Thor Heyerdahl, der den Atlantik mit einem prähistorischen Floß überquerte, oder Bergsteiger wie Reinhold Messner, der ein «Medienereignis» ist. Sie alle sind insofern auch Abenteurer, insofern sie Erzähler sind.

Der wirkliche Abenteurer hat seine Geschichte selbst erzählt, oder er hat freundliche Biografen gefunden wie Buffalo Bill. Das erfundene, nur literarische Abenteuer ist sicher nicht zu denken ohne das historisch-mythische Urbild. Denn der Abenteurer definiert auch ein Verhältnis seines Publikums zur Geschichte, da er nicht nur die Räume, die Terra incognita, durchstreift, sondern auch die historischen und sozialen Räume, die auch eine Dimension der Zeit aufweisen. Neben das ewige Abenteuer (den ewigen Kampf mit dem Drachen) tritt das historische Abenteuer, das Abenteuer, das Veränderung schafft. Spielte sich die Aventiure in einer fast hermetischen Welt der mythischen Dynastien und der Abwehr des Wunderbaren ab (was nicht heißen soll, sie sei kein Abbild historischer Ereignisse gewesen), so verknüpft sich das «bürgerliche» Abenteuer gern mit nationalen Ansprüchen. Daher ist der Abenteurer auch der lustbetonte Teil des Kolonialisten. Und die Abenteuer-Literatur im traditionellen Sinn hat ihre Konjunktur in Zeiten, da sich koloniale Ansprüche am meisten (und am blutig-brutalsten) realisieren. Aber der Abenteurer ist nicht nur Projektionsfläche für Legitimation und Ideologie des Kolonialismus und seiner Derivate, er kann auch, wie ein wenig sogar bei Karl May, eine für unterschwellige Kritik, den Wunsch nach Korrekturen sein.

Ebenso ist der Held der bürgerlichen Abenteuer-Literatur, nicht selten ein Mitglied der noblen *leisure-class*, die durch ihn verlorene Würde zurückerhält, ein Pionier der modernen Technologie, indem er kreativen Gebrauch von ihr macht, und ihr Kritiker zugleich, indem es ihn an Orte zieht, wo sie noch unbekannt ist. Nahezu anthologischer Charakter kommt in diesem Zusammenhang dem Roman «In achtzig Tagen um die Welt» (1872) von Jules Verne zu. Der Held, Phileas Fogg, setzt seine bürgerliche Existenz für das Abenteuer aufs Spiel: Er verwettet die Hälfte seines Vermögens darauf, daß er den Erdball in achtzig Tagen umkreisen werde, und die andere Hälfte dient ihm als Reisespesen. Er durchquert all die Länder, in denen zu seiner Zeit das Abenteuer noch möglich schien, den Vorderen Orient, Indien (hier rettet er eine junge parsische Witwe vor der Verbrennung und zieht sich so den Zorn der Eingeborenen zu), Nordamerika (wo sich Fogg erwartungsgemäß mit Indianern auseinanderzusetzen hat). Ihm zur Seite bei all seinen Abenteuern, in denen er alle Tugenden der Ritterlichkeit beweist, steht sein Diener Passepartout, ein eher pragmatisch denkender, auch zur List greifender Kerl, einem schnellen Vergnügen nicht abgeneigt, der so etwas wie eine schelmische Abbildung des amoralischen Abenteurers ist. (Diese Projektion und Zweiteilung wird zu einer Tradition in der Abenteuer-Literatur.)

Das Abenteuer Phileas Foggs ist im Kern zweckfrei – er beabsichtigt nichts damit, als sich selber zu bewähren und ein positives, technologisch-kulturelles Weltbild zu belegen –, aber es ist nicht amoralisch, wie das eines «Glücksritters». Vielmehr verhilft der Held bei seinen Begegnungen mit anderen Kulturen auch auf handgreifliche Art einer sehr europäischen Moral zum Sieg. Und seine Geliebte entreißt er nicht nur dem Tod, sondern auch einer solchen anderen Kultur.

Was sich in der Figur des Passepartout, durch Ironie und Biedersinn gemildert, abzeichnet, ist die Fortsetzung einer Tradition eines volkstümlichen, später gar «proletarischen», des nicht reisenden, sondern vagabundierenden Abenteurers. Er ist der Schelm, der Typ aus den problematischeren Teilen der Gesellschaft, der aus der Armut kommt und den Wert eines Stücks Brot und eines Schlucks Wein nicht vergessen wird. Listig und nicht immer mit von seinen Verbündeten oder «Herren» gebilligten Mitteln kann er sich auch in den obskursten Gegebenheiten anpassen.

Urbild solcher Picaresken (Picaro = span. für Schelm, listiger Strolch), von denen eine Seitenlinie auch zu Don Quichottes mehr oder minder treuem Begleiter Sancho Pansa und eine direkte zum Simplicius Simplicissimus führt, ist der «Lazarillo von Tormes», den ein unbekannter spanischer Autor in der Mitte des 16. Jahrhunderts verfaßt hat. «Es ist die Geschichte eines armen Teufels, Sohn eines Flußmüllers, der schon mit acht Jahren den Vater verliert und sich mit der Mutter mühsam in Salamanca durchs Leben schlägt. Ein blinder Bettler nimmt ihn in eine oft recht schmerzhafte Lehre und unterweist ihn in den verschiedensten Betrügereien. Der schlaue Lazarillo knöpft bald den Leuten auf alle erdenkliche Art das Geld ab. Und da ihn sein Lehrmeister verhungern läßt, betrügt er bald auch diesen. Schließlich läuft er davon und wird Diener eines geizigen Pfaffen, der ihm ebenfalls nicht einmal das Nötigste zum Leben gibt. Der Nachschlüssel zur Vorratstruhe rettet Lazarillo zwar das Leben, doch als er entdeckt wird, erschlägt ihn der Geistliche beinahe. In Toledo hilft er dann einem Edelmann, der ein so armer Teufel wie er selbst ist und es nur vor der Öffentlichkeit nicht merken lassen möchte. Beinahe gerät er dabei in Mordverdacht. Auch mit seinen folgenden Herren hat Lazarillo wenig Glück. So dient er nacheinander einem Mönch, der es mit seinen Gelübden nicht sehr genau nimmt, einem Ablaßverkäufer, der die Leute betrügt, er wird Wasserverkäufer und verdingt sich dann für kurze Zeit als Gerichtsdiener bei einem Vogt. Schließlich erhält er sogar eine ‹bürgerliche Existenz›, wird städtischer Ausrufer für Weinpreise, Versteigerungen und Verlustanzeigen und kann sogar heiraten» (Heinrich Pleticha).

Der Stoff blieb lebendig über die Zeiten (unter anderem in einer dramatisierten Fassung, die G. A. Bredero in der ersten Hälfte des 17. Jahrhunderts geschaffen hatte). In Spanien entstand 1959 eine Film-Version, die allerdings nur Teile der Vorlage verwendete. «El Lazarillo de Tormes» (Der Schelm von Salamanca), unter der Regie von Cesar Andarvin entstanden, erzählt die Geschichte seines Helden (Marco Paoletti) als die eines Unschuldigen, der durch die Bosheit und Grausamkeit, die ihm widerfährt, mehr und mehr zum Gauner, aber auch zum Überlebenskünstler wird, der bei allem doch ein für Liebe und Freundschaft offenes Herz bewahrt hat. Wie in der Vorlage (und wie überhaupt sehr häufig in der Picareske) gibt es auch in Andarvins Film eine deutliche anti-klerikale Komponente, die Kritik an der Peripherie der kirchlichen Institutionen, an der sich Eigennutz, Bereicherung und direkte Ausbeutung breit machen.

Ist etwa dem Ritter- und Heldenroman die Welt grundsätzlich edel, doch von mannigfaltigen Kräften des Bösen durchsetzt, so ist der Picareske die grundsätzliche Schlechtigkeit der Welt eine fast selbstverständliche Voraussetzung. Was also lag näher, als daß sich der edle Ritter, der Abenteurer überhaupt, den Picaro als Diener erkor, zum Vergnügen des Publikums, das möglicherweise über ein paar Erfahrungen verfügt, welche die Treuherzigkeit des Abenteurers ein wenig unglaubwürdig erscheinen läßt, und wohl auch zur Korrektur eines allzu abgehobenen Weltbildes.

Die Wahrheit in der Erzählung vom Abenteurer liegt schließlich nicht in den Taten des Helden allein, sondern zum einen in seinen Beziehungen zu den Repräsentanten der Typologie des Abenteuers, zum über alle Maßen edlen und daher vielleicht doch zum Tode kranken Freund (Old Shatterhand – Winnetou), zum magischen, zum großen, zum kleinen Bösen, und nicht zuletzt zum Picaro, zu Fuzzy, zu Hadschi Halef Omar, zu Chitta und wie sie alle heißen werden; die Wahrheit liegt im Dialog zwischen dem edlen Abenteurer und dem Picaro.

Traditionen der Abenteuer-Literatur

Von den griechischen Helden-Epen über die römischen Abenteuerromane bis hin zu den Ritterromanen der höfischen Zeit des Mittelalters waren Abenteuerschilderung und Kunst alles andere als ein Widerspruch.

Das bedeutet allerdings nicht, daß nicht jede Form von Abenteuer-Literatur ihre scharfen Kritiker gefunden hätte; Platon etwa hielt den Homer für schädlich und geeignet, selbst noch den Wohlgesinnten zu verderben und seine niedersten Begierden zu wecken. Und noch 1950 erklärte ein R. Egenter allen Ernstes den Kitsch, zu dem er auch die Abenteuer-Literatur rechnete, als direkte Folge der Erbsünde. Das Abenteuer und die Sentimentalität, die Romantik und die Gewalt waren von den Verfechtern einer zur höheren Bildung führenden, der äußeren eine innere Ordnung anmessenden Kunst schon immer als abträglich erkannt worden; und vielleicht ist das Abenteuer, das wohl immer ein wenig unchristlich sein muß, schon in sich ein Verstoß gegen die Ordnung, so patriotisch, so christlich, so «ordentlich» es sich tarnen mag.

«Die unterhaltende Literatur des europäischen Mittelalters war – soweit sie nicht in der abendländischen Sprache des Latein vorliegt – zu einem erheblichen Teil in einer ästhetisch sehr anspruchsvollen Verssprache abgefaßt, wie sie uns etwa in den Ritterromanen der höfischen Zeit entgegentritt. Diese Literatur setzte – auch aufgrund ihres symbolhaft-allegorischen Gehaltes – die geschlossene soziale Sphäre der Höfe voraus und beschränkte sich damit auf einen kleinen Kreis literaturkundiger Kleriker und meist adliger Laien. Erst als im ausgehenden Mittelalter Erzählstoffe der Antike, der italienischen und französischen Literatur sowie Versromane in deutsche Prosa übertragen wurden, konnte ein größerer Leserkreis durch diese ‹Unterhaltungsliteratur› erreicht werden. Bemerkenswert in dieser Entwicklung sind die später als Volksbücher bekanntgewordenen Prosaromane, deren meist anonyme Autoren besonderen Wert auf einen verkürzten und spannenden Handlungsverlauf ihrer ‹Historien› legten. Die Drucker der Historienbücher ließen die Geschichte durch das populäre Darstellungsmittel des Holzschnittes illustrieren. Die einfachen Bilder förderten das Publikum im anschaulichen Verstehen der Texte und erhöhten damit den Unterhaltungswert der Liebes- und Abenteuergeschichten» (Helmut Melzer).

So war bereits am Ende des Mittelalters die Voraussetzung dafür gegeben, daß Abenteuer-Erzählungen und Abenteuer-Bilder in den «Volksbüchern» zu einer Vorform der Massen-, gar der «Trivial»literatur werden konnten. Diese seit dem Ende des 14. Jahrhunderts vor allem in den Städten verbreitete Literatur bestand vor allem aus Nach- und Weiterdichtungen der überlieferten Geschichten aus dem Umkreis der Artus-Legende und deutscher Heldensagen. (Der andere bevorzugte Stoff der Volksbücher bestand aus biblischen Traktaten und Erzählungen und auf der anderen Seite aus mehr oder minder derben Schwank-Stoffen.) Die Reduzierung auf das rein abenteuerliche Geschehen (literarische Techniken, die zum Teil vom Volksmärchen stammten) erreichte gelegentlich sogar groteske Ausmaße, so etwa, wenn der Stoff der Siegfried-Legende auf wenigen Seiten zusammengefaßt wurde, mehr oder weniger reduziert auf den Drachenkampf und die Intrige, die zu seiner Ermordung führt. Andere Themen der Volksbücher entstammten den Kreuzzügen («Herzog Ernst»), den Wirren nach Kaiser Karls des Großen Tod («Haimonskinder») und aus dem Umkreis von Magie und «Wissenschaft» («Dr. Faustus»). Ein Held der Volksbücher anderer Art war der Mönch Brandan, nach einer historischen Gestalt aus den Jahren um 480 geprägt, der, weil er die Wunder Christi in Zweifel zog, auf einer langen Irrfahrt durch die Welt, die ihn ins Reich der Toten, ein mythisches Land jenseits der Meere, selbst ins Paradies führte, seinen Glauben durch eine sozusagen geistlich-mythologische Art der Aventiure festigen mußte.

Zwar traten in der weiteren Entwicklung der Volksbücher zunehmend Witz und Schwank-Elemente neben die Abenteuer-Erzählung, doch diese tradierte sich, nicht zuletzt als Lesestoff für Jugendliche, bis in unsere Zeit und beeinflußte nicht nur die Hochliteratur immer wieder, sondern natürlich auch die Verfasser von Unterhaltungsliteratur verschiedensten Kalibers.

Das Abenteuer aus den Volksbüchern erreichte zunächst einen Stand, dem im wirklichen Leben das Abenteuer wohl nicht fremd, aber kaum dienlich für den eigenen Erfolg und den Status sein konnte: die Kaufleute und Patrizier in den prosperierenden Städten. Hier war also die Funktion des Abenteuers schon diametral entgegengesetzt zu der in der höfischen Dichtung, wo die erzählte und die tatsächlich gelebte oder zumindest gesuchte Aventiure einander bedingten. Das literarische Abenteuer begann von einer mythisch-allegorischen Wiedergabe einer Lebenshaltung zu einem Ersatz zu werden, von einem Traum zu Pferde zu einem hinter dem Ofen. Und dieser «Ersatz» sollte einst so sehr die Phantasien seines Publikums beherrschen, zu einer Parallel-Wirklichkeit werden, daß der Don Quichotte bei dem Versuch, diese wohlfeilen Träume von Rittertum und Abenteuer zu leben, kläglich an der Wirklichkeit scheitern mußte (und doch auch, aber anders: grandios über sie triumphierte).

Zum Entstehen wirklicher Massenliteratur verging freilich noch geraume Zeit. Gegen Ende des 18. Jahrhunderts war in den mitteleuropäischen Gesellschaften die Alphabetisierung so weit abgeschlossen, daß ein breites, ästhetisch jedoch kaum gebildetes Lesepublikum entstanden war, das mit Volksbüchern und dem, was unter den Händen neuer Verfassergenerationen daraus geworden war, «gefüttert» werden konnte. Darüber hinaus waren zu dieser Zeit auch die technischen Voraussetzungen für eine massenhaft verbreitete Literatur geschaffen worden, so die Schnellpresse und wenig später die Setzmaschine.

Geradezu unstillbar war der Hunger des Lesepublikums nach vielbändigen Ritter-Epen wie der Geschichte des Amadis von Gaula von Garcia Rodriguez de Montalvo (1508) oder der «Orlando Furioso» von Ariost (1516–1521), die immer neue Versionen mit neuen Ausschmückungen erlebten und im 17. Jahrhundert zu einer wahren Flut von abenteuerlichem Lese- und Erzählstoff angewachsen waren. Was diese Romane zu bieten hatten, war vor allem, wie G. Müller-Frauenreuth zu Ende des

19. Jahrhunderts notierte, «außer Rittern, Pfaffen, edlen Knappen und engelschönen Jungfrauen (...) Pilger, Einsiedler, Köhler, Zigeuner, Vehme und Gottesgericht, Kerker und Verließe, Turniere, Minne und Minnespiel, Belagerung und Erstürmung von Burgen mit Geheimgängen und Falltüren, Herbergen und Mühlen, Schwüre und Verrat, Weiberraub, Unwetter, Stürme, Nachtraben, Felsenmassen, Geister, erdichtete Todesbotschaften, Liebe zwischen Kindern feindlicher Geschlechter, Streit zweier Männer um eine Frau, erzwungene Ehen, Gefährdung eines geliebten Lebens, rührende Abschiedsscenen, falsche Freunde, Entehrung von Rittern, Vermummte und Verkappte».

Im 18. Jahrhundert traten allerdings noch weitere abenteuerliche Stoffe in den Vordergrund. Da waren zum einen die «Robinsonaden», die in Anlehnung und unaufhörlicher Variation von Daniel Defoes berühmtem Roman aus dem Jahr 1719 entstanden. In einem Vorwort zur «Bibliothek der Romane» aus dem Jahr 1808 heißt es noch: «Es gab eine Periode in der deutschen Literatur, wo das nie ruhende Bedürfnis der literarischen Unterhaltung und die Thätigkeit der Schriftsteller sich über diese Dichtungsart mit eben der unermüdlichen Emsigkeit herwarf, als späterhin die Sündfluten der empfindsamen Geschichten, der Ritter-, Geister- und Räuberromane auf eine Zeit lang über alle Uferdämme emporzuschwellen drohten. Durch das Vorbild von Defoes Robinson Crusoe in Bewegung gesetzt, regnete es mehrere Dezennien des verflossenen Jahrhunderts hindurch Robinsone ohne Zahl.»

Zwar hatte es schon im 17. Jahrhundert Abenteuer- und Reiseerzählungen gegeben, denen Schicksale von Gestrandeten und auf einer Insel gefangener Schiffbrüchiger zugrunde lagen, doch erst in der Folge von Defoes Roman wurde die Robinsonade zum perfekten Ausdruck einer geistigen Befindlichkeit der Zeit. Zunächst spiegelt die Robinsonade die Auflösung feudaler Ordnungen, indem sie in den Mittelpunkt nicht nur den bürgerlichen Helden, sondern vor allem den Helden mit bürgerlichen Tugenden stellt. Das Subjekt der Robinsonade – nachdem alle möglichen Robinson-Figuren ausprobiert worden waren, gab es auch weibliche Personen als Helden in diesem Genre – erlebt nach seiner intensiven, mehr puritanischen als paradiesischen Begegnung mit der Natur die Bekehrung zu den bürgerlichen Vorstellungen und Weltbildern; der Held errichtet, auf sich selbst gestellt, ein Modell bürgerlicher Herrschaft und beweist dergestalt deren Gültigkeit und Überlegenheit unter allen Umständen. Die Robinsonade kann also als ein Muster domestizierter und domestizierender Sehnsucht gelten: Der zum Abenteurer gewordene Bürger verwandelt sich zurück zum «guten» Bürger in der Wildnis.

«Nachdem in Deutschland die erste Übersetzung schon 1720 erschienen war, entstanden allein hier bis 1760 etwa 50 Nachahmungen. Die bedeutendste – und selbst wiederum einflußreichste – Fassung ist Johann

Helden des Abenteuers: Karl Mays Winnetou und Robinson Crusoe.

Gottfried Schnabels ‹Insel Felsenburg› (1731–1743). Sie verbindet mit den vorgegebenen Handlungselementen den Entwurf eines pietistisch inspirierten idealen Gemeinwesens; sie paßt sich so, «die Bürgerlichkeit aus einem Exil in sein Asyl› (Martin Greiner) verwandelnd, den Erwartungen des deutschen Publikums an, das in einer – trotz vergleichbarer Grundzüge – weniger fortgeschrittenen Phase der sozioökonomischen und kulturellen Evolution stand. Im Entwicklungsgang der Robinsonaden ist sie eine Etappe auf dem Weg zum utopischen Staatsroman; da aber in den späteren der vier Bände das Interesse an exotisch-phantastischen Geschehnissen überwiegt, bereitet sie zugleich die Rückbildung zum abenteuerlichen Reiseroman vor. Diese Rückbildung ist bei den zahlreichen Spielarten des ‹Robinson Crusoe› ebenso durchgeführt wie bei den nachfolgenden Versionen der ‹Insel Felsenburg›, soweit sie nicht zur erzieherischen und belehrenden Jugendliteratur gehören, in die der Stoff von Autoren wie Joachim Heinrich Campe (‹Robinson der Jüngere›, 1779) integriert wurde» (Peter Domagalski).

Campe, ein für damalige Verhältnisse recht aufgeklärter Pädagoge, pflegte seinen Robinson Abend für Abend in Fortsetzungen den ihm anvertrauten Kindern vorzutragen und ließ sie die Geschichten sogleich in verteilten Rollen dramatisieren. Er hatte – wohl zum erstenmal in der Geschichte des deutschen Kinderbuches – ein Modell für unterschiedlich angemessene Lektüre für die verschiedenen Stadien von Kindheit und Jugend entwickelt; für die Kleineren hatte er die «Kleine Kinderbibliothek» entwickelt, für die dem «Robinson-Alter» Entwachsenen lehrreiche Erzählungen über Kolumbus, Pizarro, Cortes. So wird hier deutlich, daß eine mythische Trouvaille wie die Robinsonade zugleich einem bestimmten Stadium in der Entwicklung der bürgerlichen Kultur entspricht, wie auch einem bestimmten Stadium in der Entwicklung des individuellen Jugendlichen. Und noch etwas nimmt – spätestens – hier seinen Anfang: die Pädagogisierung des Abenteuers.

Die Ausläufe der Robinsonaden reichen bis weit ins 19. Jahrhundert hinein (und sie greifen, zum Teil in modernisierter Form, bis in die heutige Zeit). Die Erlebnisse des «Schweizerischen Robinson», von Johann David Wyß, einem Berner Pfarrer, erdacht, schließen die Begegnungen mit Eingeborenen aus und konzentrieren sich auf die Auseinandersetzung mit wilden Tieren und vor allem auf die Betrachtung des bürgerlichen Familienlebens, denn hier sind es Vater, Mutter und vier Söhne, die sich und ihr Weltbild in der Natur behaupten müssen.

Dieses Buch hat sicher Pate gestanden bei Frederik Marryats 1841/1842 veröffentlichtem «Masterman Ready» (zu deutsch «Sigismund Rüstig»), der eine Familie mit ebenfalls vier Kindern und einer Zofe sowie den alten, treuen Steuermann Ready/Rüstig auf einer Insel im Pazifik stranden läßt. Rüstig ist hier zugleich der gute Geist der Schiffbrüchigen und eine Art natürlicher Erzieher. Von einem Eingeborenen tödlich verwundet, erlebt er am Ende die Rettung der ihm so wunderbar Anvertrauten und erhält sein Grab auf der Insel. Auch Jules Verne hat in seinen Romanen mehrfach das Robinson-Motiv verwendet, so in der «Geheimnisvollen Insel», in «Schule der Robinsons» und in «Zwei Jahre Ferien». Noch heute sind Robinson-Themen in Jugendbüchern («Insel der blauen Delphine» von Scott O'Dell) und in Filmen wie «The Blue Lagoon» (Die blaue Lagune» – 1980 – Regie: Randal Kleiser) feste Motive in der populären Mythologie.

Sozusagen als Unterform des Ritterromans hatte sich im 18. Jahrhundert der Räuberroman entwickelt, deren berühmtester wohl der «Rinaldo Rinaldini, der Räuberhauptmann» (1798) von Christian August Vulpius geworden ist – gewiß nicht nur wegen dessen verwandtschaftlicher Bande zu Goethe. Schon damals hat sich eine Handlungskonstruktion herausgebildet, die es erlaubte, zugleich die tollkühnen Taten des Räubers zu bewundern und sich in sicherster Legalität zu wissen: In Heinrich Daniel Zschokkes «Abällino der große Bandit» (1794) etwa führt der Held ein Doppelleben, er verfolgt als venezianischer Edelmann eine Gruppe gefährlicher und «politischer» Räuber (und in dieser Rolle umwirbt er seine Geliebte, die Tochter des Dogen) und ist zugleich ein geheimes Mitglied dieser Bande. Aber am Schluß stellt sich natürlich heraus, daß er diese zweite Rolle nur zum Schein, um die Verbrecher um so besser dingfest machen zu können, gespielt hat.

Daß der edle Räuber den Ritter als Held der Unterhaltungsliteratur ablöste, zumindest ergänzte, und sich in der Gunst des Publikums auch mit dem Robinson messen konnte (bei im übrigen meist gleichbleibenden literarischen Techniken), ist kaum Zufall: «Authentisches und Märchenhaftes mischend, zeichnet die volkstümliche Überlieferung Räuber und Wilderer (z. B. den Schinderhannes und den bayrischen Hiesel) als Aufrührer, ja als Richter, die soziales Unrecht vergelten und, ergriffen und verurteilt, in den Tod gehen, ohne an ihrer Sache irre zu werden; in ihrer Heroisierung wie in ihrer Ausstattung mit zuweilen vom Teufel verliehenen zauberischen Fähigkeiten spiegelt sich die freilich nicht ganz eindeutige Publikumsstimmung, die geprägt ist von der Krise des Feudalismus, von der Erfahrung des Siebenjährigen Krieges (1756–1763), von Hungersnöten (1770/1771), lokalen Bauernerhebungen und dem verbreiteten Banditentum» (Peter Domagalski). (Zur literarischen Abbildung des Sozialbanditen und Volkshelden vergleiche auch den Abschnitt zur Mythologie in dem Band «Der Asphalt-Dschungel», Band 3 in dieser Buchreihe.)

Prominenten Platz unter den verschiedenen Arten von Räubern nimmt der Pirat ein. Bei der Beschreibung der Taten und Untaten dieser Seeräuber, Bukanier, Filibustier, Freibeuter und wie sie sonst noch genannt wurden, konnten sich die Autoren von Abenteuerromanen auf zwei grundlegende, authentische Arbeiten verlassen, die in der zweiten Hälfte des 17. Jahrhunderts entstanden, die «Allgemeine Geschichte der Piraten» von einem Captain Johnson, und das «Piratenbuch» von Alexander Olivier Exquemelin, der in den siebziger Jahren selbst in den Diensten von Seeräubern in der Karibik gestanden hatte. Als weitere Quelle diente die Autobiographie des englischen Piraten und Entdeckungsreisenden (eine denkwürdige Einheit, die in der Literatur womöglich eine noch größere Rolle spielte als in der Realität) William Dampier, die vor allem Defoe als Quelle für seine Seeromane diente. Unter den berühmtesten Piraten der Literatur befinden sich der «Rote Freibeuter» (1827) von James Fenimore Cooper, der Kapitän Flint aus «Die Schatzinsel» (1883) von Robert Louis Stevenson und Sandokan aus den Büchern von Emilio Salgari aus den neunziger Jahren des 19. Jahrhunderts.

Aus den magischen und märchenhaften Elementen der Ritterromane spalteten sich, durchsetzt mit allerlei erotischer und politischer Symbolik, die phantastischen Romane, die Schauer- und Gespenstergeschichten, die *gothic novels* ab (vergleiche dazu auch «Die Entwicklung des literarischen Horrors» in «Kino des Phantastischen», Band 2 in dieser Buchreihe).

Einen neuerlichen Aufschwung erfuhr die Abenteuerliteratur durch die Einführung der Kolportageliteratur als neue Vertriebsform in der Mitte des 19. Jahrhunderts. Diese Form gedruckter Unterhaltung umfaßte vor allem die Lieferung von Fortsetzungsromanen durch «Kolporteure», die von Verlegern und Verfassern immer so weit gesponnen wurden, als sich das Publikumsinteresse zeigte (auf das hin die verzweigten Erzählungen auch inmitten der Produktion konstruiert und sogar «renoviert» werden konnten); Kolportageliteratur schloß aber auch bestimmte Zeitschriftenformen, in Deutschland etwa «Die Gartenlaube», mit ein.

Es entwickelten sich zu dieser Zeit regelrechte Schreib-Fabriken wie etwa die von Alexandre Dumas und seinem Sohn, bei denen bis zu siebzig schreibende Mitarbeiter beschäftigt waren. Die «Mantel & Degen-Literatur», die sich mehr oder minder nahtlos an die Ritterliteratur anschloß, jedoch den Erfordernissen des sozialen Bodensatzes von Aufklärung Rechnung trug und an die Stelle der Auseinandersetzungen mit mythischen Elementen die mit historischen Kräften, nicht selten gedacht in Form von Geheimbünden, setzte, erreichte ein riesiges Publikum in Europa. Möglicherweise war die abenteuerliche oder «empfindsame» Kolportageliteratur in etwa das, was der Film für die erste und das Fernsehen für die zweite Hälfte des 20. Jahrhunderts bedeutet, und die Argumente der Kritiker unterschieden sich nicht sonderlich von den heutigen.

Dumas der Ältere hat auf solche Weise neben 35 Dramen und unzähligen Reiseberichten etwa 400 Romane fertiggestellt bzw. fertigstellen lassen. Überdauert davon haben vor allem die Werke «Die drei Musketiere» (1844) und «Der Graf von Monte Christo» (1845/1846). Ersteres ist die Geschichte dreier draufgängerischer Musketiere im Dienst des französischen Königs Ludwig XIII., die sich vor allem mit den Garden des intriganten Kardinals Richelieu auseinanderzusetzen haben. Diesen drei gerade durch die Unterschiedlichkeit ihrer Temperamente so erfolgreichen Kämpen schließt sich nach einigen Wirrungen und Mißverständnissen der junge Gascogner d'Artagnan an, dessen Bewährung eine Hauptlinie in der Handlungsführung darstellt. Mit «Zwanzig Jahre nachher» und «Der Graf von Bragelone» erschienen noch zwei Fortsetzungen, von Dumas selber autorisiert (daneben gab es natürlich auch eine Reihe unautorisierter Fassungen).

In «Der Graf von Monte Christo» geht es um den zu Beginn der Handlung neunzehnjährigen Seeoffizier Edmond Danton, der zum Opfer einer Intrige wird, seine Braut an einen schurkischen Nebenbuhler verliert und zu lebenslänglicher Kerkerstrafe verurteilt wird. Zusammen mit dem

Mithäftling Abbé Faria gelingt ihm die Flucht; Faria findet den Tod, verrät ihm aber vor seinem Tod die Lage eines gewaltigen Schatzes, der Edmond zu einem der reichsten Männer Europas macht. Nun beginnt er seine Rache an dem Schurken, der ihn ins Gefängnis gebracht und seine Braut geheiratet hat, und an allen denjenigen, die Nutznießer dieser Intrige gewesen sind. Daneben wird er unerkannt aber auch zum Retter und Wohltäter für andere.

Kaum weniger produktiv als die Dumas war der englische Autor Sir Walter Scott, dessen Romane in der ersten Hälfte des 19. Jahrhunderts allein in Deutschland eine Auflage von über 600000 Exemplaren erreicht hatten, und über den Wilhelm Hauff, selbst Autor von Kunstmärchen und Abenteuererzählungen, geschrieben hat: «Die Werke dieses Briten sind beinahe so verbreitet als die Bibel.» Scott hatte in seinem ersten Roman «Waverley» (1814) die Geschichte der Aufstände der letzten Stuarts um die Mitte des 18. Jahrhunderts verarbeitet, und wie eine Zeit darauf die Dumas lieferte der Autor hier ein Geschichtsbild, das nicht nur durch seine heroische Ausprägung das Publikum faszinierte, sondern auch in der politischen Allegorie den Auffassungen der «niederen Stände» sowenig widersprach wie dem allgemeinen Konsens. Freilich formulierte sich bei allem Heroismus und Prunk auch unterschwellige Kritik an bestimmten Formen der Herrschaft. Hier zeigt sich ein «Trick» der historischen Abenteuerliteratur, Unbehagen an Herrschaft abzuführen: Die «böse» Herrschaft ist fast immer auch die usurpierte, die unrechtmäßige Herrschaft; ist umgekehrt die Herrschaft mythisch wie dynastisch legitimiert, so gibt es keinen Zweifel an ihrem Wollen und Wirken. Die schon aus dem Märchen und aus den Volksbüchern bekannte Scheidung des «guten» vom «schlechten» König bzw. des «guten» Königs von seinen schlechten Ratgebern erhielt hier eine konkret-historische, Magisches durch Positivismus ersetzende Ausdeutung.

Berühmt geworden und prägend für die weitere Entwicklung der Abenteuerliteratur unter Scotts vielen Arbeiten sind vor allem die Romane «Kenilworth», eine Hofintrigengeschichte aus der Zeit Elisabeths I., «Quentin Durward», die Abenteuer eines Bogenschützen am Hofe König Ludwigs XI. von Frankreich in der zweiten Hälfte des 15. Jahrhunderts, und vor allem «Ivanhoe» (1819), die Geschichte um die Gefangennahme des englischen Königs Richard Löwenherz in Deutschland, den versuchten Thronraub durch seinen Bruder Johann und den Ritter Ivanhoe, der bei einem großen Turnier die Ehre seines Königs und seiner Braut verteidigen muß. Mit der Hilfe von Robin Hood und einem geheimnisvollen «Schwarzen Ritter» (von dem sich später herausstellt, daß es der zurückgekehrte König Richard Löwenherz ist) durchkreuzt Ivanhoe die Intrigen von Johann (bzw. John) und seinen Anhängern.

Im Gegensatz zum traditionellen Ritter- und Räuberroman, dem die

Geschichte nur als Vorwand galt, Menschen in durchaus zeitgenössischen Konflikten und mit zeitgenössischen Ansichten zu porträtieren (wenn auch freilich unter Vorgabe von Zeitlosigkeit und Über-Wirklichkeit), versuchten nun die historischen Romane, geschlossene Geschichtsbilder zu vermitteln. (Am Ende dieser Entwicklung sollte die Abenteuerliteratur im Dienste des Patriotismus stehen.) Historische Zusammenhänge schienen nun als personalisierte Dramen veranschaulicht, und zugleich kommentierten die historischen Romane des 19. und 20. Jahrhunderts auch Politik und Geschichte ihrer Zeit, nicht zuletzt, indem sie Analogien und Traditionen konstruierten.

Aus dem Geist Scotts und seiner Nachfolger entwickelten sich die «historischen Schinken», die ein getreues Abbild auf niedererem sozialem Niveau jener humanistischen Bildung waren, in deren Kern sich ein sozialdarwinistisches, autoritäres Denkmodell verbarg. Der deutsche Professor Felix Dahn verfaßte zahllose, mit historischen Details überwucherte Romane über das germanische Altertum und die Zeit der Völkerwanderung, darunter als berühmtesten «Ein Kampf um Rom» (1876), der eine ausgeprägt sozialdarwinistische Interpretation des Untergangs des Ostgotenreiches bietet. Edward George Bulwer lieferte mit seinem «The Last Days of Pompeji» (Die letzten Tage von Pompeji, 1835) das Muster für zahlreiche andere Schilderungen historischer natürlicher Katastrophen als Abbildung eines Gottesgerichts (oder eher, wie es dem Geist der Zeit entsprach, eines Gerichts der Geschichte) über eine dekadent gewordene Gesellschaft. Zwei berühmte (und oft verfilmte) historische Romane beschäftigten sich mit dem Frühchristentum und seinem Verhältnis zur – ebenfalls weniger als ökonomisch-kulturell überständig denn als «dekadent» gedachten – Macht des untergehenden römischen Imperiums; «Ben Hur» (1880) von Lewis Wallace und «Quo Vadis» (1896) von Henryk Sienkiewicz. Ein nur mit viel Phantasie aufzulösender Widerspruch aus diesen Romanen setzte sich auch in den späteren Verfilmungen fort, nämlich der, daß dem Geschmack der Zeit die hierarchische militaristische, «technokratische» und imperiale Gesellschaft Roms viel mehr zusagte als der Kommune-Status der pazifistischen Frühchristen. So behalf man sich mit der Zeichnung morbider Herrscher und einer nur noch an Wohlleben, mehr oder weniger abwegigen Vergnügungen und politischen Intrigen interessierten Oberschicht.

Interpretierte der Abenteuer- und historische Roman des 19. Jahrhunderts schon die frühe Geschichte von einem positivistischen, die imperialen Neigungen der Nationen verklärenden und sozialdarwinistischen Standpunkt aus, so wurde ihm unter der Hand auch aus einem anderen traditionellen Motiv, der Reise, eine politische Allegorie. Nach der großen Zeit der authentischen Reiseberichte im «Zeitalter der Entdeckungen» und einer zweiten Flut zur Zeit der Entstehung der neuen großen

Kolonialreiche nahm sich vor allem im 18. Jahrhundert die Abenteuerliteratur des Motivs an (vergleiche dazu auch das Kapitel «Von der philosophischen zur phantastischen Reise» in dem Band «Kino des Utopischen» in dieser Buchreihe). Dokumentation und Literatur waren in dieser Gattung nahezu untrennbar miteinander verbunden, so sehr wie die patriotische Gesinnung gelegentlich mit dem, was gutbürgerliche Kreise als Kitsch ablehnten, vielleicht, weil die Sprache zu direkt Lust, Gewalt, Pathos vermittelte und weil dann doch die Helden immer ein wenig aus dem Ruder zu laufen drohen.

Viele «Reiseschriftsteller» zogen um die Welt zu keinem anderen Zwecke, als um Stoff für ihre Bücher zu sammeln. (Daß freilich schließlich der Beruf des Reiseschriftstellers in den des Fabulierers und Kolportageschriftstellers zurückmünden mußte, was sich nicht nur an der Person von Karl May zeigen läßt, liegt wohl auch an der Veränderung der Welt, in der sich das Beobachtbare schon zu Schaustücken verwandelt hatte.)

Karl May, der kritisierte, der bewunderte, der neurotische, dessen Zwangsvorstellungen generationenlang vorpubertäre Aufbruchs- und Regressionsphantasien anregte, der mehr oder minder tiefschürfend analysierte, auf jeden Fall der deutsche Karl May, setzte, ganz ohne es zu wollen, schon von der Erzähltechnik her eine Zäsur in der Entwicklung der Abenteuerliteratur. Er vollendete gleichsam die klassische Abenteuererzählung, die sich vor allem an ein jugendliches Publikum richtete (aber keineswegs ausschließlich); über ihn hinaus ging die Entwicklung nur in einer neuerlichen Umordnung der Topoi in der Abenteuerliteratur, die sich zu neuen Genres, dem Western, der Detektiverzählung, dem Thriller, der Science-fiction gruppierte, welche die actionbetonte Unterhaltungsliteratur in der zweiten Hälfte des 20. Jahrhunderts beherrschen sollten.

Mays Romanen, mochten sie von Abenteuer und Pathos auch noch so strotzen, lag im allgemeinen die Konstruktion eines Kriminalromans zugrunde (das gilt insbesondere für seine populärsten Arbeiten); auch dieses Lebenswerk war durchsetzt von der Manie, die im ausgehenden 19. Jahrhundert Besitz von den Vorstellungen der Menschen ergriffen hatte: die Suche nach dem oder den Schuldigen. Das Bemühen um Authentizität, um die Erfassung der Vielgestaltigkeit der Welt, verband sich mit anderen, eigentlich sehr engen Motiven: Die große Welt, in die May seine Leser führte (so wie alle seine Epigonen), war eigentlich sehr klein, Provinz, ein sächsisches Dorf, vielleicht nichts als das Abbild einer kleinbürgerlichen Familie, und vielleicht ist hier schon das Geheimnis seines anhaltenden Erfolgs, neben allem, was an deutschen historischen Problemen und Behaglichkeiten mitschwingt. Er hat dem Abenteuer alles wirklich Große, das Erschreckende, das niemanden unverändert lassen kann, genommen; trotz der großen Worte und Taten, trotz sogar der heldischen

Tode seiner Helden sind es eigentlich nur Abenteuerchen, die sie erleben. Denn der wirkliche Abenteurer ist der Mensch, der auszieht, die Götter herauszufordern und sich in der Bewährung wieder und endgültig mit ihnen zu versöhnen; das Abenteuer ist die Therapie gegen den Zweifel, die Melancholie, gegen die Unfähigkeit, zu glauben. Mays Helden aber sind saturiert von Anbeginn an und verlieren ihren Glauben nie (sie besitzen ihn, um es sarkastisch auszudrücken, wie ein Sparkassenbuch). Ihre Taten sind die von Helden im Sinne der antiken Mythologie, also von Halbgöttern, ihre Motive sind die von Missionaren, ihre Gedanken sind die von militanten Spießern.

Vielleicht verweist die Tatsache, daß Karl May von allem, was an literarischen Möglichkeiten, das Abenteuer zu erzählen, entwickelt worden ist, ein Übermaß verwendet, in Wahrheit nicht, wie es den Anschein hat, auf eine Konjunktur, sondern auf eine Krise des Abenteuers. «Karl May, mit einer hemmungslosen Fabulierlust begabt, ist ein Meister der Übertreibung. Auf die Spitze getrieben ist die Häufung der guten Eigenschaften, mit denen seine Helden ausgestattet sind: ‹Winnetou, gerecht, klug, ehrlich, treu, stolz, tapfer bis zur Verwegenheit, Meister im Gebrauch aller Waffen, ohne Falsch, ein Freund und Beschützer aller Hilfsbedürftigen . . ., der ehrenhafteste und berühmteste Held im fernen Westen.› Das gleiche ließe sich von Old Shatterhand sagen, nur verkörpert er neben dem edlen Wilden noch den guten Christen. Welche Ungeheuer an Schlechtigkeit und boshafter Verschlagenheit stehen diesen strahlenden Helden gegenüber! Auf die Spitze getrieben werden auch die Gefahren, denen sich die Helden rastlos entgegenstellen: ‹Die Augen lagen mir wie geschmolzenes Metall in den Höhlen, und das von ihnen aufgefangene Licht wollte mir das Hirn verbrennen; die Zunge strebte zwischen den trockenen Lippen hervor; ich hatte durch den ganzen Körper ein Gefühl, als bestehe er aus glimmendem Schwamme, dessen lockere Asche jeden Moment auseinanderfallen könne. Das Pferd unter mir schnaubte und stöhnte mit fast menschlichem Wehelaute; es lief, es sprang, es kletterte, es schoß über Felsen, Vorsprünge, Risse, Kanten und Spitzen mit tiger- und schlangenartigen Bewegungen. Ich hatte mit der Rechten seinen Hals umklammert und hielt mit der Linken noch immer den Knaben fest. Noch einen Satz, einen weiten, fürchterlichen Satz – endlich, endlich ist die Felswand überwunden – noch einige hundert Schritte vom Feuer hinweg und in die Prärie hinein, und Swallow blieb stehen; ich sank vor ihm zur Erde nieder.

Die Aufregung, die Überanstrengung war so groß, daß sie die Ohnmacht besiegte, die sich meiner bemächtigen wollte. Ich raffte mich langsam wieder empor, schlang die Arme um den Hals des treuen, unvergleichlichen Tieres, welches an allen Gliedern zitterte, und küßte es unter konvulsivischem Weinen mit einer Inbrunst, wie wohl selten ein Liebender die Auserwählte seines Herzens geküßt hat›», zitiert Irene Dyhrenfurth-Graebsch, und sie folgert: «Das ist Karl May, dem die Jugend und nicht nur die Jugend verfällt, weil er sie von Abenteuer zu Abenteuer führt, weil er ihrem Bedürfnis nach einem unüberwindlichen Helden in primitivster Weise gerecht wird, weil er seine langen Gespräche mit ‹Humor›, der ihrem Auffassungsvermögen entspricht, zu würzen weiß, den man herunterschmökern kann, ohne einen einzigen eigenen Gedanken aufzuwenden, weil alles in und nichts mehr zwischen den Zeilen steht.»

Gewiß reichen diese Charakterisierungen nicht hin, die wirkliche Faszination Karl Mays zu beschreiben. Aber sie verweisen doch auf einen «Endpunkt» in der Entwicklung der Abenteuerliteratur, der sich auf der handwerklichen Ebene bemerkbar macht in einer Anhäufung von Quantitäten, auf der psychologischen in der Betonung von regressiven oder infantilen Bildern und auf der mythologischen Ebene in der Überhebung der Helden von allem persönlichen oder «politischen» Interesse.

Die Zahl der Autoren, die ohne eigene Kenntnisse und Erfahrungen Reise- und Abenteuerliteratur verfaßten, war in den Jahren vor dem Ersten Weltkrieg und noch zwischen den Kriegen Legion. Schriftsteller wie C. Falkenhorst oder August Niemann verfaßten Romane über die Burenkriege, in denen sich ein zugleich beschauliches und martialisch-kolonialistisches Afrika-Bild zeigte, und in Seeräuberromanen wie Niemanns «Flibustierbuch» konnten Piraten nichts anderes als edelste Patrioten sein. (Vielleicht hat man Karl May gerade seine «unpolitische» Sicht des Abenteuers übelgenommen, denn so edel und so «deutsch» seine Helden auch immer sein mochten, sie waren doch in erster Linie von einer großen Welt-Lust getrieben, was sich im übrigen insbesondere an seinen komischen Figuren zeigen läßt: Sie ziehen in der Welt umher, um ganz sie selbst zu sein, vielleicht sogar, um sich ständig – auch in ihren Abenteuern – neu geboren sein zu lassen. Es ist für sie eine Ehre – sie bestehen ja mehr oder weniger nur aus verschiedenen Formen der Ehre –, Deutscher zu sein, aber es füllt sie nicht vollständig aus, wie es einen Nationalisten ausfüllt und wie es Helden von nationalistischen und «völkischen» Abenteuerromanen ausfüllt.)

Die Entwicklung des Genres läuft aus im Markt der Jugend-Abenteuerliteratur, zum Teil bestehend aus immer wieder neu bearbeiteten Klassikern (und in diesen Bearbeitungen bildet sich mancher Pädagogenstreit ab), und in der Massenproduktion der Heft- und Taschenbuchliteratur, bei der freilich die reine Abenteuerliteratur es immer schwer gehabt hat, sich gegen die moderneren Genres wie Kriminalroman, Science-fiction und Western zu behaupten. Erst in jüngster Zeit zeichnet sich, begünstigt durch den Boom der Fantasy, eine kleine Renaissance der Abenteuerliteratur über das nostalgische Vergnügen an den «alten Schmökern» hinaus ab. Natürlich hat auch hier der Abenteurer seine Unschuld verloren, nicht nur, weil nun auch seine – oder ihre, denn weibliche Helden sind nun längst nicht mehr die Ausnahme – erotischen Abenteuer der Erwähnung wert scheinen, sondern auch, weil die emotionale Unbeteiligtheit, die «politische Interessenlosigkeit» und rein menschliche Moral des Abenteurers nun kaum noch glaubhaft wirkt; er ist nun mehr betroffen, steht nicht mehr über, sondern allenfalls zwischen den Fronten.

Auf der anderen Seite überlebten Kostüm- und Geschichtsromane, indem sie sich, wie in den Romanen von Anne Golon, mit dem Melodram verbanden. Es ist, als müsse der moderne Mensch zum Abenteuer erst gezwungen werden, als wäre ihm, es freiwillig zu suchen, ein Zeichen der Kindischkeit. So ist der Held der «Hochliteratur», wenn es ihn noch gibt, oft ein Nachfahr des Picaro, der Held der abenteuerlichen Unterhaltungsliteratur aber zumeist ein ernsthafter Mann, der seine Widersacher brutal bekämpft, dessen Abenteuerlichkeit aber (denn die Gewalt ist ja allgegenwärtig) eigentlich in einer irritierenden, oft ein wenig verschütteten Menschlichkeit liegt. Der «moderne» Abenteurer hat sich gespalten in den lächelnd siegenden Märchenprinzen und den lächelnd verlierenden Humanisten auf der Flucht um den Erdball.

Wege ins Abenteuer

Die eigentliche Metaphysik des Abenteuers ist die Ehre. Sie ist im Grunde nutzlos, eine gewissermaßen nur aus Einbildung bestehende Identität. Vielleicht versucht der Abenteurer so, eine Spur zu hinterlassen, kräftig genug, ihn unsterblich zu machen. Vielleicht muß er so seine Person stützen, die eine Identität durch die Verbindung mit dem sozialen und topografischen «Platz» aufgegeben hat. Die errungene, erzwungene Ehre, die sich über die Epochen hinweg jeweils ein wenig anders erfüllt haben mag, setzt der Abenteurer zugleich gegen die Welt und gegen den Tod. In seinem Widerstand gegen die Gewißheit kann er doch nicht ganz auf Verläßlichkeit verzichten; so wird ihm die Ehre das, was dem Zuhausegebliebenen die Heimat ist. Es gilt, verlorene Ehre wiederzugewinnen, neue zu erobern, gleichsam als Lebenselixier und als «Ersatz» für einen Sinn des Lebens, den zu finden der Abenteurer möglicherweise einmal verfehlt hat oder den zu akzeptieren ihm seine soziale Situation – zwischen den fixen Plätzen seiner alten Welt – nicht gestattet hat. Der Abenteurer verleiht seinem Leben einen neuen Sinn, indem er es aufs Spiel setzt, um Ehre zu gewinnen. «Wenn Heldendichtung ein zentrales Prinzip hat, so ist es dies, daß der große Mensch eine harte Prüfung zu bestehen hat, um seinen Wert zu beweisen. Und diese Prüfung ist fast notwendigerweise eine Gewalttat in irgendeiner Form, die nicht nur Mut, Ausdauer und Unternehmungsgeist erfordert, sondern den Helden auch, weil er sein Leben dabei aufs Spiel setzen muß, zu zeigen zwingt, wie weit er in seinem Streben nach Ehre zu gehen bereit ist» (C. M. Bowra).

So wäre ein soziales Modell des Abenteurers möglich: Er ist das Produkt eines sozialen Saturierungs- und zugleich Zerfallsprozesses, tut seinen «Schritt aus der Ordnung» heraus, weil diese keine Identität für den einzelnen zu erschaffen in der Lage ist. Es scheint auch, als zwängen die rationalisierten und zugleich vernebelten Initiationsriten bürgerlicher Gesellschaftsformen zur kleinen Feier stellvertretender, symbolischer Initiation in der Gefahr und der Begegnung des einzelnen mit dem, was definitiv nicht Gesellschaft ist. Als dritte konstituierende Kraft für den Abenteurer wirkt das Bedürfnis nach einer sinnlichen Welterfahrung, die dem Poetischen näher ist als dem Wissenschaftlichen (auch dort, wo sich der Abenteurer als Wissenschaftler tarnt). Durch seine abenteuerliche Reise verbindet er bis dahin Unverbundenes, zeigt Wege zwischen Wirklichkeiten, die vordem als nicht zu verbinden gedacht waren. (Mag diese Verbindung im allgemeinen auch nichts anderes als Zufall sein, so ist es doch erst der Mut des Abenteurers, der sie ermöglicht.)

So wirken die Wege des Abenteurers zurück auf die Gesellschaft, der er entfloh, als Mythos und Muster. Er stabilisiert die Vorstellungswelt «seiner» Gesellschaft, indem er das Entfernte und das Wunderbare erzählbar macht. Es ist nicht so sehr das Verbotene, nicht allein das Exotische, was der Abenteurer stellvertretend erfährt und weitergibt, es ist vielmehr das eigentlich Überflüssige, die Freiheit, Dinge zu tun, die eigentlich im Sinne bürgerlicher Welterfahrung keinen Sinn haben, aber auch Dinge zu erleben, die nicht von vornherein ausrechenbar waren. Der Abenteurer darf sich nicht scheren um ein Verhältnis von Aufwand und Wirkung, darf nicht das Risiko abwägen, das er eingeht, darf eigentlich nicht genau wissen, was er will. Der Berechenbarkeit des Lebens, diesem Paradox einer Zerstörung durch Konstruktion, entkommt der Abenteurer, indem er sich ins Unberechenbare wagt, selber ein wenig Unberechenbarkeit probiert und produziert. Aber da das Abenteuer erst durch seine Erzählung seinen Sinn erfüllt, macht der Abenteurer die Welt auch weiter berechenbar. So ist es letztendlich nur sein Stil, den er gegen dieses Schicksal zu setzen hat.

Denkbar ist ein Bild, in dem jedes Abenteuer nur genau einmal und nur von einem Menschen erlebt werden kann. Darin wäre der Vorrat an Abenteuern in der Welt endlich und näherte sich so dem Verbrauch. Es fällt zunehmend schwer, von den vielen gefährlichen Dingen, die in der Gegenwart noch zu unternehmen sind, solche zu finden, denen man leichten Herzens das Attribut Abenteuer verleihen könnte. Aber vielleicht gehört es auch zum Wesen des Abenteuers, daß wir es immer in vergangenen Epochen vermuten und daß es eigentlich nicht das Abenteuer an sich, sondern nur dessen Rekonstruktion gibt.

Während es für den Ritter noch nahezu selbstverständlich ist, auf Aventiure zu ziehen, um damit seinen Wert, sogar seinen Rang zu bestimmen und den Wundern zu trotzen, die ansonsten ihn verfolgen würden, muß der Bürger als Abenteurer zunächst große Widerstände überwinden, denn sosehr er möglicherweise im Dienste seiner Klasse stehen mag, so sehr setzt er doch durch das Abenteuer auch seine Position in ihr aufs Spiel. Natürlich ist auch die Aventiure Widerspruch zu Heimat, Familie, Platz, aber sie ist zugleich auch Bestimmung, unverzichtbarer Bestandteil von Kultur und Mythologie. Auch das Bürgertum «braucht» seine Abenteurer, allerdings ist die Bestimmung der Abenteurer ungleich schwieriger. Die Wahl trifft die Familie und den sozialen Raum des Abenteurers wie ein Schicksalsschlag (daher auch die zwiespältige Haltung zur Abenteuerliteratur, die als Legitimation geachtet und als «Verführung» gefürchtet wurde). Wie sehr hat Robinson Crusoes Vater ihn ermahnt, das Abenteuer sei nichts für Leute seines Standes, des Mittelstandes, «dem besten Stand auf Erden und beste(r) Grundlage für menschliches Glück»! Noch lange in die Zeiten der verschiedenen Formen bürgerlicher Herrschaft hinein hat man es vorgezogen, den Adeligen als Abenteurer herauszustaffieren. Nur er auch war von der Verpflichtung enthoben, um jeden Preis ein bürgerliches Ende für sein Abenteuer herzustellen. Und doch ist auch der bürgerliche Abenteurer, nicht zuletzt durch seine Rolle als Kolonisator, eine notwendige Kraft für diesen Stand, der sonst an seiner Saturiertheit zugrunde gehen müßte; erst der Abenteurer kann diesem Stand zu universaler Herrschaft verhelfen.

Aber werden kann der Abenteurer eben erst durch den Luxus, auch und gerade das Überflüssige zu tun. So gestaltet sich das Verhältnis des Abenteurers zu seiner Klasse eher widersprüchlich: Man bedingt einander und kann sich doch vollständig nicht mehr verstehen. Der Abenteurer sucht schließlich das, was seine Klasse so angelegentlich aus dieser Welt zu eliminieren sucht: den Zufall, das Wunder. So wird er auch zur Opposition gegen alle puritanisch-kapitalistischen Prädestinationsvorstellungen – auch wenn er sie freilich durch sein schieres Überleben, seine Rückkehr, vielleicht seine Wiederverbürgerlichung am Ende indirekt doch bestätigt.

Der bürgerliche Abenteurer befindet sich im Widerspruch zu seiner Klasse, wenn er die Welt als das andere, das Nicht-Angeeignete verstehen will – insofern läßt sich seine Bewegung verstehen als Widerstand nicht nur gegen Prädestinationsglauben, sondern auch Widerstand gegen die Reduktion des Dialogs mit der Natur auf ihre Ausbeutung und Verwaltung. Das bürgerliche Abenteuer geht über die Aventiure dabei noch hinaus, indem es auch jede soziale Notwendigkeit leugnet (ob zu Recht oder nicht, sei dahingestellt).

«So ist die Inkongruenz von Handelnden und Umwelt Bedingung des Abenteuers. Wird alles, was einem widerfährt, als letztlich das Eigene erfahren, so muß das Erlebnis des Abenteuers ausbleiben. Die Jagd, vielgebrauchtes abenteuerliches Motiv, kann sich daher für den Primitiven nicht zum Abenteuer entwickeln. In seinen Tänzen und rituellen Spielen kultiviert er die Identifikation von Jäger und Tier. (...) Für Abenteuer ist innerhalb dieser Verwandlung wie in deren Ernstfall, dem Kampf zwischen Mensch und Tier, kein Raum – die Jagd des Löwen auf die Antilope wird erst demjenigen zum Abenteuer, der sie als fremdes Geschehen von außen beobachtet» (Gert Ueding).

Gegen den romantischen Protest gegen die universale, materielle Ordnung in der Welt durch das Abenteuer hat sich seit der Aufklärung und fortgesetzt in den Arbeiten der sozialistischen Theoretiker scharfe Opposition herausgebildet. Aufklärung wie sozialistische Weltsicht können Abenteuer nur begreifen als den Anteil von Lust im Fortschritt der Menschheit in ihrer Geschichte – es überlebt hier das Abenteuer den Abenteurer, während der Abenteurer als bürgerlicher, romantischer «Aussteiger» als illusionistische Bestätigung von Rückständigkeit und seine künstlerische Darstellung als Zementierung überkommener Techniken und Moral begriffen wird. Ueding referiert Hegels Kritik:

«Hegel sieht die Abenteuerlichkeit der romantischen Kunst als Zeichen für den Zerfallsprozeß der künstlerischen Form an. Dieser kritische Blick erweist sich geradezu als die Bedingung seiner scharfsinnigen Analyse aller Momente, die das Abenteuer in der bürgerlichen Gesellschaft konstituieren. In einer selber ungesicherten Welt mit ungeordneten gesellschaftlichen Verhältnissen war das Abenteuer Bestandteil der ‹Zufälligkeit des äußerlichen Daseins›, dem der fahrende Ritter seine ‹chimärischen Zwecke› entgegensetzte. An die Stelle der Zufälligkeit trat die ‹sichere Ordnung der bürgerlichen Gesellschaft und des Staats›, und die Helden des modernen Abenteuers ‹stehen als Individuen mit ihren subjektiven Zwecken der Liebe, Ehre, Ehrsucht oder mit ihren Idealen der Weltverbesserung dieser bestehenden Ordnung und Prosa der Wirklichkeit gegenüber, die ihnen von allen Seiten Schwierigkeiten in den Weg legt› (Hegel). Die Zufälligkeit des Abenteuers steht im Widerspruch zur zweckhaften Ordnung der bürgerlichen Gesellschaft. Deren Schranken erkennt der Abenteurer nicht an, vielmehr bedeuten sie ihm nur die Aufforderung, sie zu überschreiten und seine ‹subjektiven Wünsche und Forderungen› im Kampf mit der ‹für ihn ganz ungehörigen Welt› zu realisieren. Für Hegel ist der Abenteurer eine Art Don Quichotte, der ‹ein Loch in diese Ordnung der Dinge› hineinzustoßen versucht, obwohl diese Ordnung ein objektiver Tatbestand ist, deren Druck sich das einzelne Subjekt nicht entziehen kann. ‹Diese Kämpfe nun aber sind in der modernen Welt nichts weiteres als die Lehrjahre, die Erziehung des Individuums an der vorhandenen Wirklichkeit, und erhalten dadurch ihren wahren Sinn.

Denn das Ende solcher Lehrjahre besteht darin, daß sich das Subjekt die Hörner abläuft, mit seinem Wünschen und Meinen sich in die bestehenden Verhältnisse und die Vernünftigkeit derselben hineinbildet, in die Verkettung der Welt eintritt und in ihr sich einen angemessenen Standpunkt erwirbt.› Nur scheinbar also widerspricht das Abenteuer der vernünftigen Ordnung der Dinge, in Wahrheit bereitet es das Individuum auf seine prosaischen Aufgaben und Verpflichtungen vor – am Ende steht der ‹Katzenjammer› aus Arbeit und Ehe. Die Rechtfertigung der vorhandenen Welt als der einzig vernünftigen läßt dem Abenteuer keinen anderen Raum als den der Schule fürs ordentliche bürgerliche Leben. Hegel hat damit eine wesentliche Funktion des Abenteuers – auch des schreibend oder lesend rekonstruierten Abenteuers – beschrieben, doch indem er den Widerspruch zwischen Abenteuer und bürgerlicher Ordnung in die Einheit der vernünftigen Wirklichkeit auflöste (nicht aber dialektisch aufhob, was den Stachel des Abenteuers festgehalten hätte), ließ er sämtliche über das Vorhandene hinausweisenden Impulse der Abenteuerlichkeit vor dem Kommandowort des Weltgeistes zuschanden werden.» (Die Hegel-Zitate entstammen der zweibändigen Ausgabe der «Ästhetik», die F. Bassenge besorgte.)

Das Abenteuer steckt also, aller Rationalisierung zum Trotz, als «Stachel» noch im bürgerlichen Alltag, es hört nicht auf, wenn der einzelne davon in die Pflicht genommen wird, und lebt mindestens als mehr oder minder geheime Sehnsucht weiter. Und mindestens ebenso leicht, wie sich ökonomische Unternehmen als Abenteuer tarnen lassen, wie sich gar Kriege als Abenteuer tarnen lassen, lassen sich auch Abenteuer als ökonomische Unternehmungen tarnen. Nur der Preis, den der Abenteurer zahlen muß, die Zerstörung der Optionen und der Zufälle, denen seine Suche galt, wird immer höher; seine Gemütslage ändert sich in der Entwicklung des Abenteuers und seiner Abbildung in Kunst und Unterhaltung von strahlender Heiterkeit über die Melancholie des tragischen Kolonialisten hin zum Zynismus des an den Weltenden sich herumtreibenden letzten Abenteurers.

Typologie des Abenteuers

Das Abenteuer ist also nicht der Weg zur Freiheit, sondern der Sturz in die Freiheit, ein Wagnis, das der Abenteurer nur mit anderen bürgerlichen Pflichten zumindest zeitweise enthobenen Menschen teilen, nicht aber mit oder in einer wie auch immer gearteten formellen Gruppe, gar in einer Masse erleben kann. (Das Abenteuer ist ja dringendste Opposition gegen Masse, gegen jedes Aufgehen in Gruppe und Platz, und dennoch ist es nie gefeit vor dem Umschlag ins faschistische Abenteuer, dem

Abenteuer als Abbildung hysterisch patriarchalischer Zwangsvorstellungen und in jene «Heldentaten», die nicht zur Erfahrung, sondern zur Verdrängung von Körperlichkeit geschehen.)

Der Abenteurer enthebt sich der bürgerlichen Pflichten durch seinen Willen und durch seine Taten; er legitimiert sich durch seine altruistische Moral. Er ist, als Nachfahr des Helden der Sage, unterwegs, um das Böse zu vernichten, von dem er sich unwiderstehlich angezogen zeigt. «Die Helden der Sage, leuchtende Gestalten, die durch das Dämmerlicht und die Dunkelheit unserer Furcht ziehen und diese erhellen, sind ein paar außerordentliche Männer, die Unmenschliches vollbringen. Von den heimlichen Ängsten sowie den Hoffnungen unserer Seele geboren, werden sie in die Welt hinausgeschickt, auf daß sie gegen das Böse kämpfen, um es zu überwinden. Da Angst und Furcht das Erbteil der Menschheit sind, hat jede Zeit den Retter und Wächter, der zu ihr paßt. Seine Gestalt ist vom Zeitgeist geprägt. Sein Wesen jedoch ändert sich nicht, denn er repräsentiert ein Urbild» (Kurt Seeberger).

Der Abenteurer ist ein Sonderfall dieses Helden, dieses «Retters und Wächters». Seine Ungebundenheit prädestiniert ihn dazu, die ungebundensten Kräfte des Bösen zu bezwingen; wie oft müssen die an ihren sozialen und mythischen Ort gebundenen Helden sich damit begnügen, das Böse aus ihrem Wirkungskreis zu vertreiben, der Abenteurer aber stöbert das Böse dort auf, wo es zu Hause ist.

Da dieser Held sich ständig zwischen Göttern und Dämonen bewegt, nimmt er gelegentlich selber etwas Göttliches oder etwas Dämonisches an. Bis hin zum modernen Abenteurer bleiben Herkunft und Motive oft ein wenig geheimnisvoll, wie das bei minderen Göttern der Fall zu sein pflegt. Noch von Hugo Pratts Comic-Abenteuerhelden Corto Maltese, vielleicht eines der stringentesten Beispiele für die Zeichnung des modernen Abenteurers, ist so viel Geheimnis, daß eine unbewußte vage Verbindung zum Übernatürlichen in allen seinen oberflächlich durchaus zu rationalisierenden Bewegungen und Motiven mitschwingt. Doch läßt sich der Abenteurer selbst schon nicht vollständig säkularisieren, auf menschlich durchschaubares Maß reduzieren, so müssen sich dies stellvertretend seine Begleiter gefallen lassen, die nicht allein deswegen existieren, damit das Abenteuer erzählbarer wird. Anders als der Abenteurer selbst sind seine Begleiter oft Außenseiter nicht allein durch ihre Entscheidung, sondern, im positiven oder im negativen Sinne, durch Schicksal. Sie besitzen zumeist entweder so viel oder so wenig, daß sie nichts zu verlieren haben. Das Abenteuer ist ihnen das Erlebnis, an dem sie teilhaben, ohne es zu gestalten. Wo sie eingreifen, tun sie es wie im Traum, gleichsam aus Versehen und selten mit den vorhergesehenen Ergebnissen. Wie der Held dauernd seine übermenschlichen Fähigkeiten zu beweisen hat, so müssen sie durch Fehlreaktionen, komische Verwicklungen, Hilflosigkeit, ein

«Corto Maltese» von Hugo Pratt.

Gran Tücke, Egoismus und Schwäche beständig an ihre Menschlichkeit erinnern.

Da ist zum einen der listig-komische Diener, der dem Helden zugeordnete Picaro, nicht selten ein Eingeborener, wie Hadschi Halef Omar, der zwischen den Kulturen vermittelt und durch komische Reaktionen Schwächen und Mißverhältnisse aufdeckt, oder der «Mann aus dem Volk», Passepartout, der sich durch eine Internationale der niederen Schichten (auch: der Unterwelt) bewegt, seinem Herrn Beziehungen und Vorteile verschaffend, die ihm allein unmöglich gewesen wären. Und da ist zum anderen der reiche Sonderling, Karl Mays Lord Castlepool, der es sich leisten kann, für das Abenteuer zu bezahlen, das er erlebt wie eine Sondervorstellung. Beide Figuren sind auch Repräsentanten des Publikums, Modelle von Teilhabe am Abenteuer; der Picaro ist der menschliche Held, der sich materieller Wünsche und Schwierigkeiten nicht schämen muß, dem nicht die Ehre, sondern ein tägliches Stück Glück Lebenselixier ist, und der kauzige Lord, der die Gefahr sucht und gerade dadurch wunderbar von ihrer Realität ausgeschlossen scheint, beweist die Unmöglichkeit des Abenteuers für den, der nicht dafür geschaffen ist und die Zufriedenheit, die der Konsum vermitteln kann. «Die schottischen oder englischen Lords der Reiseromane, Nebenfiguren eigentlich, die selten einmal aktiv in die Handlung eingreifen, allenfalls durch ihre Ungeschicklichkeit Verwicklungen heraufbeschwören, im allgemeinen die humoristischen Dialogszenen beherrschen und von den Helden mit einem nachsichtigen Lächeln bedacht werden, diese komischen Figuren, englischen ‹Krämergeist› persiflierend, verhalten sich dem Abenteuer gegenüber als Touristen. Trotz aller Übertreibungen, trotz ihrer Gelder und Titel repräsentieren sie den Durchschnittsmenschen europäisch-bürgerlicher Herkunft. Wie Leser und Zuschauer sind auch sie vom Abenteuer ausgeschlossen, können es sich allenfalls erkaufen» (Gert Ueding).

Diese Figuren sind nicht zum Abenteuer geboren wie die eigentlichen Helden. Diese könnten dem Abenteuer nicht entgehen, auch wenn sie es versuchten, und man könnte sie auch, wie Parzivals Beispiel zeigt, um keinen Preis der Welt davor bewahren. So ist im Abenteuer beides: der Held, der mit dem Schicksal spielt, und das Schicksal, das mit dem Helden spielt. Wesentlich ist, daß sowohl der lachende Held, der die Welt in seine Arme nehmen will, als auch der tragische Abenteurer, der immer wieder auf die Reise und in die Gefahr gezwungen wird, allen persönlichen Verlusten zum Trotz, diese ihre Bestimmung annehmen. Es mag den melancholischen Abenteurer geben, den komischen und hie und da sogar den ängstlichen Abenteurer; was es nicht gibt, ist der Abenteurer, der sich und sein Schicksal rationalisieren könnte. Denn das Abenteuer ist nicht die Profession, nicht die Passion, nicht die Tat des Abenteurers, es ist vielmehr er selbst; er existiert nicht ohne das Abenteuer, wie selbstverständlich das Abenteuer, das nie «den Falschen» treffen kann, nicht ohne ihn existiert.

So müssen die vielen Nebenfiguren, die guten wie die bösen, auch ein wenig dafür entschädigen, daß der eigentliche Held des Abenteuergenres in aller Geschäftigkeit eine gewisse Eigenschaftslosigkeit nicht verbergen kann. Wie der Abenteurer seinen «Platz» verlassen hat, so fehlen ihm auch die festen Züge im Wesen, die physiognomischen Furchen und Eigenheiten des Verhaltens. Das schon gehört zum Geheimnis seiner ewigen Jugend. «Fremd ist dem Abenteuerroman die Charakteridee. Denn der Abenteurer ist charakterlos wie Proteus. Er kennt weder vereinbarte Richtung noch innere Gesetzlichkeit. Seine Göttin ist Fortuna, sein Gesetz der Zufall» (Otto F. Best).

Das Leben als Abenteuer ist also mehr oder weniger das Leben als Traum: es *ist* nur, was *geschieht*. Der Kampf gegen das Böse, den der Abenteurer auszufechten hat, ist im Grunde der Kampf gegen das Aufwachen, den Einbruch der Wirklichkeit in den Traum. So sind die Gestalten des Bösen im Genre, bei aller phantastischen Verkleidung, Vertreter jener Prinzipien, die das «wirkliche Leben» regeln: Sie repräsentieren die Ansprüche von Macht, Ökonomie, Familie, Autorität, Realitätsprinzip. Ihnen allen zu eigen ist, daß sie Herrschaft verlangen, daß sie die Frauen versklaven, daß sie gegen das Lachen des Abenteurers den grimmigsten Ernst setzen und gegen seine Bewegungen feste Mauern, Gitter, Gräben, Kerker und Fesseln. Die Gestalten des Bösen im Abenteuergenre sind jene Tyrannen, die man auch als Abbildungen von innerseelischen Instanzen deuten kann, welche gegen die Freiheit ihre Verbote und ihre Befangenheiten, ihre schreckliche Logik bauen. Und es ist unser Glück, daß für diesmal die Moral auf der Seite der Freiheit steht.

Aber natürlich ist das Böse im Abenteuergenre zugleich auch das archetypisch Böse, von dem der Held uns immer wieder zu reinigen verspricht. Das Böse für den Abenteurer ist der Widersacher, der aus materiellen Gründen handelt, der Reiche gründen will auf dem Elend der Unterdrückten und der daher nicht nur den Sieg, sondern vor allem die Lebensform des Abenteurers in Frage stellt. «Weil sich ein Ruchloser einen Schatz aneignen will, geschieht das Böse. Alles Böse tritt personifiziert auf: als Schurke oder als Riese, als Drachen, Dämon oder Teufel. Alles, was die Macht und den Willen hat, irgend jemand an Leib oder Seele, Hab oder Gut zu schaden, wird böse genannt in der Welt. Böse ist alles, was einen treffen oder vernichten will und kann. Böse, da gefährlich und gespickt mit Pfeilen, die einen jäh erreichen können, ist alles Dunkle und Unheimliche. Wer Böses im Schilde führt, legt sich am besten des Nachts in den Hinterhalt; Böses will unsichtbar sein. Jede Furcht wird im Dunkeln gesät, als ein Nachtschattengewächs» (Kurt Seeberger).

So ist der Abenteurer in zweifacher Hinsicht der Hüter des Traums. Nur er ist ungebunden genug, die ewigen Mächte des Bösen, die aus dem Dunklen und aus dem Zufall heraus operieren, aufzuspüren und in ewigem Kampf zu besiegen. Und auf der anderen Seite widersetzt er sich immer und immer wieder jenen grotesken Parodien der inneren und äußeren Instanzen von Macht, Autorität und Unterdrückung von Sinnlichkeit.

Der Abenteurer und die Frau

Im einfachsten Fall wird das bestandene Abenteuer, der Sieg über den Drachen, den anderen Ritter, die Magie, durch die Liebe einer Frau belohnt, doch überzeugt auch ein oberflächlicher Blick in die Geschichte des Abenteuers und die Geschichte der Abenteuerliteratur, daß dieser einfachste Fall mit der «Verbürgerlichung» des Abenteuers sich mehr und mehr komplizierte, mit puritanischen Wendungen versehen ward, obzwar er als utopisches, unausgesprochenes Element fast immer vorhanden blieb. In der bürgerlichen Hochkonjunktur des Abenteuers scheint es gelegentlich fast, daß die direkte Verbindung des Abenteuers mit der Frau diesem gar etwas von seinem Glanz nimmt. Die Befreiung der gefangenen Frau als Grundzug des Abenteuers wird von einem ins moralisch Positive gewendeten Abbild einer Ent- und Verführung zu einem Ausweg aus einer «Beziehungsfalle», in die der bürgerliche Abenteurer gerät: Er befreit die Frau aus aller Gefahr nicht *für* sich, sondern zugleich mit ihrer Gefangenschaft *von* sich, das heißt, im Grunde befreit er sich von der Frau, die im bürgerlichen Weltmodell mit dem Abenteuer nicht zu vereinbaren ist.

Die Beziehung des Abenteurers zur Frau scheint voller Retardierungen, Unmöglichkeiten und heroischem Verzicht, auch wenn nur dem Abenteurer so viel Bild und Erscheinung gewordene Weiblichkeit begegnen kann. Gelegentlich ist zu vermuten, daß in jedem Abenteuer auch ein Teil Flucht vor der Frau steckt, die zugleich fortwährend symbolische Begegnungen ja die Re-Erotisierung aller Natur und Körper hervorbringt. Durch das Abenteuer spaltet sich die Totalität Frau für den Mann, der es auf sich nimmt, in den Mythos und die soziale Funktion. Der Abenteurer begegnet einerseits der bürgerlichen Frau und ihren exotischeren Abbildungen, die er – so oder so – verlieren muß, und er begegnet andererseits der mythischen Frau, der Abenteurerin, der Priesterin, der phantastischen Venus, die ihn nicht erringen kann. Sicher schwingt in dieser Beziehung auch die puritanische Spaltung des Frauenbilds in die «Heilige» und die «Hure» mit, aber viel allgemeiner erscheint solche Konstruktion des Abenteuers als Kompromiß zwischen bürgerlicher und phantastischer Erotik, zwischen «Wirklichkeit» und «Traum». Daß Abenteuerliteratur Männerliteratur ist, hängt also nicht nur damit zusammen, daß Kampf, Gefahr, Welt und Abenteuer den Männern vorbehalten wäre, sondern ergibt sich vor allem aus den darin enthaltenen Konzeptionen zur Bewältigung männlicher erotischer Widersprüche.

Die Geschichte des Abenteuers vollzieht sich im Spannungsfeld zwischen der Erotisierung der Welt und der Keuschheit des Abenteuers. So scheint unserem kulturellen Gedächtnis tendenziell die mittelalterliche Aventiure ein Medium der Keuschheit gewesen zu sein. So gut wie nie erfahren wir, daß ein Ritter der Tafelrunde einer Frau anders als mit Ehrerbietung und Respekt gegenübergetreten wäre, und die Liebesgeschichten der Artuslegende sind kompliziert, in gewissem Sinne «verletzlich». Es ist allerdings zu befürchten, daß die Keuschheit des Abenteuers daher rührt, daß es vielfach Vertreter des Klerus waren, die es übernommen hatten, die Abenteuerlegenden zu fixieren, und die ihre (neue) Moral in sie fügten. Bis weit in die Nachwehen des Viktorianismus hat die Hauptlinie der Abenteuerliteratur die auch sexuelle Reinheit und Unschuld des Abenteuers betont.

Die Kulturgeschichtsschreibung freilich weiß, daß die Ritter im allgemeinen alles andere als tugendhaft in späterem Sinn waren und daß auch ihre Frauen selten dem hehren Ideal entsprachen, das die spätere Literatur von ihnen zeichnete. So gibt es sogar in der Legende eine Korrektur am (christlichen) idealen Bild: Am Hofe des Königs Artus soll einmal ein Zaubermantel eine neue Besitzerin unter den Damen des Hofes finden, die allerdings keusch und züchtig zu sein hätte. Unter den Damen von Camelot findet sich nicht eine einzige, die sich des Mantels als würdig erweisen könnte.

Sexualität verbindet sich mit der Tapferkeit im Abenteuer; sie ist hier, noch vorchristlicher Moral gehorchend, tatsächlich die Belohnung für den Sieger. Begegnete ein Ritter etwa einem anderen, in dessen Begleitung sich eine Frau befand, so war es an der Tagesordnung, daß er diesen zum Zweikampf herausforderte und sein Sieg ihm augenblicklich die Gunst der Frau einbrachte, welche selber keinen Ehrverlust durch ihre freudige Hingabe an den Sieger zu gewärtigen hatte. Und: «In den christianisierten Fassungen alter Volksmärchen wird dem Ritter oder Helden oft die Hand der Königstochter geboten, wenn er die ihm gestellte Aufgabe erfüllt; aber in den ursprünglichen Erzählungen stellt sich die Frage der Vermählung selten. So wird in dem ‹Chanson de Doon de Nanteuil› den Kriegern versprochen, daß ‹sie die schönsten Damen am Hofe wählen dürfen, wenn sie die Feinde in die Eingeweide treffen›. Der Ritter, der die Burgherrin von Couci liebt, erklärt einfach: ‹Jesus, daß ich sie nackt in meinen Armen halten könnte!› Und dies genau ist auch der Lohn, den die Frauen selbst frank und frei versprechen» (Gordon Rattray Taylor).

Man wird also damit rechnen müssen, daß sich die Erotik des Abenteuers in seinen Tradierungen an christlichen und nachchristlich-bürgerlichen Moralvorstellungen und Ideologien widergespiegelt findet. Das Abenteuer entsteht ja erst durch den Widerspruch zwischen Sehnsucht und Moral, und nicht als Lösung dieses Widerspruchs gestaltet es sich, sondern als seine mythische Aufhebung. Wie die Geschichte des Mittelalters, also unseres «heroischen Zeitalters» und somit Quelle aller Vorstellungen vom Abenteuer, durchzogen ist von den gegenläufigen Tendenzen, der vorchristlichen, direkte sinnliche neben magische Welterfahrung stellenden Lebensform und dem Vordringen des kirchlichen Sittenkodex, so fließen auch beide Elemente in die Struktur des Abenteuers. Gewiß überlagerten sich beide, veränderten einander, führten zu mancherlei Kompromissen und Verabredungen, zu sozialen und psychischen Modellen, deren Wert heute kaum noch nachzuvollziehen ist (obwohl doch so vieles davon noch bis in unseren Alltag hinein Wirksamkeit aufweist), wenn nicht als historisch gewordene Balance zwischen vorchristlichem und christlichem Gedankengut. Führte der Rückfall in vorchristliche «Barbarei» oder deren Beharrungskräfte gelegentlich zu empfindlichen Störungen neuer sozialer und ökonomischer Ordnungen, so hatte der militante Moralisierungsprozeß, den der Klerus durchführte, als Ergebnis nicht selten Neurosen, kollektive Zwangsvorstellungen, religiös getarnte Perversionen und Ausbrüche von Hysterien.

Der ritterliche Abenteurer und seine Nachfahren konnten durchaus in beiden kulturellen Systemen bestehen (oder untergehen), er war einer der Verkörperungen dieses Widerspruchs. Vielleicht wird man der Funktion der Aventiure am ehesten gerecht, wenn man sie als Versuch deutet, diesem Widerspruch zu entrinnen. Seine Handlungen und seine Träume sind zugleich christlich und unchristlich, und vermutlich wird der fahrende Ritter selbst am allerwenigsten gewußt haben, welcher Kultur er jeweils am ehesten dienlich war, so wie der Abenteurer später kaum zu sagen weiß, ob er der bürgerlichen Weltordnung dient oder ob er versucht, ihr zu entkommen.

Ganz sicher hat nicht der mittelalterliche Ritter allein sein Abenteuer aus diesem Widerspruch heraus zu formen (sowie der Erzähler den Traum davon), sondern alle seine abenteuernden Nachfolger bis in unsere Zeit, denn der Kampf zwischen vorchristlicher Weltschau und christlicher Moral, mag man beides nun benennen wie man wolle, dauerte fort und ist vielleicht das eigentliche Motiv zur Bewegung in der Geschichte des Abendlandes bis in unser Jahrhundert hinein, da sie sich dem Ende zuneigt.

Die Zweiteilung der Frau, die im Kopf des Mannes nicht zu überbrückende Trennung der «Madonna» von der «Hure», die heute möglicherweise an Bedeutung zu verlieren beginnt, hat hier einen ihrer kulturgeschichtlichen Ursprünge; sozialpsychologisch wird sie notwendig durch den Sieg patriarchalisch-christlicher Modelle in der Alltagspraxis. Das Abenteuer als Metapher mag dabei schließlich zur Bestätigung des Madonna/Hure-Komplexes führen: Der Abenteurer ist auf der langen gefahrvollen Suche nach der Madonna, von der ihm immer wieder Traum- und Trugbilder begegnen. Was das *good bad girl* im Western, das ist im Abenteuergenre die Hure, die eine Madonna sein möchte. Reale Begegnungen dagegen hat der Abenteurer mit Frauen, die eher dem Hurenbild entsprechen; die Abenteurerinnen sind gleichsam ihrer sozialen Kontrolle und Unterwerfung entronnene Huren, von denen sich einige als dem Helden durchaus ebenbürtig erweisen können. Als Metaphysik des Abenteuers kann sich sowohl ein *ganzes* Frauenbild erweisen als auch der endgültige Verzicht auf die Frau. Die Verhältnisse innerhalb der Typologie des Abenteuers werden allerdings komplizierter, da es nicht nur eine Dichotomie von Gut und Böse bezogen auf Madonna und Hure gibt, sondern über diese hinaus auch die gute und die böse Madonna, die gute und die böse Hure. Huren verkleiden sich als Madonnen und Madonnen als Huren: Die Dichotomie ist der Ausgangspunkt des Abenteuers; sein Ende kann ihre Aufhebung sein.

Da das Abenteuer nicht nur vorwärts führt, ins Unbekannte, sondern auch zurück, in die Zeit der jugendlichen, unschuldigen Begegnung mit der Natur, wird die Frau, mal Madonna, mal Hure, oft in einer Lage erlebt, in der sie selbst daran gehindert ist, zum Subjekt zu werden. Eine «Tragik» des Abenteurers ist es, daß er die Frau stets aus der Lage befreien muß, in der er sie offensichtlich am liebsten sieht: gefesselt, ohnmächtig. Das Abenteuer wäre nicht viel wert ohne die Frau als Opfer. «Die gefesselte Frau (hat) in den männlichen Phantasien vor der Adoleszenz stets eine prominente Rolle gespielt. Betrachtet man nur die Illustrationen der Comic-Hefte in irgendeinem Regal, so findet man großzügige Mengen gefesselter, angeketteter oder anderweitig in ihrer Bewegungsfreiheit eingeschränkter junger Frauen, die dabei auch noch von Wilden, Dschungeltieren, Weltraumwesen oder Gangstern bedroht werden. Und diese Faszination scheint sich nicht unbedingt zu legen, wenn die Jungen älter werden; Hera war die Königin aller griechischer Göttinnen, aber es gibt kaum Gemälde oder Statuen von ihr, während eine holde Unbekannte wie Andromeda, deren einziger Anspruch auf Ruhm darin bestand, daß sie nackt an einen Felsen gekettet worden war, eine Unzahl von Kunstwerken inspiriert hat» (Anthony Pietropinto / Jacqueline Simenauer).

Seine schrecklich-schönen Frauengestalten übernimmt das Abenteuergenre vor allem aus dem Märchen und aus der Literatur der Romantik. Sehr viele der «bösen Frauen» im (bürgerlichen) Abenteuer haben auffallende Ähnlichkeit mit den «bösen Stiefmüttern» des Märchens, nur ist an die Stelle der speziellen Abspaltung des Bösen-Stiefmutter-Bildes vom Bild der guten Mutter (die als Reaktion auf verschiedene Manifestationen der Mutter gegenüber dem Kind gelten kann) die allgemeine Abspaltung der bösen Frau von einem guten Frauenbild getreten. Wie das Märchen es dem Kind gestattet, eine positive Haltung zur Mutter trotz ihrer auch beängstigenden Züge beizubehalten, indem alles Böse auf die Stiefmutter projiziert wird, so gestattet das Abenteuer dem Jungen, ein wenn auch rudimentäres positives Frauenbild zu schaffen, indem alles Beängstigende und Versagende auf die Gestalten von bösen Frauen übertragen wird. (Ein Nebeneffekt davon ist freilich oft, daß die gute Frau in netter Eigenschaftslosigkeit versinkt und sie so sehr Unschuld und Sanftmut und nichts weiter ist wie der Held Abenteurer. Geradezu erfrischend macht sich aus, daß in einem der Super-Märchen unserer Zeit, den «Star Wars», der Prinzessin wenigstens ab und an ein Schimpfwort entschlüpft und sie sich nie ausschließlich als Opfer der Handlung begreift.)

Natürlich nimmt auch das Abenteuer als Ausgangspunkt für seine erotische Typologie den «Familienroman», es wimmelt von Vater- und Mutter-Ersatz-Bildern, und in allen Abenteuern ist das Kind abgebildet, das ihnen entkommen will, das sie sich anders wünscht, das sein Verhältnis zu ihnen ordnen will. So sind aus den bösen Müttern oder Stiefmüttern – man denke etwa an «Tarzan und die Juwelen von Opar» oder die Tochter Mings des Grausamen im Comic-Epos «Flash Gordon» – in nur unvollkommener Verkleidung die bösen Herrscherinnen geworden. So markiert das Abenteuer den Übergang vom Familiären ins Gesellschaftliche, die verschiedenen Formen von menschlicher Zuwendung beginnen sich zu scheiden: Loyalität, Freundschaft, Bewunderung, Sexualität, Liebe. Das Abenteuer wird daher zu einem Sortier-Vorgang für Gefühle, indem es für jedes Gefühl eine Person sich erschafft, es zu veranschaulichen. Und wie im Märchen in die böse Stiefmutter möglicherweise auch die erotischen Impulse (die eigenen wie die der Mutter) projiziert sind, so ist im Abenteuer die Erotik in der bösen Frau versinnbildlicht und gebannt. (Das gilt um so mehr, je näher sich das Abenteuer an seinem viktorianischen Wurzelwerk befindet.)

Natürlich lassen sich auch die mannigfachen Rettungsunternehmungen der «Ritter in glänzender Rüstung» für die «ins Elend geratenen Jungfrauen» als Abbildung ödipaler Konfliktsituationen und deren Nachwehen deuten, wie das Bruno Bettelheim getan hat: «So erzählt das Märchen die Geschichte von dem unscheinbaren Jungen, der in die Welt hinauszieht und große Erfolge im Leben erringt. Die Einzelheiten schwanken, aber der Kern ist immer gleich: Er, dem es niemand zugetraut hätte, erweist sich als Held, erschlägt Drachen, löst Rätsel und läßt sich von seinem Verstand und seiner Güte leiten, bis er schließlich die schöne Prinzessin befreit, sich mit ihr verheiratet und fortan glücklich und in Freuden lebt. Jeder Junge sieht sich einmal in dieser Starrolle. Das Märchen sagt ihm: Es ist nicht der Vater, dessen Eifersucht dir den Alleinbesitz der Mutter verwehrt, sondern es ist ein böser Drache, und was du wirklich im Sinn hast, ist, einen bösen Drachen zu erschlagen. Dazu untermauert das Märchen die Vorstellung des Jungen, daß das erstrebenswerte Mädchen von einer bösen Gestalt gefangengehalten wird; es ist nicht die Mutter, die der Junge für sich haben will, sondern eine wunderbare Frau, die er zwar noch nicht kennt, aber ohne jeden Zweifel treffen wird. Die Geschichte erzählt noch mehr von dem, was der Junge hören und glauben möchte: Nicht aus eigenem Willen lebt diese wunderbare Frau (das heißt die Mutter) bei dieser bösen männlichen Gestalt. Im Gegenteil: Wenn sie nur könnte, wäre sie viel lieber bei einem jungen Helden (wie dem Jungen). Der Drachentöter muß immer jung und unschuldig sein wie das Kind. Die Unschuld des Helden, mit dem sich das Kind identifiziert, beweist stellvertretend die Unschuld des Kindes, so daß es sich wegen dieser Phantasien keineswegs schuldig fühlen muß, sondern sich selbst als stolzen Helden sehen kann.»

Das Abenteuer setzt das Märchen in die darin begonnene erotische Sozialisation (durch Projektion und Ablösung) weiter fort. Je «erwachsener» schließlich das Abenteuer ist, desto mehr tritt die Frau aus den Nebeln und Spiegeln hervor und wird von einer Utopie zu einer Wirklichkeit, der man mehr oder weniger melancholisch zugestehen muß, daß sie das Abenteuer beenden wird. Für das bürgerlich-puritanische Abenteuer war diese Klärung des Frauenbildes verbunden mit einer scheuen Umschreibung von Sexualität und zugleich Verzerrung ins Schreckliche und

Monströse. Auf dem Weg von der Utopie zur Wirklichkeit blieb hier oft genug die Entwicklung des männlichen Bildes von der Frau stecken in einer erotischen Imagination, die vor allem die Angst und das Verbot ausdrückte. Es ist bezeichnend, daß sich im Abenteuergenre diese Konstellationen in den letzten Jahren mit den Veränderungen in unseren Familienstrukturen und sozialen Verabredungen gewandelt haben. Nicht nur tritt nahezu gleichberechtigt und ohne die Dämonie früherer Zeit neben den Abenteurer die Abenteurerin, sondern Sexualität ist ein bedeutender Bestandteil der Beziehungen der handelnden Personen. In der Form der Fantasy etwa nähert sich das Abenteuer einerseits dem Märchen wieder an und emanzipiert sich andererseits von seinem mythologischen System: Die erotische Begegnung ist nun nicht mehr Metaphysik, sondern durchaus Mittel und Station in der Handlung. Zugleich aber zeigt sich, daß ein freimütiger Umgang mit erotischen Bildern und Gedanken keineswegs hinreichend für die Klärung der Beziehung zwischen Männern und Frauen ist, und so entwirft das Abenteuer weiterhin seine Frauenbilder und teilt sie, nach psychosozialen Befindlichkeiten in gute und böse. Der Traum umfaßt nun auch die Erotik, ohne sie zunächst aufwendigen Verkleidungs- und Vertuschungsprozessen unterwerfen zu müssen, aber es ist immer noch ein Traum, und problematisch wird darin die Haltung zu der Frau, die so oder so den Schläfer wecken, ihn in die Zivilisation, ins Reich des Denkens und der lästigen Pflichten zurückholen will.

Wenn der Abenteurer der Hüter des adoleszenten Traums ist und die Gestalten des Bösen diejenigen, die den Traum zu stören geneigt sind (vergleiche den Abschnitt «Typologie des Abenteuers»), so lassen sich gewiß auch die Frauengestalten einteilen in solche, die eigentlich Inhalt des Traums sind, und solche, die den Traum beenden wollen. (Daß beides auch das gleiche sein kann, erfährt freilich nicht nur Humphrey Bogart in «African Queen».) Dabei ergibt sich allerdings der Widerspruch, daß die böse Frau oft viel weniger dazu angetan ist, den Traum zu beenden, als die gute. Freilich gibt es die Angst, unter dem Traum liege noch ein anderer, ein endgültigerer Traum, in den die böse Frau den Helden entführen könnte und aus dem es kein Zurück mehr gäbe. Letzten Endes muß sich der Abenteurer – Erotik hin, Erotik her – vor beiden, den guten wie den bösen Frauen, fürchten, da sie auf die eine oder andere Weise seinen Traum zu zerstören in der Lage sind.

Der traditionelle Ausweg ist die unschuldige Frau, die das Schicksal in die Abenteuerwelt geschleudert hat, und die weder *femme fatale* noch Bürgermatrone ist. Das Glück des Abenteurers mit dieser seiner Traumfrau liegt in weiter Ferne und wird nicht näher bezeichnet, denn natürlich ist auch das *happy end* seiner Liebesgeschichte das Ende des Traums. Auf Grund dessen müßte der Abenteurer sogar sie hassen, doch das Genre versteht es, den Traum zu prolongieren, gewissermaßen als Belohnung für die Akzeptanz des erotischen Schicksals (der Ehe), und spricht die Frau frei: Zunächst ist die Liebesgeschichte selbst ein, ja das größte Abenteuer; die Frau muß bösen Eltern oder sonstigen Tyrannen entrissen und um die Welt entführt werden. An Heirat ist da noch lange nicht zu denken, und die Qualität der abenteuerlichen Traumfrau macht aus, daß sie nicht mürrisch, sondern entzückt auf solche Retardierungen reagiert. Gern begibt sie sich immer wieder in Gefahr, um ihrem Helden weitere Abenteuer zu ermöglichen. Das Ende des Abenteuers beginnt glücklich damit, daß sich die Frau in sein Zentrum stellt.

Da noch tobt sich der Abenteurer aus, möglicherweise schon ein wenig verzweifelt, weil er das *happy end* doch nicht aufzuhalten imstande sein wird. Seine Frustration leitet er um auf all die Gestalten böser Zivilisation und Gesellschaft, die ihm begegnen und die die Frau für sich (zurück)fordern. Man könnte meinen, viele der Schurken im Abenteuer sind nichts als perfekte Bilder der Angst des Abenteurers vor der Ehe.

Aber all das soll nicht heißen, daß es nicht auch den Sonderfall des abenteuerlichen Ehepaares gäbe, etwa die glückliche gemeinsame Robinsonade, ja sogar die abenteuerliche Familie gibt es im Repertoire unserer populären Mythologie. Nur muß in diesen Fällen die Flucht umfassender, der Rückweg verschlossener sein, und das Ziel solchen Abenteuers wäre nicht mehr Eroberung, sondern paradiesischer Friede und seine Erhaltung.

Wie jede, auch noch die unschuldigste Frau im Abenteuer ihre Sexualität auf gelegentlich höchst anzügliche Art dramatisieren muß, so dramatisiert sie auch ihren jeweiligen Status in der Beziehung zwischen Natur und Zivilisation. Die Frau der bösen Zivilisation schleppt einen Apparat an Technologie, Organisation und Intrigen in die Wildnis, und die Frau der bösen Natur, die Wilde, ist geneigt, sich mehr oder weniger bewaffnet und durchaus phallisch über jeden Mann herzumachen, der sie aufstört. Für den Abenteurer ist sowohl die Natur als auch die Zivilisation als Frau versinnbildlicht. Sein Dilemma ist, daß er beides nur durch seinen Traum verbinden kann, der aber wiederum von den Frauen beendet zu werden droht.

Da es ohne Dialog nur den Sturz in die sprachlose Einsamkeit der Wildnis oder die Rückkehr an den bürgerlichen bescheidenen Platz in der Familie gäbe, ist sein Erfolg bei Frauen die Wandlung: Aus der phallischen Wilden soll die «gezähmte» Geliebte (die Piratin als Beispiel), aus der zivilisierten Frau die mit Maßen Wilde (Tarzans Jane) wereden. Der in der Frau geführte Dialog zwischen Natur und Zivilisation ist der eigentliche Sex-Appeal des Abenteuers.

Und ist in eine Liebesgeschichte das Abenteuer eingeschrieben, kann solche Wandlung zum Lebensprinzip erhoben sein, so werden wir entlassen mit der Hoffnung, solche Liebe sei gegen den Alltag immun.

Die abenteuerliche Landschaft

Die Landschaft im Abenteuergenre weist aus, wo man sich befindet, das heißt, ihr Wechsel bestätigt den Charakter der Reise in jedem Abenteuer. Aber zugleich ist die Landschaft selber Teil des Abenteuers; sie ist nicht bloß einfach dramatisiert in Form einer «Übertreibung» von Höhen, Weiten, Klüften, nicht bloß ausgewiesen als besondere Form von Gefahr für den Abenteurer, der gegenüber er sich beweisen muß, sie ist auch in besonderem Maße «Bedeutung». Die abenteuerliche Landschaft ist eine Projektion der seelischen Befindlichkeit zum Abenteuer. Der Abenteurer muß hinauf und hinüber, er muß hindurch. Er erreicht den Gipfel als Form des Glücks, durchquert den Urwald in fiebrigem Verlangen, überwindet Natur wie einen menschlichen Körper: Das Abenteuer, und insbesondere das Abenteuer mit der natürlichen Landschaft, ist Sinnbild erotischer Vorgänge (und natürlich erotischer Vorgang selbst zugleich).

Der Raum des Abenteuers gehorcht nicht den Gesetzen der Geografie, sondern denen des Traums. Während in der «Wirklichkeit» die Landschaft vielleicht «zufällig» ist, der Mensch aber wie die Kräfte der Natur darin ganz und gar unzufällig sich verhalten, ist es im Abenteuer genau umgekehrt: Der Abenteurer sucht und findet das Zufällige in einer Landschaft, in der nichts zufällig ist. Jedes topografische Detail hat natürlich eine Funktion für die Erzählbarkeit des Abenteuers, aber auf einer anderen Ebene bedeutet es auch ein Detail in einer Metyphysik des Abenteuers.

Das mag eine ganz direkte Abbildung eines etwa zu begehrenden Körpers sein, wie Arno Schmidt das bei Karl May dargestellt hat, es mag aber auch weiter zurückführen bis zur Morphologie des Märchens, in dem die Wälder, die Berge, die Meere ihren festen Platz hatten. Im allgemeinen ist jedem topografischen Detail im Abenteuergenre jene Zweideutigkeit zu eigen, die zugleich Gefahr und Bedrohung, zugleich Sehnsucht und Lust verheißen. Landschaftsschilderung, unablässiges Gestaltungsprinzip im Genre, ob in der Literatur, bei den Comics oder im Film, dient also gleichzeitig dem Nachweis von Wirklichkeit des Abenteuers wie der Produktion einer «zweiten Wirklichkeit». Das Abenteuer erschafft so seine eigene Ornamentik.

Die einzelnen Untergattungen des Abenteuergenres beschreiben in ihren idealen Landschaften urtümliche Aggregatzustände von Natur und menschlicher Befindlichkeit. Sie begeben sich an Orte, wo die Natur noch keinen Kompromiß mit der Zivilisation geschlossen hat. So sind die unendlichen Weiten des Meeres das exakte Gegenbild zur Enge und Verwinkeltheit unserer Gesellschaften, der Blick ist unbegrenzt, er findet aber kaum einen Halt. Es ist zugleich die ewige Herausforderung: Die Leere, die durch endlose Reise bezwungen werden muß. Der Dschungel ist das gigantischste Versteck, alles Geheimnis, auch alle erotische Sehnsucht findet hier Raum; man muß hier hinein und durch, um geläutert und wie neu geboren wieder ans Licht zu gelangen. Auch die Wüste ist die Herausforderung von Leere und Weite; hier läßt schon die Hitze an das Fegefeuer denken, aber zugleich scheint das unbefleckte Weiß der Sanddünen das vollendete Bild von Reinheit und Unschuld. Wegen solcher Größe und Geheimnis gibt es auf den Ozeanen, in den Urwäldern und den Wüsteneien keine belanglosen Begegnungen; was hier aufeinandertrifft, muß sich in großen Taten und Gesten beweisen.

Afrika, Indien, der Orient, diese Abenteuerlandschaften aus der Literatur und dem Film entstammen als mythische Konstruktionen natürlich dem Fundus kolonialistischer Weltbilder. Doch im Afrika, Indien und Orient des Traums mag sich das kolonialistische Weltbild umkehren und den verlorenen Kolonialisten als Rebellen wieder gebären: «Der Abenteuerfilm als exotischer Diskurs, als Gemenge von Afrika-, Indien-, Tropen-, Dschungel-, Fernost- und Wüstenfilmen, bietet im übelsten Fall erhitzte Nährgelatine für Ideologien rassischen und kolonialistischen Gepräges; in seinen Sternstunden rutscht seinen Helden die Zivilisation in die Hose, und der weiße Herr taumelt sinnenbetört und ausgezehrt wie Bogart in ‹African Queen› die tropischen Ströme hinab» (Harry Tomicek).

In anderen Subgenres übernehmen Dekors und Architekturen die Funktion einer ikonografischen Voraussetzung für das Abenteuer. Für das Mantel & Degen-Genre scheinen alle diese Treppen und Absätze, diese Kronleuchter und Dekorationen nur zu dem einzigen Zweck vorhanden zu sein, dem Held Gelegenheit zu geben, seine akrobatischen Fähigkeiten unter Beweis zu stellen. Der chevalereske Held soll durch den Prunk und die Macht, durch die künstlerischen Überhöhungen der Seßhaftigkeit und sozialer Hierarchie beeindruckt werden, doch er macht sehr souveränen und freien Gebrauch davon.

Die Gefahr erwächst hier aus den Ritualen und den Intrigen, die sie ermöglichen. Menschen und Dinge sind nicht immer, was sie zu sein scheinen, und die Konstruktionen sehen überall Geheimtüren und Fallen vor. In ihrer anzüglichen, verwinkelten, labyrinthischen Vielfalt beginnen die Gemäuer gleichsam zu leben, machen sich selbständig oder werden von unbekannten finsteren Mächten gesteuert. Die Architektur wird zur zweiten Natur, wie gesellschaftliche Konventionen, Machtpolitik zu einem Gestrüpp, das sich darüber gelegt hat. Der Sinn des Abenteuers im Ritter- oder Mantel & Degen-Genre kann darin liegen, diesem Gemäuer zu entkommen.

Auch hier ist der Kampf Ritual. Das Swordplay, das Spiel der Schwerter, ist in der Tat eine groteske Form des Liebesspiels, und alles putzt sich heraus, macht sich bunt, zieht aus allem, der Beute und dem Abfall, noch das Schmückende, um über alle Gefahr und Entbehrung einen Glanz zu legen, über den gar nichts gesagt wäre, wenn man ihn schäbig nennte. Wir bewegen uns auf Pferden und in Kutschen, und hinter jeder Biegung des Weges, bei jeder Lichtung des Waldes können die Waffen der Feinde blinken. Landschaft wie Architektur sind mit Abenteuer aufgeladen.

Der Rausch des Ornaments, der lustvolle Wechsel zwischen den strukturierten Massen etwa von römischen Legionen oder Ritterheeren und den Taten des einzelnen, niemals einer Masse zuzuordnenden Abenteurers begleitet das «historische Abenteuer». Der individualistische Held und die phantastisch herausgeputzte Masse stehen im Genre in einem spannungsreichen Wechselspiel; in einem Fall mag sich der Abenteurer über solche Massen lustig machen, im anderen läßt er sich von ihnen bestätigen und erhöhen. Der Widerspruch zwischen Masse und Abenteurer bedingt eigentlich seine Taten als Abenteuer gegen die Geschichte: Der Abenteurer tritt nicht nur aus der Hierarchie, der Architektur, der Ordnung heraus, sondern entscheidend auch aus der Masse, er nimmt noch die Einsamkeit und den Wahnsinn in Kauf, nur um nicht funktionales Glied in einer Mechanik werden zu müssen. Indem er seine eigene Mechanik aufstellt, greift er ganz willkürlich und gelegentlich auch zufällig in die übergreifende Mechanik des historischen Ablaufs und der sozialen Schichtung ein und wirbelt diese durcheinander. So steht alles gegen ihn, was soziale Struktur und historische Mechanik bezeichnet. Durch die Unbotmäßigkeit des Abenteurers werden Kriege ausgelöst oder verhindert; «Scarlet Pimpernel» korrigiert die weltgeschichtliche Moral, nicht nur aus der Verpflichtung seines (adeligen) Standes heraus. Kurzum, das Abenteuer verspottet die Geschichte, die auch nichts anderes als eine Konvention ist.

Und ebenso anachronistisch geht der Abenteurer auch mit Waffen und Geräten um. Er macht aus jedem Schmuck eine Waffe und aus jeder Waffe einen Schmuck. Er beherrscht längst vergangene wie noch nicht erfundene Techniken, weil er sich alles im Tun selber erfindet. Er zieht seinen Feinden den Teppich unter den Füßen weg und bringt sie so zu Fall, und wenn er aus dem Fenster springt, steht unten ein Wagen mit Heu. Wo er so wenige Verbündete unter den Menschen hat, da werden die Dinge, Flora und Fauna und selbst die Werkzeuge der Menschen, zu seinen Verbündeten. Sie belohnen ihn dafür, daß er sie nie mit der Verachtung behandelt, die die Bürger ihnen angedeihen lassen. Seinen Auftrag stellt er sich nur selber oder läßt ihn sich vom in den Dingen obwaltenden Zufall stellen, und keine Organisation kann ihn wirklich bändigen; das Soldatentum der drei oder der vier Musketiere ist eigentlich nicht viel mehr als Tarnung.

Zum Wesen des Abenteuergenres gehört es, daß möglichst viele und möglichst unterschiedliche Landschaften und Architekturen miteinander konkurrieren, seine «Metaphysik» ist die Schilderung der Welt als polymorph. Und zwischen dem einen und dem anderen gänzlich unterschiedlichen landschaftlichen oder architektonischen Bild gibt es keine Übergänge. Durch eine Tür oder durch ein Tal können wir in eine gänzlich andere Welt eintreten, die auch gänzlich andere Menschen und andere Gefahren hervorbringt. Die Abenteuer-Welt ist ein Mosaik aus Territorien mit je unterschiedlichen eigenen Gesetzen, die nur durch das Abenteuer selbst miteinander verbunden sind. Die Gegensätze sind schroff, und es existiert von allem das Extreme: die Burg mit den höchsten Mauern auf dem höchsten Felsen, der reißendste Fluß, der undurchdringlichste Sumpf, der tiefste Abgrund. Aber immer wieder tut sich in dieser wilden, nie zu bändigenden Landschaft auch wieder die Idylle auf, das Bild von Zartheit und Schönheit, und es ist, als müsse die Natur sich durch ihre Schroffheit dagegen wehren, in Besitz genommen zu werden. Die Natur stellt denjenigen, der ihre Schönheit genießen will, auf eine harte Probe, sie zeigt immer zuerst ihr grausames Gesicht. Aber darin gerade erkennt der Abenteurer schon ihre Schönheit. So ist sein Verhältnis zu ihr das eines Liebhabers, der sich nicht abweisen läßt und zum Ziel gelangt, weil er keine Herrschaft für sich beansprucht. Anders ausgedrückt: Der Abenteurer wirft sich in die schroffe Natur, um von ihr neu geboren zu werden. (Die Schilderung archaischer Landschaft etwa in Nachempfindung antiker Stoffe im Abenteuergenre bildet ja immer auch unsere Vorstellung von der Geburt des Menschen aus der Natur ab.)

Und umgekehrt durcheilt der Abenteurer die phantastischen Architekturen der Gattung auf so akrobatische, unkonventionelle und stilvolle Art, um immer wieder unter Beweis zu stellen, daß sie nicht geschaffen sind, ihn festzuhalten und zur Ordnung zu zwingen. Er schafft immer wieder den Weg an die frische Luft; er läßt sich in die Enge treiben, nur um mit einem noch tollkühneren Sprung als je zu beweisen, daß er nicht zu halten ist. Immer wieder wird er in die Wälder gehen, in See stechen, das Weite suchen.

Auch die phantastische Architektur im Abenteuergenre, die zunächst vor allem als prunkvolles Gefängnis oder uneinnehmbare Festung erscheint, hat ihre Momente von Schönheit und Idylle, nicht nur, wo sich die Gegenstände gegen ihre Ordnung mit dem Abenteurer verbünden. Da ist die Pracht der eigenen Feier, der Narzißmus der Dekorationen, da ist aber auch der Raum, wo der Abenteurer seine Geliebte findet. Da hebt sich für einen Augenblick der Widerspruch zwischen dem Abenteuer und der Architektur auf. Aber dann heißt es wieder fliehen.

Geschichte des Abenteuer-Films

Das Kino und das Abenteuer

Der Abenteurer der Legende und der Literatur, wie er hier skizziert wurde, ist nicht völlig identisch mit der Abenteurer-Gestalt, die der Film hervorgebracht hat. Das hat seine Ursache zum einen darin, daß der Ausgangspunkt des populären Kinos eine spätere, gleichsam die spätviktorianische Moral ist, die den reinen, nur der phantastischen Selbstbestimmung und der Lust am Wagnis verpflichteten Helden kaum zuläßt. So wird sich der gute Abenteurer des Films immer irgendwann auf ein übergeordnetes Pflicht- und Abhängigkeitssystem beziehen, wie sich bei den Piraten herausstellen mag, daß sie ja eigentlich «im Dienst des Königs» stehen und, wie auch der edle Räuber Robin Hood und seine *merrie men*, die eigentlichen, die besseren Patrioten sind. Und mag diese patriotische oder moralische Rückbindung des Kino-Abenteurers auch mehr oder minder ernst gemeint sein, kommt er doch um solche Domestizierung kaum herum, und sei es dadurch, daß er die richtige Frau zum richtigen Ende befreit.

Die ikonografische Antwort des Kinos auf dieses Dilemma ist der «lächelnde Held», der Swashbuckler, Pirat und Ritter, der noch im wildesten Kampfgetümmel und der drohendsten Gefahr das gewinnende, überlegene und fast schon ein bißchen verrückte Lachen nicht verliert, das ihm die Damenherzen erringt und seine Gegner verwirrt, zum Trotz gegen die Langeweile der Welt und zum Zeichen, daß es vor allem das Vergnügen, die Lust ist, was er im Abenteuer sucht und findet.

Zum anderen findet das reine Abenteuer im Film seine Grenzen aber auch in Technik und Darstellung. Denn die Qualität des Abenteuers ist nicht gleichbedeutend mit der Qualität von *action*, sie ist allein nicht einmal zu begründen durch die Konstruktion der Handlung als eines Weges ins Abenteuer. Die Qualität des Abenteuers ist letztlich eine der Phantasie, ein «Darüberhinaus» in der Heldentat und immer auch die Begegnung mit dem Wunder. So muß etwa die Ausstattung im Film leisten, was die Imagination, die prächtigen Wörter, in der Literatur leistet. Nicht die Helden, sondern die Augen müssen einem sagen: Dies ist keine Bewährung in einer normalen Wirklichkeit, dies ist eine Bewährung im Abenteuer.

Von daher wird verständlich, daß Abenteuerfilm gelegentlich als Synonym von Ausstattungsfilm erscheint und daß sich im Kino Dinge in Abenteuer-Stoffe verwandeln, denen wir in den allgemeinen Traditionen unserer Kulturgeschichte ganz andere Funktionen zuweisen. Das Genre löst die Mechaniken der Geschichte auf, indem es sie als Abenteuer darstellt. Ein anderes Beispiel sind die zahlreichen Bibel-Verfilmungen, die bewußt oder unbewußt immer wieder zu Abenteuerfilmen werden mußten, da sie die Figuren der religiösen Legende zu Helden umformen mußten und sie in die Begegnung mit dem Wunderbaren schickten. (Aber wird nicht die Bibel auch dem jugendlichen Leser, der sie beim Worte nimmt, zur exotisch-bunten Abenteuerlektüre?) Die Konstruktion der phantastischen Landschaften und Architekturen in den (meisten) Bibelfilmen macht uns für das Abenteuer bereit, so wie seine «Helden», die so oft jene Grundbedingung des Abenteuers erfüllen, von der Jacques Rivière spricht: «Das Abenteuer ist, was einem widerfährt, das heißt, was hinzukommt, was als Dreingabe geschieht, worauf man nicht gefaßt war, was man hätte entbehren können.» Die Gestalten dieses Subgenres werden zu Abenteurern, insofern sie sich auf Wagnisse einlassen und das Wunder suchen. Ganz ähnliches gilt natürlich auch für bestimmte historische Stoffe, für Film-Variationen über antike Sagen oder für manche Auseinandersetzungen mit der Technik, wo sie noch zwangsläufig einen Grad an Wunderbarem aufweist.

Der Abenteuerfilm konstituiert sich als Genre zum einen aus der Figur des Abenteurers, der eine leicht domestizierte Form des aus Legende und Literatur überkommenen Abenteurers sein mag, und aus dem Abenteuer, das der Film für unsere Augen ist.

Natürlich kann auch ein Western, ein Science-fiction-Film, auch ein Kriegsfilm, mag uns das auch wenig bekömmlich erscheinen, die Qualität des Abenteuers erzielen. Auch hier gibt es den Abenteurer, und auch hier gibt es das Abenteuer der Augen. Doch erscheint es in solchen Filmen gewissermaßen auf der Durchreise, es ist ein Nebenprodukt, willkommen oder nicht, das sich mit den konstituierenden Motiven dieser Genres überlagert und oft auch in Konkurrenz zu ihnen tritt. Es sind freilich nur Akzentverschiebungen, die aus einem Film wie Henry Hathaways «North to Alaska» (Land der tausend Abenteuer – 1960) statt eines Western einen Abenteuerfilm machen (und die geringste Rolle spielt dabei die Verlegung der Handlung vom Westen in den hohen Norden). Das Abenteuer in Filmen der verschiedensten *action*-Genres ist die Qualität, die geschaffen wird, indem sie gelebt wird. Es gibt auch andere Möglichkeiten, sich zu bewegen, sich zu definieren.

In dem, was man den reinen Abenteuerfilm nennen könnte, ist das Abenteuer hingegen zu Hause: So wie wir hier die Pyramiden, die weißen Segel, die prachtvollen Rüstungen, den alten, doch stolzen Steamer im Fluß zu sehen bekommen, wissen wir, daß es hier *nur* das Abenteuer geben kann. In allem, was der Abenteuerfilm entwirft, ist spürbar, daß seine Welten denen des Traums verwandt sind; im Abenteuer heben sich die Grenzen zwischen Traum und Wirklichkeit auf: Der lächelnde Held bewahrt seinen Traum vor aller Wirklichkeit, und nur daß das Böse auch das Wirklichste ist, gibt dem Abenteuer seinen Hauch von Ideologie.

Obwohl er sich nur gelegentlich ins Übersinnliche versteigt (es aber durchaus nicht peinlich meidet), ist der reine Abenteuerfilm dem phantastischen Film verwandter als etwa dem Großteil des Western. In allen seinen Helden steckt etwas von Peter Pan, dem Jungen, der nicht erwachsen werden kann, und seine Erzählweise bezieht sich weniger auf das Märchen als Motiv-Repertoire (auch wenn dies natürlich eine Rolle spielt), als viel mehr auf die Erinnerung daran, wie Märchen erzählt, gehört, gelesen und weitergeträumt wurden. Gerade weil er es, schon von der Technik her, schwieriger hat als die Erzählung, ein Milieu des Abenteuers zu erschaffen, in seinem Aufwand also ein Stück Abbildung und Distanz enthalten sein muß, kann der Abenteuerfilm seine eigenen Motive nie ganz so ernst nehmen, wie es die Abenteuerliteratur tut. Darin liegt gewiß eine seiner Stärken: Die Abenteuerfilme sind wohl unter den besten, nein, den am meisten zu Herzen gehenden, die zugleich ihre eigene Parodie sind. Nur oberflächlich geht es um Erfolge, Siege, Reichtümer; in Wahrheit ist es auch dem Abenteuerfilm darum zu tun, den Traum nicht enden zu lassen. Was ihn stören könnte, hält sich der Abenteuerfilm mit vielen Mitteln vom Leib; wenn es nicht mehr gelingen will, geschlossene Welten des Abenteuers zu bewahren, so hilft er sich mit extremen Methoden wie einem Schuß Wahnsinn, mit Grausamkeit und sogar Ironie.

Die Abenteuerlichkeit des Abenteuerfilms hat also ihre Bestätigung entscheidend auf der Ebene des Visuellen. Natürlich gibt es Darsteller, allen voran Errol Flynn, die Inkarnation des Abenteurers auf der Leinwand, die allein durch ihr Wesen das Abenteuer, oder besser die romantische Sehnsucht nach Abenteuerlichkeit, ausdrücken (und sicher macht allein die Anwesenheit Flynns etwa aus einem Western einen Abenteuerfilm). Aber im allgemeinen verwendet der reine Abenteuerfilm mindestens ebensoviel Augenmerk wie auf seine Abenteurer auf die Konstruktion seiner abenteuerlichen Welt. Abenteuerlichkeit ist gebunden an die phantastische Architektur, die phantastische Kleidung (zum Teil auch als Appelle an die erotische Phantasie). Wie etwa im Horrorfilm korrespondiert im Abenteuerfilm die natürliche mit der inneren Befindlichkeit: Lawrence und die Wüste, Tarzan und der Dschungel, der rote Korsar und die See sind wie verschiedene Worte oder Bilder für ein und dieselbe Sache, das Sein und das Tun einer Idee. Und die Topografie des Abenteuerfilms ist immer auch die des Traums, mit einer anderen geografischen und historischen Logik versehen, wo uns Natur begegnen kann wie das Bild einer verschüttet geglaubten Sehnsucht nach diesem und jenem, als Herausforderung, diese «unerwachsene», wunderbare Art des Lebens zu versuchen: in ihr zu leben, von Wunder zu Wunder, und nicht bloß von ihr, von Ernte zu Ernte. Wen wundert es, daß ausgerechnet diese abenteuerliche Natur von so erlesener Künstlichkeit ist? Verhält sich doch ein Abenteuerwald zu einem wirklichen Wald wie ein Gedicht zu einer Stromrechnung.

Für Krisen ist das Genre des Abenteuerfilms in mehrerer Hinsicht besonders anfällig; es gibt kaum ein Genre, das so viele Krisen, so viele Enttäuschungen und Plattheiten zwischen den kurzen Blüten produziert hat wie der Abenteuerfilm. Der Grund dafür liegt vor allem wohl im Mißverständnis des Abenteuer-Helden selbst. Er kann nicht der übliche *action*-Held sein, denn er will die Welt ja nicht in den Griff bekommen, sondern er will ihrer spotten. Der wirkliche Abenteurer stellt sich der Welt viel weniger als ein Kämpfer denn als ein Akrobat; er bezwingt seine Feinde weniger, er setzt sich vielmehr, und das oft ganz im Wortsinne, über sie hinweg. Der Stil (ein anderes Wort für Ehre) ist ihm wichtiger als der Sieg. Die Figur des Abenteurers konnte wohl wirklich nie anders als von echten Abenteurern, von hoffnungslos unerwachsenen Träumern und Romantikern verkörpert werden. Einen guten Westerndarsteller gibt es, solange es Männer gibt, die glauben, daß es richtig ist, wenn ein Mann seinen Weg geht. Aber gute Abenteuerdarsteller gibt es so selten wie Männer, die sich als Träumer bekennen, Männer, die nichts aufbauen, nichts sicher machen wollen, und Frauen, die sich ihrer eigenen Inszenierung bewußt sind, und möglicherweise solche, die fechten können wie Jean Peters in «Anne of the Indies» von Jacques Tourneur. Errol Flynn, der immer wieder betont hat, wie sehr ihm das 20. Jahrhundert verhaßt war, schien kaum zu ersetzen, nicht weil es nicht andere akrobatisch begabte Schauspieler gegeben hätte, sondern weil es keinen wie ihn gab, der wirklich Robin Hood sein *mußte*, um zu überleben. Aufsteiger, ehrliche Schurken und Patriarchen haben das Abenteuer auf dem Gewissen.

Aber genauso gefährdet wie der Abenteurer ist das abenteuerliche Bild. Zuzeiten ist die Angst so groß, daß man den Blick von den abenteuerlichen Welten nicht mehr wenden könnte, und es gelingt nicht, sie leben zu lassen, so vorsichtig wird mit ihrer Abbildung umgegangen. Die Erschaffung der immer neuen Abenteuerwelt ist ebenso von Routine und Wiederholung bedroht wie von dem fatalen Bemühen um Realismus. Allzu schnell kippt das Abenteuer in Propaganda um, wo behauptet wird, daß man sich zum Beispiel im wirklichen Indien und nicht im Indien unserer Träume, im wirklichen kenyanischen Urwald und nicht einfach in Tarzans Dschungel befände. Überall sonst läßt sich Imagination wenigstens teilweise durch anderes, durch Spannung, Technik, Aufwand, Realismus, «Wahrhaftigkeit», Brutalität, Star-Glanz und so weiter ersetzen; im Abenteuerfilm nicht. Daher gibt es nur wenige wirklich gelungene Abenteuerfilme, aber für diese allein hätte es sich gelohnt, das Kino zu erfinden.

Der Abenteurer in Pose: Tyrone Power in «Captain from Castile» (1947).

Das abenteuerliche Bild scheint verpönt in Zeiten, wo vor allem nach Tüchtigkeit gefragt wird, aber gerade dann kann auch das Bedürfnis am größten sein. Eindeutiger als alle andere Unterhaltung führt der Abenteuerfilm zurück in die Kindheit, und auch die Kinder in eine Kindheit, die niemals war. Das panerotische Verhältnis des Helden zur Welt und zu den Menschen, das alle seine «Eroberungen» prägt, widerspricht bürgerlichem Rollenverständnis. Die Frau als Abenteuer-Heldin, die kämpft und lacht wie ein Mann, ist nur die Umkehrung der im Wesen des Helden angelegten Bestimmung: Die Seele des Abenteurers ist zu einem großen Teil weiblich.

Wenn wir nach nichts anderem als nach Kampf und Sieg fragen, dann sind wir freilich mit dem Abenteuergenre meistens schlecht bedient, zu schweigen von all den Abwägungen von Interessen, die unsere Angewohnheit sind. So wie der Abenteurer unsterblich und unbesiegbar ist, weil er sein Leben mit einem Lächeln verschenken könnte, so sind die abenteuerlichen Landschaften und Architekturen so unzerstörbar und wahr, weil sie aus nichts anderem als überflüssiger Phantasie bestehen. Sie verschwinden ganz einfach, wenn es keine überflüssige Phantasie mehr gibt.

Das Abenteuer ist zugleich das Wagnis, der Aufbruch, der seine Freude in sich selber hat, die Umarmung der Welt, als auch die Rückkehr zum Archetypischen. Die Bilderflut des Abenteuers, des Abenteuerfilms zumal, erreicht uns nur, wenn auch wir uns als «kleine Abenteurer» fühlen, ein kleines Wagnis im Kopf unternehmen, und vielleicht wird die Gefahr dieser abenteuerlichen Bilder deutlich, wenn man rekonstruiert, was alles, von pädagogischen Maßnahmen, rationalisierender Verödung über alle «Aufklärung» bis hin zu offener und struktureller Zensur getan wurde und wird, sie zu verhindern. Insbesondere in den Filmen wird öffentlich, was die abenteuerliche Sehnsucht ist: ein großes Ja zum Leben und ein kleines Nein zur Gesellschaft.

Der «lächelnde Abenteurer» sucht die Lust, das große Lachen, wo wir uns allenfalls noch getrauen, Maßnahmen zur Vermeidung der ärgsten Unlust zu ergreifen. «‹He was born with a gift of laughter and a sense that the world was mad› heißt es zu Beginn von George Sidneys flamboyanten ‹Scaramouche›, ein Satz, der den Wimpel jedes echten Abenteurers zieren könnte. Hinter alledem steht die Lust, die dort beginnt, wo die Lust des Bürgers endet: trunkene Freude am Wagnis, Widerstand, Fährnis; Lachen in Verzücktsein und Verzweiflung. Von John ‹Liver Eating› Johnson, dem Mountain Man (der John Milius und Sydney Pollack zu ‹Jeremiah Johnson› inspirierte), sagte die Legende, daß er die eisstarrenden, schweigenden Berge angelacht hätte. So verdichtet die Imagination sein Bild zum Inbegriff des Abenteurers; halb verrückt vor Einsamkeit, übersät mit Wunden, zerfurcht vor Kälte und Hitze, brüllt er den ziehenden

Wolken sein hymnisches Entzücken über die Welt entgegen», schreibt Harry Tomicek, und: «Die erhitzte Erinnerung darf die Seereisen vermengen, die Reiterattacken der Beduinen koppeln sich mit denen der Afghanen, die splitternden Takelagen und Breitseiten und enternden Flibustier aus einem guten Dutzend Piraten- und Seefilmen poltern und gleiten überhauf und ineinander, vergittert von den Schattenrastern tropischer Jalousien, beleuchtet von karibischen Monden, beunruhigt von hallenden Dschungelschreien. Und das alles wird umrankt von Urwaldblumen, durchlüftet von Passatwinden, gewürzt mit Buccaneers-Orgien und erhellt vom Staccato aufblitzender Degen aus unterschiedlichen Jahrhunderten. Eine unersättlich imaginierende Fabellust ist da am Werk und wirbelt Korsaren, Technicolormärchen, karnevaleske Ferne, Turniere, Guckkastenmeere, Flitterorient und synthetisches Afrika ungestüm durcheinander: Kino als labyrinthischer Zirkus, als perpetuum mobile und akrobatischer Kitscholymp – alles aber hergestellt mit technischem Raffinement, Leidenschaft, Schwung, anachronistischem Ernst, mit Talent zum *trompe l'œil* und Geschmack am Tragischen. Hier sind gemäß Valérys Worten, ‹alle Attribute des Traums mit der Präzision des Wirklichen ausgestattet›.

Ernst und Spiel, Unverbindlichkeit und Herausforderung wetterleuchten im Abenteuerfilm sonderbar ineinander. Wer sie säuberlich trennt, hat den Wind bereits aus den Segeln verloren. Jedem Subgenre des Abenteuerfilms korrespondieren archaische Bilder der Existenz.»

Im Abenteuerfilm liegt nichts dahinter, gibt es keinen Anlaß zur Interpretation; selbst das Verborgene wird *gezeigt* als das Verborgene. Dieses phantasievolle Genre läßt kaum einen Raum, um «zwischen den Zeilen» zu lesen, sich selber vorzustellen, was und was noch geschehen könnte. Im Übermaß genossen ist der Abenteuerfilm daher ein wenig schwer verdaulich; wie bei einer zu süßen Speise verdirbt man sich schnell den Appetit.

Konstituierend für das Genre des Abenteuerfilms ist die Figur des Abenteurers und die phantastische Landschaft und Traumarchitektur. Mit der Bestimmung dieser beiden Größen läßt sich gewiß, sofern einem daran gelegen ist, ein Abenteuerfilm definieren. Aber sicher gibt es auch einen «Geist» dieser Filmgattung, der sich aus der Verknüpfung dieser beiden Größen und darüber hinaus ergibt. Zum Beispiel lassen sich durchgehende Motive wie die Jagd oder die Befreiung verfolgen, oder aber auch, wie das im «Film-Lexikon» (herausgegeben von Liz-Anne Bawden und Wolfram Tichy) getan wird, der spielerisch-leichtfertige Umgang mit historischen Bezügen. Nicht gerade einfach, aber doch stichhaltig scheint die Abgrenzung zu anderen Genres: «Piratenfilm, Mantel & Degen-Filme, Dschungelfilme – wie immer man das große Leinwand-Abenteuer durch Subgenre-Namen in den Griff zu bekommen versuchte, eine Einigung dieser verschiedenartigsten Kostüm- und Spannungsfilme ist – auch als Abgrenzung gegenüber anderen Gattungen – wie etwa dem Western – nur auf seinem kleinsten Nenner möglich: der Abenteuerfilm ist ein Action-Film mit romantischem Überbau» (Wolfram Knorr im «Weltwoche Magazin»).

Beizeiten ist der Abenteuerfilm auch Ausdruck des reinen, unverstellten Optimismus, wie es die Dichterin Claire Goll von Douglas Fairbanks schrieb, «der in jedem Film sein Leben aufs Spiel zu setzen scheint. Er führt die übermenschlichsten Dinge spielend aus: Springt mit dem Pferd aus rasendem Express oder aus einem Rennauto ins andere. Klettert eine steile Kirche oder einen Wolkenkratzer hinauf, hüpft von einem Dach über die Straße hinweg aufs andere. Aber das sind nur Illustrationen für den Inhalt seiner Filme. (Bei uns wäre es der Film selbst und hieße: ‹Todessprung› von Fern Andra.) Er imitiert spöttisch die ethisch-sozialen Inhalte der fünfaktigen rührseligen Lichtspiele. Er vertritt das amerikanische Prinzip, nichts ernst, nichts eng zu nehmen. Wie ein Jaguar lauert er im Klubsessel, immer bereit, aus der sogenannten Handlung heraus- und hineinzuspringen in den Witz, das Ungewöhnliche. Das amerikanische Kino hat sein Publikum bereits an vieles gewöhnt. Tanks fahren in die Häuser, drei Autos rasen ineinander oder ins Meer, in 2000 Meter Höhe turnt ein Mann von einem Aeroplan auf den andern und läßt sich mit dem Fallschirm herunter, über dem Ozean und New York, ohne zu wissen, ob und wo er ankommen wird. Douglas Fairbanks aber schlägt den Rekord. Er ist der Ausdruck einer granitenen Energie, des herzklopfenden Lebens einer unverbrauchten Welt.»

Beim *swashbuckling film* (*swash* = planschen, schwappen, aber auch: schwadronieren, prahlen; *buckler* = Beschützer, Hilfe, aber auch: jener, der mit Eifer und Passion eine Sache angeht), wie man das Genre in Amerika auch nennt, sollte man, wie René Clair gefordert hat, «die Handlung vergessen und den Film wie ein Ballett oder Märchen betrachten». Die Glaubwürdigkeit der Helden ist demnach zugleich ihre Unschuld.

Vielleicht ist das Genre erst zu verstehen durch den Blick auf die Filme, die zwischen 1920 und 1929 mit Douglas Fairbanks sr. entstanden, von dem Clair meinte: «Man muß ihn mit Kinderaugen erleben. Diese Vollkommenheit der Bewegung gibt es nur auf der Leinwand.» Fairbanks hatte in seinen Filmen die Qualität des Abenteuers mit amerikanischem Pragmatismus und einer gewissen Erfolgsorientiertheit verbunden. (Mit anderen Worten: Er war die Versöhnung von Abenteuer und Puritanismus.)

Fairbanks verkörperte nahezu alle klassischen Gestalten der Abenteuerliteratur, und alle späteren Darstellungen in den verschiedenen Abenteuer-Rollen mußten sich an den seinen messen lassen. Er war der maskierte Rächer mit dem Doppelleben in «The Mark of Zorro» (1920 – Regie: Fred Niblo), d'Artagnan in «The Three Musketeers» (1921 – Regie:

Fred Niblo), der «König der Vagabunden» in «Robin Hood» (1922 – Regie: Allan Dwan), «The Thief of Bagdad» (1924 – Regie: Raoul Walsh); er spielte den Helden in «The Black Pirate» (1926 – Regie: Albert Parker), dem ersten wirklichen Farbfilm in der Geschichte des Kinos (und was konnte das anderes sein als ein Abenteuerfilm?), «Don Q, Son of Zorro» (1925 – Regie: Donald Crisp) und «The Iron Mask» (1929 – Regie: Allan Dwan).

Douglas Fairbanks (der eigentlich Julius Ullman hieß) blieb in allen Verkleidungen der *all-american hero*; in seinem akrobatischen Verhältnis zur Welt war er wie die andere Seite von Harold Lloyd. Der *american dream* mochte aus den verschiedensten Elementen zusammengesetzt sein, eine Komponente war sicher das Märchen. Auch hier ist der Mensch, was er tut; Fairbanks drückte sich, wie ein Tänzer, wie ein Komiker, mit dem Körper aus; Schrittfolgen gaben seine Gefühle und Gedanken wieder. «Als Zorro, d'Artagnan, Robin Hood, Achmed und Schwarzer Pirat kämpfte er sich durch bizarre Kulissen, trat in phantasiereichen Kostümen auf. Die verschiedenen Requisiten waren stets nicht nur mehrfach verwertbar, sondern ironisierten auch gleichfalls das Genre: Das übergroße Schloßportal in ‹Robin Hood›, das Fairbanks als Rutschbahn benutzt; die überlange Reitpeitsche des Zorro, die außer als Waffe und Fesselungsmittel auch als Kletterseil Verwendung findet; oder der fliegende Teppich aus dem ‹Dieb von Bagdad›, dem schönsten und verschwenderischsten Ausstattungsfilm Fairbanks'. Das alles sind Einfälle, die Filmgeschichte machten», schrieb Hermann Rosenbaum in der «Süddeutschen Zeitung».

Eine Art «deutscher Douglas Fairbanks», wie es sogar Siegfried Kracauer schrieb, war Harry Piel, ein pragmatischer mehr denn romantischer Abenteurer. Das Abenteuer war allerdings bei ihm in gewissem Maße rationalisiert (es war kein Widerspruch, daß er auch als Detektiv-Darsteller reüssierte und daß in einer Reihe seiner Abenteuerfilme kriminalistische oder gar futuristische Seitenlinien angelegt sind). Seine «Spezialität» waren Raubtierdressuren, mit denen er noch in Tonfilmen, von «Der Dschungel ruft» (1936) über «Menschen, Tiere, Sensationen» (1938) bis «Der Tiger Akbar» (1950) brillierte. (Piel führte bei allen Filmen auch die Regie.) Freilich, ganz anders als in vielen angelsächsischen Filmen war der Umgang mit wilden Tieren in Piels Filmen häufig genug ein Abbild autoritärer Prinzipien; im Umgang mit der Natur war Harry Piel hoffnungslos unromantisch, und es war nicht nur wegen der völlig fehlenden distanzierenden Ironie und dem unbedingten Glauben an den technischen Fortschritt etwas sehr «Teutonisches» in seinem Wesen. Der Vergleich mit Fairbanks ist «eine Nummer zu hoch gegriffen, schon weil die Fairbanksche Grazie ihm völlig abgeht und die ungeheuere Faszination, die er in seinen Filmen auf Frauen ausübt, dem Zuschauer völlig unverständlich bleibt. Dieses Mißverhältnis zwischen behaupteter und tatsächlicher Wirkung kann etwas störend wirken, wenn die bis zu wahnsinniger Besessenheit und kriminellen Verirrungen gehende Zuneigung einer schlimmen Salonschlange, die Piel vorübergehend von dem geraden Kurs seiner Halsbrechereien abbringt, der Angelpunkt der ganzen Dramaturgie ist, wie in ‹Menschen, Tiere, Sensationen›. Auf eine solche Narretei hätten die Hersteller der amerikanischen Serials, der Fortsetzungsfilme voll pausenloser, überraschungsreicher Action, atemberaubender Stunts und schwindelerregender Gefahrenmomente, mit denen die Piel-Filme viel näher verwandt sind als mit Fairbanks-Abenteuern, sich niemals eingelassen» (Christa Bandmann/Joe Hembus).

Der vorläufig letzte Abenteurer wird Humphrey Bogart sein, der nicht zufällig seinen Typus im Genre des harten Gangsterfilms entwickelt hat. Danach wird der Abenteuerfilm immer wieder versuchen, «von unten» anzufangen, mehr oder minder Kinder werden es sein, die sich an die Rekonstruktion des Abenteuers wagen, die völlig nicht gelingen kann, wo mit einer technisch-organisatorischen auch eine ästhetische Wandlung stattfindet, und wo man versucht, an die Stelle des Abenteuer-Waldes zum Beispiel den wirklichen Dschungel zu setzen, wo der vor-erwachsene *swashbuckler* versucht oder gezwungen wird, erwachsen zu werden. «Der *swashbuckler* ist der romantische Schaumschläger, der nie erwachsen wird und sich in seiner pubertären Phase sauwohl fühlt. Kein Wunder, daß dieser Held wie kein anderer Kino-Typus die Jugendlichen stärker zur Identifikation einlud als etwa der rauhe Westernheld.

Der *swashbuckler* bewältigt alle Schwierigkeiten mit einem Salto mortale; er fliegt wie Peter Pan über Dächer und Takelagen, turnt wie Fred Astaire über Treppen, durch Paläste und über Mauern, und wirft sich – *gallant and fair* – vor blutroten Sonnenuntergängen den Damen vor die rüschenrauschenden Reifröcke. Der Kampf mit dem Gegner (meistens sind es ja gleich ein halbes Dutzend) wird zur luziden Prahlerei, zum Kasperle-Theater, in dem man dem Gegner mit dem Degen eine Nase dreht.

Freilich entwickelte sich auch der Gegentyp. So setzte ihm vor allem John Huston ein Denkmal mit dem störrischen Gregory Peck in ‹Moby Dick› oder – viel radikaler und bösartiger – mit Humphrey Bogart in ‹African Queen› (1951) und ‹The Treasure of the Sierra Madre› (1948). Der romantische Putz ist abgefallen, der Abenteurer ist nur mehr ein Besessener, dessen Verlorenheit und Einsamkeit ihn aufzehrt (so etwa Edward G. Robinson in Michael Curtiz' ‹The Sea Wolf› – 1941). Das Abenteuer wird zur trotzigen Irrfahrt, die Suche nach dem Glück zum erbitterten Überlebenskampf.

Wenn Humphrey Bogart am Ende von ‹Treasure of the Sierra Madre› in verzweifeltes Lachen über das zerronnene Gold ausbricht, so hört sich das an wie das höhnische Gelächter des erwachsen gewordenen Abenteurers über seine pubertären Tausendsassas» (Wolfram Knorr).

Und: «An 40 Jahren amerikanischem Abenteuerfilm läßt sich ein Kapitel Filmgeschichte aus bizarrer Perspektive studieren. Auch das Altern eines Traums, der Verlust an Unschuld. Bis zu den fünfziger Jahren ist die Welt des Abenteuerfilms primär im Studio erbaut: ein poetisches Universum künstlicher Sonnen, synthetischer Urwälder und Studiomeere, auf deren Wogen Modellgaleonen wie aus Hinterglasbildchen Schlachten austragen. Parallel mit dem *outdoor shooting on location* beginnt sich das Antlitz des Abenteuerfilms zu wandeln. Unter wahrer, sengender Sonne sind Leidenschaften und Schmerz ungeahnt fleischlicher geworden. War früher jeder Film ein Tollen, wunderlich belebt von fast schon utopischer Leichtfertigkeit, und das Reich des Abenteurers ganz wesentlich Zirkuskuppel für Flüge und Todessprünge, so ist jetzt die Unsterblichkeit aufgehoben, das Paradies verloren, die Grazie zur Arbeit geworden. Am Ende der Reise warten Scheitern und Enttäuschung; der Wüstenwind verweht das gewonnene Gold.

Aber erst in diesem tragischen Klima tritt die paradoxe Qualität, der existentielle Ernst des Abenteuers plastisch hervor. In Hustons ‹Treasure of the Sierra Madre›, zu großen Teilen gedreht im harten, gnadenlosen Licht der mexikanischen Berge, korrumpieren sich die freischweifenden Träumer und Wanderer zu Protagonisten der Gier. Ein langes, verzweifeltes und wildes Lachen ist am Ende des Films zu hören. Es ist die Antwort der Abenteurer auf die Vergeblichkeit ihrer Mühsal, auf das Scheitern der Illusionen. Dies Lachen klingt schon wie die Reflexion des erwachsen gewordenen Genres über seine eigene Vergangenheit. Aber es bleibt das Lachen des Abenteurers, der sich nicht etwa abkehrt, sondern in absurder Fülle der Lust seinen Weg nochmals beginnt: nun bewußte Bejahung eines trotz allem lustvollen Reichs von Tod und Scheitern. Wie Sisyphos wälzte er in trotziger Freude seinen Felsklotz den Berg hinan» (Harry Tomicek).

Mit einem Lachen beginnt das Abenteuer, es kann nur mit einem Lachen enden.

Sandalen und Muskeln: Der Antikfilm

Eine eindeutige Definition des Genres «Antikfilm» ist schwer zu geben. Die Motive reichen von epischen Geschichtsbildern und Dramen mit zahllosen Parallelhandlungen über erotische Phantasien und Gleichnisse und das kindliche Vergnügen an den abenteuerlichen Taten antiker «Muskelprotze» wie Maciste, Ursus, Herkules bis zur filmischen Gestaltung antiker Epen wie «Odysseus». Der Zeitraum, der von dem Genre erfaßt wird, reicht vom Beginn der griechischen Welt bis in die Zeit der Christianisierung des römischen Imperiums und seines Zerfalls. Bisweilen führt das Genre aber auch in gänzlich phantastische Reiche wie das sagenhafte Atlantis, und bei den «Muskelprotzfilmen» vorwiegend italienischer Provenienz hat es den Autoren gelegentlich auch gefallen, ihre Helden mit Motiven aus dem Horrorfilm («Ercole al centro della terra» – Vampire gegen Herakles – 1961 – Regie: Mario Bava), dem Piratenfilm («Sansone contro il corsaro nero» – Samson gegen die Korsaren des Teufels – 1963 – Regie: Luigi Capuano) und sogar dem Western («Sansone e il tesoro degli Inkas» – Samson und der Schatz der Inkas – 1964 – Regie: Piero Pierotti) zu konfrontieren.

Schon in der Stummfilmzeit gab es in dem Land, das sozusagen auf antike Themen spezialisiert war, in Italien, beides nebeneinander, den spektakulären, an Ausstattung nicht sparenden «Monumentalfilm» wie «Cabiria» und den «billigen», aber nicht weniger spektakulären antiken Abenteuerfilm, etwa in einer langen, noch in die Entwicklung des Tonfilms hineinreichenden Serie von «Maciste»-Filmen (also um den Helden, der seinen ersten Auftritt in «Cabiria» hatte).

Zwischen 1908 und 1913 waren allein drei Versionen von «Gli ultimi giorni di Pompei» (Regie 1908: Luigi Maggi, Regie 1913: Mario Caserini, Regie 1913: Enrico Vivaldi) nach dem Roman von Edward George Bulwer Lord Lytton aus dem Jahr 1835 entstanden. Für das aufwendige antike Melodram «Cabiria» (1914) von Giovanni Pastrone war die Figur des Maciste erfunden worden (und es war kein Geringerer als Gabriele d'Annunzio, der schillernde und «renaissancehafte» italienische Dichter und Politiker, der sich auf Wirkung verstand und große Gesten, welcher den Namen geprägt hatte), der starke und unbeugsame Sklave, der alle Ausbruchphantasien des Publikums auf seine kräftigen Schultern nimmt.

Das naive Abenteuer im Genre ist also ein direkter «Ableger» des ambitionierten Monumentalfilms. Obwohl Benito Mussolini ein Freund der Gattung war (konnte man hier doch die von ihm vertretene bis ins alte Rom reichende «Tradition» darstellen), ist, wie Ulrich Kurowski berichtet, die Produktion von Antikfilmen in Italien während der faschistischen Herrschaft zum Erliegen gekommen. Erst Jahre nach dem Ende des Zweiten Weltkrieges, fermentiert durch den *infantilismo*, den Motor der italienischen Filmindustrie, wurde an die frühere Tradition des Genres wieder angeknüpft. Mittlerweile aber hatte Hollywood seiner Ikonographie das eine oder andere hinzugefügt, und natürlich konnte, verglichen mit den *epics* aus den Vereinigten Staaten, sich das Genre in Italien neu konstituieren nur als freiwillige oder unfreiwillige Parodie.

Klassiker des frühen Hollywood-Sandalenfilms

Ein Schlüsselwerk des frühen Monumentalfilms ist sicher der nach dem Roman von Lewis Wallace entstandene Film «Ben Hur» (Ben Hur – 1924–1926 – Regie: Fred Niblo), der mit rund sechs Millionen Dollar Produktionskosten der teuerste Film der Stummfilmzeit ist. (Er wurde zugleich zum erfolgreichsten.) Die Geschichte des Erfolgs dieses Films setzt die des Romans fort. Schon 1899 war eine dramatisierte Form des 1880 erschienenen und sensationell erfolgreichen Romans herausgebracht worden (der spätere Cowboy-Star William S. Hart hatte die Rolle des Messala inne).

In der von Montana Heiss und Alexander Marinoff herausgegebenen Broschüre «Der Spielfilm im ZDF 1/1982» heißt es zur weiteren Produktionsgeschichte des Stoffes: «1907 drehten Sidney Olcott und Frank Oakes Rose eine rund fünfzehnminütige Filmversion und führten damit die Gesellschaft Kalem in den ersten Urheberrechtsprozeß der Filmgeschichte, der den Wallace-Erben 25000 Dollar einbrachte. Abraham Erlanger, der die Bühnenrechte besaß, gründete 1921 eigens die Firma CCC (Classical Cinematograph Corporation), um für 600000 Dollar die Filmrechte zu erwerben und sie für eine Million an den Produzenten Samuel Goldwyn wieder zu verkaufen. Ein Geschäft auf Gewinnbeteiligungsbasis kam schließlich zustande, in das später der Firmenzusammenschluß MGM (Metro-Goldwyn-Mayer) eintrat, dem Goldwyn selbst nicht mehr angehörte. Diese wechselvollen Verhandlungen wirkten sich natürlich auch auf die Dreharbeiten aus, die dann drei Jahre währen sollten. Die Regisseure Rex Ingram und George Brabin wurden nacheinander ebenso entlassen wie der Star George Walsh; alles bisher gedrehte Material wurde vernichtet. MGM übertrug die Hauptregie nun Fred Niblo (Federico Nobile, 1874 bis 1948). Und mit dem Mexikaner Ramon Novarro

(Ramon Samaniegos, 1899 bis 1968) wollte man dem Paramount-Star Rudolph Valentino ein anderes romantisches Idol entgegensetzen.

Gedreht wurde zunächst in Italien, wo man auf dem Gebiet des historischen Monumentalfilms große Erfahrung hatte. Nun betrieben die Amerikaner hier mit viel Geld ein Unternehmen, das die italienische Filmproduktion inmitten politischer Wirren total ruinierte. Man okkupierte fast alle Produktionsstätten und verdarb mit Höchstgagen die Preise.

Die große Seeschlacht wurde bei Livorno gedreht. Dazu hatte man anderthalb Jahre lang eine römische Flotte und Golthars Piratengaleeren – 100 Triremen mit Segeln und dreifachen Ruderbänken – nachbauen lassen, um sie dann mit Hilfe von hochbezahlten Matrosenstatisten wirkungsvoll brennend zu vernichten. Die teils farbigen Massenszenen in Jerusalem, Antiochia und in der Wüste entstanden in der Nähe von Rom. Tragische Unglücksfälle und ein sich zu schnell erschöpfender Etat bewogen MGM zum Abbruch der Dreharbeiten in Italien. Man war überzeugt, in Los Angeles billiger arbeiten zu können, und ließ den gigantischen Circus Maximus von Antiochia noch einmal unter der Leitung des Architekten und Archäologen Horace Jackson nachbauen, und zwar so, daß die Arena durch eine exzellente Tricktechnik sogar noch größer wirken konnte.

Ohne Tricks inszenierte dagegen B. Reeves Eason (1886 bis 1956) in prunkvoller Ausstattung (Cedric Gibbons) mit 12000 Statisten und zwölf Quadrigen das im wahrsten Sinn des Wortes mörderische Wagenrennen über sieben Runden und ließ es von 42 Kameras – aus eingebauten Unterständen, auf Automobilen und von einem Flugzeug aus – verfolgen, bis hin zum unvorhergesehenen Sturz des korinthischen Wagens, durch den vier Pferde starben und andere Quadrigen ebenfalls verunglückten. Ein Wettkampf von gigantischen Ausmaßen auf 16000 Meter Film. Selbst das mit modernsten Techniken gedrehte Wagenrennen in der Neuverfilmung von 1959 reicht in vielen Details kaum an dieses Stummfilmereignis heran.»

«Ben Hur» enthielt 15 Minuten Film in Farbe, und das übrige Material hatte man monochromatisch viragiert (in dieser, der ursprünglichen Intention entsprechenden Form mußte der Film von der ZDF-Filmredaktion erst in mühsamer Arbeit und nach Recherchen in allen Filmarchiven der Welt rekonstruiert werden). Der Monumentalfilm trägt diese Bezeichnung zu Recht also nicht nur wegen der Monumentalität dessen, was er abbildet: eine antike Welt, deren Glanz, deren gigantische Technik und Organisation sich entfaltet, ohne in jedem Fall sich ganz auf rationale Beweggründe zurückführen zu lassen. Die Abenteuerlichkeit des Monumentalfilms entsteht auch aus dem «Überfluß», den die antike Kultur nach Meinung der Autoren und Regisseure zur Schau stellt; schon weil alles größer und beladener ist, als es eigentlich sein müßte, wird sich hier das Abenteuer ereignen.

Die Handlung des Films hält sich ziemlich genau an die literarische Vorlage: Es ist die Zeit, da die Kunde vom Wirken Christi in den von den Römern besetzten Gebieten um Palästina sich verbreitet. In Jerusalem wird dem Prokurator Gratus ein triumphaler Empfang bereitet. Juda Ben Hur (Ramon Novarro) begrüßt aus seinem Gefolge als alten Freund den römischen Hauptmann Messala (Francis X. Bushman) in seinem Haus; es stellt sich jedoch heraus, daß diesem die Zugehörigkeit zur römischen Macht mehr bedeutet als die Freundschaft. Bei dem großen Triumphzug löst sich vom Haus der Familie Hur ein Ziegel und trifft Gratus. Messala deutet dies als Attentat und läßt die Witwe Hur sowie die Tochter Tirzah in den Kerker sperren. Ben Hur wird auf eine römische Galeere gebracht, wo er mit vielen anderen als Rudersklave dient. Was ihn trotz aller Qualen und Entbehrungen am Leben erhält, ist der Haß auf Messala und sein Wunsch nach Rache. Nachdem die Galeere bei einem Kampf mit Piraten versenkt worden ist, rettet Ben Hur dem römischen Admiral Arrius (Frank Currier) das Leben, da dieser als einziger ihn menschlich behandelt hat. Arrius nimmt ihn, nachdem andere römische Schiffe sie aufgenommen und nach Italien gebracht haben, an Sohnes statt an. Juda Ben Hur wird zum geehrten und gefeierten Wagenlenker bei den berühmten Kampfspielen.

In seine Heimat zurückgekehrt, springt Ben Hur für einen getöteten Wagenlenker ein, als er hört, daß Messala an dem angesetzten Rennen teilnehmen wird. Messala versucht mit allen Mitteln in einem auf Leben und Tod ausgetragenen Rennen seinen Widersacher zu bezwingen, doch am Ende ist er es, der aus der Kampfbahn getragen wird.

Ben Hur sammelt eine Armee, um dem «König der Juden», von dem er gehört hat, im Kampf gegen die römische Besatzung beizustehen. Er begegnet Jesus jedoch erst auf dessen Weg zur Kreuzigung, und dieser lehnt jede Hilfe ab. Doch er zeigt seine Macht, indem er die als Aussätzige aus dem Kerker entlassene Mutter und seine Schwester von ihrer Krankheit heilt.

Siegfried Kracauer hat den Film (und ein wenig wohl auch das ganze Genre) durch einen Vergleich mit Sergej Eisensteins «Bronenosec Potemkin» (Panzerkreuzer Potemkin – 1925) auf seinen Grundwiderspruch zwischen der Gigantomanie der Abbildung und der letztlichen Bedeutungslosigkeit der erzählten Geschichte hin kritisiert: «Der Roman, der den Anstoß zu den Massenbildern gab, gehört zu jenen mittelmäßigen Werken, die durch ihr stark aufgelegtes Kolorit breite Schichten bewegen. Gerade noch durch den Aufwand mochte es gelingen, die Handlung für den Film zu retten. Eine geringere Quantität der Mittel, und man hätte eine der üblichen historischen Verfilmungen erhalten, die irgendein gleichgültiges Einzelschicksal in veralteten Trachten aufrollen. Durch den Zahlenrekord ist immerhin eine Prunkoper entstanden, die der

Schaulust Genüge tut. Die Unzulänglichkeit des Gehalts legt einen Abgrund zwischen ‹Ben Hur› und den ‹Potemkin›-Film. Hier geht es um die Wirklichkeit, die im ästhetischen Medium des Films getroffen wird, dort ist auf dem Grund eines welthistorischen Stoffes eine kleine Privatangelegenheit groß gemalt.»

Freilich entwirft «Ben Hur», wie viele Antikfilme, doch auch neben dem Geschichtsbild ein politisches: Der Held ist das Gegenteil eines Revolutionärs, seine Motive bestehen zunächst aus nichts als persönlicher Rache, und so führt ihn sein Lebensweg wie die nahezu aller amerikanischen Helden eigentlich nur am Rande der Weltgeschichte entlang. Wo er sich einmal als historisches Subjekt erweisen will, da hindert ihn eine Wendung der Handlung daran. Und doch klärt er für sich die Fronten.

Aber Ben Hur ist auch der unbeugsame Individualist, der sich von Geschichte nicht korrumpieren lassen will, der sich dennoch zur politischen Tat durchringt, bevor er von Christus selbst davon entbunden wird. So ist «Ben Hur» im Kern das Drama des Bürgers, der nicht zur Geschichte kommen kann. Die Motive der Handlung heben sich beständig gewissermaßen gegenseitig auf und machen eine historische, politische Parteilichkeit unmöglich. Und doch erlauben sie ein sehr amerikanisches Ideal von der Beziehung zwischen Individuum und Geschichte zu entwerfen, nach dem Geschichte und Moral sich auf zwei verschiedenen Ebenen abspielen. So überlagern sich Geschichte und persönliches Schicksal zwar, bedingen sich aber nur bis zu einem gewissen Grad; das Abenteuer führt den Helden weg vom historischen Zusammenhang und nur zur eigenen Ganzheit. Das Glück liegt außerhalb der Geschichte, und auch die Religion wird in erster Linie als «Erlösung von Geschichte» begriffen. Zugleich versöhnt das Abenteuer (wennzwar es von tragischen Elementen durchzogen ist) den Helden (und das Publikum) mit der vom Christentum geforderten Passivität. Ganz folgerichtig steht am Ende nicht Triumph und Sieg, sondern die Wiedervereinigung der Familie. Insofern beschreibt «Ben Hur» vielleicht so genau die Grundlagen bürgerlich-puritanischer Weltsicht, wie «Bronenosec Potemkin» Grundlagen sozialistisch-revolutionärer Ideen verdeutlicht. (Und nicht zuletzt ist ein Spiegel beider Systeme, wie bei der Filmproduktion verfahren worden ist.)

Das «Weltbild» des Antikfilms verfestigte sich in der Folgezeit. Wo sich das private Schicksal nicht am Rande, sondern im Kern der historischen Entwicklung abspielt, wie in der Geschichte von Caesar und Cleopatra, da erschien diese selbst wie eine monumentale Spiegelung privater «Historien». Das Publikum allerdings erfuhr auf diesem Umweg über das Bild der Antike, die man gewissermaßen als Ursprung der eigenen Kultur deutete, wie sie die Wiege der eigenen Religion war.

Cecil B. DeMille gestaltete mit «The Sign of the Cross» (1932) seinen ersten Antikfilm mit Ton. Der Film erzählt von der Christin Mercia

Fredric March in «The Sign of the Cross» (1932).

(Elissa Landi) und dem römischen Präfekten Marcus Superbus (Fredric March), der sie mit allen Mitteln für sich zu gewinnen trachtet. Kaiserin Poppaea (Claudette Colbert) versucht unterdessen, Marcus zu verführen, doch auch sie bleibt ohne Erfolg. Ihr Mann, Kaiser Nero (Charles Laughton), setzt Rom in Brand und beschuldigt die ihm lästigen Christen der Tat, die verhaftet und in der Arena den Löwen vorgeworfen werden. Marcus sagt sich von dem «dekadenten» Römertum los, stellt sich an die Seite der tapferen Mercia und stirbt mit den Christen im Kolosseum.

DeMilles Film zeigt, neben dem «Panorama» wie in «Ben Hur», eine zweite Möglichkeit, sich der historischen Motive zu bedienen: das «Sittenbild». Und er tut dies mit Stil und so viel Geschmack, daß nur sehr, sehr wenige seiner Zeitgenossen die doch nicht selten recht gewagten Szenen als anstößig empfanden, zumal alle Filme DeMilles ihre Inventionen um einen sehr puritanischen moralischen Kern herum gruppierten. Höhepunkt dieses Films sind zum einen die Massenszenen, von denen «The Sign of the Cross» eine Reihe aufzubieten hat, und die erotischen Bilder, die ganz in der Tradition des viktorianischen Stummfilms das Erotisch-Offensive im Schatten des Bösen mit der allseits bedrohten jungfräulichen Unschuld konfrontierten (vergleiche dazu auch den Band «Ästhetik des erotischen Kinos» in dieser Buchreihe). Der Sieg des Christentums (zumindest der «moralische Sieg») steht hier am Ende eines Weges durch alle möglichen und gelegentlich sehr abgründigen Versuchungen des Fleisches. Hatte «Ben Hur» den Sieg des Christentums als Sieg einer Haltung beschrieben, so «The Sign of the Cross» als Sieg einer Moral.

DeMilles «Cleopatra» (1934) ist, wennzwar in einer noch unchristlichen Zeit angesiedelt, nicht weniger als moralisches Ausstattungsstück zu verstehen: Julius Caesar (Warren William) kehrt nach einer Zeit in Ägypten zusammen mit Cleopatra (Claudette Colbert) nach Rom zurück, wo er sich zum Diktator aufschwingen, seine Frau verstoßen und mit Cleopatra an seiner Seite das römische Weltreich regieren will. Doch Caesar wird ermordet, und Mark Anton (Henry Wilcoxon) führt die geflohene ägyptische Königin in Fesseln nach Rom zurück. Aber auch er unterliegt ihrem Charme und verliebt sich in sie. Schließlich kämpft er auf der Seite der Ägypter gegen Rom und wird in einer Seeschlacht entscheidend geschlagen. Er begeht Selbstmord, und auch Cleopatra stirbt, nachdem sie sich von einer giftigen Schlange hat beißen lassen.

Im Gegensatz zu Theda Bara im Stummfilm («Cleopatra» – 1917 – Regie: Gordon Edwards) und ein wenig auch Elizabeth Taylor in Joseph Mankiewicz' Film 29 Jahre später war Claudette Colbert als Cleopatra nicht eigentlich ein Vamp; es blieb bei allen Verfehlungen doch etwas Unschuldiges um sie, und die schrecklichen Intrigen nehmen gewissermaßen gegen ihren Willen ihren Lauf. Cleopatra wie ihre Liebhaber, die durch sie Macht und Leben verlieren, versuchen vergeblich dem statischen Aufbau der Machtverhältnisse zu entkommen und zu wirklichen historischen Subjekten zu werden. Sie scheitern an der unerlaubten Liebe so sehr wie an dem Versuch, sich über die Mechanik der Geschichte hinwegzusetzen.

Steckt in DeMilles Film soviel von George Bernard Shaw wie von Shakespeare, soviel von einer «tragischen» Geschichtsparabel wie von einem exotischen moralischen Melodram, so ist der englische Film «Caesar and Cleopatra» (1945 – Regie: Gabriel Pascal) «reiner Shaw» (das Drehbuch ist mit dem Stück nahezu identisch). Diese Filme zeigen, daß im Genre des Antikfilms auch Platz für das Melodram ist.

Ein wenig andere Aspekte betonte «The Last Days of Pompeii» (1935 – Regie: Merian C. Cooper und Ernest B. Schoedsack). Ähnlich den «Katastrophenfilmen» späterer Zeit verwob der Film eine Reihe von persönlichen Schicksalen vor dem Erdbeben und zeigte dann in einer grandiosen filmischen Zerstörungsorgie den Untergang des glanzvollen, aber dekadenten Stadtreiches.

Vom reinen Abenteuer-Spektakel war der Antikfilm zu dieser Zeit noch am weitesten entfernt, auch wenn er seine Helden ins Abenteuer stieß, um sie von ihrer historischen Bindung zu befreien. Niblo und DeMille hatten neue Maßstäbe in der Massenregie gesetzt, und doch waren bei allem Gespür fürs «Ornament der Masse» die Filme oft nichts anderes als ins Gigantische projizierte Melodramen.

Die Stoffe des Antikfilms wurden als «schwer» empfunden, das heißt ihr Aufwand schien auf eine ebenso große «innere» Bedeutung hinzuweisen, während es dem Publikum doch hauptsächlich um die Schauwerte des Genres zu tun war. Und doch entwickelte sich hier etwas, das auf die späteren Entwürfe phantastischer Welten im populären Film der USA hindeutete. Dekorationen und Architekturen begannen sich von den strengen moralischen und «historischen» Bedeutungen zu trennen und die Phantasie des Zuschauers auf abenteuerliche Seitenwege zu führen.

Hollywoods antike Parabeln 1950–1960

Das römische Weltreich und seine autokratischen Herrschaftsstrukturen übten in den fünfziger Jahren eine starke Faszination auf das amerikanische Publikum aus, da man sich seiner eigenen Situation als Weltmacht ebenso bewußt geworden war wie der Tatsache, daß auf «der anderen Seite» ein nahezu ebenso starkes «Weltreich» stand. Um die eigene, durchaus zwiespältig empfundene Lage zu benennen, tat man einen tiefen Griff in die Geschichte. Das Zwiespältige äußerte sich unter anderem darin, daß die Filme auf der einen Seite an den Römern die Technologie, die Robustheit, den Pragmatismus bewunderten, auf der anderen Seite aber eine kleine, korrupte Herrscherclique als Musterbild degenerierter Macht schilderten. Es gab den Unterschied zwischen dem typischen «gesunden» römischen Offizier, der sich früher oder später zum Christentum bekennen mußte, und der wahnsinnigen, unmoralischen, in permanente Intrigen verwickelten Gruppe von Männern und Frauen um den Kaiser. (Die Motive für dieses Bild lassen sich sowohl nach «links» als auch nach «rechts» hin interpretieren; es handelt sich nicht um eine dezidiert politische Allegorie, vielmehr um eine sehr puritanische Art des Umgangs mit einem faszinierenden historischen Bild, von dem man wußte, daß die Geschichte es verworfen hatte.)

«Androcles and the Lion» (1952 – Regie: Chester Erskine), wiederum nach einem Stück von George Bernard Shaw entstanden, ist die Geschichte eines Sklaven, der einen Löwen von einem Dorn befreit hat, welcher ihn später, als er ihm in der Arena gegenübersteht, verschont. Erskines eher statischer Film war eine Parabel über Schicksal und Macht. «David and Bathseba» (1952 – Regie: Henry King) führte die Linie der biblisch-erotischen Melodramen fort. Der im selben Jahr entstandene Film «Quo Vadis» (Quo Vadis), inszeniert von Mervyn LeRoy, zeigt

Robert Taylor und Deborah Kerr in «Quo Vadis» (1951).

nicht nur sehr deutlich das Abenteuer als Flucht aus der Geschichte, sondern auch das römische Reich in seinem Verfallsstadium als Allegorie für die Notwendigkeit moralischer und politischer Wandlung.

Die Handlung von LeRoys Film ist der von «The Sign of the Cross» nicht unähnlich: Im Rom zur Zeit der Schreckensherrschaft Kaiser Neros (Peter Ustinov) entwickelt sich eine Liebesgeschichte zwischen einem römischen Offizier (Robert Taylor) und einer Christin (Deborah Kerr), und auch hier endet sie damit, daß der Römer sich nach vielen Wendungen der Handlung bekehrt und mit den Christen in die Arena kommt. Doch nun erheben sich auch die Römer gegen Nero; das Paar wird gerettet, und Nero ereilt sein verdientes Schicksal.

Das mehr als dreistündige, opulent ausgestattete Spektakel (man berichtete von 29 Hauptdarstellern, 30000 Statisten, 115 Dekorationen, 63 Löwen, 450 Pferden, 85 Tauben und 2 Geparden, von für damalige Verhältnisse spektakulären 8 Millionen Dollar Produktionskosten und zwei Jahren Herstellungszeit) gibt ein verklärendes und doch auch sehr puritanisches Bild vom Frühchristentum, und eigentlich nur durch die Übertreibung der römischen Sünden bis zur Karikatur (etwa in der Darstellung Neros) gelingt es dem Film, darzutun, warum eigentlich das Christentum der augenscheinlich doch sehr viel toleranteren Religion der Römer vorzuziehen ist. Als politische Metaphorik läßt sich allenfalls die Trennung von Staat und Religion ausmachen. (In «Quo Vadis» hat übrigens der bärenstarke Sklave Ursus als Beschützer der Christin einen ersten Auftritt, der später zu einem der Haupthelden in den italienischen Muskelprotzfilmen werden sollte.)

Im Jahr darauf folgt «Julius Caesar» (Regie: Joseph L. Mankiewicz), entstanden nach dem Bühnenstück von William Shakespeare. Dieser ganz auf die Schauspieler (darunter Marlon Brando, James Mason, John Gielgud, Deborah Kerr) zugeschnittene Film hielt sich eng an die Bühnenvorlage und konnte sowohl als «sehenswertes Experiment» als auch als «marmorn und vordergründig» bezeichnet werden.

Es war dieser Film, der Roland Barthes zu seinen Anmerkungen zu einem ikonografischen Detail anregte, die sich sicherlich auch auf andere Details und vor allem andere Beispiele im Genre anwenden lassen: «Im ‹Julius Caesar› von Mankiewicz tragen alle Personen auf den Stirnen Haarfransen. Bei manchen sind sie gewellt, bei anderen glatt, bei wieder anderen aufgekräuselt und bei anderen geölt, bei allen jedoch sind sie sorgfältig zurechtgemacht, und Glatzköpfe sind nicht zugelassen worden, obwohl doch die römische Geschichte auch davon eine große Zahl geliefert hat. Wer wenig Haare hat, ist nicht billig davongekommen, denn der Friseur, Haupthandwerker des Films, hat es verstanden, aus dem spärlichen Haarwuchs immer noch eine letzte Strähne zu bilden, die bis zum Rand der Stirne reicht, eine jener römischen Stirnen, deren geringe

Größe zu allen Zeiten eine spezifische Mischung von Rechtlichkeit, Tugend und Eroberertum angezeigt hat.

Was ist mit diesen eigensinnigen Haarfransen verbunden? Ganz einfach die Zurschaustellung des Römertums. Man kann darum hier das unverdeckte Funktionieren der Hauptantriebsfeder des Schauspiels, des *Zeichens*, beobachten. Die Stirnfransen verbreiten Evidenz, niemand kann bestreiten, daß er sich im alten Rom befindet. Und diese Gewißheit wird aufrechterhalten: Die Schauspieler sprechen, handeln, quälen sich und diskutieren ‹universale› Fragen, ohne, dank dieser kleinen über die Stirn gebreiteten Fahne, etwas von ihrer historischen Wahrscheinlichkeit zu verlieren; ihre Allgemeinheit kann sich sogar in aller Ruhe ausbreiten, kann den Ozean überqueren, durch Jahrhunderte wandern und bis zu den Yankeeschädeln der Statisten von Hollywood dringen, es macht nichts, denn jedermann darf beruhigt sein und sich in der gelassenen Gewißheit einer Welt ohne Duplizität ergehen, in der die Römer durch ein höchst lesbares Zeichen, die Haare auf der Stirn, römisch sind.»

Zu dieser «kleinen» Ikonografie der Dialogfilme trat die große der Uniformen, Heere und Waffen in den Ausstattungsfilmen; in den Palästen und Tavernen definierte die Locke den Römer, im Felde seine Uniform. (Wie so oft zeigte sich auch hier der Höhepunkt einer in einem Genre entwickelten Ikonografie in ihrer Übertragung auf die Kinderkultur von Spielzeug, Comics etc. nach dem Erfolg der Neufassung von «Ben Hur».)

Auch «The Robe» (Das Gewand – 1953 – Regie: Henry Koster) folgte der in «The Sign of the Cross» entwickelten Formel der Mischung von Abenteuerfilm, Melodram und christlicher Legende. Wie viele Filme dieses Genres hatte «The Robe» auch und vor allem technische Sensationen zu bieten: Es war der erste in CinemaScope gedrehte Spielfilm der Filmgeschichte. Erzählt wird von dem jungen Tribun Marcellus Gallio (Richard Burton), seiner Geliebten Diana (Jean Simmons) und dem griechischen Sklaven Demetrius (Victor Mature), die den Weg zum Christentum gefunden haben. Marcellus erhält vom römischen Statthalter in Jerusalem den Auftrag, eine Kreuzigung durchzuführen. Doch schon auf dem Weg nach Golgatha beginnen sich bei ihm Zweifel über die Schuld des Verurteilten Jesus von Nazareth zu bilden. Unheimliche Begebenheiten nach dem Tod des Gekreuzigten verwirren ihn, und entsetzt wirft er dessen Gewand fort, das er beim Würfelspiel gewonnen hat. Doch er erhält den Auftrag, es zu suchen und nach Rom zu bringen. Alles, was ihm begegnet, fördert seine Bekehrung. Seine tragische Begegnung mit Christus hat sein ganzes Leben geändert. Er geht nach Rom, schließt sich dort den Christen an und geht lieber in den Tod, als seinem neuen Glauben untreu zu werden.

Delmer Daves' «Demetrius and the Gladiators» (Die Gladiatoren –

1954) setzte die Handlung von «The Robe» fort, im Mittelpunkt steht nun die Figur des Demetrius. Den Prolog des Films bildet die Schlußszene aus Kosters Film, wo der Tribun Marcellus und seine Geliebte Diana zum Tode verurteilt werden.

Kaiser Caligula (Jay Robinson) beauftragt nun Claudius (Barry Jones), den Mann von Messalina (Susan Hayward), damit, das Gewand, dem er magische Kraft zuschreibt, zu suchen. Derweil übergibt der Apostel Paulus (Michael Rennie) am Grab von Marcellus und Diana dem ehemaligen griechischen Sklaven Demetrius das Gewand, der es zu einem alten, blinden Töpfer bringt. Dessen Tochter Lucia (Debra Paget) widersetzt sich einem römischen Legionär, der es an sich bringen will. Demetrius schlägt den Römer nieder, wird aber überwältigt und dazu verurteilt, als Gladiator in der Arena zu kämpfen.

Lucia gelingt es, Demetrius in der Gladiatorenschule zu besuchen, doch in der Gewalt der Gladiatoren bewahrt sie – scheinbar – nur der Tod vor einem noch schrecklicheren Schicksal. Demetrius, den man daran gehindert hat, sie zu beschützen, sagt sich daraufhin von Gott los, wird zum Helden in der Arena, zum Geliebten Messalinas und schließlich zum römischen Tribun. Er findet das Gewand wieder und mit ihm die totgeglaubte Lucia, die durch seine Gebete aus ihrem Koma erlöst wird. Demetrius überbringt das Gewand dem Kaiser, der einen Gefangenen tötet, nur um die vermeintliche Zauberkraft des Mantels zu erproben. Als sich Demetrius entsetzt auf Caligula stürzt, wird er ergriffen, und Caligula verurteilt ihn zum Kampf gegen den gefürchteten Gladiator Macro (Karl Davis). Doch die Prätorianergarde stellt sich nun auf die Seite Demetrius', und sowohl Caligula als auch Macro sterben unter ihren Speeren. Zum neuen Caesar wird Claudius ausgerufen, der die Freiheit für die Christen verfügt.

«Wenn Daves' ‹Demetrius and the Gladiators› fehlerhaft war, kann das hauptsächlich durch die Tatsache erklärt werden, daß er und Henry Koster ohne Bildsucher oder etwas, was ihnen genau sagen konnte, was sie auf den Film bekamen, den Weg für CinemaScope bahnten. Es ist ein nichtpubliziertes Faktum der Filmgeschichte, daß ‹Demetrius and the Gladiators› der zweite CinemaScopefilm ist – ‹The Robe› verließ das Atelier Ende April 1953, und 22 Tage später (nach einer siebentägigen Verschiebung) übernahm ‹The Story of Demetrius› – schließlich ‹Demetrius and the Gladiators› – seine Dekors, wobei die Bauten und Kostüme von ‹The Robe› benutzt wurden, um die hohen Kosten jenes Films zu verringern. Obgleich Philip Dunnes Drehbuch überall anzumerken ist, daß es schnell zusammengehauen wurde, sind Daves' Inszenierung der Action-Episoden in der Arena und die Details der Gladiatorenschule ausgezeichnet. Und seine Behandlung der Freundschaft zwischen zwei der Gladiatoren (Victor Mature und der farbige Darsteller William Marshall) kenn-

Jay Robinson als Kaiser Caligula in «Demetrius and the Gladiators» (1954).

zeichnet diesen ausgebreiteten Koloß eines Films durch Daves' eigenes unauslöschliches Warenzeichen» (Richard Whitehall).

Die Helden dieser Filme, tragische Abenteurer allesamt, waren eine «mythische» Lösung für den Grundwiderspruch des Genres zwischen dem faszinierenden vorchristlichen Römertum, das so deutlich Macht, Ruhm, Ehre, Liebe dem Tüchtigen und Rücksichtslosen versprach, und dem gewaltlosen, vergeistigten Christentum, dessen Forderung im Kern nichts anderes als Verzicht war. Die Helden dieser amerikanischen Antikfilme aus den fünfziger Jahren lösten diesen Konflikt, indem sie (ganz ähnlich, wie sich das im Western derselben Zeit zwischen Indianern und Weißen oft entwickelte) abwechselnd zu Angehörigen *beider* Kulturen wurden, in beiden eine wichtige Rolle spielten und ihre «Grenzen» verändern konnten. Und da der Sieg des Christentums immer zugleich auch der Sieg über den wahnsinnigen Tyrannen ist, erscheint er, bei aller ein wenig anämischen Passivität und Opferbereitschaft der Christen, letztlich doch als Sieg des Gesunden über das Kranke. Und natürlich ist es auch die Dichotomie in der erotischen Typologie, die für den Abenteurer in dieser Gestalt die Entscheidung erleichtert. Der Held steht zwischen der guten, jungfräulichen Christin und der bösen, verführerischen Heidin, die sich freilich, wie Susan Hayward am Ende von «Demetrius and the Gladiators», dazu durchringen kann, ihrem lasterhaften Lebenswandel zu entsagen.

In diesen Filmen war Victor Mature als definitives Gegenbild zum typischen *yankee hero* und als Nachfolger der romantischen, «lateinischen» Liebhaber wie Rudolph Valentino, freilich immer versehen mit ein wenig masochistischen Untertönen in seinem Spiel, endgültig zum Star des Genres geworden. Gerade weil er trotz seiner «exotischen» Anlage das Gegenbild zum eigentlichen Abenteurer, nämlich ein psychisch und vor allem auch physisch «leidender Mann» war, gab er dem Genre einen eigenen Stil. Er war sozusagen der Abenteurer, den niemand, auch die liebende Frau und schon gar nicht er selbst, davor bewahren konnte, daß die Gefahr ihn einholte, ein Parzival mit viel Sex-Appeal, der fürs Abenteuer geboren und doch nicht in ihm zu Hause schien. Victor Mature stand allemal im Mittelpunkt einer Tragödie, in die das Schicksal ihn geworfen hatte, und selbst sein Lächeln noch war so herb, daß man spüren mußte: Diesem Mann fiel, mochte er auch stark sein, nichts leicht. Beginnend mit Cecil B. DeMilles «Samson and Delilah» aus dem Jahr 1949, war er der Held, der zum Opfer für die dämonische Frau prädestiniert schien, bis ihm die Erlösung anheimfiel. Im Hintergrund der Handlungen seiner Filme dräute die Erkenntnis, daß dieser Mann sich entweder zu moralisieren, zu christianisieren (zu «amerikanisieren») hatte oder sterben mußte.

In «The Egyptian» (Sinuhe der Ägypter – 1954 – Regie: Michael Curtiz) spielt er den großen Arzt und Hirnchirurgen Sinuhe, der zur Zeit Echnatons (Michael Wilding) wirkt. Und in einem der italienischen Antikfilme, die sich in den fünfziger Jahren zu einem eigenen Genre gruppierten, das seinen Höhepunkt zur Mitte der sechziger Jahre erreichte, in «Hannibale» (Hannibal – 1959 – Regie: Carlo Ludovico Bragaglia) war er der entschlossene Feldherr, der die Alpen mit Elefanten überquerte. Hier wie dort ist Mature in tragische Liebesgeschichten verwickelt, die ihn zwischen die Fronten bringen, ihn Verrat an seinen Idealen begehen lassen, ihn von seinen Leuten entfremden. Mit der Zeit wurde freilich auch dieser «tragische Abenteurer» ein wenig überständig; auch für das Genre des Antikfilms wünschte man sich Helden, die den Gefahren lachend ins Auge sehen konnten, deren Taten spektakulärer waren als ihr Leiden.

Eine Wende in der Entwicklung des Genres brachte wohl die italienisch-amerikanische Produktion «Ulisse» (Die Fahrten des Odysseus – 1954 – Regie: Mario Camerini), die in ihrem Titelhelden, dargestellt von Kirk Douglas, einen wirklichen Abenteurer sah, den das Schicksal vor harte Prüfungen stellt, der aber auch selbst das Schicksal herauszufordern weiß. Der Film erzählt davon, wie Odysseus den zehn Jahre währenden Kampf zwischen Hellenen und Trojanern durch die Kriegslist mit dem hölzernen Pferd entscheidet und dann, unter dem Fluch der Kassandra, auf den Meeren der Welt umherirrt, bevor er die Heimat erreicht, wo er, der Totgeglaubte, sich gegen die Freier seiner Frau Penelope (Anna Magnani) behaupten muß.

Im Gegensatz zu den mit christlichen Motiven verknüpften Antikfilmen aus Hollywood zeigt «Ulisse» einen autarken Helden, der sich freilich Gesetzen unterwirft, die ihn auch zur Grausamkeit zwingen. Und anders als in den melodramatischeren Filmen des Genres gilt der Aufwand hier nicht in erster Linie der Präsentation von Prunk und Luxus, sondern der Übertragung des phantastisch-legendenhaften Stoffes ins Bild des Films; der Kampf gegen Polyphem, den einäugigen Riesen, das Trojanische Pferd etc. sind vor allem Meisterstücke der Tricktechnik.

Eine Abkehr von den melodramatischen, «überladenen» Antikfilmen war auch Howard Hawks' «Land of the Pharaohs» (Land der Pharaonen – 1955), für den (neben Harry Kurnitz und H. Jack Bloom und natürlich – *uncredited* – Hawks) William Faulkner am Drehbuch arbeitete. In einem Gespräch mit den «Cahiers du Cinéma» teilte der Regisseur mit: «Wir sind von einer Geschichte ausgegangen, die ich gerade vorbereitete, nämlich über den Bau eines Flughafens in China während des Krieges. Die US-Army wollte dort eine Luftbasis errichten, die Ingenieure und Techniker veranschlagten acht Monate für den Bau; man stellte ihnen 20000 Leute zur Verfügung, und die Arbeit war in drei Wochen geschafft! ... Ich mußte dieses Projekt wegen der politischen Lage aufgeben ... Und dann begann ich plötzlich an die Pyramiden zu denken, ich dachte bei mir, das ist doch eigentlich genau dieselbe Geschichte; als wir dann das Drehbuch geschrieben haben, hatten wir immer die Pyramide im Kopf ...»

Es geht in «Land of the Pharaohs» also in erster Linie um die Lösung einer schwierigen Aufgabe. Die eigentliche Geschichte des Films bietet dazu eher so etwas wie den Hintergrund: Pharao Cheops (Jack Hawkins) befindet sich in einem Machtkampf mit der schönen Prinzessin von Zypern, Nellifer (Joan Collins), die ihn schließlich zugrunde richtet, aber auch selbst vom Sog der Ereignisse erfaßt und vernichtet wird. Am Ende wird sie mit dem toten Pharao in der Cheopspyramide eingeschlossen.

«Das größte Problem», meinte Alexander Trauner, *art director* bei der Produktion von «Land of the Pharaohs», «war die Konstruktion der Pyramide ... wir hatten verschiedene Methoden diskutiert, wie wir sie schließen sollten. Die Idee, es mit Sand zu machen, kam von Hawks; und es war tatsächlich viel natürlicher, den Sand zu benutzen, der ja dort überall herumliegt, als etwa Wasser oder Holz, welches man verbrennt. War erst einmal die große Linie da – das Heraushauen der Steine und ihr Transport zum Nil, die Konstruktion der Pyramide, die Steine, die sich zusammenschieben und die Pyramide bilden – und hatte man erst einmal die langen Kamerafahrten festgelegt, die vielleicht die längsten sind, die man jemals gemacht hat, nämlich damit man die Leute bei der Arbeit sehen kann –: dann hatte man schon das Maximum erreicht. Wenn man sich den

Film heute noch anschauen kann, dann auf Grund dieser Sachen – von der Handlung her ist er nicht sonderlich befriedigend.»

«Land of the Pharaohs» ist also ein Film über Arbeit, und insofern, obwohl in einem ungewohnten Genre, doch auch ein «typischer» Hawks-Film. «In ‹Land of the Pharaohs› gibt es die Maschine, vermöge derer sich am Ende die Pyramide unwiderruflich schließt um den toten Pharao und seine Schätze. Den Mechanismus hat der Baumeister zu Beginn des Films dem Pharao am Modell erklärt. So ist er auch dem Zuschauer kein Geheimnis mehr. Seine Erwartung wird übertroffen durch das Maß, das Anschauung der Vorstellung voraus hat.

Zu sehen, wie etwas funktioniert: daher rührt ein Teil des Vergnügens vor den Filmen von Hawks. Immer geht dabei auch etwas in die Brüche, wird zerstört, indem es funktioniert. Damit die Pyramide sich schließe, werden zunächst ein paar Tonschalen, die aussehen wie Eierschalen, mit Hämmern zerschlagen. Dann rinnt Sand aus den Öffnungen, die die Schalen verschlossen hielten; in die Lücken, die der Sand freigibt, senken sich mächtige Steinquader, auf denen der Oberbau der Pyramide ruht, so daß alle Zugänge sich schließen. Das Prinzip wiederholt sich mehrfach, nachdem der Prozeß in Gang gesetzt ist: immer aufs neue werden Eierschalen zerschlagen, nun durch herabsausende Steinbolzen, rinnt Sand, senken sich die Blöcke.

Dann hat sich die Pyramide geschlossen, und der Baumeister und sein Volk werden aus der ägyptischen Gefangenschaft entlassen. Man sieht sie auf der Leinwand nach Hause ziehen, während man selbst aufsteht und dem Ausgang zustrebt» (Hark Bohm/Enno Patalas).

Bei allem Vergnügen an der Mechanik der Dinge wird vielleicht für Hawks und Faulkner auch der Gedanke faszinierend gewesen sein, das «Lebenswerk» eines Mannes zu zeigen: sein eigenes Grab.

«Land of the Pharaohs» blieb im übrigen Hawks' einziger Film im Cinema Scope-Verfahren, das gewissermaßen den Hollywood-Antikfilm konstituierte: «Ich halte Cinema Scope für kein gutes Verfahren. Es taugt nur dazu, große Massenbewegungen zu zeigen. Sonst lenkt es nur ab, es ist für den Zuschauer sehr schwer, genau hinzusehen», bemerkte der Regisseur.

Die Entwicklung des Hollywood-Antikfilms führte über einige Filme nach nun gewohntem Muster wie «Alexander the Great» (Alexander der Große – 1956 – Regie: Robert Rossen) und neuerliche prunksüchtige Melodramen wie «Salomon and Sheba» (Salomon und die Königin von Saba – 1959 – Regie: King Vidor), mit Gina Lollobrigida und Yul Brynner in den Hauptrollen, zu Stanley Kubricks «Spartacus» (Spartacus – 1960), einer ersten politischen und historischen Reflexion innerhalb des Genres. Howard Fast, Verfasser des Romans, nach dem Dalton Trumbo das Drehbuch gestaltete: «Dies ist die Geschichte von Spartacus, der den größten Sklavenaufstand gegen Rom anführte. Ich schrieb den Roman, weil ich diese Geschichte gerade in der Zeit, in der wir leben, für wichtig halte. Nicht im Sinne historischer Parallelen, sondern weil man aus einer solchen Geschichte Hoffnung und Kraft für den uralten Kampf für die Freiheit gewinnen kann und weil Spartacus nicht nur eines Mannes Leben, sondern für alle Menschenalter gelebt hat. Ich schrieb sie, um denen Hoffnung und Mut zu geben, die sie lesen würden, und indem ich sie schrieb, bekam ich selbst Hoffnung und Mut.»

Eine Gruppe von Sklaven unter der Führung von Spartacus (Kirk Douglas) entflieht der Gladiatorenschule von Capua. In der nächsten Zeit verstärkt sich die Gruppe um Scharen entlaufener Sklaven und wächst zu einer Armee der Revolte an. Die Stärke dieses Aufständischenheeres wird verstärkt durch die Uneinigkeit der Römer. Doch schließlich gelingt es Marcus Licinius Crassus (Laurence Olivier), die Truppen des Spartacus entscheidend zu schlagen. Die wenigen Überlebenden, darunter Spartacus selbst, werden zum Tod am Kreuze verurteilt und hingerichtet. Spartacus' Frau (Nina Foch) überlebt, und sie und das neugeborene Kind erhalten schließlich durch den römischen Gegner von Crassus, Gracchus (Charles Laughton), die Freiheit.

Natürlich war auch dieser Film zur sensationellen Nachricht in der Branche geworden wegen des Aufwandes, der bei seiner Produktion getrieben wurde. Der Monumentalfilm Hollywoods kam ohne die sich überschlagenden Nachrichten über Statistenheere, Bauten, Drehzeiten, Produktion von Rüstungen, Waffen und Kostümen und nicht zuletzt über Stars nicht aus. Doch der junge Regisseur Kubrick und Kirk Douglas, der mit seiner Firma Bryna auch die Produktion führte, wollten solchen Aufwand unter keinen Umständen als Selbstzweck verstanden wissen, und sie spielten seine Bedeutung noch eher herunter: «Wenn ‹Spartacus› wirklich ein Erlebnis ist, das einen umschmeißt», meinte Douglas, «dann sind zwölf Millionen ein Klacks. – Wenn nicht, dann sind sogar zwölf Dollar zuviel! – Produktionskosten, das Künstlerische und Kinokassenabrechnungen sind ganz verschiedene Dinge.»

«Spartacus» ist nicht unbedingt ein «Kubrick-Film» (der Regisseur hatte keinen Einfluß auf das Buch und wurde erst eine Woche vor Drehbeginn an Stelle von Anthony Mann unter Vertrag genommen), und es herrscht die Meinung vor, der Regisseur habe hier mit einem etwas geschwätzigen, politisch überstark vereinfachend argumentierenden und ein wenig rührseligen Buch zu kämpfen gehabt. Er hat, um im Bild zu bleiben, sicher bei vielen Details die Oberhand behalten, im großen aber nicht gewinnen können. Kubrick vermied so gut es ging die Klischees, die sich mittlerweile im Genre herausgebildet hatten, und hier wie in vielen späteren seiner Filme gelingt ihm der optische Essay zur Grausamkeit und ihren Ursachen.

«Kubrick hat ein gutes Auge für die dunklen Ironien des Lebens. Er brilliert in der Beschreibung von Grausamkeiten und menschlicher Niedertracht. Den ihm aufgezwungenen optimistischen Schluß hat er dagegen nicht so sicher im Griff; in Wirklichkeit glaubt er wohl nicht an die Chance des Guten in einer korrupten Welt. Alles übrige ist indessen zu loben. Die wunderbare Fotografie mit ihren Momenten poetischer Rage; die choreographische Präzision der Schlachtszenen; ein Drehbuch, das etwas Wesentliches über den Mißbrauch der Macht zu sagen hat – all das macht ‹Spartacus› wahrscheinlich über Jahre hinaus zum Maßstab aller Großfilme» (John Cutts).

Nicht eigentlich durch historische Authentizität (da ist vieles wirksam anachronistisch umgedeutet), sondern mehr durch den eingeschriebenen Diskurs – mag er so amerikanisch-naiv sein, wie er wolle – hat «Spartacus» dem Antikfilm, dem historischen Film überhaupt, eine sozialgeschichtliche, politische Dimension zurückgegeben. Nachfolger im Genre, die diesen Ansatz fortgesetzt hätten, hat es freilich nur sehr, sehr wenige gegeben.

Samson, Maciste, Ursus, Herkules und ... Der italienische Antikfilm

Für den amerikanischen Antikfilm war die vorchristliche Welt ein Reich der großen Schicksale und einer glücklich überwundenen, doch nach wie vor faszinierenden Einheit von privatem und öffentlichem, politischem und religiösem, kulturellem und mythischem Leben. Das Genre gab eine Lösung für den Widerspruch zwischen der heimlich bewunderten darwinistisch-technokratischen Herrschaft antiker Weltreiche wie Ägypten oder Rom und dem letztlich obsiegenden hartnäckigen puritanisch-bescheidenen Christentum. Es bestrafte die Hollywood-gemäßen Römer für ihre Exzesse und Orgien, und es erlöste die Christen, nicht nur im geistigen Sinne: Es suchte nach realen *happy ends*, die letztliche Versöhnung der Kulturen, deren Ergebnis sich als Quelle der eigenen ansehen ließ.

Der italienische Antikfilm, der in den fünfziger Jahren eine Renaissance erlebte und in den Sechzigern eine veritable Massenproduktion bewirkte, wie sie nur mit dem späteren Italowestern an Quantität verglichen werden kann, ging weiter zurück aufs mythische, naive Abenteuer. Einer der wenigen Autoren, die sich positiv mit dem Genre auseinandergesetzt haben, Bernward Knappik, berichtet über die Entstehung des Genres: «Als Reaktion auf das stetige Anwachsen des Fernsehens, das Anfang der fünfziger Jahre eine ernsthafte Konkurrenz für das Kino zu werden drohte, produzierten die italienischen Filmgesellschaften, angeregt durch einen ähnlichen Trend in den USA, in steigendem Maße farbige Breitwandspektakel und sogenannte Monumentalfilme, die das Kinopublikum bei der Stange halten sollten. Filme wie ‹Spartaco› (Spartakus, der Rebell von Rom – 1952 – Regie: Riccardo Freda), ‹Teodora, Imperatrice di Bisanzio› (Theodora, Kaiserin von Byzanz – 1953 – Regie: Riccardo Freda) und ‹Ulisse› (Die Fahrten des Odysseus – 1954 – Regie: Mario Camerini) kennzeichneten den Beginn eines kontinuierlichen Anwachsens des Kostümfilms seit Mitte der fünfziger Jahre. Dabei konnte man auf eine lange Tradition im italienischen Film zurückgreifen. Schon in der Stummfilmzeit feierten die Kostümepen des Regisseurs Enrico Guazzoni (‹Quo Vadis› – 1912; ‹Marc Antonio e Cleopatra› – 1913; ‹Caius Julius Caesar› – 1914), Mario Caserini (‹Gli ultimi giorni di Pompei› – 1913; ‹Nerone e Agrippina› – 1913) und vor allem Giovanni Pastrone mit ‹Cabiria› (1914), dem wohl wichtigsten Film der Epoche, wahre Triumphe. Und auch während des Faschismus hatten pseudohistorische Kostümfilme die größten Erfolge. Aus dieser Zeit stammt Alessandro Blasettis ‹La Corona di Ferro› (1941), der als Meilenstein für die Entwicklung des Genres gilt.

Neben den üblichen Ritter- und Piratenfilmen, Literaturadaptionen und biblischen Themen griff man in den fünfziger Jahren auf einen anderen Zweig zurück, der sich zum erfolgreichsten Subgenre entwickeln sollte: Filme, in deren Mittelpunkt antike Charaktere standen, die von imposanten Muskelmännern dargestellt wurden. Obwohl verschiedene Gestalten und Themen des traditionellen Kostümfilms übernommen wurden, entwickelte der ‹neo-mythologische› Film (wie ihn der Regisseur Vittorio Cottafavi nannte) einen eigenen Stil, der sich in erster Linie an den Produktionsbedingungen und den Erwartungen des Publikums orientierte. Die Filme wurden in der Regel mit einem geringen Budget gedreht, so daß die Filmemacher auf große Schauwerte verzichten und sich auf kleine Effekte beschränken mußten, die allerdings oft äußerst wirksam gehandhabt wurden. Einige Regisseure brachten es zu einer wahren Meisterschaft in der Kompensation der wenigen Produktionsmittel durch filmtechnische Raffinessen (Bildeinstellung, Schnitt etc.).

Die spektakuläre Wirkung für das Publikum bestand vor allem in der überdimensionalen Betonung der physischen Qualitäten der Helden, durch die ihre übermenschliche Kraft und Unbesiegbarkeit legitimiert wurde und die eine Prise zeitgemäßer Erotik und Gewalt in die melodramatischen und abenteuerlichen Elemente einbrachte. Daß sich einige der Filme selbst nicht ganz ernst nahmen und gelegentlich auch parodistische Züge annahmen, ergab sich aus der Notwendigkeit, die Zensur abzulenken, diente aber auch dazu, die häufigen Anachronismen zu verdecken. Denn obwohl der historische Ort eine wichtige Rolle bei der Konstituierung des Genres spielte (man sprach zunächst von Antiken Filmen), interessierten sich die Hersteller kaum für die historische Wirklichkeit. Geschichtlich verbürgte und erfundene Charaktere und Themen waren meist Vehikel für die optische Gestaltung der ungezügelten Phantasie der Regisseure, Autoren und Produzenten, die sich nicht zuletzt auch darin zeigte, daß der ‹neo-mythologische› Film im Laufe der Zeit immer häufiger Verbindungen mit anderen Genres (wie dem Piratenfilm, dem Horrorfilm und sogar dem Western) einging.»

Nun mochte die Phantasie der Regisseure und Autoren auch ungezügelt sein, unerschöpflich war sie gewiß nicht. Vielmehr entwickelte sich der italienische Antikfilm, wie jedes B-Film-Genre, in Serien und Formeln, und immer wieder wurden bewährte Elemente in neuen oder bekannten Variationen aneinandergefügt. Das Urbild all dieser muskelbepackten Helden war Herkules, der menschliche Sohn des Göttervaters Zeus. «In vielen Herkules-Filmen wurden (...) Elemente der Sage aufgenommen: Der Kampf mit dem Nemeischen Löwen in ‹Ercole L'Invincibile› (Der größte Sieg des Herkules – 1964 – Regie: Al World), die Auseinandersetzung mit der Amazonenkönigin Hippolyte in ‹Ercole e la Regina di Lidia› (Herkules und die Königin der Amazonen – 1958 – Regie: Pietro Francisci) oder der Kampf mit dem neunköpfigen Seeungeheuer Hydra in ‹Gli Amori di Ercole› (Die Liebesnächte des Herkules – 1960 – Regie: Carlo Ludovico Bragaglia). Eine beliebte Variante war die Verknüpfung mit anderen Gestalten oder Ereignissen aus der griechischen Sagenwelt: In ‹Ulisse contro Ercole› (Herkules, der Sohn der Götter – 1961 – Regie: Mario Caiano) verfolgt der Held auf Geheiß der Götter den listigen Odysseus, und in ‹Ercole alla conquista di Atlantide› erreicht er die Vernichtung des weltbedrohenden Inselreiches Atlantis» (Bernward Knappik).

Am Anfang der Herkules-Serie hatte Pietro Franciscis «Le Fatiche di Ercole» (Die unglaublichen Abenteuer des Herkules – 1958) gestanden. Der Held (Steve Reeves) muß hier, der Sage folgend, den kretischen Stier bekämpfen, Jason bei seinem Anspruch auf den Thron beistehen, den Drachen vor dem Goldenen Vlies bezwingen und die Reise der Argonauten unterstützen. Hier ist noch die wenn auch naive Ehrfurcht der Autoren (Francisci, Ennio de Concini, Gaio Frattini) vor der Vorlage zu spüren, und Mario Bavas Kameraführung läßt so etwas wie eine phantastisch-epische Atmosphäre entstehen, die später hinter reiner *action* zurücktreten sollte. An seinem Beginn ist das Genre noch eine Verbindung aus abenteuerlichen, dekorativen und phantastischen Elementen, später sollten sich die phantastischen von den gleichsam «säkularisierten», realistischen Filmen im Genre scheiden.

Ein weiterer «Klassiker» unter den Filmen der Serie ist Vittorio Cottafavis «Ercole alla conquista di Atlantide» (Herkules erobert Atlantis – 1961). Freilich mochten die Versuche der französischen Filmkritik, Cottafavi als «Autor» zu rekrutieren, ein wenig überzogen sein, doch Cottafavi gab dieser und seinen anderen Arbeiten im Genre durchaus so etwas wie einen *touch*, und es ist wohl ihm mit zu verdanken, daß man sich im Genre des Antikfilms gelegentlich auch differenziertere Pointen und Verweise erlauben konnte als die in manchen Filmen gepflegte Prügel-Komik.

«Als die Kritiker der ‹Présence du cinéma› eine Cottafavi-Nummer herausbrachten und Todesmystik das Zentralthema dieses Regisseurs nannten, sind sie ihm ganz schön auf den Leim gekrochen. Aber dennoch hat der Film seine Vorzüge. Die deutsche Produktion läßt sich, um dem Fernsehen Paroli zu bieten, lauter schwarze und weiße Rössel einfallen, und sogar den armen 82jährigen Moser jagt man noch ins Atelier. Cottafavi ist munterer: Die Anfangskeilerei der Herkuleskumpane ist so hinreißend inszeniert und mit so wendiger Kamera aufgenommen, daß ich sie dem steifen Pathos in Eisensteins vielgerühmter Schlacht auf dem Peipussee ohne Bedenken vorziehe. Später unterlaufen dem Regieassistenten allerdings einige Schnitzer: Zweimal sieht man einen Motorschlepper und einmal einen Hubschrauber. Aber einem Spektakelfilm wie diesem schadet das kaum. Möglicherweise ist die Erhaltung dieser Einstellungen sogar der Ironie des Regisseurs zu danken, für die es noch einige andere Belege gibt: die Zwillinge in der großen Königsdebatte, die sich so herrlich gegenseitig soufflieren, und am Ende die neue Herrenrasse der Königin von Atlantis, die sich als eine Truppe blondbärtiger synthetischer Germanen entpuppt» (Reinhold E. Thiel).

Es folgten Filme mit weniger Originalität in der Gestaltung wie «La Furia di Ercole» (Samson – Befreier der Versklavten – 1961 – Regie: Ginafranco Parolini) oder «Ercole contro Roma» (Herkules – Rächer von Rom – 1964 – Regie: Piero Pierotti). Herkules, wie auch andere Helden des Antikfilms, war in diesen Filmen eine antike Abbildung des Volkshelden, der immer wieder Tyrannen zu bezwingen, unrechtmäßige Herrschaft zu beseitigen und starre Reiche zu stürzen hatte. Er ist der starke Vertreter der Freiheit gegen jede Diktatur, führt immer wieder die Aufstände von Sklaven, Gefangenen, Unterdrückten an und verweigert sich jeder, auch der erotischen Korruption.

Unter den anderen Helden des Genres wie Samson oder Ursus, der selbst als ehemaliger Sklave ausgewiesen ist, hat wohl die Figur des Maciste in den meisten Filmen Darstellung gefunden. Sie geht zurück auf d'Annunzios «Cabiria» (vergleiche S. 66) und eine Serie von Stummfilmen und wurde für den neomythologischen Film um das Jahr 1960 wiederentdeckt. Anders als Herkules, Spartacus, die Gladiatoren oder andere Helden des Genres war diese frei erfundene Gestalt kaum an einen historisch-mythologischen Rahmen gebunden. Gerade in den Maciste-Filmen wurden die gelegentlich etwas exotischen Genre- und Stilmischungen praktiziert, die den Muskelprotzfilmen einen eigenen Reiz gaben, zugleich aber auch in ihrer Entspezifizierung des Genres für seinen Niedergang verantwortlich sind. Maciste taucht in den verschiedensten Epochen und unter den verschiedensten geografischen Gegebenheiten auf, und er begegnet den unterschiedlichsten Figuren aus der populären Mythologie. So erscheint er in Afrika («Maciste nella Valle dei Re» – Maciste – Rächer der Pharaonen – 1960 – Regie: Carlo Campogalliani), in China («Maciste alla corte del Gran Khan» – Maciste in der Gewalt des Tyrannen – 1961 – Regie: Riccardo Freda), im Orient («Maciste contro lo sceicco» – Maciste im Kampf mit dem Piratenkönig – 1962 – Regie: Domenico Paolella), in Amerika («Zorro contro Maciste» – Zorro gegen Maciste – Kampf der Unbesiegbaren – 1963 – Regie: Umberto Lenzi) und in Rußland («Maciste alla corte dello Zar» – Marco – Der Unbezwingbare – 1964 – Regie: Amerigo Anton). Diese Filme also entfernten die Figur des Muskelprotzes von ihrem mythologischen Kontext und warfen ihn als «normalen» Abenteurer in die Grundsituationen aller Abenteuergenres, und auch er mußte sich einmal mit den aus dem Horrorfilm bekannten Gefahren auseinandersetzen, nämlich in dem von Sergio Corbucci und Duccio Tessari geschriebenen und von Giacomo Gentilome inszenierten «Maciste contro il vampiro» (Macistes größtes Abenteuer – 1961).

Solche Genremischungen sind vielleicht auch ein Beleg dafür, daß die Grundelemente des neomythologischen Films eher beschränkt waren und nur sehr bedingt für Neuerungen offen. Was an Qualität nicht zu erreichen war, das versuchte man gelegentlich über die Quantität zu erlangen: neue, «gewaltigere» Sensationen mit den Stilmitteln des B-Films. Man ließ zum Beispiel die Helden gemeinsam, mal miteinander, mal gegeneinander auftreten, so wie in «Ercole, Sansone, Maciste e Ursus gli invincibili» (Die Stunde der harten Männer – 1964 – Regie: Giorgio Capitani) oder «Ercole sfida Sansone» (Herkules, Samson und Odysseus – 1963 – Regie: Pietro Francisci). «Eine besondere Spielart des Genres waren Filme, in denen Gladiatoren, die sich im antiken Rom zur Belustigung des Volkes gegenseitig abschlachten oder mit wilden Tieren kämpfen mußten, im Mittelpunkt standen. Gladiatorenfilme waren nicht nur deshalb so beliebt, weil ihnen die klassischen Motive für die Handlungen der Helden zur Verfügung standen: Der Aufstand gegen die Willkürherrschaft eines römischen Kaisers (‹I dieci Gladiatori› – Die Revolte der Gladiatoren – 1963 – Regie: Gianfranco Parolini; ‹I due Gladiatore› – Kaiser der Gladiatoren – 1964 – Regie: Mario Caiano) oder die koloniale Unterdrückung eines Statthalters (‹La Rivolta dei gladiatori› – Aufstand der Gladiatoren – 1958 – Regie: Vittorio Cottafavi; ‹Sette contro tutti› – Sieben gegen alle – 1965 – Regie: Michele Lupo) und der Kampf um die Befreiung einer unterdrückten Gruppe (‹Il Gladiatore di Roma› – Der Gladiator von Rom – 1962 – Regie: Mario Costa; ‹Il Crollo di Roma› – Die Zerstörung von Rom – 1962 – Regie: Anthony Dawson [d. i. Antonio

Margheriti]; ‹Maciste, gladiatore di Sparta› – Maciste, der Held von Sparta – 1964 – Regie: Mario Caiano; ‹Spartacus e i dieci gladiatori› – Spartakus und die zehn Gladiatoren – 1964 – Regie: Nick Nostro). Sie ermöglichten darüber hinaus die Einführung eines Kollektivs von Muskelmännern an Stelle eines einzelnen Helden, was den Schauwert des Spektakels erhöhen sollte. Dennoch waren die Gladiatorenfilme auf die Dauer die vielleicht langweiligste Variante des Genres, weil ihre enge historische und zeitliche Eingrenzung der naiven Phantasie der Autoren kaum einen Spielraum ließ» (Knappik).

Neben den neomythologischen Filmen um Helden mit übermenschlichen Kräften (eine wiederkehrende, später oft parodierte Szene in diesen Filmen war der schweißtreibende, aber erfolgreiche Versuch des Helden, mit bloßen Händen gigantische Säulen und was sie stützten zum Einsturz zu bringen) und Gladiatorengruppen (die «zehn Gladiatoren» rivalisierten dabei mit den «sieben Gladiatoren» um die Gunst des Publikums) hat der italienische Antikfilm auch eine Reihe von «historischen» Versuchen hervorgebracht. Auch hier spannte sich der Bogen von der griechischen Kultur («L'Assedio di Siracusa» – Archimedes, Löwe von Syrakus – 1959 – Regie: Pietro Francisci) bis zur Christianisierung Roms («La Spada e la croce» – Kreuz und Schwert – 1957 – Regie: C. L. Bragaglia). Große Ereignisse («La Battaglia di Maratona» – Die Schlacht von Marathon – 1959 – Regie: Jacques Tourneur) und große Persönlichkeiten («Hannibale» – Hannibal – 1959 – Regie: Carlo Ludovico Bragaglia; «Constantino il grande» – Konstantin der Große – 1960 – Regie: Lionello de Felici) fanden ihre genregerechte Darstellung, und schließlich gab es immer neue Variationen der antiken Sagen, wie «La Guerra di Troia» (Der Kampf um Troia – 1961 – Regie: Giorgio Ferroni) oder «Romolo e Remo» (Romulus und Remus – 1961 – Regie: Sergio Corbucci).

Der neomythologische Film war zwar in seiner mehr *action*-betonten Form ein genuin italienisches Genre, doch arbeiteten neben einigen Schauspielern gelegentlich auch amerikanische Regisseure in Cinecittá für den italienischen Antikfilm. So inszenierte Curtis Bernhardt «Il Tiranno di Siracusa» (Der Held von Attika – 1961), André de Toth «Oro per i Cesari» (Das Gold der Cäsaren – 1962), Robert Aldrich «Sodom e Gomorrha» (Sodom und Gomorrha – 1962) und Jacques Tourneur «La Battaglia di Maratona». Aber der Muskelprotz- und Antikfilm italienischer Prägung war etwas anderes als Hollywood im kleinen Maßstab, und es war auch mehr darin als die kindliche Lust an der Zerstörung, die allerdings eine wichtige Rolle im Genre spielt. Der scheinbare Optimismus, der seinen Grund in der schieren Unbezwingbarkeit der Helden hatte, wich gelegentlich einem Hauch von Düsternis und Morbidität. So geradlinig auch die Helden wie Herkules, Samson und Maciste gewesen sein mochten, sie bewegten sich doch in einer Art von kultureller und politischer Endzeit, so wie es die Helden des Italowestern tun sollten, dem sich Regisseure wie Ducio Tessari, Sergio Leone, Sergio Corbucci, Mario Caiano oder Antonio Margheriti in der Folgezeit zuwandten. Und: «der italienische Antikfilm (hat) vor seinem Ende durch den Italowestern seine mediterrane Klassizität in zunehmendem Maße mit Elementen mittelalterlicher Düsternis vertauscht» (André Gerely). Wie der Western ist auch der neomythologische Film eine verständliche soziale Metapher; neben seinem historisch-zivilisatorischen Stolz bildet er die Krisen in diesem Prozeß der Kultivierung ab und muß Bilder für den Abschied von früheren, vorrationalen Kulturen finden. Und wie der einsame Westerner ist der muskelbepackte, halbnackte Held des italienischen Antikfilms eine Vermittlung, eine Achse zwischen neuer und alter Kultur, und schon von daher steht ihm ein wenig Wehmut wohl an.

So wie der neomythologische Film frei, säkularistisch und gelegentlich sogar humorvoll mit seinen tradierten Mythen von Macht und Herrschaft umgeht, gleichsam also die antike Mythologie dem Besitz des Bildungsbürgertums entreißt, um sie in gereinigter und von aller Unverrückbarkeit geheilter Form dem Volk zurückzugeben, so säkularisiert und vereinfacht er auch die erotische Mythologie, die in den Sagenstoffen angelegt ist. «In allen diesen Abenteuern stellt das amouröse Element zwar einen wichtigen Teil, aber nicht unbedingt den wesentlichen. Der vollkommene Held kann weder Sklave der Sinne noch der Gefühle sein und so schwach werden, daß er sich in die Widersprüche einer allzu menschlichen Leidenschaft verstrickt. Durch Schauspielerinnen geringeren Renommees dargestellt (die denkwürdigste blieb Sylva Koscina, die an den beiden ersten Filmen der Serie teilnahm), scheiden sich die weiblichen Figuren in die beiden traditionellen Kategorien der lasziven, treulosen Zauberinnen und der naiven jungen Mädchen, die vom Schicksal verfolgt werden. Kein Regisseur hat einen originelleren oder wenigstens besser durchgezeichneten Heldinnentypus zu schaffen verstanden. Ob sie nun Jole oder Deianira heißen, die Gefährtinnen des Herkules kennen kein anderes Ideal als das Familienleben. Aber diese Huldigung an die traditionellen Institutionen der Ehe und Familie impliziert nicht die Abwesenheit des erotischen Elements, im Gegenteil: sie ist die Voraussetzung, damit dieses sich ungehemmt entfalte. Die Bauch- und Schleiertänze, die Verführungsszenen, die Badeszenen im Freien und in Innenräumen sind nicht mehr zu zählen, und die Milieuschilderung selbst läßt im übrigen eine weibliche Gewandung zu, die zu den erotischen Zwecken so funktional ist wie nur möglich. Nicht umsonst sind in diesen Filmen die Amazonen fast allgegenwärtig.

Eng verflochten mit der Erotik ist der Sadismus. Die Verwendung der Farbe unterstreicht und verherrlicht diese Verflechtung. In den Schlachtszenen fließt das Blut in Strömen, tränkt die Erde, färbt das Wasser rot.

Die Kämpfenden werden von Pferden zertrampelt, lebendig verbrannt, von schroffen Felsen hinabgestürzt, im Moor ersäuft, von Pfeilen und Lanzen durchbohrt. Noch bezeichnender sind die Folterszenen, in denen die Phantasie des Regisseurs sich am meisten austoben kann. Protagonist ist oft eine Frau, die immer wunderschön ist, sei es in der Rolle des Opfers oder des Peinigers: nackt und an den Handgelenken aufgehängt, zu Tode gepeitscht, beschimpft vor dem Geliebten, durch glühende Schwerter geblendet – oder unbewegte und befriedigte Zuschauerin erbarmungsloser Verhöre und unmenschlicher Racheakte. Bekanntlich hat das einfache Volk eine Vorliebe für starke Kontraste, wo der emotionalen Spannung, provoziert durch Manifestationen der Grausamkeit, die Entspannung durch die Bestrafung des ungerechten Verfolgers gegenübersteht. Aber in den hier untersuchten Filmen hat das sadistische Element ein quantitatives Gewicht und eine Intensität, auf die die erzählende Volkskunst seit langem verzichtet zu haben scheint – speziell in Italien, wo die schaurigen und dämonischen Strömungen der Romantik wenig entwickelt waren und die Dekadenz sich eher um das Raffinement einer ganz verinnerlichten, psychologischen Grausamkeit bemühte.

Erotik und Sadismus sind indes nicht Selbstzweck, sondern verweisen auf einen allgemeineren Geschmack am Wunderbaren, in dem der eigentliche Geist zu sehen ist, aus dem die historisch-mythologischen Filme leben. Dem Zwang der exakten Beschreibung nicht untertan, zerreißt die populäre Phantasie die Fesseln der Wahrscheinlichkeit und behauptet ihre Selbständigkeit, indem sie sich mit großem Aufwand in ein freies Abenteuer stürzt, überschwenglich im Vergnügen zu erzählen, sich darin gefallend, die eigenen Erfindungen zu multiplizieren» (Vittorio Spinazzola).

Es ist also nur folgerichtig, daß sich der historisch-mythologische Film in der italienischen Variation des Western fortsetzte, in der der Sadismus triumphierte, so wie die Multiplikation der Erfindungen. Der Glanz freilich war einer pittoresken Schäbigkeit gewichen, psychische und physische Grausamkeit waren zueinandergefügt, und es gab keine Städte und Reiche mehr, die zu zerstören gewesen wären, nur noch Menschen. Und selbst zum neuen Horrorfilm italienischer Prägung, der in der Jetztzeit angesiedelt ist, führt eine direkte Linie vom neomythologischen Film.

Ausklang eines Genres

Wie so oft am Ende (oder vorläufigen Ende) eines Genres standen auch am Ende des neomythologischen Films in Italien ironische und parodistische Versuche, die der schon häufig aufscheinenden humoristischen Note Vorrang einräumten und die knapp zehnjährige Geschichte der Renaissance des Antikfilms in Italien auf ihre Grundelemente hin durchforsteten, um sie durch kleine Verschiebungen und Verfremdungen dem Komischen zu übereignen. Ducio Tessaris Debütfilm aus dem Jahr 1962, «Arrivani i Titani», gehört, wie Vittorio Spinazzola meint, zu den komischsten der italienischen Nachkriegsproduktion und fand eine Reihe von Nachfolgern.

In eine ganz andere Richtung zielten die antiken Epen aus den angelsächsischen Ländern. Da ging es um historische Authentizität, psychologische Zeichnung der Protagonisten und nicht zuletzt um gigantischen Aufwand und Stars. Markantestes Beispiel hierfür ist wohl «Cleopatra» (Cleopatra – 1962 – Regie: Joseph L. Mankiewicz) mit Elizabeth Taylor in der Titelrolle, Richard Burton als Mark Anton und Rex Harrison als Julius Caesar. Von seiner Produktionsgeschichte her ist «Cleopatra» ein Höhepunkt der Studio-Gigantomanie und des Star-Rummels, und zugleich schon ein wenig eine (unfreiwillige) Parodie darauf. Er ist «eine opulente und spektakuläre Darstellung des Lebens Cleopatras, die nahezu alles einschließt, was über sie überliefert und als ihre Biographie akzeptiert ist. Der Film ist hauptsächlich seiner wandlungsreichen Produktionsgeschichte wegen bemerkenswert. Die Aufnahmearbeiten dauerten über vier Jahre und kosteten etwa 40 Millionen Dollar. Zuerst sollte mit einem Budget von drei Millionen in England gedreht werden (mit Peter Finch als Caesar), aber nach sechs Monaten wurde wegen diverser Schwierigkeiten, darunter Elizabeth Taylors Krankheit, die Arbeit eingestellt. Der Regisseur Rouben Mamoulian gab die Regie ab an Joseph L. Mankiewicz, der das Drehbuch überarbeitete und es auch bei den folgenden Dreharbeiten in Rom fast täglich revidierte. Der Film machte Skandalgeschichte, als Taylors Verhältnis mit Richard Burton bekannt wurde. Durch die steigenden Kosten wurde ‹Cleopatra› zum teuersten Werk der Filmgeschichte. Obwohl gegen Ende 1968 der Film 26 Millionen Dollar eingebracht hatte, die ihn auf die Liste der meistverdienenden Filme setzten, war er doch keineswegs profitabel. Der Verlust kam zu einem ohnehin kritischen Zeitpunkt für die Twentieth Century-Fox, ruinierte sie fast und führte zum Rücktritt ihres Präsidenten Spyros Skouras» (rororo Filmlexikon).

Aber nicht nur als Symptom für die Krise des *epic*, des spektakulären, verschwenderischen Erfolgsfilms schlechthin ist Mankiewicz' «Cleopatra» bemerkenswert, sondern auch wegen seiner ikonografischen und motivischen Kommentare zur historischen Mythologie. Zunächst herrscht die – von Hollywood nicht anders erwartete – Verwandlung von Geschichte in ein Melodram vor, an dessen Nahtstellen Abenteuer, Aktion und Ornament aufscheinen. Die Figuren selbst wirken, als wären sie nicht nur vom Regisseur (über)inszeniert, sondern als würden sie ihre eigene Erfüllung darin finden, sich zu inszenieren; sie begegnen einander nicht, sie treten voreinander auf. Das mag legitim sein für die Darstellung eines «transkulturellen» Konflikts (und nicht viel anders läßt etwa Miklos Jancso seine Figuren agieren), aber dem stehen die Hollywood-Psychologie, der Hollywood-Naturalismus im Wege. Aus dem narzißtischen Spiel im Dreieck von Caesar, Cleopatra, Mark Anton muß natürlich die materielle Komponente der Intrigen und Machtkämpfe ausgeblendet sein. Und schließlich erscheint Mark Anton nicht als Vertreter einer Fraktion in einem lang anhaltenden Machtkampf, sondern als Renegat aus Liebe, als eine romantische Version des rauhen Individualisten, der folgerichtig am Ende allein gegen eine Armee antritt. Eigentlich also geht es nicht um Geschichte, um Macht, sondern um Träume, um Schönheit. Aber eine «delirierende» Phantasie, die dem angemessen wäre, wird nicht entwikkelt; der Film erreicht sie wohl gerade wegen seines Aufwandes nicht. Er zeigt uns zuviel, als daß sich noch die Qualität des Traums entfalten könnte, und zuwenig, um von den Träumen der Menschen etwas zu *verstehen*. Etwa der Traum Cleopatras von einer Welt, die orientalisch würde (vielleicht auch paradoxer- und komplizierterweise: weiblicher), der allem Drama hier zugrunde liegt, wird uns wenig deutlich; er scheint selbst den Filmautoren zu gewagt, als daß sie sich auch nur für Augenblicke auf ihn einlassen und uns daran teilhaben lassen könnten. So ist diese Cleopatra, gegenteiligen Absichtserklärungen zum Trotz, eben doch wieder jene *femme fatale*, die sie im Verlauf der Geschichte immer wieder abgegeben hat. Dem Film fehlt einfach das Verständnis ihrer Motive, um so mehr delektiert er sich an der Oberfläche ihrer faszinierenden Erscheinung.

«Cleopatra» bedeutet wohl das (vorläufige) Ende des überbudgetierten *spectacular*, noch nicht ganz aber das Ende des Antikfilms in Hollywood. Etwa zur selben und kurze Zeit später entstanden noch ein paar Filme des Genres, bevor es für eine Zeit versiegte. «The 300 Spartans» (Der Löwe von Sparta – 1962 – Regie: Rudolph Maté) gab sich wesentlich bescheidener, obwohl er als zentrales Motiv nichts Geringeres als die Schlacht der Griechen gegen die Perser bei Thermopylae aufzuweisen hatte. Dagegen versuchte es Anthony Mann in «The Fall of the Roman Empire» (Der Untergang des römischen Reiches – 1963) noch einmal mit erklecklichem, freilich ökonomisch eingesetztem Aufwand. Der Niedergang des römischen Weltreiches ist hier in die Einzelschicksale gespiegelt (also umgekehrt wie in «Cleopatra», wo Geschichte als Projektionsfläche für eine Liebesgeschichte dient). Mann bemüht sich dabei um ein Verständnis für Zusammenhänge; er läßt seine Figuren argumentieren (vielleicht sogar ein wenig zuviel) und ihre Handlungsweisen erklären: «Die römische Einheit zerbricht, als die Gegner der Entwicklungshilfe an die Macht kommen. Marcus Aurelius wollte die Barbaren friedvoll in wirtschaftliche und politische Abhängigkeit von Rom bringen. Sein Sohn Commodus bevorzugt jedoch Militär- und Terrormaßnahmen. Das ist ein

Fehler, wie der Kommentar erläutert, denn die Einheit des Reiches wird nicht durch Gewalt nach außen gesichert, sondern durch die innere Überzeugung, irgendeine Mission zu erfüllen.

Das geht deutlich an die Adresse des Westens. Insofern konstruieren die Filmhersteller eine Parallele und zogen daraus respektable politische Konsequenzen. Bemerkenswert: explizites politisches Engagement in einem Breitwandspektakel. Andererseits: wären die Ratschläge an die USA nicht ausdrücklich erteilt, wären sie der Filmhandlung nicht zu entnehmen. Die Exponenten der Vernunft handeln im Film aus gänzlich privaten Motiven: Lucilla-Loren aus Bruderhaß. Livius-Boyd, weil Politik ihm offenbar ein schmutziges Geschäft ist. Auf diese Weise wirkt die Moral von der Geschicht' aufgesetzt; sie wird ebenso zur Nummer wie die mehr oder minder prächtigen, überlangen Schaueffekte: Paraden, Getümmel, Winterland, Wüste und das Peitschenduell auf Rennwagen. Nach den ersten Szenen (exzellent: Alec Guinness als Marcanton) löst sich der Film in Attraktionen auf; die Spannung zerfällt, und den Stars wird es immer saurer, wirkungsvoll in einer Welt des Edelkitsches zu posieren» (Dietrich Kuhlbrodt).

Etwas anderes zu produzieren als eine Folge von Attraktionen hatte sich ein anderer Film, «Jason and the Argonauts» (Jason und die Argonauten – 1963 – Regie: Don Chaffey) gar nicht erst vorgenommen, und an die Stelle historischer, politischer oder melodramatischer Reflexionen setzte er die Naivität des Märchens. Seine spezifische phantastische Wirkung erhält der Film durch die *stop motion*-Tricks von Ray Harryhausen (vergleiche dazu den Band «Kino des Phantastischen» in dieser Buchreihe), und sein Unglück war es, daß er im Ende des auch in Amerika populären Zyklus italienischer Antikfilme herauskam und die Werbung es schwer hatte, diesen (tricktechnisch) aufwendigen fantasy-inspirierten Film von diesen *c-pictures* abzusetzen. Jason (Todd Armstrong) und seine Argonauten müssen sich gegen die phantastischsten Mächte durchsetzen, darunter Poseidon selbst, die siebenköpfige Schlange, geflügelte Harpyen, die riesige Bronzestatue Talos und die schwerterkämpfenden Skelette.

«Wenn man Geschriebenes auf die Leinwand überträgt», erinnerte sich Harryhausen, «ist es fast immer notwendig, sich gewisse Freiheiten gegenüber dem Werk herauszunehmen, um es in der wirkungsvollsten Weise visualisieren zu können. Talos, der Bronzemann, kommt zwar in der Jason-Legende vor, allerdings nicht in den gigantischen Ausmaßen, die wir ihm in dem Film gegeben haben. Auf die Idee mit der Riesenhaftigkeit bin ich gekommen, als ich Material über den Koloß von Rhodos studierte. Dadurch, daß er den einzigen Zugang zum Hafen blockiert, hatten wir eine Menge Möglichkeiten für *action*. Außerdem hat mich der Gedanke an eine gigantische Metallstatue, die zum Leben erwacht, schon seit Jahren beschäftigt, ohne daß ich eine Geschichte gehabt hätte, in der er sich verwirklichen hätte lassen.

Es war schon eine Ironie, daß ich während meiner Laufbahn versucht habe, immer perfekter weiche und wirklichkeitsgetreue Bewegungen für meine Figuren zu schaffen, und hier nun es notwendig war, bewußt mechanische und steife Bewegungen zu produzieren.

Das meiste Material von ‹Jason und die Argonauten› wurde in und um ein kleines Dorf südlich von Neapel, Palinuro, aufgenommen. Die bizarren Felsformationen, der wundervolle weiße Sandstrand und der Naturhafen befanden sich in einem Umkreis von wenigen Kilometern, was die Arbeit erleichterte. Paestum mit den schönen alten griechischen Tempeln war nicht weit entfernt im Norden. Innen- und *special set*-Aufnahmen wurden in einem kleinen Studio in Rom absolviert.»

Diese Verbindung von antiker Sage, phantastischer Illusion und Abenteuer fand lange Zeit keine Fortsetzung, obwohl der Film zumindest in England recht erfolgreich war.

«Kings of the Sun» (Könige der Sonne – 1963 – Regie: J. Lee Thompson) verlagert die Motive des Antikfilms in die Zeit der großen Reiche in Südamerika, ohne dadurch dem Genre wesentlich neue Impulse zu geben. «Ein vertriebener Majastamm gründet im Norden ein neues Reich und kann sich mit indianischer Hilfe seiner Feinde erwehren; ein pseudohistorischer, aufwendiger Abenteuerfilm ohne ernsthafte Bedeutung», urteilte die Wiener Zeitschrift «multimedia». Yul Brynner und George Chakiris in den Hauptrollen gaben ihm immerhin eine Star-Aura, und in der Inszenierung ornamentaler Massenszenen stand Thompson seinen Vorgängern nicht nach.

Um das Jahr 1965 neigte sich die Entwicklung der europäischen Antikfilme ebenso dem Ende zu wie die der amerikanischen. Es entstanden eine Anzahl von «Spätfilmen» des Genres, darunter reine Parodien wie «Il Ladro di Damasco» (Der Sieger von Samarkand – 1965 – Regie: Mario Amendola) oder brutale und stilisierte Beispiele wie Michele Lupos «La vendetta di Spartacus» (Revanche für Spartacus – 1964). Zweimal versuchte sich auch Rumänien an mehr oder minder patriotischen Arbeiten im Genre, das eine Mal, bei «Les Guerriers» (Kampf der Titanen gegen Rom – 1966 – Regie: Serge Nicolaescu) in Coproduktion mit Frankreich, das andere Mal auch mit der Bundesrepublik, bei «Columna lui Trajan»/«Dacii» (Der Tyrann – 1968 – Regie: Mircea Dragan). Im ersten Film geht es um den Feldzug der Römer gegen die Dacier (die Vorfahren der Rumänen), die sich tapfer gegen die Übermacht unter einem grausamen römischen Tribun wehren. Unter den Römern ist einer geborener Dacier (dargestellt von dem Winnetou vieler deutscher Karl May-Filme, Pierre Brice), der darob in einen Gewissenskonflikt gerät und schließlich in einem Zweikampf den Tod findet, während das römische Heer unterliegt.

Pierre Brice in «Les Guerriers» (1966).

Der zweite Film, etwas weniger an den Konventionen des Genres orientiert, erzählt von der Entstehung Daciens als römische Provinz. «Die rumänischen Autoren Titus Popovici (Buch) und Mircea Dragan (Regie) beschäftigen sich also mit einem Stückchen Frühgeschichte ihres Landes. Es ist verständlich, daß sie die kulturelle Eigenständigkeit der Dacier gegenüber Rom betonen. Für einen beachtlichen Zivilisationsgrad zeugen Quellen wie z. B. die Dacien-Reliefs der Trajanssäule oder auch der Widerstand, den das Land unter König Decebal im Kampf den Römern leistete. Aber statt an einem Beispiel die Niederlage eines Volkes gegen die überlegene römische Kultur zu schildern, mit tragischen Umständen und mit neuen Chancen, statt etwa zu zeigen, was es bedeutet haben mag, Bürger einer römischen Provinz zu sein, baut der Film ohne jeden wirklichkeitsnahen Hintergrund tönerne Dacier-Figuren auf. Beliebte Klischees triumphieren. Dem stolzen Dorfältesten Einarm gilt das Recht mehr als das Leben seines Sohnes. In dieser theatralischen Szene gewinnt der stets edle Feldherr Tiberius Einarm für sich, indem er dem verurteilten Söhnchen das Leben schenkt. Nicht minder hohl-pathetisch wie ihr Landsmann benimmt sich die schöne Andrada, die Enkelin König Decebals. Antonella Lualdi hat nichts darzustellen als nationalen Stolz und Römerhaß. In der Ehe mit Tiberius, dem auch Andrada ihr Leben verdankt, erweicht sie dann allmählich und findet eine nicht minder heroische Pose der Gattinnentreue. Eine Judasfigur, für eine dacische Dolchstoßlegende prächtig geeignet, ist dagegen der erzböse Verräter Bastus, eine schlecht motivierte, schwache Bühnenfigur, schäbiges Objekt für den schäbigen Volkszorn. Auch der tyrannische Gerula, der Gegenspieler des Tiberius, die Titelfigur, wirkt nicht wie aus Fleisch und Blut. Gerula unterwirft in Nibelungentreue zur verlorenen Sache den männlichen Dacier-Nachwuchs für den Tag der Rache einem inhumanen militärischen Drill. Die Barbaren schließlich, die mit ihrem tierischen Gehabe sogar den Römerhasser auf die Seite seiner Feinde treiben, sind nichts als eine Rotte von Untermenschen. Diese Ungeheuer auf offener Filmszene niedergemacht zu sehen, muß für die Zuschauer ein Vergnügen sein. ‹Der Tyrann› ist römisch-rumänische Heldensage, geschichtsfern, pathetisch, theatralisch. Handwerklich gut inszeniert, aber in keinem Moment der Wahrheit nahe, einer historischen oder künstlerischen» (Egon Nettenjakob).

Und wieder in bundesrepublikanisch-rumänischer Coproduktion (unter Beteiligung von Bulgarien und Italien) entstand Robert Siodmaks Felix Dahn-Verfilmung «Kampf um Rom» (1968) in zwei Teilen. Es war die teuerste und aufwendigste deutsche Produktion seit Kriegsende und zielte mit einem internationalen Staraufgebot auf den internationalen Markt. Aber die ideologischen Konstruktionen und die Machart des Films wurden als wenig zeitgemäß erachtet, und vielleicht war auch die Zeit für so wenig reflektierte epische historische Gemälde vorbei.

Nur weniges tat sich in den siebziger Jahren mit dem Genre des Antikfilms; es gab den durch die Produktionsgeschichte gescheiterten Versuch einer Metapher über Zusammenhänge von Politik, Macht, Wahn und Sexualität mit «Caligola» (Caligula – 1976 – Regie: Tinto Brass, der sich später von dem Film distanzierte), in der Folge eine Reihe von mal klamottigeren, mal schwülstigeren Sexfilmen im antiken Gewand, eine «eher langatmige Mischung zwischen Dokumentar- und Spielfilm» (Werner vom Busch) mit «Hermann der Cherusker – Die Schlacht im Teutoburger Wald» (1976 – Regie: F. Baldwin) und die Kino-Version einer Fernsehproduktion mit «Masada» (Masada – 1980 – Regie: Boris Sagal),

Mit Mantel und Degen …

… ist dieses Filmgenre in der Tat verwegen. Edle Männer auf wilden Pferden lieben schöne Frauen und erbeuten tolle Schätze. Tolle Frauen lieben wilde Männer und edle Pferde und träumen von schönen Schätzen. Und außerdem geht es noch um eine gerechte Sache.

Nun bleibt diesseits der Leinwand vom großen Abenteuer meist nicht viel übrig. Man kann zwar eine Abenteuerreise buchen, aber die ist erst einmal teuer, und Schätze findet man dabei wohl auch nicht. Mit dem Degen in der Faust zu Geld kommen zu wollen ist nicht sehr erfolgversprechend. Da ist es eine gerechte Sache, wenn man seine Schätze selbst anhäuft. Ohne Mantel und Degen.

Harry Hamlin und Tim Piggot-Smith in «Clash of the Titans» (1979).

die Schilderung des Widerstands einer Gruppe von Zeloten nach der Besetzung Jerusalems durch die Römer. Solchem Geschichtsunterricht fehlte freilich längst die «mythische» Dimension, und gegen die Schauwerte des neueren Science-fiction- und Horrorfilms hatten diese Arbeiten wenig aufzubieten. Schließlich gestaltete Ray Harryhausen noch einmal die Figuren-Tricks für einen Antikfilm, «Clash of the Titans» (Kampf der Titanen – 1979 – Regie: Desmond Davis), dessen Rezeption jedoch schon auf der Schiene des «Fantasy-Booms» stattfand. Überhaupt hatte wohl erst der Erfolg des neuen Super-Genres Fantasy ermöglicht, daß es so etwas wie eine Erinnerung an den neomythologischen, den Antikfilm gab, die so lange verdrängt war und sich nun in gelegentlichen Wiederaufführungen und Retrospektiven äußert. Herkules und Maciste jedoch werden als «naive» Helden wohl so schnell nicht in unsere nachzivilisatorische Welt zurückkehren, in der der Sadismus so alltäglich geworden ist. Die Träume des neomythologischen Films waren immer schon zwanghafter, obsessiver, aber auch ver-rückter als die in anderen Genres des Abenteuerfilms; sie begleiten, in all ihrer unterschwelligen Düsternis, ihrem oft reichlich makabren Humor und ihrer Respektlosigkeit einen Zeitabschnitt unserer Epoche, in dem Hoffnung genug war, daß man es sich leisten konnte, ein paar versäumte Lektionen «schwarzer Romantik» nachzuholen.

Schwerter und Magie: Der Ritterfilm

König Artus und die Ritter der Tafelrunde

Die klassischen, eigentlich auch die einfachsten Bilder, die wir uns im allgemeinen vom Mittelalter machen, sind neben denen, die uns die Religionsgeschichte und ihre Zeugnisse vermitteln, die von den Rittern, ihrer Aventiure, ihrer Minne, ihrem höfischen Leben, ihrer Ehre, ihren Turnieren, ihren Kämpfen um die Herrschaft, ihrer Stellung zwischen vorchristlicher Magie und christlicher Bestimmung ihres Standes, ihrer Tragik, als sich ritterlicher Kodex als überständig zu erweisen beginnt. Und mehr noch als etwa die deutsche Nibelungen-Sage hat dieses Bild vom Ritter der Legendenkomplex um den britannischen König Artus (Arthur) und seine «Ritter der Tafelrunde» geprägt.

Vergleichbar in seiner Wirkung auf das Ritter-Bild in der populären Ikonografie ist allenfalls noch der «Ivanhoe»-Stoff von Sir Walter Scott und seine Fortsetzungen und Bearbeitungen und die vielen Erzählungen und Balladen um die legendäre Figur des Robin Hood. (Für den deutschen Sprachraum ist aber auch Leonhard Wächters zwischen 1787 und 1798 entstandene Sammlung «Sagen der Vorzeit» zu erwähnen.)

Die Artus-Legende als Kulminationspunkt neuzeitlicher Vorstellungen und Träume, heroische Vor-Welten betreffend, hielt sich lebendig über die Jahrhunderte durch immer neue Bearbeitungen, neue Deutungen und Umdeutungen, schließlich Umsetzung in neue Erzählformen (während etwa der Nibelungen-Stoff, nicht zuletzt wegen seiner nationalen Bedeutung, immer ein wenig «unantastbar» blieb und sich jede «Trivialisierung» verbot).

Einer der berühmtesten Romane, die den verzweigten Stoff der Legende (eigentlich eine heroische Abbildung zugleich des Höhepunktes und des Endes der Ritterzeit) beschreiben, ist Thomas Malorys «Morte D'Arthur» aus dem Jahr 1470, auf den sich viele Bearbeitungen (und sogar einige Drehbücher für Filme) direkt beziehen. Jedes Jahrhundert hatte «seinen» König Artus, «seine» Ritter der Tafelrunde. Die Entwicklung reicht vom Versepos des 16. Jahrhunderts, insbesondere «The Faerie Queene» (Die Feenkönigin) aus dem Jahr 1590 (weitere Teile erschienen 1596) von Edmund Spenser, einem Freund Walter Raleighs, der übrigens auch ein einführendes Sonett beisteuerte, über Lord Alfred Tennysons «Idylls of the King» (1859/1888) bis zu T. H. Whites vierbändigem «The Once and Future King» (Der König auf Camelot) aus dem Jahr 1938 und Hal Fosters Comic-Version «Prince Valiant» (Prinz Eisenherz), die ein Jahr zuvor begonnen worden war. Ihre, wenn man so will, Anpassungsfähigkeit an den Geschmack der verschiedensten Epochen erhält die Artus-Legende wohl vor allem durch die Vielzahl der in ihr verwobenen Motive und Gestalten; in ihr überlagern sich Neues und Altes. Märchen, Sage, Legende, Allegorie, Geschichte, Melodram, Sittenbild, Abenteuer – all das ist miteinander verbunden und läßt sich durch leichte Akzentverschiebungen wieder herausholen.

Der Film hat sich schon relativ früh des Stoffes angenommen, aber es hat geraume Zeit gedauert, bis er die «angemessenen» Bilder für die Legende und das Abenteuer in dem Themenkomplex gefunden hatte. Vorerst näherte man sich, nach einigen frühen Stummfilm-Versuchen wie «Lancelot and Ilain» (1910 – Regie: J. Stuart Blackton), über die wenig mehr bekannt ist, über die Travestie dem Stoff. Dieser lag zumeist Mark Twains satirischer Roman «A Connecticut Yankee on King Arthur's Court» (Ein Yankee aus Connecticut am Hof des Königs Artus, 1889) zugrunde, eine ironische Abrechnung mit Feudalismus und Klerus in Europa und der fast schon ein wenig eitlen Apotheose des praktisch-menschlichen, demokratischen Amerikaners. Es geht um den Amerikaner aus dem 19. Jahrhundert, Hank Martin, der nach einer mächtigen Prügelei plötzlich erwacht und sich im 6. Jahrhundert am Hofe des legendären Königs und seiner Ritter wiederfindet und sogleich damit beginnt, unbekümmert das Leben nach seinen Vorstellungen und seinem technischen Wissen umzugestalten.

Ungebrochen positiv wirkte diese Zeichnung der Überlegenheit des modernen Amerikanertums über diese und alle anderen geschichtlichen Epochen fort in Filmen von 1920 («A Connecticut Yankee in King Arthur's Court» – Regie: Emmett J. Flynn), wo Henry Myers die Titelrolle innehatte, und von 1931, wo in der ersten Tonfilm-Version («A Connecticut Yankee» – Ein Radiotraum – Regie: David Butler) Will Rogers den Hank Martin spielte. Bing Crosby schließlich hatte die Rolle in Tay Garnetts Version von 1949 übernommen, einem Musical, bei dem Crosby als ein nicht gar so seriöser Crooner auch die Herzen der Damen am Hofe betörte.

Daß am Anfang der Entwicklung des Ritterfilms in Hollywood die mal mehr, mal weniger ironische Beteuerung der Überlegenheit des *american way of life* über die starren Zeremonien und Ehrbegriffe und die Bevölkerung des Denkens mit Rudimenten magischer Weltsicht stand, ist gewiß kein Zufall. Man konnte das Rittertum wohl nicht anders sehen denn als dekadenteste Erscheinung des morschen feudalen Systems der europäischen Kultur, zu dessen politischer, kultureller und menschlicher «Gezwungenheit» man sich als Alternative begriff. Aber auf der anderen Seite ging wie von allem europäischen Glanz auch von der Welt der Ritter eine ungeheure Faszination aus, die nicht zuletzt darin zum Ausdruck kam, daß man gelegentlich seine eigenen Nationalhelden, die Westerner, als *knights of the prairie* bezeichnete. Denn zumindest was den Kampf um die Ehre anbelangte, waren sich der fahrende Ritter und der umherziehende einsame Cowboy nicht gar so fern. In einer Welt, in der sich die unterschiedlichsten Kulturen begegneten, und zwar beileibe nicht immer friedlich, waren Gebote der Ritterlichkeit einzig mögliche verbindliche Tugenden. Schließlich war der Cowboy wie der Ritter mit seinem Pferd verwachsen zu einem neuen, mythischen Wesen, das enthoben war der kleinlichen Bindung des Menschen an die Erde. Es war die Kontinuität des Abenteurers, die sich in dieser Beziehung abzeichnete und ein durchaus zwiespältiges Verhältnis des Publikums zur Figur des Ritters als Helden der populären Mythologie bestimmte.

Die «große Zeit» des Ritterfilms in Hollywood waren die fünfziger Jahre (vergleiche den Abschnitt «Liebe, Tod und Teufel: Hollywoods Ritter in den fünfziger Jahren»). Die erste dramatische Version des Artus-Stoffes entstand 1954 unter der Regie von Richard Thorpe. «Knights of the Round Table» (Die Ritter der Tafelrunde) erzählt die Geschichte von Lancelot (Robert Taylor), der wegen seiner Liebe zu Guinevere (Ava Gardner) vom Hofe König Arthurs (Mel Ferrer) verbannt wird und schließlich zurückkehrt, um den Schurken Mordred (Stanley Baker) zu bezwingen. Dies war zugleich auch der erste Film, der versuchte, den mythischen Gehalt der Vorlage, die Liebesgeschichte, die zur Welt-Geschichte wird, zumindest anzudeuten; er tat dies freilich auf ausgesprochen amerikanische Weise. Die Deutung der Liebesgeschichte und Lancelots Beziehung zu seinem König, Freund und Widersacher Arthur geschieht auf sehr puritanische Weise: Kurz vor dem angesetzten Hochzeitstag wird die Braut des Königs, Lady Guinevere, von einem geheimnisvollen Ritter entführt. Ohne zu ahnen, um wen es sich bei dem Opfer handelt, befreit Lancelot Guinevere, und die beiden, da genügt ein Blick, verlieben sich ineinander. Doch als Lancelot später an den Hof von Camelot zurückkehrt, ist Guinevere bereits die Königin. Da am Hof Gerüchte entstehen und auch beide nicht mit ihrer hoffnungslosen Liebe fertig werden, entschließt sich Lancelot, die Tafelrunde zu verlassen und in den Krieg gegen die Pikten zu ziehen. Zwei Jahre später kommt er nach Camelot zurück, Gefahren und Schicksalsschläge haben ihn gezeichnet, und er versucht, den Konflikt zu vermeiden, indem er Guinevere aus dem Weg geht. Als diese ihn eines Nachts zur Rede stellt, werden die beiden von dem verräterischen Mordred überrascht, und Lancelot muß mit der Königin entfliehen, um ihr Leben zu retten. Er kehrt an die Tafelrunde zurück und beteuert seine Unschuld, aber Arthur verbannt den Freund und schickt die Königin in ein Kloster. Als Mordred seine Gefolgsleute zum Aufstand gegen den König führt, eilt Lancelot aus der Verbannung zur Hilfe, doch er kommt zu spät, um ihn zu retten. Arthur stirbt in seinen Armen, nachdem er sich mit ihm versöhnt hat. Dann bezwingt Lancelot den Schurken Mordred im Zweikampf.

Nicht nur vereinfacht der Film die moralischen Positionen und läßt, fast selbstverständlich, den Ehebruch unausgeführt, er mißversteht auch gründlich den Kodex, der hier verletzt war und sich keineswegs auf eine Mischung aus persönlicher Freundschaft und «patriotischer» Waffenbrüderschaft beschränkte. Mythische Geschichte und mythisches Familiendrama wollen sich also nicht recht verbinden.

Hatte man dem Westerner bescheinigt, etwas von einem Ritter an sich zu haben, so verpaßte Hollywood im Gegenzug nun auch dem Ritter Züge des Westerners (freilich: welche Figur wäre in der amerikanischen Unterhaltungsindustrie je davor verschont geblieben, zu einem gut Teil aus Charaktereigenschaften des Westerners zu bestehen?). Anklänge daran finden sich auch in dem zweiten König-Artus-Film aus dem Jahr 1954, Tay Garnetts englischer Produktion «The Black Knight» (Unter schwarzem Visier), die noch mehr die Abenteuer- über die epischen Momente triumphieren läßt. Erzählt wird die Geschichte eines jungen Schwertmachers (Alan Ladd), der unsterblich in die Tochter eines Burgherrn verliebt ist. Um ihre Hand zu erringen, muß er aber die Ritterwürde vorweisen, und fest entschlossen begibt er sich nach Camelot, um sich dort auszuzeichnen und von König Arthur (Anthony Bushell) zum Ritter geschlagen zu werden. Er gelangt nach vielen Abenteuern schließlich an sein Ziel, weil er die Verräter, die sich gegen den König verschworen haben, bezwingen kann.

Der Ritterfilm gab in diesen Jahren Hollywood Gelegenheit zur Prachtentfaltung, und es war, als hätten hier (vielleicht neben dem Antik-Film) die Technicolor-Farben «ihr» schönstes Thema gefunden. Noch im selben Jahr 1954 entstand ein Film, der wohl nicht zu Unrecht als eigentlicher Klassiker unter den Ritterfilmen aus den fünfziger Jahren Hollywoods bezeichnet wird. Ganz sicher spielt für den Erfolg von Henry Hathaways «Prince Valiant» (Prinz Eisenherz) eine Rolle, daß der Film sich auf eine bereits vollzogene Adaption des Stoffes in die amerikanische populäre Mythologie, die Comic-Serie von Hal Foster, beziehen konnte.

Die Serie um den jungen Prinzen von Thule, der ein Ritter der Tafelrunde werden will und nach einer entbehrungsreichen Zeit als Knappe, unter anderem bei seinem späteren Freund Sir Gawain, dem Don Juan unter den Rittern der Tafelrunde, zum Ritter geschlagen wird und sowohl als Ritter der Tafelrunde als auch später als König von Thule Abenteuer mit Eindringlingen in Britannien, aber auch fern der Heimat, in Afrika und sogar in der Neuen Welt zu bestehen hat, war 1937 als Sonntagsstrip begonnen worden, der wesentlich mehr Möglichkeiten der Gestaltung bot als die Form der täglichen Fortsetzung. Dies und die unbezweifelbare Könnerschaft des Autors und Zeichners Foster ermöglichten es, daß in der Serie nicht nur von der Erzählweise her, die historische und mythische mit erdachten Elementen verknüpfte, sondern auch von der bildnerischen Gestaltung her ein epischer Grundton herrschte, eine Größe und Würde, die es bis dahin noch in keiner Zeichenserie gegeben hatte.

Zwar hatten viele Gestalten der ursprünglichen Artus-Legende in der «Sage vom singenden Schwert» – so der Untertitel der Comic-Serie – ihren Platz, Lancelot, Guinevere, Morgan Le Fey, Merlin der Zauberer, doch ihre mittelalterliche Gewaltigkeit und Tiefe war ihnen eher nur als Zitat belassen, während sie sich von Einsichten leiten ließen, die man durchaus als amerikanisch-pragmatisch bezeichnen könnte. Einerseits zeigt Foster tatsächlich Menschen, die erst im Kampf wirklich zu sich selbst kommen, so wie es der Legende entspricht, aber andererseits durchdringen sich bei seinen Figuren auch Aventiure und «Realpolitik» sowie Magie, Mythos und Aufklärung. Merlin etwa ist eher der weise «Einrenker von Schicksalen» als ein mit dämonischen Kräften korrespondierender Magier, und der Wikinger Boltar, der im Gegensatz zu dem seßhaft gewordenen Wikinger-Volk von Thule die Kaperfahrten und das Brandschatzen nicht lassen kann, erscheint als polternder, aber letztlich gutmütiger *outlaw*. Der Hof von Camelot selbst, obzwar von außen bedroht, erscheint als ein Hort von Sicherheit und Verläßlichkeit; Zeichen des Verfalls und der Tragödie sind noch fern.

Aber das alles soll nicht heißen, daß sich Foster nicht um historische Authentizität gekümmert hätte. Er studierte alle Quellen, deren er habhaft werden konnte, und nahm sich für seine Serie eine für Comics ungewöhnlich lange Zeit der Vorbereitung. Nicht zuletzt hat gerade diese Serie beigetragen zur Rehabilitierung des Mediums Comic strip.

Fosters Serie gab dem Film nicht nur ein thematisches Vorbild, das von den engen Grenzen historischer Folgerichtigkeit (die Besessenheit galt eher dem Detail) und den unter anderen in den klassischen Jugendbüchern tradierten Quellen nur wenig behindert war, ein Repertoire an Personen, die exotisch und abenteuerlich, doch auf der anderen Seite auch sehr verständlich, rationalisierbar und mit den Alltagserfahrungen des 20. Jahrhunderts vereinbar sind (von Aleta, Prince Valiants Braut und späterer Frau, wird zunächst allerlei Geheimnisvolles behauptet, doch am Ende erweist sich, daß sie sich auch nicht anders verhält als jedes gute amerikanische Mädchen, dessen Bestimmung es ist, Hausfrau und Mutter zu werden). Darüber hinaus gab der Comic strip dem Film auch formale Anregungen, weit über das *outfit* der handelnden Personen hinaus. Abenteuerserien sind im allgemeinen komponiert aus einer Abfolge von

Die Zeremonie des Ritterschlags aus «Prince Valiant» (1954).

Kampfszenen und Szenen der äußerlichen Ruhe, in denen Personen charakterisiert werden, *comic relief* geschaffen wird, Intrigen sich vorbereiten können. Hal Foster betonte aber noch ein drittes Element: das Panorama, das meist die Grenze eines normalen Panels sprengende Bild der Zusammenschau, in der sich große historische Ereignisse, eine Schlacht etwa oder der Zug der Hunnen durch Europa, ein Sittenbild etwa des höfischen Lebens oder ein Turnier mit allen seinen Begleiterscheinungen, offenbarten. Wie in jenen Panoramen, die im 19. Jahrhundert in Europa anschaulich Geschichte zu vermitteln hatten und sogar ein eigenes Geschichtsbild verkörperten, finden sich in diesen Comic-Panoramen (die später zu Film-Panoramen werden sollten) zusammengedrängt historische Ereignisse, Sinnbilder für verschiedene Aspekte der Kulturen und persönliches Schicksal, wie sie in der Wirklichkeit nie zusammentreffen. In solchen schwelgerischen Bildern erst schuf Foster «sein» Mittelalter, das ein Land für die Träume sehr normaler Menschen war. Und diesen Schau-Wert der Serie, der weit über die eigentliche Geschichte, die erzählt wird, hinauswirkt, vermochte Hathaways Film, selten genug in der Geschichte von Comic-Verfilmungen, ohne große Verluste auf die Leinwand zu übertragen.

Der Regisseur setzte die Comic-Version sehr behutsam in «Realfilm» um; er beließ den Figuren etwas von der eigentümlichen, traumhaften und so ganz im eigenen Bild aufgehenden Seele von Comic-Helden.

Der Film beinhaltet die Zusammenfassung (und Vereinfachung) einiger Episoden aus der Comic-Serie. Prinz Eisenherz (Robert Wagner) ist der Sohn eines Königs, der von einem Thronräuber ins Exil nach Britannien getrieben worden ist. Er will sich am Hof von König Arthur (Brian Aherne, der diese Rolle acht Jahre später noch einmal verkörpern sollte) um die Ritterwürde bemühen, um sich so einer Gefolgschaft für den Kampf gegen den Usurpator zu versichern. Unterwegs nach Camelot wird Eisenherz Zeuge eines Zusammentreffens zwischen einem geheimnisvollen Schwarzen Ritter und einer Gruppe von Wikingern, die nichts anderes im Sinn haben, als Eisenherz und seine Familie auszulöschen. Der Schwarze Ritter verspricht ihnen, das Versteck der königlichen Familie ausfindig zu machen, wenn die Wikinger ihm im Gegenzug dabei behilflich sind, König Arthur vom Thron zu stürzen. Auf Camelot erkennt Eisenherz den Verräter, es ist Sir Brack (James Mason). In einen Hinterhalt gelockt, wird Eisenherz schwer verwundet, aber die beiden Töchter des Königs pflegen ihn gesund, so daß er schließlich zum entscheidenden Kampf gegen den Schwarzen Ritter antreten und ihn bezwingen kann.

Der Film erreichte eine unglaubliche Popularität in den USA; über 4000 Prince-Valiant-Clubs wurden gegründet, die Spielzeugindustrie übernahm die Motive, und nicht zuletzt erhielt auch die Comic-Serie einen neuen Popularitätsschub. Das Geheimnis dieses Films ist, daß er an keiner Stelle über eine Comic-Verfilmung hinauszureichen sucht und daher völlig in den Bildern, die er sich ersinnt, aufgeht. Zwar wies die Film-Version eine Reihe von Abweichungen von der Vorlage auf, sie war um einiges un-epischer als die ursprüngliche «Sage vom Singenden Schwert», doch sie übte auch keinen Verrat an der Traumwelt Fosters, die zeigte, wie man durch das Abenteuer erwachsen wurde und den Umgang mit den Geheimnissen und den Gefahren der Welt fertig zu werden lernte, aber auch, daß das Leben seinen Sinn durch den Glanz erhielt.

Wesentlich ambitionierter und ernsthafter gab sich die Artus-Variation, die Cornel Wilde 1962 als Produzent, Regisseur und Hauptdarsteller schuf. Er «erfüllte sich mit ‹Lancelot and Guinevere› (Lancelot der verwegene Ritter) einen Jugendtraum (...). Als Vorlage diente ihm Malorys ‹Morte D'Arthur›, denn dieses Buch hatte ihn schon in seiner Jugendzeit begeistert. ‹Ich identifiziere mich mit meinen Wunschträumen›, sagte er in einem Interview. ‹Ich identifiziere mich mit Sir Lancelot, jenem Ritter aus dem Kreis der Tafelrunde des legendären König Artus, den eine unglückliche Liebe mit der schönen jungen Frau des gealterten Herrschers verbindet und der im Kampf gegen Verleumdung und Intrigen zu einem todesmutigen Widerstand herausgefordert wird. Zum erstenmal kam mir die Idee, Schauspieler zu werden, um Lancelot verkörpern zu können.› Brian Aherne verkörperte König Artus, Jean Wallace (die Ehefrau von Cornel Wilde) die schöne Guinevere» (Jürgen Wehrhahn). Möglicherweise war es einfach zuviel Respekt, den Wilde der Vorlage entgegenbrachte; jedenfalls erschien der Film den Kindern zu melodramatisch und den Erwachsenen zu abenteuerlich, um ihn so ernst zu nehmen, wie es wohl intendiert war. Er hinterließ wenig Spuren in der Ikonografie des Ritterfilms.

War der Grundzug dieser Version das Melodram, so der der darauffolgenden wieder Abenteuer und Aktion. In «Siege of the Saxons» (Das Schwert des Königs – 1963 – Regie: Nathan Juran) geht es wieder einmal um eine Intrige am Hofe Arthurs, in deren Verlauf er selbst schwer verwundet wird. Nach seinem Tod will sich ein Usurpator auf seinen Thron schwingen, doch der Zauberer Merlin und die Tochter des Königs vereiteln dies mit Hilfe des jungen Helden (Ronald Lewis): Die Prinzessin ist als einzige in der Lage, das Schwert Excalibur aus der Scheide zu ziehen, und sie beweist so ihre rechtmäßige Anwartschaft auf den Thron.

Auf diesen comicbunten und mit sehr einfachen Charakteren arbeitenden Film folgte noch im selben Jahr eine Version des Motiv-Kreises als Animationsfilm, die unter der Regie von Wolfgang Reitherman in den Disney-Studios entstand: «The Sword in the Stone» (Merlin und Mim/ Die Hexe und der Zauberer) stellte wieder das Geschehen um das magische Schwert Excalibur und die Inauguration des noch kindlichen Arthur in den Mittelpunkt, der seine Anwartschaft beweist, weil nur er das Schwert aus dem Stein ziehen kann, in den Magie es versenkt hat.

Nach der Bühnenversion von T. H. Whites «The Once and Future King» entstand das Musical «Camelot» (Camelot – 1967 – Regie: Joshua Logan), das mit einer für ein Musical eher ungewöhnlichen Besetzung aufwartete: Richard Harris spielte König Arthur, Vanessa Redgrave ist Königin Guinevere, Franco Nero Ritter Lancelot. In epischer Breite (der Film ist mehr als 180 Minuten lang) schildert «Camelot» die Geschehnisse von der Initiation Arthurs durch die Probe mit dem Schwert im Stein bis zum tragischen Ende der Tafelrunde durch die Liebe zwischen Guinevere und Lancelot, der beide nicht entgehen können, sosehr sie es auch versuchen, und die unweigerlich zum Zusammenbruch der sowohl von Arthur als auch von Lancelot geheiligten Ideale des Rittertums wie zum Zusammenbruch eines Reiches und der realen Macht einer Herrschaftsform führen muß.

Die «realistische» Beschwörung einer prächtigen, heroischen Zeit und die für das Musical unverzichtbaren Anachronismen bleiben in Logans aufwendigem Film immer ein wenig widersprüchlich. Aber vielleicht ist dies auch nur der «handwerkliche» Ausdruck für das Problem der ausgehenden sechziger Jahre mit dem Mythos und dem Märchen. Einerseits zeigte man sich fasziniert von dem Prunk, der Magie, der Irrationalität, sogar noch von den starren Ritualen im Topos des Rittertums. Aufklärung als alltägliche Lebenspraxis, der Vulgär-Rationalismus einer ihre Grenzen ahnenden Leistungs- und Konkurrenzgesellschaft war, trotz eines letzten mit humanistischem Pathos und viel Optimismus vorangetriebenen Aufschwungs, eigentlich schon in der Krise. Aber andererseits gab es für einen irrationalen *relief*, wie er sich in der Entwicklung der Fantasy dann anbahnte, noch keinen sozialen Konsens, und so mußte noch ständig die eigene Überlegenheit über heroische und magische Lebensformen zelebriert, mußten in allem Möglichkeiten zu Rationalisierungen eingebaut sein. Die Hingabe, die später John Boorman in «Excalibur» praktizieren sollte, war zu diesem Zeitpunkt wohl noch kaum möglich. So wirkt «Camelot» als ein wenig hybrides Zwischenglied zwischen den klassischen Genre-Filmen der fünfziger Jahre mit ihrem unbeschwert kindlichen Charme und den vereinzelten Meisterstücken, die die siebziger Jahre zu diesem Motivkreis hervorbringen sollten.

Betrachtet man die Entwicklung des Motivs in der Filmgeschichte bis hierher, so läßt sich ein Aufbauen einer «klassischen» Ikonografie bis zu den Filmen der fünfziger Jahre beobachten (vergleiche auch «Liebe, Tod und Teufel: Hollywoods Ritter in den fünfziger Jahren») und eine zunächst vorsichtige, dann Raum greifende Problematisierung der Artus-Mythologie. Zunächst schien es, als seien die Ritter nichts anderes als die Abenteurer in den prächtigen Rüstungen, die stark genug sind, jeden Feind im offenen Kampf zu besiegen, und die sich verstärken durch junge Helden (das ständige Motiv der Initiation und Neuaufnahme), die auch klug genug sind, sich entwickelnde Intrigen zu durchschauen. (Das Motiv dieser Neuaufnahme hat sicher noch einen anderen Grund, denn konnte der Hollywood-Film die Tafelrunde schon nicht zu einer demokratischen Institution umdeuten, so versuchte er doch zu zeigen, daß es letztlich Tapferkeit und Leistung waren, die über die Aufnahme entschieden, und nicht die Zugehörigkeit zu einer Kaste.) Aber das in die Artus-Legende eingeschriebene tragische Melodram, das zunächst ein wenig unverstanden geblieben war und das einige «reine» Abenteuerfilme wohlweislich aus dem Blickfeld rückten, war auch ein Stachel, der nun zu schmerzen begann. Denn die Liebesgeschichte mit dem fatalen Ausgang war ja mehr als das Scheitern des Abenteurers am eigenen Verhaltenscode; es war auch eine politische Allegorie auf den Untergang einer Herrschaftsform, in der die Herrscher gezwungen waren, gegen ihre Interessen oder gegen ihre Gefühle zu handeln. Daß darin verborgen das Bild einer Endzeit lag, nicht nur, weil sich in diesem Bild notwendig jede Liebe als die letzte darstellt, sondern auch, weil das Abenteuer sein Ende finden mußte, konnte zunächst nur geahnt werden. Doch je mehr man auch die eigene Zeit als eine Endzeit zu begreifen begann, desto bedeutsamer wurde auch das Bild von der Suche nach dem Gral als letzte vergebliche Anstrengung zu einer Sinn-Bestimmung und der verzeifelten Liebe als Todesstoß für eine Ordnung auch als modernes Gleichnis.

Robert Bresson war es, der diese Analogie am deutlichsten dargestellt hat. Man kann seinem Film «Lancelot du Lac» (Lancelot, Ritter der Königin – 1974) sicher nicht gerecht werden, wenn man ihn als «Abenteuerfilm» betrachtet, er ist dennoch zu interpretieren auch als Kommentar zu den Traditionen des Genres, zum Zusammenhang von Abenteuer und Verzweiflung. Über «Stoff und Entstehung» berichtet Vinzenz B. Burg: «Bresson entnimmt den Stoff zu ‹Lancelot› dem mittelalterlichen Prosaroman eines unbekannten Autors, dessen Werk zu einem Zyklus über die Gral- und Artus-Sage gehört. Die Hauptrolle für das Gral-Motiv ist Robert de Borons ‹Roman de l'estoire del Graal›; eine jüngere und bekanntere Bearbeitung ist Chrétiens ‹Conte del Graal›. Vergleicht man den Film mit den Vorbildern, so ist festzustellen, daß Bresson das verwickelte Original stark vereinfacht. Er läßt nicht nur alle magischen Elemente (zum Beispiel den Zauberer Merlin oder die Dame vom See) fort, sondern erwähnt auch die vergebliche Suche nach dem Gral nur im Vorspann-Text. Statt dessen stellt er die ehebrecherische Liebe zwischen Lancelot und der Königin Ginevra in den Mittelpunkt. Als Hintergrund zu dieser privaten Geschichte dienen der Zerfall des Artus-Reichs und der Untergang des Rittertums. ‹Lancelot› ist aber trotz der historischen Einkleidung als ‹moderner› Film gedacht. Dafür spricht u. a. der Umstand, daß Bresson – Michel Estève (‹Robert Bresson›, Paris 1974) machte darauf aufmerksam – absichtlich mehrere Anachronismen verwendet. Weder die Zelte noch das Schachspiel, weder die runde Tafel noch der Bottich, in dem Ginevra gebadet wird, stammen aus der geschilderten Epoche.

Bresson plante ‹Lancelot› seit über 20 Jahren. Obwohl mehrmals angekündigt, scheiterte das Projekt immer wieder an fehlender finanzieller Unterstützung. Über die Entstehung des Films berichtet Jonathan Rosenbaum (‹Sight and Sound›, Sommer 1974) folgendes: ‹Die Dreharbeiten dauerten fast vier Monate und fanden im Gebiet der Vendée (einschließlich Ile de Noirmoutier) statt; allein die Tonmontage nahm dreieinhalb Wochen in Anspruch. Meines Wissens gibt es nur zwei Punkte in Bressons Traum, die unverwirklicht blieben. Er konnte den Film nicht gleichzeitig in einer englischen und französischen Fassung drehen, ein Wunsch, den er vor acht Jahren in einem Interview mit Godard erwähnte ... Und er willigte dem Produzenten zuliebe ein, den Film ‚Lancelot du Lac' zu nennen statt den Titel des Drehbuchs, ‚Le Graal', zu verwenden.›»

Die Grundstimmung in der Handlung ist das Gefühl einer Vergeblichkeit und Ohnmacht, die beinahe an Verdammnis denken läßt. Verwirrt und wie betäubt sind die Ritter von der vergeblichen Suche nach dem

Gral zurückgekehrt. Dieser Gral, die Reliquie eines Abendmahlsgefäßes, in dem das Blut Christi aufgefangen worden sein soll, ist, wie Bresson gesagt hat, «das Absolute, Gott». Lancelot (Luc Simon) selber, der «erste Ritter» der Tafelrunde, hat den Gral immerhin mit eigenen Augen gesehen, und er hat bei seinem Anblick geschworen, sein ehebrecherisches Verhältnis mit der Königin Ginevra (Laura Duke Condominas), das er für den Mißerfolg und die Gottesferne der Ritter verantwortlich macht, zu beenden. Freilich gibt es für diesen Verfall des Rittertums auch noch andere Gründe: Verrat, Roheit, Plünderungen, Mord haben die verläßliche Moral und den Ehrbegriff der Ritter zerstört. In seiner Verzweiflung schließt König Artus den Saal mit der Tafelrunde und beschwört die Ritter, sich in religiösen und ritterlichen Übungen darauf vorzubereiten, daß Gott ihnen eines Tages ein Zeichen geben wird. Dieses Zeichen bleibt aus, und die Rituale der Ritter, die religiösen und höfischen Zeremonien, die Turniere erscheinen immer leerer und grotesker. Ginevra unterdessen ist keineswegs zum Verzicht auf ihre Liebe bereit. Während Lancelot unter der Schuld leidet, die er auf sich genommen hat, ebenso wie an seiner Feindschaft mit Mordred, die er nicht beenden kann, fordert sie ihr Recht. An einem Turnier, zu dem die Ritter der Tafelrunde herausgefordert worden sind, nimmt Lancelot teil (ohne sich allerdings zu erkennen zu geben), obwohl Ginevra sich mit ihm in der Zeit, da alle Ritter Camelot verlassen haben, treffen wollte. Lancelot triumphiert auf dem Turnierplatz, aber er wird schwer verwundet. Nachdem ihn eine alte Frau gesund gepflegt hat, entführt er die Königin. Artus versucht nun, Blutvergießen zu vermeiden und den drohenden Zerfall seiner Ritterherrschaft aufzuhalten, indem er einwilligt, die Königin wieder bei sich aufzunehmen, und auch Lancelot weiß, daß es für ihn und Ginevra keine gemeinsame Zukunft geben kann. Zur selben Zeit jedoch hat sich Mordred mit einem Heer von Söldnern gegen den König erhoben, und Lancelot zieht an der Seite der Artus-Ritter in den Kampf. Doch die Kampftechnik der Ritter ist ebenso veraltet wie ihr Kodex; wie eingekerkert in ihren schweren Rüstungen sterben sie unter den Pfeilen von Mordreds Landsknechten.

Bresson zeigt eine Welt, deren Ende allfällig, aber doch weder rational noch emotional völlig zu fassen ist. Oft hört man mehr als man sieht (das Klappern der Ritterrüstungen begleitet den Weg in den Untergang als Ausdruck einer kaputten Mechanik), Sprache und Bild sind wie ein Zeremoniell gehandhabt. (Alle Schauspieler sind Laien.) Das Ende der Ritterwelt ist zugleich der Beginn dessen, was wir Bewußtsein nennen und was vielleicht, wie hier, seinen Anfang immer in der Ahnung eigener Schuldverstrickung und damit verbunden einem Verlust an Unschuld hat. Dieses Bewußtsein aber entsteht zwangsläufig, wo eine Epoche ihre Mythologie so streng und unbarmherzig zu Ritual und Kult verhärtet und sich ihr ausgeliefert hat, wie sich die Menschen in ihren fast grotesken

Rüstungen selber die Freiheit von sinnlicher Wahrnehmung und Bewegung genommen haben. Das alles spielt sich ab in einer gedeckten Herbstlandschaft, die – kurz vor einem vorläufigen Absterben – noch einmal schmerzlichen Glanz hervorbringt.

Erzählt wird dies «in einer aus dem Prinzip des *pars pro toto* entwickelten Zeichensprache, die ihre Kraft aus der Kargheit der Mittel schöpft: Ein stürzender Ritter steht für den Ausgang eines Turniers, Pferdegetrampel für den Aufbruch zum Krieg, das Zirpen einer Grille für bange Erwartung, das metallische Zusammenschlagen der Rüstungen für die Starrheit der Konventionen, das erleuchtete Fenster der Königin für die vergangene Zeit der höfischen Liebe, das Zischen von Pfeilen für das Aufkommen einer neuen und mit neuen Waffen kämpfenden Bevölkerungsschicht, der hinter Wolken hervorkommende Mond für die Unausweichlichkeit des tödlichen Endes ... Signale, die den Zuschauer auf die Zusammenhänge der Handlung und auf deren Bezüge zur Gegenwart verweisen. Denn darüber kann kein Zweifel herrschen: die von Bresson beschworene Endzeit des Mittelalters ist ein Sinnbild für die von ihm als solche verstandene Endzeit der Moderne», schrieb Gerhart Waeger in der Züricher «Weltwoche».

Noch stärker stilisiert (und dementsprechend noch weiter entfernt von einem «Abenteuerfilm») ist Eric Rohmers Variation des Stoffs der Artus-Legende in seinem Film «Parceval le Gallois» (1978), der ästhetisch-kargen Adaption eines Theaterstücks.

Dem Artus-Stoff als Grundlage für das Abenteuer-Kino war in den siebziger Jahren kaum ein neuer Aspekt hinzugewonnen worden. «Gawain and the Green Knight» (1973 – Regie: Stephen Weeks) war eine freie Phantasie um die Ritter der Tafelrunde und einen mit übernatürlichen Kräften ausgestatteten Ritter. In diesem Film, der bemerkenswert vor allem wegen der Arbeit des Ausstatters Anthony Woolard ist, ist die Tradition des direkten, *action*-betonten englischen Kostümfilms vorherrschend. 1979 erschien in den Vereinigten Staaten eine neue, mit Science-fiction-Elementen versetzte Version von Mark Twains «Ein Yankee aus Connecticut an König Arthurs Hof» unter dem Titel «The Spaceman and King Arthur» (König Artus und der Astronaut – Regie: Russ Mayberry). Der Film stammt aus den Disney-Studios, die mit «The Sword in the Stone» (Merlin und Mim / Die Hexe und der Zauberer – 1963) bereits eine Zeichentrick-Version aus dem Motivkreis der Artus-Legende hergestellt hatten. In «The Spaceman and King Arthur» ist es der Raumfahrt-Ingenieur Thomas Trimble (Dennis Dugan), der an den Hof des legendären mittelalterlichen Königs versetzt wird, geschützt durch seinen Raumanzug der Exekution wegen Hexerei entgeht und schließlich die finsteren Machenschaften Sir Mordreds (Jim Dale) und des Zauberers Merlin (Ron Moody) durchkreuzen kann. Am Ende kehrt er zusammen mit dem

Ungleicher Schwertkampf in «The Spaceman and King Arthur» (1979).

Nigel Terry als König Arthur in «Excalibur» (1980).

Burgfräulein Alisande, das er nur kurz Sandy nennt (Sheila White), in seine Zeit zurück. «Die giftig-spritzigen gesellschaftskritischen Attacken Mark Twains gehen unter auf Grund einer Verlagerung auf eine harmlose, unverfängliche Märchenebene, wie sie sich zum Beispiel in den nicht sonderlich zeitgetreuen, dafür um so effektsichereren Kostümen oder in der Stilisierung von Sandy zur Gänseliesel manifestiert. Hinzu kommt, daß die gesamte Inszenierung hausbacken und leicht angestaubt wirkt, obgleich fairerweise eingeräumt werden muß, daß einige Gags recht passabel gelungen sind, etwa der, daß eine lange Kette hintereinander in die Burg eindringender Schildknechte wie Dominosteine umfällt» (J. M. Thie).

Glanzvolle, zugleich dräuende Wiederauferstehung erfuhren König Arthur und die Ritter der Tafelrunde in John Boormans epischem Fantasy-Film «Excalibur» (Excalibur – 1980), zu einer Zeit, da nach einem Boom des über die Maßen blutigen Horrorfilms Fantasy-Stoffe die Vorherrschaft im Genre des phantastischen Kinos zu erringen begannen. Der Film entstand wiederum nach dem «Morte D'Arthur» von Sir James Malory, und er war alles andere als eine Comic strip-Version, wie es in früheren Jahren üblich gewesen war, zugleich aber auch keine Parabel wie Bressons Arbeit im Genre. Die Helden dieses Films erleben ihr Schicksal verwoben in einem System von Zeichen und Erscheinungen, die unnachsichtig «Größe» beweisen. Boormans Film zeigt die Verlassenheit unserer Zeiten, indem er das Bild einer Zeit entwirft, in der Mythos und Magie zu entschwinden beginnen.

Während sich die meisten Filme vordem nur auf Teilaspekte der Artus-Legende beschränkten, spannt Boorman, der auch am Drehbuch mitgewirkt hat, den Bogen über das gesamte Epos. Als die eigentliche Schlüsselfigur erscheint hier der Magier Merlin, vermittelnd zwischen den Mächten des Übernatürlichen und den materiellen Motiven der Menschen. Er ist der «Königsmacher». Und er ist es, der in grauer Vorzeit den Ritter Uther zum König bestimmte, indem er ihn zum Besitzer des magischen Schwertes Excalibur machte. Uther verliebt sich in die Frau seines früheren Feindes Cornwall, und Merlin (Nicol Williamson) hilft ihm, sich ihr zu nähern, indem er ihm die Gestalt Cornwalls gibt. Merlins Bedingung ist aber, daß ihm der Sohn, der in dieser Liebesnacht gezeugt wird, übergeben werde. Nach der Geburt des Sohnes erscheint Merlin, um das Kind für sich zu fordern, und Uther, der die Stelle Cornwalls eingenommen hat, steht zu seinem Versprechen. Das Kind gibt Merlin zu einem Ritter. In dieser Wendung der Handlung, die nicht zuletzt auf T. H. Whites «The Once and Future King» zurückgeht, erscheint die Artus-Legende als ein «Erziehungsroman»: Merlin erzieht sich seinen König Arthur zum Idealbild in einer Phantasiewelt, durch die das Mittelalter, ja die Geschichte der Welt nach dem Verstoß der Menschen aus der Einheit von

Natur und Wunder, ihre Überhöhung und ihren Sinn erhält. Das tragische Motiv in Boormans Version ist, daß dieser Erziehungsroman letztlich mißglückt, weil es «reine Träume» nicht gibt. Die gute Phantasie aus dem Leben, wie sie Merlin schaffen will, findet ihre Korrektur in der bösen Phantasie, die Morgana vertritt. Und immer muß, wer der Erfüllung der Phantasie im Wege steht (die «Menschen» in der Phantasie) auf mehr oder minder grausame Art ums Leben kommen. Kurze Zeit später wird Uther von seinen Widersachern getötet; mit letzter Kraft treibt er das magische Schwert Excalibur in einen Stein, aus dem es nur ein wahrer König wieder entfernen kann.

Dies ist gewissermaßen die mythische Vorgeschichte zur «realen» Erzählung des Films, die nun als Erfüllung der durch Merlins Spiel angelegten Konstellationen erscheint, zugleich aber auch als ihr Zerbersten an den unvermeidlichen Widersprüchen. Mag es Merlins Absicht gewesen sein, die Kontinuität der ritterlich-magischen Weltsicht zu wahren, so kann er doch nicht verhindern, daß eine neue Zeit schon im Herandämmern die Grundlagen dieser Weltsicht zerstört, so wie der beginnende Akt des Erwachens oft widersprüchliche und grelle Akzente in den Traum bringt. Merlin schafft (wie seine Geschöpfe: mit letzter Kraft) die Legende, mit der sich leben lassen wird. Er selbst muß, bei dem Versuch, die ideale Gestalt und in Camelot die ideale Welt zu schaffen, Grausamkeit, Verrat, Verstellung hervorbringen; er kann nicht wirklich zufrieden sein mit seinen Geschöpfen, die vor allem leidende sind. Während Merlin im «mythischen» Prolog zur Geschichte des Königs Arthur noch der Gestaltende ist, als Künstler und Alchimist der eigentliche Schöpfer des Mythos, so ist er nun, da sich das Heldenbild entfalten will gegen alle Retardierungen von Intrige und Leidenschaft, nur mehr Zeuge, der zwar gelegentlich noch in die Geschicke der Ritter eingreift, ohne freilich noch eindeutige Lösungen zustande zu bringen, den endgültigen Zerfall des Hofes aber nicht mehr verhindern kann.

Aus dem mythischen Dunkel des Prologs treten wir nun in das Licht mittelalterlichen Alltagslebens: Das Schwert im Stein ist zu einer Art Wallfahrtsort für die Ritter geworden; sie schlagen sich um die Ehre eines Versuches, Excalibur der steinernen Scheide zu entreißen und so eigene Anwartschaft auf die Königswürde zu beweisen. Aber auch den stärksten unter ihnen gelingt es nicht. Durch eine Kette von scheinbaren Zufällen trifft die Reihe schließlich den jungen Arthur, der mittlerweile Knappe bei einem älteren Ritter ist. Wie mühelos zieht er das Schwert aus dem Stein: Arthur ist der König. Eine Reihe von Rittern erkennen ihn an, doch andere widersetzen sich, und es kommt zum Kampf. Arthur (Nigel Terry) besiegt seine Feinde, und er kann manche von ihnen noch zu Freunden gewinnen. Er widmet seine Regentschaft dem Frieden und dem Zusammenhalt der Ritter, und um diese zu gewährleisten, ruft er die Tafelrunde ins Leben. Zum ersten Ritter wird Lanzelot (Nicholas Clay), der sich Arthur in einem furchtbaren Zweikampf als ebenbürtig erwiesen hat. Aber das Leben am Hofe von Camelot bringt auch Intrige und Zwietracht hervor. Die Zauberin Morgana (Helen Mirren), eifersüchtige Rivalin Merlins und Arthurs Halbschwester, läßt von Ritter Gawain (Liam Neeson) die Behauptung aufstellen, Lanzelot und Königin Guenevere (Cherie Lunghi) seien ein Liebespaar. Es kommt zum Zweikampf zwischen Gawain und Lanzelot, den dieser für sich entscheiden kann.

Doch Arthur muß erkennen, daß Gawain die Wahrheit gesprochen hat. Während auch Lanzelot und Guenevere nicht miteinander glücklich werden können, verfällt Arthur in Schwermut und Krankheit. Um die Idee des Rittertums zu retten, sendet er die Ritter auf die Suche nach dem Gral, während das Land zerfällt, Kriege und Hungersnöte ausbrechen. Morgana hat Merlin in eine Falle gelockt und ihn verzaubert, so daß auch er nicht mehr helfen kann. Erst später wird es ihm gelingen, wenigstens seinen Geist zu befreien, um Arthur in den letzten Kämpfen seines Lebens beizustehen. Morgana hat die Gestalt Gueneveres angenommen und ihren Bruder verführt. Den gemeinsamen Sohn Mordred erzieht sie an einem entfernten Ort dazu, seinem Vater den Thron zu entreißen und ihn zu töten.

Die Suche nach dem Gral erweist sich für viele Ritter als so absurd wie gefahrlich; über die vielen Jahre hinweg finden sie einer nach dem anderen den Tod. Nur Parzival (Paul Geoffrey) entgeht Morgana und kann Arthur den Gralskelch bringen, der ihn von seinem Siechtum befreit. Es kommt zur entscheidenden Schlacht zwischen Mordreds und Arthurs Heeren, und in diesem Kampf tritt auch Lanzelot wieder an die Seite seines Königs. Die Schlacht tobt und fordert nichts als Opfer: Es ist der letzte Kampf der Ritter. Am Ende stehen sich Arthur und Mordred gegenüber und durchbohren sich gegenseitig mit ihren Waffen. Nur Parzival überlebt dieses Morden; der sterbende Arthur bittet ihn, das Schwert Excalibur zurückzubringen, woher es kam, ins Meer, zur Herrscherin des Wassers. Und Merlin verläßt die Welt der sterbenden Ritter.

Der Film ist eine gleichsam C. G. Jungsche Interpretation der Legende (Boorman hat darauf hingewiesen, daß er Jungs Studien über das Unbewußte aufgefaßt habe als Fortsetzung von Merlins Magie), «ein Trip durch die Wunder und Schrecken unserer Phantasie» (Boorman), und es gelingt ihm zumindest in Ansätzen, beides, das Grandios-Ideale und die Grausamkeit, die Pracht und die Verzweiflung im Mythos sichtbar zu machen. Wie die besten Werke der Fantasy-Literatur ist er daher nicht nur Traum, sondern zugleich auch ein Versuch über das Wesen des Träumens.

Liebe, Tod und Teufel: Hollywoods Ritter in den fünfziger Jahren

Zwar hat der comicbunte, hollywoodtypische Ritterfilm seinen Siegeszug erst als Technicolor-Film in den fünfziger Jahren angetreten, doch hat das amerikanische populäre Kino auch in den Jahrzehnten zuvor einige wenige Filme des Genres hervorgebracht, auf die man sich später beziehen konnte. Darunter ist vor allem Cecil B. DeMilles «The Crusades» von 1935 zu zählen. Der Kern dieses Films ist, wie so oft bei DeMille, ein märchenhaft verkleidetes viktorianisches Melodram. König Richard Löwenherz (Henry Wilcoxon) führt seine Ritter gegen Sultan Saladin (Ian Keith), der seine Braut Berengaria (Loretta Young) gefangenhält. Schließlich öffnet Saladin selbst Jerusalem, die für die Christen heilige Stadt, und am Ende läßt er sogar Berengaria frei, die an der Seite Richards England als Königin regieren wird. DeMilles Arbeit ist zugleich melodramatischer und «epischer» (insofern sie ein historisches Ereignis als Ganzes zu beschreiben vorgibt) als spätere amerikanische Ritterfilme; sie nimmt diese aber in vielen Details vorweg – und sie schafft in sich mit ihrer eigenen Bildsprache eine eigene Welt des Glanzes und des Abenteuers (in der sich einmal mehr die unirdisch schöne Frau entfalten kann). Sein Thema ist vielleicht zu ernst, um einen wirklichen *swashbuckling hero* einzuführen, doch funktioniert auch dieser Film nach den Prinzipien des Genres. «Als Film ist ‹The Crusades› historisch wertlos, pädagogisch unbekömmlich und künstlerisch absurd. Aber keiner dieser Fehler beeinträchtigt seine Qualität als Unterhaltung» schrieb damals «Time».

Der eigentliche Hollywood-Ritterfilm (mochten einige seiner bedeutendsten Beispiele auch in England produziert sein) erlebte seine Blüte jedoch erst in den fünfziger Jahren. «The Black Rose» (Die schwarze Rose – 1950 – Regie: Henry Hathaway) etwa entstand in England (wo man mittelalterliche Burgen als Sets zur Verfügung hatte) und in Marokko, wo man Szenen in der «chinesischen» Wüste drehte. Wie einige der Robin Hood-Filme (vergleiche den Abschnitt «Robin Hood, der König der Rebellen») bezieht sich auch «The Black Rose» auf den Konflikt zwischen Normannen und Sachsen im mittelalterlichen England (auch wenn dieser recht anachronistisch in die Jahre um 1270 verlegt ist). Während der Regentschaft des normannischen Königs Heinrich I. wird Walter Guernei (Tyrone Power), illegitimer Sohn eines Herzogs, nach dem Tode seines Vaters von seiner ebenfalls normannischen Schwiegermutter wegen des Erbes verfolgt und muß seine Heimat verlassen. Bei ihm ist sein Freund Tristan (Jack Hawkins), ein glänzender Bogenschütze und ein Mensch mit der Sehnsucht nach Frieden und Gerechtigkeit im Herzen.

Die beiden gelangen nach vielen Abenteuern ins Reich des mongolischen Großkhans (Orson Welles). Dieser entsendet sie als Botschafter nach China, wo sie gemeinsam mit der schönen Miriam (Cécile Aubrey) in die Gefangenschaft der Kaiserin geraten. Walter kann schließlich entkommen und nach England zurückkehren, wo ihn Heinrich zum Ritter schlägt, da er dem Land durch die Erfindungen, die er aus dem Reich der Mitte mitgebracht hat, unschätzbare Dienste erweist. Der Großkhan macht Miriam dem Ritter zum Geschenk.

Daß der Film nicht unbedingt zu den stärksten im Genre zu zählen ist, liegt nicht nur an manchen Schwachstellen des Drehbuchs, sondern vor allem an Fehlern in der Besetzung. (So war etwa Tyrone Power, dessen letzter *swashbuckler* dies war, zum Zeitpunkt der Produktion bereits 37 Jahre alt, und die jugendliche Rolle schien nicht mehr sonderlich angemessen.) Die Meriten dieses Films liegen also eher im Reichtum der Motive und Schausplätze. Auch der – ungleich poetischere und ironischere – Film «The Flame and the Arrow» (Der Rebell/Der schwarze Falke – Regie: Jacques Tourneur) aus demselben Jahr zeichnete sich durch eine ungewöhnliche Verbindung von Motiven und Bildern aus. Burt Lancaster als ein Held zwischen Robin Hood und Wilhelm Tell kämpft in der Lombardei des Mittelalters um seine Ehre: «Sein kleiner Sohn soll den Geier sehen. Als er mit ihm deswegen aus den Bergen herabgestiegen kommt in das lombardische Dorf, eilt ihm die Kunde seiner Ankunft voraus wie der Windstoß dem Zug, bevor er den Tunnel verläßt. Und um zu demonstrieren, daß er es wirklich ist, woran keiner gezweifelt hat, und um die freudige Erwartung der Dorfbewohner zu rechtfertigen, schießt er mit einem Pfeil eine hochgeworfene Mütze aus der Luft und küßt im Vorbeigehen einige Mädchen.

Der Geier, der bald darauf ins Dorf einfällt als herrschaftlicher Besuch, ist der regionale Herzog, um dessentwillen ihn, den Rebellen Burt Lancaster, seine Frau verlassen hat. Die sitzt als arrogantes Weib neben der herzoglichen Landplage und stellt von oben herab fest, daß ihr verlassener Ehemann sich immer noch nicht geändert habe, noch immer sei er so stolz. Später dann, als es darum geht, den kleinen Sohn aus der Gewalt des Herzogs zu befreien – über welche Aktion die untreue Frau ihr Leben verliert, quasi im Vorbeigehen ermordet von ihrem Galan –, unterstützen den Rebellen eine wandernde Schauspieler- und Zirkustruppe, vor allem aber ein Harpo Marx, dargestellt von einem anderen Schauspieler.

Den endgültigen Sieg bringt den freiheitsliebenden Akrobaten aber der souveräne Gebrauch einer langen, mit Schulterstützen versehenen Stange, die sich durch die Kraft der Phantasie allen anderen Waffen als überlegen erweist: durch die Vielzahl ihrer Anwendungsmöglichkeiten» (Norbert Jochum).

Lancaster spielt hier, wie in Robert Siodmaks «The Crimson Pirate» aus dem Jahr 1952, mit dem beide Male stumm agierenden Nick Cravat zusammen, ein, wie es sich für das Genre gehört, disziplinierter, zirzensischer Harpo Marx. Lancaster stellt gewiß eine neue Variante des *swashbucklers* dar, einer, der noch weniger ernst genommen werden will als die romantischen Abenteurer in der Tradition Errol Flynns. Er ist so sehr Showman, daß er gleich mitspielt, wie sehr die akrobatischen Übungen und seine Siege auf Wirkung hin berechnet sind; seine Kunststückchen entheben ihn nicht so sehr und allein der bürgerlichen Verantwortlichkeit, wie es der Weg ins Abenteuer vorschreibt, er genießt auch ganz sichtlich den Eindruck, den er macht. Er ist bürgerlich-proletarischer mehr als aristokratischer Held, einer, der sich, im übertragenen wie im Wortsinn, immer von unten nach oben bewegt; er schwingt sich auf. Die Sprachlosigkeit seines Begleiters – welchem Handicap sie sich auch verdanken mag – ist dabei nur die ironische Übertreibung des Wesens der Helden, die ja eigentlich mit ihren Körpern sprechen.

Die Filme sind eine «Mischung, die man heute offensichtlich nicht mehr zustande bringt: mit einer flink und pfiffig skizzierten Intrige, einer ununterbrochenen Folge leichthändig hingeworfener Peripetien und einer ausgewogenen Verkettung von Kampf, Romanze, Heldentum, Humor und Charme.

In beiden Rollen denkt Lancaster nur an sich: Einmal will er – irgendwo zwischen Robin Hood und Wilhelm Tell angesiedelt – seinen Sohn zurückholen, den der arge Herzog von Hessen an seinen Hof verschleppt hat. Der Freiheitskampf der Bevölkerung gegen die fremden Unterdrükker interessiert ihn dabei nicht. Ähnlich im ‹Roten Korsar›: Da will er den königlichen Gesandten, den er gefangenhält, und den Freiheitskämpfer der Aufständischen im karibischen Raum, El Libre, gegeneinander ausspielen, um von beiden eine Menge Geld zu kriegen. Doch Lancaster ist – mag er noch so mutig und verwegen und klug und stark sein – ein schlechter Egoist und ein guter Liebhaber. Im ‹Schwarzen Falken› vermengt sich sein persönliches Ziel mit der Bewegung des Volkes – wenn auch erst am Schluß; dazu darf er noch die Nichte des Herzogs über alle sozialen Schranken hinweg in die Arme schließen, um, zusammen mit dem wiedergefundenen Sohn, vor der befreiten Burg für das verschmitzte Happy-End-Bild zu posieren.

(...) Das Unglaubwürdige ist gewollt, gehört zum Spektakel, wird ironisiert und schmunzelnd hingenommen, wobei viele Höhepunkte die Herkunft des traditionellen Abenteuerfilms von der Show, der Akrobatik verraten. Die atemberaubenden Sprünge, Trapezkünste, Balanceakte und Kämpfe in den verzwacktesten Situationen, dieser Typus eines eleganten, schlagenden, verführerischen, galanten und überlegenen Helden erinnert – wenn auch bloß von ferne – an einen Douglas Fairbanks, der in beiden Filmen mehrmals zitiert wird, etwa durch die Reminiszenzen an

‹Der schwarze Pirat› von 1926, wo die listigen Räuber, unter Wasser schwimmend, das feindliche Boot angreifen» (Bruno Jaeggi).

Filme wie «The Flame and the Arrow» und «The Black Rose» hatten sich in ihrer Ikonografie um etliches vom typischen Ritterfilm entfernt, es waren einfach märchenhafte Erzählungen aus heroischer Zeit. Ihre Helden benahmen sich ritterlich, ohne die Starrheit, die Gefangenschaft in den schweren Rüstungen wie den Konventionen ihres Standes aufzuweisen. Mit «Ivanhoe» (Ivanhoe – der schwarze Ritter – 1952 – Regie: Richard Thorpe) kehrte man indes zu den schimmernden Rüstungen, den Turnieren und Lanzenkämpfen (und zu traditionsreichen literarischen Vorbildern) zurück.

Man vereinfachte die Vorlage von Sir Walter Scott, strich eine Reihe von Charakteren und ließ auch den verbleibenden Figuren nur einen Teil ihrer verzweigten lebensgeschichtlichen Eigenheiten. Das Ergebnis war, was Jeffrey Richards das «Modell für die Ritter-Epen von MGM» nannte, «die alle furiose Action-Szenen, die Yakima Canutt einrichtete, eine effektive, aber nicht sonderlich phantasiebegabte Regie von Richard Thorpe und eine Hauptrolle für Robert Taylor aufzuweisen hatten».

Wilfred of Ivanhoe (Robert Taylor) kehrt von Kreuzzügen mit Richard Löwenherz zurück. Der auf dem Kontinent gefangene König soll nur gegen Lösegeld wieder freikommen, und Ivanhoe stellt sich gegen ein Komplott der Normannen, die dies verhindern und Prinz John (Guy Rolfe) auf den Thron bringen wollen. Ivanhoe selbst ist von seinem Vater Cedric (Finlay Currie) enterbt worden, weil er mit König Richard zog und somit für die Sache der Sachsen gekämpft hat. Nun kehrt er in sein Vaterhaus zurück, um seine Braut Rowena (Joan Fontaine) zu sehen. Um das Lösegeld zusammenzubekommen, wendet sich Ivanhoe schließlich an den reichen Juden Isaac (Felix Aylmer), der von John nichts Gutes zu erwarten hat. Seine schöne Tochter Rebecca (Elizabeth Taylor) verliebt sich in Ivanhoe, und er erwidert ihre Liebe.

Prinz John sendet seinen gefürchteten Ritter Sir Brian de Bois-Guilbert (George Sanders) gegen Ivanhoe und die Juden, die das Lösegeld zusammenbringen wollen. Um seine Familie zu retten, läßt sich Ivanhoe gefangennehmen, doch Locksley alias Robin Hood (Harold Warrender) und seine Gesetzlosen greifen die Burg der Normannen an (eine Viertelstunde, die wegen ihrer Stunts, ihrer Massenregie und ihrer dramatischen Montage in die Geschichte des Abenteuerfilms eingegangen ist), schlagen auch einen Ausfall der Ritter mit ihren Bogen zurück und befreien Ivanhoe. Sir Brian nimmt Rebecca als Geisel (er hat sich ebenfalls in sie verliebt), doch das Lösegeld wird überbracht, und man verurteilt Rebecca als Hexe zum Tode. Wie es die Sitte gebietet, dürfen aber die Ritter um sie kämpfen, und Ivanhoe tritt, um sie zu retten, zum Zweikampf gegen Sir Brian an und bezwingt ihn nach mörderischem Kampf. Nun

Turnierszene aus «Ivanhoe» (1952).

erscheint der mittlerweile freigelassene König Richard mit seinen Kreuzrittern und schafft Ordnung. Ivanhoe kehrt zu Rowena zurück, um sein Erbe in einem nun in Frieden zu regierenden Land anzutreten.

Neben «Prince Valiant» ist «Ivanhoe» wohl das definitive Bild Hollywoods vom Rittertum. Es kommt dabei amerikanischen Vorstellungen sicher entgegen, daß sich die Konflikte auf Grundlage von «rassischen» Widersprüchen entwickeln, zwischen denen der Held, ernst, tugendvoll und treu sich selber und seiner Verpflichtung dem König gegenüber, vermittelt. Die Ritter in diesem Film und der ganzen Serie sind würdevoll und ehrbar; ihre Gegner erscheinen oft als Vertreter einer neuen, heranbrechenden Zeit, in der sich die Tugenden des Rittertums nicht mehr durchzusetzen vermögen werden. So wirken die Ritterfilme Hollywoods in den fünfziger Jahren und vor allem die des Richard Thorpe/Robert Taylor-Zyklus ein wenig wie mittelalterliche Western. So wie sich die Loyalitätskonflikte auf ähnliche Weise gestalten, so gibt es auch verwandte soziale Probleme; auch Hollywoods strahlende Ritter sind verwoben in jenen widerspruchsvollen Prozeß der Zivilisierung, den der populäre Film abbildet.

«Ivanhoe» war nicht nur der spektakulärste, teuerste und vielleicht auch inspirierteste der drei MGM-Ritterfilme von Richard Thorpe, er setzte in seiner Ausstattung auch Maßstäbe für andere Filme des Genres (und manches wurde von späteren Produktionen noch einmal verwendet). Allein über die Arbeit der Pferde-Trainer ließen sich Seiten mit Superlativen füllen. Robert Taylor war der reife, verläßliche und kaum allzu komplizierter Gedanken fähige Held, und diese Charakterisierung trifft ein wenig auch auf die Filme selbst zu. Ihre solide, aber unsubtile Machart stellte einen Gegensatz zu den eleganten und immer ein wenig spielerischen *swashbucklers* früherer Jahre dar. Was völlig fehlte, war die kleine Subversion in der Welt des Abenteuers.

Ähnliches läßt sich gewiß auch von «The Adventures of Quentin Durward» (Liebe, Tod und Teufel – 1955), dem dritten und letzten des Thorpe/Taylor-Ritterfilmzyklus, sagen. Hatte «The Knights of the Round Table» am Ende der ersten, legendenhaften Phase des Rittertums in England gespielt, «Ivanhoe» eine weitere Phase von Zivilisierung und Entheroisierung beschrieben, so führte nun «The Adventures of Quentin Durward» ans Ende des Rittertums überhaupt.

Der schottische Ritter Quentin Durward (Robert Taylor) liebt Isabelle von Marcroy (Kay Kendall), ohne sich ihr zu erklären, da sie seinem Onkel versprochen ist. Nach dessen Tod stürzt sich Quentin jedoch in alle möglichen Abenteuer, um ihr Herz zu gewinnen. Dabei gerät er in eine politische Intrige zwischen Frankreich und Burgund, die um den Besitz des zwischendrin gelegenen Marcroy kämpfen. Die Grundzüge dieser Intrige versteht Quentin kaum; daß er dennoch Sieger bleiben kann, ist seiner Unbeugsamkeit zu verdanken, die freilich den Verfall seiner, der ritterlichen Welt nicht mehr aufhalten kann.

Es geht hier also nicht nur um das Abenteuer und den Sieg, die romantische Liebe und ihre Erfüllung, es geht auch um die Treue zum ritterlichen Code, dem allein Quentin Durward noch bedingungslos folgt, von dem sich aber viele selbst unter den «Schurken» des Films beeindruckt zeigen durch die Art, wie der Held sich ihm unterwirft. (Es wäre natürlich ein wenig beckmesserisch, Hollywoods Ritterfilme in «reaktionäre» oder «fortschrittliche» einteilen zu wollen, doch ist es wahrscheinlich durchaus möglich, in der konservativen Grundstimmung, in der trotz aller Pracht und Aktion spürbaren Klage über den Verlust alter Werte in den MGM-Ritterfilmen einen Reflex auf konservative Strömungen der Entstehungszeit zu sehen.)

Es ist dies nicht nur ein Film der starken Worte («I am a man of the sword and the word, devoted to an antique concept of love and decency, brought to earth by gunpowder and lead and a king's dishonour», umschreibt Quentin Durward seine tragische Situation als Vertreter der letzten Ritter in einer Welt, deren politische Widersprüche den Verzicht auf jede Form von Ritterlichkeit fordern und deren technologischer Fortschritt den ritterlichen Kampf anachronistisch erscheinen läßt), sondern auch ein Film voller visueller Symbole. Der letzte Zweikampf zwischen Quentin Durward und dem Räuber de la Marck (Duncan Lamont), dem eigentlichen Bösewicht des Films (während andere durchaus unritterliche Gestalten eher als Produkte ihrer sich so rapide verändernden Zeit gesehen werden), findet in einem Glockenturm statt, und die beiden Kontrahenten schlagen mit ihren Schwertern aufeinander ein, während sie die Glocken zum Läuten bringen, die für einen von ihnen den Tod, für den anderen die Freiheit bedeuten.

Mit «King Richard and the Crusaders» (1954) verfilmte David Butler einen anderen Roman von Walter Scott («The Talisman»). Auch dieser Film, an *action* (wiederum von Yakima Canutt eingerichtet) und Ausstattung den MGM-Filmen nicht nachstehend, entpuppte sich als Mischung aus mittelalterlichem Western, Musical und Melodram. Von Cecil B. DeMilles «The Crusades» führt über diesen Film eine direkte Linie zu einer Anzahl Filme der Mittfünfziger, in denen der Kampf der abendländischen Ritter gegen Eindringlinge aus dem Osten oder aus dem Vorderen Orient thematisiert war. Sultan Saladin, sowohl in DeMilles als auch in Butlers Film (in diesem von Rex Harrison dargestellt), ist ein ehrenwerter, das christliche Rittertum bewundernder Gegner; nun, in einer Reihe von Filmen kleinerer Maßstäbe, was das Aufgebot an Stars und die Ausstattung anbelangt, waren die mongolischen oder arabischen Gegner oft nicht viel anders gezeichnet als die Indianer in einem Durchschnittswestern. In «The Golden Horde» (1951 – Regie: George Sherman) deutet sich das Thema an: Eine Gruppe Kreuzritter unter Führung des Helden, Sir Guy of Devon (David Farrar), führt den Kampf gegen das Eindringen der Mongolen unter Dschingis Khan. In «The Saracen Blade» (1954 – Regie: William Castle) kommt ein italienischer Kreuzritter (Ricardo Montalban) in seine Heimat zurück, rächt die Ermordung seines Vaters und wird vom Kaiser für diese Selbstjustiz mit dem Entzug der eben übertragenen Ländereien bestraft (was allerdings das Happy-End nicht verhindert).

Der Prozeß der Zivilisierung wird im amerikanischen Ritterfilm gespiegelt an den *frontiers*, welche die Ritter verteidigen oder weiter vorantreiben. Daß dabei vom weniger (oder anders) zivilisierten Gegner auch eine besondere Faszination ausgeht, ist auch im Western der Zeit keine Seltenheit. Neben den epischen Ritterfilm, der nicht nur eine Rittergeschichte erzählt, sondern auch Einblick in eine ganze (mehr oder weniger erträumte) ritterliche Kultur oder die Beschreibung eines großen historischen Ereignisses wie die Kreuzzüge oder die Begegnung mit den asiatischen Eroberungskulturen bietet, treten kleinere Filme des Genres, die einfachere Erzählstrukturen verwenden. Ein auch in anderen Genres populäres Motiv ist die Geschichte einer Rache, die sich in den amerikanischen Ritterfilmen der fünfziger Jahre in einer Reihe von Filmen um die Figur eines geheimnisvollen schwarzen Ritters dreht, eine Geschichte zumindest des Rächers, der sich ein schwarzes Symbol zuordnet, wie Tyrone Power in dem bereits erwähnten «The Black Rose». «The Black Shield of Falworth» (1955 – Regie: Rudolph Maté) präsentiert Tony Curtis als Rächer. «Der Film verkörpert den Geist des Rittertums, wie er in den Romanzen des neunzehnten Jahrhunderts verklärt wurde. Meg und Myles, die adeligen Waisen, die auf einer Farm in Unkenntnis ihrer Herkunft aufgewachsen sind, erfahren, daß sie die Kinder des Earl of Falworth sind, den man unschuldig wegen Hochverrats hingerichtet hat. Myles schwört, die Unschuld seines Vaters zu beweisen und seinen guten Namen wiederherzustellen (‹Ich habe kein Recht dazu, glücklich zu sein, bevor nicht der Tod meines Vaters gerächt ist›). Er tritt als Knappe in den Dienst des Earl of Mackworth und bereitet sich auf die Ritterschaft vor. Sehr genau wird diese Vorbereitung geschildert, nicht unähnlich entsprechenden Szenen von ‹Prince Valiant›, und es folgt die Zeremonie des Ritterschlags durch den König vor prunkvollem Hofstaat. Myles kann eine Intrige zur Ermordung des Königs verhindern, die vom Earl of Alban angeführt wird, eben jenem Mann, der auch die falsche Anklage gegen Myles' Vater initiiert hat. Er tötet Alban in einem Zweikampf, wird in sein legitimes Erbe eingesetzt und mit Mackworths Tochter verbunden.

Die Loyalität gegenüber der Krone wird als die größte Tugend dargestellt, Illoyalität als die größte Sünde. Henry IV., der kränkelnde König von England, wird von Alban gegen seinen Sohn, Prinz Hal, aufgebracht, weil Alban nach dem Tod des Königs mit Hilfe des Adels selbst die Macht ergreifen will. Hals Trunksucht und seine Verantwortungslosigkeit, die sich zur Prüfung für den König entwickelt, erweist sich als gespielt, als Pose, die der Prinz angenommen hat, um Alban zu täuschen, dessen Komplott er erahnt. ‹Wenn diese Maske je fällt›, warnt Hals Verbündeter Mackworth, ‹wird jedermann Englands zukünftigen König als stark und gerecht erkennen.› Aber während des versuchten Komplotts zeigt Hal seine wahre Natur, rettet das Leben seines Vaters und vereitelt die Intrige» (Jeffrey Richards).

In «The Warriors»/«The Dark Avenger» (Der schwarze Prinz – 1955 – Regie: Henry Levin) spielt Errol Flynn eine seiner letzten Rollen. Er ist als «schwarzer Prinz» der Sohn des englischen Königs Eduard III., der in den Jahren um 1360 ein Fürstentum im Südwesten des eroberten Frankreich regiert. Graf de Ville (Peter Finch) und der mächtige Duc Guesclin sind entschlossen, den «schwarzen Prinzen» aus ihrer Heimat zu vertreiben. Sie entführen die englische Lady Joan (Joanne Dru), und Eduard, der schwarze Prinz, macht sich gemeinsam mit seinem Gefährten Sir John (Rupert Davies) an die Verfolgung der Feinde. Die beiden wagen sich in

Errol Flynn in «The Dark Avenger» (1955).

die Burg de Villes und können die Lady schließlich befreien. Es ist weniger diese etwas einfallslose Geschichte als die gar zu sorglose Ausstattung des Films und die spürbare «Abwesenheit» Flynns, die Levins Arbeit zu den unbedeutenderen Beispielen des Genres macht.

Im Jahr zuvor entstanden ist «The Black Knight» (Unter schwarzem Visier – Regie: Tay Garnett), die Geschichte eines Waffenschmieds, der durch die Rettung des Königs vor einem Mordkomplott die Ritterwürde erlangt (vergleiche den Abschnitt «König Artus und die Ritter der Tafelrunde»); «The Black Arrow Strikes» (1948 – Regie: Gordon Douglas), gewissermaßen ein Vorläufer der «schwarzen» Rachefilme im Rittergenre, war in den Kulissen und mit den Kostümen von Filmen wie «The Swordsman» und «Bandit of Sherwood Forest» (vergleiche den Abschnitt «Robin Hood, der König der Rebellen») entstanden, und auch seine Motive sind nicht weit von diesen Vorbildern entfernt.

Das Genre hatte in den fünfziger Jahren zwischen mittelalterlichem Rache- und Intrigen-Western und schwelgerischem Epos oszilliert; definitiv letzterem gehört der Film an, den man als Höhepunkt und zugleich Abschluß des Zyklus von Ritterfilmen aus Hollywood in den fünfziger Jahren bezeichnen kann, Anthony Manns «El Cid» (El Cid – 1961).

Manns Film wird freilich nicht unbedingt als Meisterwerk innerhalb des Genres tradiert: «Charlton Hestons Porträt von El Cid ähnelt eher dem einer Marmorstatue als einem menschlichen Helden in einer Geschichte, deren Handlungsführung zu kompliziert ist, um wirklich Gewicht zu haben. Was bei der episodischen Anordnung der Geschichte herauskommt, ist eine Art spanischer ‹Ivanhoe›-Legende mit Sophia Loren in der Rolle der Chimene, um einem der opulentesten Spektakel der Filmgeschichte noch mehr Opulenz zu verleihen» (Judith Christ).

Anders als Ivanhoe hat El Cid ein Vorbild in der historischen Wirklichkeit, den kastilischen Ritter Diaz de Bizar (1040–1099), der zu einer Zeit, da die Mauren den Süden Spaniens besetzt hielten und das Land in kleine Königtümer geteilt war, die miteinander in Fehde lagen, um die Einigung seines Landes kämpft. In dieser Situation stellt sich de Bizar (Charlton Heston), von den Arabern anerkennend Al Seid (der Herrscher), von den Spaniern El Cid genannt, zum Kampf. Aber er ist auch weise genug, geschlagenen maurischen Führern die Rückkehr in ihre Heimat zu gestatten, wenn sie schwören, nie wieder spanischen Boden zu betreten. Diese Geste bringt ihm auch Feinde im eigenen Lager ein; Graf Ordonez (Raf Vallone) brandmarkt El Cid als Verräter, und in einem daraus resultierenden Zweikampf muß dieser Graf Gormaz (Andrew Cruickshank), den Vater seiner Braut Chimene (Sophia Loren), töten. Chimene ist von Haß gegen den Mörder ihres Vaters erfüllt, und obwohl König Ferdinand (Ralph Truman) sie zwingt, de Bizar dennoch zu heiraten, sinnt sie weiter auf Rache. Nach dem Tod des Königs zerfällt Kastilien weiter; zwei Söhne, Alfonso (John Fraser) und Sancho (Gary Raymond), und die Tochter Urraca (Geneviève Page) regieren das unter ihnen aufgeteilte Land mehr zum eigenen als zum Wohle des Volkes. Alfonso läßt seinen Bruder ermorden und El Cid aus Kastilien verbannen, nachdem dieser ihm die Gefolgschaft verweigert hat. Erst in der Verbannung beginnt Chimene die Beweggründe ihres Mannes zu verstehen, der Spanien zu einer Einheit bringen will.

Unterdessen geht der Kampf gegen die Mauren weiter. Als der Maurenführer Ben Yussuf (Herbert Lom) den Angriff auf Valencia befiehlt, ruft Alfonso El Cid aus der Verbannung zu Hilfe. Um Valencia wird eine erbitterte Schlacht geschlagen, und beim letzten Angriff der Mauren wird El Cid tödlich verwundet. Er wird auf einem Pferd festgebunden und führt so noch den Angriff gegen die Mauren, als er bereits tot ist. Vor dem «unsterblichen» Cid und seinen Kämpfern flüchten die Mauren in Schrekken. El Cid aber, mehr als eine Legende schon, entschwindet auf seinem Pferd im Meer.

Zwar gilt «El Cid» als einer der reichsten und visuell attraktivsten Filme dieser Zeit, und es sagt sehr viel über den Stand des Genres zu diesem Zeitpunkt, daß man ihn zum «Western des Jahres» wählte, aber manches in dieser überlangen ambitionierten Arbeit war auch ein wenig hölzern geraten, und trotz der hervorragenden *action*-Sequenzen Yakima Canutts und einer durchaus mit epischem Atem begabten Inszenierung von Anthony Mann gibt es Brüche und wenig einfallsreiche Passagen. Was dem Film völlig fehlt, ist jene Qualität von Charme und Märchen, die so vieles verzeihen läßt. Es ist ein Ausstattungsfilm, ein Charlton Heston-Film (und ohne diesen Darsteller des Historisch-Heldischen, der Pflichttreue und der Erduldung von Schmerz und Mißachtung im Genre kaum denkbar), ein Anthony Mann-Film, nicht zuletzt aber ist es, ganz direkt, «ein Film über Burgen in Spanien», und «wenn nicht mehr, so auf jeden Fall eine Lektion für zukünftige art directors» (Tony Thomas).

Eher harsch reagierte die Kritik in Europa, in der Bundesrepublik zumal. So nannte die «Filmkritik» (Nr. 6/1962) «El Cid» «einen der langweiligsten Monumentalfilme, die je gemacht wurden. Der Cid, der spanische Siegfried, ist um das Jahr 1000 die glanzvoll beherrschende Gestalt der Reconquista, der Wiedereroberung Spaniens aus den Händen der muselmanischen Mauren. Der Film macht daraus ein vierstündiges, zweiteiliges Schauwerk mit Liebe und Tod, das, zumal im ersten Teil, oft das Niveau einer Schmiere hat. ‹Kein Pferd kann schneller laufen, als es vermag›, erläutert Chimene, und ihr Vater läuft beim Auftritt vor bis an die Rampe, verharrt gesenkten Hauptes, sammelt seinen Zorn, wendet sich um und schreitet schräg nach hinten entschlossen auf seine Tochter zu. Fehlt nur, daß er ‹Ha, Verruchte!› sagt. Wofür der Cid kämpft, wird nicht klar – für Frieden? für Gerechtigkeit? für Spanien? Seine Argumentation ist die bekannte irrationale: ‹Ich weiß nicht, ob es richtig war, aber ich glaube es.› Wie eine Selbstverhöhnung des Regisseurs wirkt es in einem solchen Film, daß der Schluß des ersten Teils den Schluß des ersten Teils in Eisensteins ‹Iwan Grosni› imitiert.»

«El Cid» markiert einen Wendepunkt in der Entwicklung des Genres. Zum einen war nun der Aufwand ins Gigantische gewachsen, stellte sich historische Größe gleichsam ohne Tricks ein; zum anderen aber war jene Unschuld gewichen, die dem *swashbuckler* seine eigene (Traum-)Welt beließ. «El Cid» hatte sich, ganz im Gegensatz zu früheren Ritterfilmen, auf eine Auseinandersetzung mit der historischen Realität eingelassen (man hatte Archive studiert, ein Professor für spanische Geschichte fungierte als Berater, und auch die Musik von Miklós Rozsa war eine Bearbeitung spanischer Musik aus dem 11. Jahrhundert). Vielleicht gerade deshalb wirkt manches unglaubwürdiger, dem filmtechnischen und historischen Realismus zum Trotz; der Film erwies sich letztlich als untauglicher Versuch, das Genre über historische Authentizität und komplexere Charaktere «erwachsen» zu machen. Dies war allerdings auch keine Zeit für den *swashbuckler*, und in Charlton Heston hatte der historische Abenteuerfilm gleich die Apotheose eines neuen Typus gefunden: des heroischen Verlierers.

(Mehr als) zweimal: Die Nibelungen

Fritz Langs bekannte «Nibelungen»-Filme waren keineswegs die ersten, die sich des «teutonischen» Sagenstoffes angenommen hatten. Der mediterrane Kostümfilm der Stummfilmzeit, der in antiken Sagenstoffen seine Erfüllung fand, konnte wohl kaum an den märchenhaften, phantastischen Elementen dieses Stoffes vorbeigehen. So hatte 1910 ein unbekannter italienischer Regisseur «I Nibelunghi» gedreht, 1912 war «Sigfrido» unter der Regie von Mario Caserini, einem der bekanntesten Inszenatoren von Kostümfilmen, darunter «Gli ultimi giorni di Pompei» (1913), gefolgt, und 1913 schließlich «L'Epopea dei Nibelunghi» nach einem Skript von Arrigo Frusta. Wenig mehr als Spuren in der Filmgeschichtsschreibung gehören zur Kenntnis über diese Arbeiten; immerhin sagt ihre Existenz etwas aus über die Nähe von Ritter- und Antikfilm als Vorläufer dessen, was später der Abenteuer- und dann der Fantasy-Film werden sollte.

Aber sicher waren erst für Fritz Lang die Elemente einer nationalen Gründungsmythologie so wichtig wie die Abenteuer- und Fantasy-Elemente (der Drachenkampf und seine filmtechnische Gestaltung war offensichtlich ein Hauptanliegen der frühen «Nibelungen»-Filme). Die beiden Filme Langs (Teil 1: «Siegfrieds Tod», Teil 2: «Kriemhilds Rache» – 1922/1924) reflektieren den Legenden-Charakter ihres Materials: «Auch hier erhält man mit der Fiktion dargestellt, wie sie entsteht. Die gelangweilten Müßiggänger am Wormser Hof brauchen die Gesänge Volker von Alzeys vom Drachentöter und Zwergenbezwinger Siegfried als Kitzel. Auch Kriemhilds Liebe zu dem Waldmenschen im Fellschurz läuft über die Erzählung Volkers. Dann, als er leibhaftig am Hof auftaucht, inspiriert seine Gegenwart die blasierte Herrenrunde zum Ausflug nach Isenland, zur schnöden Verschwörung gegen die Amazonenkönigin.

Aus dem Bubenstreich wird Ernst für das Opfer, dann, als Brunhild zurückschlägt, für das Männertrio Hagen–Gunther–Siegfried. Den tumben Täter trifft der Zorn der Betrogenen zuerst, an dem Nutznießer und dem Anstifter setzt Kriemhild die Rache des Geschlechts fort. Die deutschen Märchenwälder, Isenland hinter Meer und Feuer, der Odenwald und schließlich das Hunnenland sind die Stätten der Tat. Am Hof dagegen geschieht Reden und Gesang, darin sind alle Taten vorgezeichnet, hier werden die Zeichen gesetzt, die die Handlungen motivieren. Wenn Kriemhilds Fadenkreuz auf Siegfrieds Wams, das ihn zeichnet wie das ‹M› von der Hand des blinden Bettlers den Kindermörder, sich zusammenzieht vor der langsamen Überblendung auf den Lanzenwald, dem Hagen die Mordwaffe entnimmt, dann stickt sie die Spur, der Hagen folgen muß.

Am Anfang des zweiten Teils verstummt Volkers Gesang. Wenn Kriemhild, unversöhnt, Worms verläßt, um Etzel für ihre Rache zu gewinnen, zerschlägt der Spielmann die Leier. Erst fürs Totenlied in der Etzelburg gewinnt er die Stimme wieder; Etzel geht es dann wie Dean Martin in ‹Rio Bravo› beim mexikanischen Todeslied: Ein Ende! schreit er, ein Ende! Auch die Hunnen haben Lieder, nur nicht so hehre, so Werbels Spottlied auf Etzel, der sich bei seiner Blondine verlegen hat. Die Waldbewohner und Zwerge, ‹die Welt des Unterirdischen, reich an Gold, an Spuk, an Geheimnissen des Steins›, die Amazonen und die Hunnen sind das von der burgundischen Herrenkultur verdrängte Volk, vor der Kultur und unter ihr» (Enno Patalas).

Um die besondere Stellung von Langs Filmen in der Behandlung historisch-heroischer Stoffe zu bestimmen, ist es sicher nicht falsch, die Einschätzungen von Siegfried Kracauer (in «Von Caligari bis Hitler») wiederzugeben: «Fritz Langs weltberühmter Film ‹Die Nibelungen›, 1924 uraufgeführt, wurde von der Decla-Bioskop produziert, die damals gerade mit der Ufa fusionierte. Die Vorbereitung dieses Filmklassikers nahm zwei Jahre in Anspruch. Thea von Harbou, die einen Hang zu titanischen Themen hatte, bearbeitete das Drehbuch frei nach alten Quellen, die sie auf Tagesaktualität zu trimmen versuchte. Aus dem nordischen Mythos wurde eine düstere Romanze, die legendäre Figuren als Opfer dumpfer Leidenschaften darstellte. Trotz des monumentalen Stils sollten ‹Die Nibelungen› keineswegs zu dem in Konkurrenz treten, was Lang in einer anläßlich der Premiere des Films veröffentlichten Erklärung ‹den verschwenderischen Aufwand des amerikanischen Kostümfilms› nannte. Ihm zufolge hatten ‹Die Nibelungen› eine gänzlich andere Mission: etwas betont Nationales zu schaffen, das wie das Nibelungenlied als wahres Zeugnis des deutschen Geistes Geltung hätte. Kurz, Lang erklärte diesen Film zu einem nationalen Dokument, das geeignet sei, für die deutsche Kultur in der ganzen Welt zu werben. Seine ganze Erklärung liest sich wie eine Vorwegnahme Goebelsscher Propaganda.

Obwohl der Film ‹Die Nibelungen› völlig vom ‹Ring der Nibelungen› abweicht, kann niemand der reichlich verwickelten Handlung folgen, ohne auf Wagnersche Leitmotive gestoßen zu werden. In ‹Siegfrieds Tod›, dem ersten Teil des Films, durchläuft der Held die Abenteuer mit dem Drachen und Alberich, begibt sich dann zum Hof von Burgund, um dort um Kriemhild, die Schwester des Königs Gunther, zu werben. Hagen dagegen, des Königs finsterer Vertrauter, stellt die Bedingung, daß Siegfried, ehe er Kriemhild heiratet, Gunther zur Hand geht, die stolze Brunhild zu bezwingen. Siegfried willigt ein und bringt Brunhild, durch Trug seiner Tarnkappe, dazu, Gunthers Frau zu werden. Die Folgen sind allgemein bekannt: als Brunhild durch Kriemhild von diesem betrügerischen Tausch erfährt, verlangt sie Siegfrieds Tod, und Hagen heckt den Plan aus, den Helden zu töten. An der Bahre ihres Mannes schwört Kriemhild Rache. ‹Kriemhilds Rache›, der zweite Teil des Films, schildert ihre

Hochzeit mit Etzel, dem König der barbarischen Hunnen, und wie sie ihn dazu überredet, Gunther zu einem Besuch bei ihnen einzuladen. Kaum ist Gunther eingetroffen, hetzt Kriemhild die Hunnen auf, ihn und sein Gefolge anzugreifen. Folgt ein schreckliches Gemetzel, bei dem die Burgunder in einer Halle eingeschlossen werden, die auf Etzels Geheiß in Brand gesteckt wird. Das Ende ist eine Vernichtungsorgie: Kriemhild erschlägt Gunther und Hagen, wird dann selbst getötet, und Etzel, ihre Leiche in seinen Armen, wird unter den Trümmern der brennenden Halle begraben.

In einem Artikel zu den ‹Nibelungen› merkte Thea von Harbou an, daß ihre Filmfassung ‹die Unerbittlichkeit, mit der die erste Schuld die letzte Sühne nach sich zieht›, unterstreichen sollte. In ‹Der müde Tod› bekundet sich das Schicksal durch das Handeln der Tyrannen; in den ‹Nibelungen› durch die anarchischen Ausbrüche unkontrollierbarer Triebe und Leidenschaften. Um das Verderben, das derlei Impulse auslösen, als schicksalsnotwendig auszugeben, verknüpft die Handlung aufs engste Ursachen und Wirkungen. Vom Augenblick, in dem der sterbende Drache durch ein Zucken seines Schwanzes das berühmte Blatt auf Siegfrieds Rücken fallen läßt, bis hin zum Augenblick von Etzels selbstverhängtem Tod scheint nichts dem bloßen Zufall überlassen. Eine innere Notwendigkeit hat den verhängnisvollen Ablauf von Liebe, Haß, Eifersucht und Rachedurst vorherbestimmt. Schrittmacher des Schicksals ist Hagen, dessen finstere Erscheinung hinreicht, um jegliches Glück, das ins Unvermeidliche eingreifen könnte, zu unterbinden. Nach außen hin ist er nicht mehr als Gunthers ergebener Lehnsmann, doch verrät sein ganzes Verhalten, daß seine treue Ergebenheit von einer nihilistischen Lust auf Macht motiviert ist. Diese Filmfigur, auf die schon der Schatten eines allzu bekannten Schlages von Nazi-Führern fällt, erhöht die mythische Kompaktheit der Nibelungenwelt – eine Kompaktheit, die der Aufklärung oder christlicher Wahrheit unzugänglich bleibt. Der Dom zu Worms, der in ‹Siegfrieds Tod› ziemlich häufig eingeblendet wird, bleibt bedeutungslose Folie.

Diese schicksalsbestimmte Handlung nimmt Gestalt in Szenen an, die, wie es scheint, nach Gemälden verflossener Zeit inszeniert sind. Die Szene, in der Siegfried zu Pferd, auf Studiogelände, durch heroische Wälder reitet, erinnert lebhaft an Böcklins Bild ‹Der Große Pan›. Erstaunlich, daß diese Bilder, trotz ihres etwas altmodischen Geschmacks – der schon 1924 aus der Mode war –, noch immer wirksam sind. Die konstruktive Strenge, die von ihnen ausgeht, mag dafür ein Grund sein. Lang wußte sehr wohl, warum er, statt auf Wagners malerischen Opernstil oder eine Art psychologischer Pantomime, auf den Bann dieser dekorativen Kompositionen setzte: sie symbolisieren das Schicksal. Der Zwang, der vom Schicksal ausgeht, findet seine ästhetische Entsprechung darin, daß alle Strukturelemente streng in den Rahmen luzider Formen eingefügt sind.

Viele szenische Details sind kunstvoll ersonnen, wie etwa die geisterhaften Bodennebel in der Alberich-Episode, der Flammengürtel um Brunhilds Burg und die jungen Birken rings um die Quelle, an der Siegfried ermordet wird. Nichts spricht dafür, daß diese Details sich verselbständigten, im Gegenteil erfüllen sie ihre bestimmte Funktion nur im Rahmen der Gesamtkomposition. Um die Wirkung der bildlichen Einheit zu erhöhen, ist die Kamera ausgiebig auf Szenen gerichtet, die von einfachen, weitläufigen und erhabenen architektonischen Strukturen beherrscht werden. Bevor Siegfried und seine Lehnsmänner in Gunthers Palast einziehen, zeigt sie der Film als kleine Figuren auf einer Brücke am oberen Rand des Bildfeldes, und gerade das Größenverhältnis dieser Brücke zur unter ihr gelegenen tiefen Schlucht bestimmt die Einstellung. Auch in weiteren Kompositionen werden menschliche Wesen zu Anhängseln von Urlandschaften oder weitläufigen Bauten.

Als sei es mit dem Ornamentalcharakter, auf den diese Kompositionen angelegt sind, noch nicht genug, tauchen auf Mauern, Vorhängen, Decken und Gewändern noch primitive Ornamente auf. Ähnliche Muster erscheinen allerorten. ‹Siegfrieds Tod› enthält Kriemhilds ‹Falkentraum›. Die kurze Zeichentrickeinlage von Walter Ruttmann ist nichts weiter als ein Wappenzeichen, in dem zwei schwarze Falken und eine weiße Taube sich rhythmisch bewegen. Häufig formieren sich auch die Schauspieler zu Ornamenten. Eine Szene in Gunthers Halle zeigt, wie der König und sein Gefolge, Statuen gleich, in symmetrisch angeordneten Nischen sitzen. Die Kamera läßt sich keine Gelegenheit entgehen, dergleichen Figuren zu erfassen. Als Siegfried Gunther seinen ersten Besuch abstattet, wird sein Einzug in die Halle aus der Aufsicht aufgenommen, um so den ornamentalen Aspekt der Zeremonie zu enthüllen.

Diese Muster tragen dazu bei, den Eindruck der unwiderstehlichen Macht des Schicksals zu vertiefen. Ganz bestimmte menschliche Ornamente des Films bezeichnen zudem die Allmacht der Diktatur. Diese Ornamente setzen sich aus Lehnsleuten oder Sklaven zusammen. Gunthers Männer stützen den Landungssteg, auf dem Brunhild ans Ufer geht; bis zu den Hüften im Wasser stehen sie, wie lebendige Säulen von mathematischer Berechnung. Besonders ins Auge springt das Bild der angeketteten Zwerge, die der Riesenurne, die Alberichs Schätze enthält, als dekorativer Sockel dienen. Verflucht von ihrem Herrn, verwandeln die versklavten Kreaturen sich in steinerne Figuren. So triumphiert das Ornamentale über das Menschliche auf der ganzen Linie. Absolute Autorität behauptet sich dadurch, daß sie die ihr unterworfenen Menschen zu gefälligen Mustern anordnet. Dies ist der Fall beim Nazi-Regime, das seine starken ornamentalen Neigungen durch Massenaufgebote zum Ausdruck brachte. Wann immer Hitler sich an das Volk wandte, glitt sein Blick weniger über Hunderttausende von Hörern hinweg als über ein Riesenornament, das aus hunderttausend Einzelteilen bestand. Am ‹Triumph des Willens›, dem offiziellen Nazifilm des Nürnberger Parteitags von 1934, läßt sich nachweisen, daß die Architekten der Veranstaltung zur Anordnung ihrer Massenornamente Anregungen schöpften aus den ‹Nibelungen›. Die theatralischen Trompetenbläser, pomphaften Treppenaufgänge und autoritären Muster von Menschen aus ‹Siegfrieds Tod› tauchen in dem modernen Historienfilm aus Nürnberg extrem vergrößert wieder auf.

‹Die Nibelungen› entfalten sich so schleppend, daß ihren Szenen die Eigenart von Standphotos zukommt. Ihr gemessener Ablauf, der das mythische Reich zu einem statischen stempelt, zielt darauf ab, die Aufmerksamkeit auf die eigentliche Handlung zu lenken. Diese innere Handlung verläuft asynchron zur Abfolge von Verrat und Mord und kommt erst in schwelenden Tiefen und unmerklich wachsenden Leidenschaften zur Entfaltung. Das Schicksal verwirklicht sich gleichermaßen in einem vegetativen Prozeß.»

Einige von Kracauers Bemerkungen treffen sicher vor allem für den Regisseur Lang zu, andere für eine «Zeitstimmung», die sich in den Filmen spiegelte, aber sicher läßt sich auch darüber nachdenken, inwieweit die Verknüpfung von Ornamentik und Macht insgesamt im Genre des Historienfilms, auch in seiner Ausprägung als Abenteuerfilm, bestimmend ist. Eine moderatere Einschätzung gibt schließlich, um noch einen dritten Ansatz zu zitieren, ein neueres Standardwerk deutscher Filmbetrachtung, Dieter Krusches und Jürgen Labenskis «Film-Führer»: «Fritz Lang wollte – nach eigenen Worten – in diesem zweiteiligen Film vier verschiedene Welten schildern: die ‹überfeinerte Kultur› der Burgunderkönige, die ‹gespensterhaft-elfische› Welt des jungen Siegfried, die ‹bleiche, eisige Luft› im Isenland Brunhilds, und die Welt Etzels, ‹des Asiaten›. Dabei verwandte er für Isenland und besonders für Worms eine streng ornamentale Stilisierung. Nicht Menschenmassen, sondern riesige Bauten (Otto Hunte, Erich Kettelhut, Karl Vollbrecht) beherrschen die Leinwand. In kahlen Hallen oder vor großflächigem Hintergrund ordnete er die Menschen mit Vorliebe in symmetrischen Formationen, er kleidete sie in Gewänder, die sie fast wie Statuen erscheinen ließen. Und so statuarisch filmte er sie auch. So scheinen die Menschen verloren, einem unerbittlichen Schicksal ausgeliefert, das sich dann auch im zweiten Teil erfüllt. Im Isenland bemühte sich Lang um eine ähnliche Stilisierung mit riesigen kantigen Lavablöcken und düsteren Schatten. Typisches Beispiel für Langs Stilwillen: Den Wald, durch den Siegfried reitet, ließ er aus Gips im Atelier bauen.

Die Welt der Hunnen und des Zwergenkönigs Alberich ist dagegen formlos, diffus. Die Hunnen hausen in ‹Wohnhöhlen›, schleichen geduckt durchs Bild und wirken – mit Ausnahme ihres Königs – allesamt gespensterhaft, unterirdisch. Es ist sicher kein Zufall, daß Mime, Alberich und Etzels Bruder Blaodell von dem gleichen Schauspieler (Georg John) gespielt wurden.

So unterscheiden sich beide Teile erheblich. Der erste ist statisch, monumental; hier ist fast jede Einstellung ein sorgsam kalkuliertes ‹schönes Bild›. Der zweite Teil ist chaotischer, dynamischer, voller Aktion, Bewegung und Blut. Im ‹Dritten Reich› wurde der erste Teil unter dem Titel ‹Siegfrieds Tod› in einer Tonfassung (1933) vorgeführt; den zweiten Teil beließ man im Archiv.»

Welchen Einfluß Langs Arbeit auf die Entwicklung des Genrefilms ausübte, ist nur schwer einzuschätzen. Immer wieder scheint das Ornamentale, jenes statische Arrangement der Massen auf, und immer wieder auch steht als Kontrast dazu die anarchische, ungeordnete, unterirdische Welt der Feinde, die sich zu keinem Ornament fügen können (man denke dabei nur an zahlreiche Beispiele der italienischen Antik-Filme, denen man mit ähnlichen Recht – und soviel Problematik – vorwerfen könnte, sie seien Verlängerungen faschistischer Ästhetik in den Bereich der Populären Mythologie). Aber all dies speiste sich, wie auch die Lust am Phantastischen, auch aus anderen Quellen, andere Legenden- und Märchenstoffe boten dem Kostüm-/Abenteuerfilm Material. Wirklich ins Genre integriert aber konnte sowohl der Stoff als auch seine Bewältigung durch Fritz Lang nicht werden. Denn der Abenteuerfilm erzählt von der Möglichkeit, das Schicksal zu bezwingen oder zu überlisten, in anderen Fällen erzählt er von der Unwichtigkeit des Schicksals gegenüber dem Heute, gegenüber der Bewährung, gegenüber der Lust. Die Feier der Schicksalsbestimmung in den «Nibelungen» vertrug sich also nicht mit der Seele des Genres. So ist es nicht verwunderlich, daß es direkte Weiterführungen kaum gab.

So drehte Giacomo Gentilomo 1957 «Sigfrido» mit Schauspielern wie Sebastian Fischer, Katharina Mayberg und Rolf Tasna in den Hauptrollen. Dieser Film verzichtete ganz auf Epos und Schicksal und konzentrierte sich auf die Geschichte von Siegfrieds Kampf mit dem Drachen, den er mit Hilfe seines magischen Schwertes gewinnen kann. In manchen Quellen ist sogar eine philippinische Version des Stoffes aus dem Jahr 1963 verzeichnet, etwa in Walt Lees «Reference Guide to fantastic films», wobei aber weder der Regisseur noch die Frage, ob es sich um eine dramatisch-phantastische Version als Abenteuerfilm oder um eine Wagner-Variation handelt, zu eruieren war. «Il Tesoro della foresta pietrificata» (1965 – Regie: Enimo Salvi) mit dem Star vieler Antik-/«Muskelprotz»-Filme in Italien, Gordon Mitchell, in der Hauptrolle bezog seine Handlung nur sehr frei auf den Stoff der Nibelungen-Sage.

Harald Reinl unternahm schließlich das Wagnis einer Neuverfilmung in Deutschland; 1966/1967 kamen «Siegfried» und «Kriemhilds Rache» heraus, *action*-betonte Kostümfilme, die sich ganz nie dem Vergleich mit Fritz Langs Arbeiten entziehen konnten, obwohl sie sichtlich unter anderen Voraussetzungen und mit anderen Vorstellungen produziert wurden. «Harald Reinls ebenfalls zweiteiliges Remake von diesem Film aus den Jahren 1966/1967 mit dem Diskuswerfer Uwe Beyer als Siegfried brachte den Stoff auf ein bloßes Ausstattungsstück herab, dessen erster Teil wegen seiner unzeitgemäßen und kaum beabsichtigten Naivität von einigen Kritikern als unfreiwilliges Popkunstwerk gelobt wurde» (Liz-Anne Bawden/Wolfram Tichy). (Sportfans mögen vergeben, daß der Hammerwerfer Beyer hier kurzerhand zum Diskuswerfer wurde.)

Und zur Beziehung zwischen Langs und Reinls Filmen schrieb Klaus Eder: «Langs Film hatte 1924 großen Erfolg, auch im Ausland. ‹Er ist aus unserer Zeit geboren, der Nibelungenfilm, und nie noch haben der Deutsche und die Welt ihn so gebraucht wie heute ... Der Gedanke des Nibelungenfilms ist heute zu einem Bedürfnis ausgewachsen, nicht zum Bedürfnis des einzelnen, sondern zum Bedürfnis der Gesamtheit. Wir brauchen wieder Helden!› (‹Die Filmwoche›, 1924).

Brauchen wir Helden?

Bitte schön: die Sage liefert sie. Aber sind Helden nicht dumm? Siegfried, der Narr, stürzt sich wohlgemut auf jedes Unheil, jeder Drache ist ihm recht, seine Kraft, seinen Mut auszuprobieren – und nicht einmal diese seine Dummheit läßt ihn zugrunde gehen, sondern eine infame Intrige. Uwe Beyer, möchte man meinen, ist für diesen Narr gerade die richtige Besetzung, ihm glaubt man es. Daß Paul Richter 1924 lieber die Kriemhild Margarete Schöns nimmt als die dämonische Brunhild (Hanna Ralph), glaubt man; daß aber Uwe Beyer auf die bildhübsche Karin Dor (Brunhild) verzichtet zugunsten von Maria Marlow, ist jammerschade.

Siegfried ist eben doch ein dummer Narr. Nicht immer war er das: 1924 brauchte man solche Menschen, um die Grundsteine für das Tausendjährige zu legen: Menschen, so schreibt ‹Die Filmwoche› nach der Uraufführung, die wie alle anderen in ihr Schicksal hineinwachsen würden und sich damit abzufinden hätten; Menschen, wie sie ‹in Leid und Freud heute millionenfach geboren werden und morgen sterben› – deutsche Helden. Es ist erstaunlich, wie Langs Film diesen Nerv der Zeit traf: das geht viel deutlicher aus den Reaktionen auf den Film als aus dem Film selbst hervor. Auf die ‹strahlendste Waffe deutschen Glaubens, die unverzagt und unbesiegt die Welt durchschwingt mit dem Glockenton reiner freier Menschlichkeit› (‹Die Filmwoche›) können wir heute verzichten. Reinls Film hat diese Wirkungen nicht, am wenigsten im Kino: denn da folgt man nicht andächtig den Heldentaten des blonden Germanen, man nimmt sie allenfalls für einen Kinospaß.

Denn selbst für ein deutsches Märchen ist dieser Siegfried zu töricht.»

In den Jahren seiner Entstehung war Harald Reinls Film sicher nichts anderes als recht jugendliche Abenteuer-Unterhaltung auf der einen und, wegen der ästhetischen und thematischen Ungleichzeitigkeit, sicher so etwas wie low-camp auf der anderen Seite. (Immerhin enthielt er sich der in der Tradition durchaus möglichen rassistischen und nationalistischen Töne.) Auf diese in Teilen unfreiwillige Parodie (wenn auch durchaus nicht in dem Ausmaß, das die Kritiker dem Film bescheinigten) folgte zunächst die direkte Parodie im Genre des deutschen Sexfilms: «Siegfried und das sagenhafte Sexleben der Nibelungen» (1971) entstand als deutsch-amerikanische Coproduktion, die Regie führte Adrian Hoven, und neben Raimund Harmstorf in der Titelrolle spielten Sybill Danning und Heidi Bohlen.

1966 war vielleicht keine Zeit gewesen für Helden wie Siegfried. Und Naivität war tatsächlich ein schwerwiegender Vorwurf für einen Film, so daß man sich kurzerhand für Filme wie diese imaginäre Dimensionen zusätzlich schuf. Aber die Zeiten ändern sich, und die naiven Helden kehrten zurück, naiver, nein: törichter als Siegfried. Conan der Barbar eroberte die Herzen mit ein paar Schwertstreichen und grimmen Blicken. Zur selben Zeit, als man in Deutschland John Milius' «Conan the Barbarian» herausbrachte, schickte man auch eine neu geschnittene, einteilige Version von Reinls Arbeit unter dem Titel «Das Schwert der Nibelungen» wieder in die Kinos. Alles Epische und Getragene war eliminiert worden, nur die reine *action* blieb übrig. Die zurückgekehrten Helden brauchen sich nicht einmal mehr zu legitimieren.

Robin Hood, der König der Rebellen

Die Legende von Robin Hood, dem Urbild aller Volkshelden, Sozialbanditen und edlen Räuber, reicht zurück in die angelsächsische Folklore aus dem 14. Jahrhundert und hat seit ihrer Entstehung bis auf den heutigen Tag die Schöpfer von Gedichten, Balladen, Romanen, Theaterstükken (sogar Opern), Comics, TV-Serien und nicht zuletzt Filmen inspiriert.

Die Geschichte hat immer wieder neue Ausschmückungen erfahren, doch blieb ihr Kern in groben Zügen konstant; sie fußt vornehmlich auf einer Volksballade aus dem 15. Jahrhundert, dem «Lytell Geste of Robin Hood» (1495). Zunächst geht es um den edlen Räuber, der sich mit einer Schar Vogelfreier und Abenteurer, darunter der Mönch Bruder Tuck und der starke Little John, mit dem Robin einst einen Zweikampf ausgefochten hat, sowie Robins Geliebter Marian, in den Wald von Sherwood zurückgezogen hat. Von hier aus führt er seine Raubzüge, deren Opfer vornehmlich reiche Adelige, Kaufleute und ausbeuterische Kleriker sind, während den Armen geholfen wird. Der grimmigste Gegner von Robin Hood und seinen *merrie men*, der Sheriff von Nottingham, kann die Geächteten trotz aller Anstrengung und eines großen Aufgebots von Schergen nicht bezwingen, nicht zuletzt deshalb, weil die Vogelfreien Unterstützung im Volk finden. Die Ballade läßt Robin Hood dieses Leben bis ins hohe Alter fortsetzen, bis ihn schließlich eine verräterische Nonne ermordet.

In seinen Grundzügen ist die Legende von Robin Hood, die in dem erstaunlichen Bogenschützen vor allem den Wilddieb abbildet (denn das Jagdverbot war sicher eines der am meisten gehaßten Gesetze), Ausdruck des Widerspruchs zwischen Herrschaft und Volk im englischen Mittelalter, der auch einen Riß durch die Kirche bedeutete: Der arme und notabene von praktischer Frömmigkeit und wirklicher Nächstenliebe charakterisierte niedere Klerus stellt sich auf die Seite des Volks; der hohe Klerus bereichert sich nicht weniger schamlos als der weltliche Adel. Dieser Widerspruch kleidet sich später in den Konflikt zwischen herrschenden Normannen und geknechteten Angelsachsen. Eine weitere («politische») Harmonisierung erfuhr der Motivkreis schließlich, als man im 19. Jahrhundert aus Robin Hood einen Vagabunden und Räuber wider Willen, in Wahrheit von adeliger Abstammung machte, der in seine Lage vor allem wegen seiner unverbrüchlichen Treue zu König Richard Löwenherz geraten ist. Dieser ist nach einem Kreuzzug in Deutschland in Gefangenschaft geraten, und der usurpatorische Prinz John versucht zu verhindern, daß das geforderte Lösegeld erbracht und die Rückkehr des Königs ermöglicht wird. Robin Hood stellt nun (in solchen späteren Versionen der Legende) nicht nur das geraubte Geld in den Dienst der Befreiung des Königs, sondern durch ein waghalsiges Manöver gelingt es ihm und seinen Leuten auch, den Sheriff von Nottingham zur Herausgabe seines unrecht erworbenen Vermögens zu zwingen. Als Dank für seine Hilfe bedenkt der heimkehrende König Richard Robin mit einem Lehen und ermöglicht ihm, die in diesen Fassungen ebenfalls adelige Marian zu heiraten.

Zu diesen Motiven und der feststehenden Typologie ist in den Jahren auch eine ausgeprägte Ikonografie entstanden: der jungenhafte Robin, in den Kleidern eines Jägers, der im Duell die besten Bogenschützen des Sheriffs von Nottingham besiegt; der gefräßige, gutmütige und doch schlagkräftige Tuck mit einem gewaltigen Bauch; der kolossale, treue Little John; die *merrie men*, die aus ihren Verstecken in den Kronen der Laubbäume einen Angriff beginnen; Pfeile, die durch den Wald schwirren; der Wachtposten, der in ein Horn stößt, wenn sich etwas bewegt; die Burg mit all ihren Winkeln und Verliesen; das Versteck im Wald mit seinen fröhlichen Gelagen; die zugleich brutalen und tumben Schergen; der blühende Klostergarten, in dem sich Robin und Marian treffen.

Die neueren Versionen der Robin Hood-Erzählung entwickelten sich im Gefolge der Theaterstücke «The Downfall of Robert, Earl of Huntingdon» und «The Death of Robert, Earl of Huntingdon» (1598) von Anthony Munday und Henry Chettle, die, wie aus den Titeln ersichtlich, größten Wert auf die adelige Abstammung ihres Helden legten. Seit dieser literarischen Nobilitierung Robin Hoods und seiner Geliebten stehen den sozialkritischen immer auch restaurative Züge im Mythos gegenüber. Das Vergnügen an einer Outlaw-Geschichte paarte sich mit der Gewißheit, daß die Ordnung nie wirklich angetastet wurde.

Die Bühnen sahen immer neue Robin Hood-Stücke, mal mehr dramatischerer, mal eher komödiantischer Natur, darunter – in Amerika – auch eine musikalische: «Robin Hood» (1890) von Alfred Koven. Ganz anders als bei anderen Motivkreisen wich man in den verschiedenen Versionen von den einmal gefundenen Formeln nur noch sehr geringfügig ab. Ihren Eingang in die romanhafte Abenteuerliteratur fand die Gestalt des «Königs der Rebellen» als Nebenfigur in Sir Walter Scotts «Ivanhoe» (vergleiche den Abschnitt «Traditionen der Abenteuer-Literatur»), wo der Konflikt zwischen Normannen und Angelsachsen besonders hervorgehoben war. Hierin wurde «Robin Hood» zu einer viktorianischen Phantasie; er war nun der Verteidiger der angelsächsischen Kultur und Moral (und natürlich wurde seine Beziehung zu Lady Marian nun ausgesprochen ehrenwert), und der Grundwiderspruch war der zwischen den wirklichen Engländern und den fremden Eindringlingen.

Schon 1838 war Robin Hood zum Helden einer Serie von Abenteuer-Romanheften geworden, und in der Folgezeit war zwischen Figuren wie Buffalo Bill, Nick Carter oder Kit Carson immer Platz für einen grünen Bogenschützen aus Englands Mittelalter auf den Titelbildern der *penny dreadfuls*, der *dime novels*, der Kolportageliteratur. Kinderbücher und später die Comics bemächtigten sich der Gestalt; Generationen von Schulkindern lernten Englisch mit einfachen Episoden aus dem Robin Hood-Epos, und schließlich nahm sich auch der Film seiner an.

Nahezu ein halbes Dutzend Filme illustrierten Episoden aus der Legende in Stummfilmen der Jahre vor 1920, und auch zwei englische «Ivanhoe»-Versionen ließen Robin Hood immerhin als Nebenfigur auftreten.

Aber natürlich setzte auch hier erst Douglas Fairbanks in «Robin Hood» (1922 – Regie: Allan Dwan) Maßstäbe für die weitere Entwicklung. Der Film wies als Arbeitstitel nicht zufällig «The Spirit of Chivalry» auf, denn noch mehr als in späteren Versionen wird hier die Ritterlichkeit des Helden betont; von einem Räuber bleibt ihm wenig. Die Qualitäten dieses Films liegen weniger in seiner Handlungsführung, die wie flüchtig skizziert wirkt, als in der Ausstattung (womit nicht nur die 1400000 Dollar Produktionskosten gemeint sind, die den Film – einmal mehr – zum bis dahin teuersten machten, sondern die handwerkliche Inspiration, mit der sie realisiert wurde) und in der Aura Fairbanks' (der auch für Produktion und Buch sorgte).

«Wie alle Fairbanks-Helden ist auch (dieser Robin Hood) in Wahrheit ein groß gewordener Schuljunge. Einerseits ist er frech, mutig, kraftvoll und patriotisch, andererseits zurückhaltend, zaudernd und schüchtern vor allem in der Gegenwart von Frauen. Nachdem er das Turnier gewonnen hat, umringen ihn die begeisterten Damen, und er, um ihnen zu entkommen, springt in den Burggraben. Bei dem Bankett zwingt ihn der König, der um seine Verlegenheit gegenüber Frauen weiß, eine Dame seines Herzens zu wählen. Aber er weigert sich, bis er sieht, wie John Lady Marian belästigt, und um sie zu retten, eilt er eine Treppenflucht hinauf und zwingt John nieder. Aber es hat auch später immer den Anschein, als würde es ihm wesentlich leichter fallen, für Marian zu kämpfen, als ihr den Hof zu machen» (Jeffrey Richards).

Diese eher scheue Liebesgeschichte ist verbunden mit sehr viel und gelegentlich spektakulärer *action*. Auch hier nutzt der Abenteurer akrobatisch Architektur und Natur aus, um gegen eine geradezu groteske Übermacht zu bestehen. Und Fairbanks vollführte alle diese erstaunlichen Taten (etwa sprang er vom Pferd aus auf eine sich schließende Zugbrücke) mit dem Lächeln, das nur ein Abenteurer hat.

Es gab wohl nur einen einzigen Darsteller, der es ihm gleichtun konnte, und das war Errol Flynn. In Michael Curtiz' «The Adventures of Robin Hood» (Robin Hood – König der Vagabunden – 1938), der dem vorgenannten nicht nur den Ton, sondern auch die Farbe voraus hatte, und der von einigen Autoren als grandiosester aller Abenteuerfilme gewertet wird, geht es um die eindrucksvollsten Episoden des Stoffs: die erste Begegnung mit Little John (Alan Hale, der dieselbe Rolle schon in dem Fairbanks-Film gespielt hatte) und der anschließende Stockkampf, bei dem Robin unterliegt, der Schwertkampf mit Bruder Tuck (Eugene Pallette), der schließlich mit dem Versprechen, so viel essen zu können, wie er wolle, für die *merrie men* gewonnen wird, die Nachricht von König Richards Gefangennahme am Anfang und das Bankett von Prinz John (Claude Rains), zu dem uneingeladen Robin Hood erscheint, um ihm den Kampf anzusagen, seine waghalsige Flucht. Was folgt, ist fester Bestandteil der meisten Robin Hood-Filme: Nachdem Robin für eine Zeit Sir Guy of Gisbourne (Basil Rathbone) und den Sheriff of Nottingham (Melville Cooper) gefangengehalten hat, stellt man ihm eine Falle durch einen Bogenschützenwettbewerb, und Robin kann der Herausforderung nicht widerstehen, nicht zuletzt, weil der Preis von der schönen Lady Marian (Olivia de Havilland) höchstselbst vergeben wird. Er wird – nach einem glanzvollen Sieg – gefangengenommen und zum Tod durch Erhängen verurteilt. Mit Hilfe von Marian gelingt ihm die Flucht. Unterdessen erreicht

Olivia de Havilland und Errol Flynn in «The Adventures of Robin Hood» (1938).

König Richard (Ian Hunter) mit einer Gruppe von Rittern, als Mönche verkleidet, England und tut sich mit Robin Hoods *merrie men* zusammen, um den Verrat von Prinz John und Guy of Gisbourne zu bestrafen.

Für ihre Hilfe bei der Flucht von Robin wird Marian zum Tode verurteilt, während die Vorbereitungen zur Krönung von John getroffen werden. Doch bevor John zum neuen König ausgerufen wird, haben die vielen «Mönche», die in die Burg geströmt sind, ihre Verkleidung abgelegt und sich als Robin Hood und seine *merrie men* sowie König Richard und seine Ritter zu erkennen gegeben. Es entspinnt sich ein wilder Kampf, und Robin sieht sich in einem Duell auf Leben und Tod Sir Guy gegenüber. Nach dem Sieg verkündet König Richard Gerechtigkeit und Freiheit für die Angelsachsen.

Das «Geheimnis» von «The Adventures of Robin Hood» liegt im Ensemble der Talente, die dieses Projekt mit Leidenschaft und offensichtlichem Vergnügen realisierten: Curtiz als Regisseur (der William Keighley ablöste), B. Reeves Eason als *second unit director*, ein nicht zuletzt durch

Arbeit an Serials erfahrener Spezialist für Kampfszenen, der Komponist Erich Wolfgang Korngold («Etwa zwei Drittel des Films sind mit Musik unterlegt, und sie erscheint beinahe als so etwas wie eine Oper ohne Libretto» – Tony Thomas), die Kameraleute Tony Gaudio und Sol Polito, Kostümbildner Milo Anderson und Architekt Carl Jules Weyl. Dazu kam mit Errol Flynn und Olivia de Havilland das flamboyanteste Liebespaar des Genres und eine erlesene Gruppe von *heavies*. Es war, als hätten alle Beteiligten daran gearbeitet, nicht nur den Zuschauern, sondern auch sich selbst einen langgehegten Traum zu erfüllen.

Wie Fairbanks war Flynn ein akrobatischer, jungenhafter Robin Hood, doch kam hier ein ausgeprägter Romantizismus hinzu, eine Eleganz im Abenteuer; das Verhalten des Helden ging über Ritterlichkeit hinaus, es war geprägt von unbändigem Freiheitsdrang, der sich in den berserkerhaften Kämpfen und den zauberhaften Choreografien der Bewegungen ausdrückte. Aber er war in seinem Wesen auch ein wirklicher Liebhaber, und seinem Status als Freiheitsheld schien es nicht zu widersprechen, daß er als treuer Untertan seines Königs sich schließlich wieder in die neu geschaffene Ordnung fügt. Die fulminante Fähigkeit des Flynn-Abenteurers war es, die Anarchie des Abenteuers mit der Treuherzigkeit des in die Männergesellschaft aufgenommenen Jungen zu verbinden.

Das Flair, die Wirklichkeit des Traums und die Qualität des Abenteuers der Filme mit Douglas Fairbanks und Errol Flynn sind später allenfalls in Ansätzen noch erreicht worden. Der Robin Hood-Stoff war nun vor allem Grundlage für eine Reihe von B-Filmen, zuvorderst auf ein jugendliches Publikum zugeschnitten. Dies und vielleicht der Respekt vor den beiden klassischen Beispielen ließen die Drehbuchautoren mehrmals auf eine Handlungskonstruktion ausweichen, in der nicht Robin Hood selber, sondern sein Sohn, Robin, der zweite Earl of Huntingdon, die Hauptrolle spielte, der sich gegen den nun König gewordenen John zur Wehr setzen mußte. Als deutliche politische Allegorie durchzog diese Filme die Geschichte von der Unterzeichnung der Magna Charta, und Robin Hood wird hier sozusagen zum Verfechter der Konstitution, ja zum Vertreter der Demokratie im modernen Sinn. Das war freilich bei weitem nicht der einzige Anachronismus dieser Filme.

Noch unter die aufwendigeren Filme zu zählen ist etwa George Shermans «The Bandit of Sherwood Forest» (1946), der von Robin Hoods Sohn erzählt, der die *merrie men*, die von König Richard begnadigt und belohnt worden waren, wieder zusammenruft, nachdem der Familie erneutes Unrecht geschehen ist und die «demokratischen» Reformen König Richards durch seinen Nachfolger König John wieder rückgängig gemacht worden sind. Mit Cornel Wilde wies der Film einen Hauptdarsteller auf, der, mehr athletisch als akrobatisch, wohl in bezug auf seine Heldentaten, kaum aber was das romantische Flair anbelangt, den Vorbildern gerecht wurde. Zwar weist dieser Film in seinen phantasievollen Momenten noch alle Vorzüge des Abenteuerfilms auf, doch steht er andererseits am Beginn einer Reihe von Filmen des Genres, deren Helden denken und fühlen wie Menschen des 20. Jahrhunderts, und deren *heavies* sich aufführen, als kämen sie geradenwegs aus einem Serienwestern.

Ein weiterer Film, der einen Sohn von Robin Hood als Helden präsentiert, ist «Rogues of Sherwood Forest» (1950 – Regie: Gordon Douglas), der noch am ehesten mit den *swashbuckler*-Filmen früherer Jahrzehnte Verwandtschaft aufweist und in seiner naiven Heiterkeit auch der Atmosphäre des lächelnden Abenteuers nahekommt. John Derek ist der Earl of Huntingdon, der von Kreuzzügen zurückgekehrt ist und sich der neuerlichen Tyrannei von John widersetzt. Gemeinsam mit den Überlebenden aus seines Vaters Bande und dem Erzbischof von Canterbury kämpft Robin jr. gegen die Steuereintreiber. Man verlangt eine Verfassung (und Robin jr. findet die richtigen Worte von Freiheit und Menschenwürde), und König John wird gezwungen, die Magna Charta zu unterzeichnen (es wird also in dieser Version gewissermaßen die Entstehung der konstitutionellen Monarchie beschrieben).

Etwas in den Hintergrund geraten ist in diesen Filmen die Liebesgeschichte, die Robin jr. immerhin jedesmal mit einer neuen Marian (oder nun: Marianne) verbindet. Da in diesen Jahren eine regelrechte «Son of...»-Manie (nicht nur) im Abenteuer-Genre herrschte (unter anderem gab es die Söhne der Musketiere, den Sohn von Ali Baba, den Sohn des Ivanhoe), mag der Verdacht nicht ganz von der Hand zu weisen sein, daß sich darin eine nicht unbedeutende sozialpsychologische Krise, eine Krise in der Mythologie der Familie abbildete. Der Sohn tritt an die Stelle des Vaters, während das *love interest* (also: die Mutter) gleichbleibt und der Sohn auch die ganz nämliche Aufgabe, dasselbe Abenteuer zu bewerkstelligen hat. Natürlich muß ein solches «ödipales» Grundkonzept nicht überbewertet werden, doch wenn man in Betracht zieht, daß das Abenteuer selbst ja eine gewichtige Rolle in der Initiation und Sozialisation des Jugendlichen spielt, so läßt sich wohl bloßer Zufall oder technischer Kniff für die Herstellung von filmischen Fortsetzungen ausschließen.

Eine dritte, eher uninspirierte und im Vergleich zu anderen Arbeiten des Regisseurs im Genre geradezu hölzerne Version des Motivs von Robin Hoods Sohn ist George Shermans in England produzierter «Son of Robin Hood» aus dem Jahre 1958, der als größten Vorzug aufzuweisen hat, daß sich der vermeintliche Sohn, den die *merrie men* aus dem fernen Spanien zu sich rufen lassen, in Wirklichkeit eine Tochter (June Laverick) ist.

Ein regelrechtes Robin Hood-Revival wurde durch die englische Fernsehserie «The Adventures of Robin Hood» ausgelöst, die zwischen 1955 und 1958 produziert wurde und es auf 165 Folgen brachte. Richard Greene war ein sehr bescheidener, abwägender statt draufgängerischer und selten wirklich abenteuerlicher Robin Hood, und die Produktion tat ihr Bestes, etwas aus dem geringen Budget zu machen.

Was auf diese TV-Serie folgte, war nicht nur eine Unzahl neuer Buch- und Comic-Versionen, sondern auch eine kleine Serie von Robin Hood-Filmen, die von der ansonsten auf «gothische» Horrorfilme spezialisierten Firma Hammer Productions herausgebracht wurden. Sie begann mit «Men of Sherwood Forest» (1957 – Regie: Val Guest) mit Don Taylor in der Hauptrolle, danach übernahm, für «Sword of Sherwood Forest» (1960 – Regie: Terence Fisher), der Held der TV-Serie Richard Greene die Hauptrolle, und der Horror-Star Peter Cushing gab dem Sheriff von Nottingham ein einigermaßen dämonisches Gepräge. Eine ganz neue Version der Legende gab schließlich der dritte (und letzte) Hammer-Robin-Hood-Film, «A Challenge for Robin Hood» (Robin Hood, der Freiheitsheld – 1968 – Regie: C. Pennington-Richards). -el im «Filmdienst» notierte zu diesem Film: «In der Flut der billigen Historienfilme aus Italien fällt dieser historische Abenteuerfilm angenehm auf. Zwar gibt es auch hier die genreübliche Schwarz-Weiß-Zeichnung der Charaktere, die simple Handlungsführung und die Spekulation auf die Freude an Kampf und Brutalität. Aber daneben fällt angenehm eine gewisse Frische in der Inszenierung auf (viele Außenaufnahmen), Witz im Dialog und in der Gestaltung der Kämpfe und – nach einem erzfinsteren Anfang – die Tatsache, daß Hood und seine Leute den Gegnern zwar allerlei Böses antun, aber sie nach Möglichkeit nicht töten. Hood, der legendäre englische Held, wird von dem sympathischen Barrie Ingham dargestellt, natürlich kann er alles, und dem Ritus gemäß siegt er alleweil. Er ist hier der Lieblingsneffe eines normannischen Burgherrn. Als der stirbt, übernimmt sein finsterer Sohn das Regiment, ermordet an des Vaters Bahre den jüngeren Bruder und schiebt die Schuld Robin zu. Dem gelingt die Flucht zusammen mit einem ihm zugetanen Mönch. Die beiden verschwinden in den Wäldern, bestehen einen Kampf gegen die Mannen eines ausbeuterischen Intriganten und schlagen sich zu den Räubern, die aus Protest gegen das Regime des Usurpators Johann I. ‹Ohneland› – hier kurz John genannt – aus der Gesellschaft ausgetreten sind. Man sieht sie einen Kaufmann und einen Steuereinnehmer überfallen, ein schönes Aristokraten-Mädchen unter den Augen der Finsterlinge befreien, soziale Gerechtigkeit üben und im listenreichen Schlußkampf die Bösen in ihrer Burg besiegen – alles unter der Führung Robin Hoods, der durch erstaunliche Kunststücke mit allerlei Waffen schnell ihr Vertrauen als Anführer gewonnen hat. Am Ende fällt Robin der Besitz des Onkels zu, aber er bleibt trotzdem im Wald. Denn sein Herz schlägt für Richard Löwenherz, dem sein Bruder Johann Ohneland den Thron geraubt hat, während er als

Kreuzritter im Morgenland war. Im Wald will Robin für die Rechte des legitimen Herrschers streiten – eine romantische Vorstellung! Sie wird dadurch märchenhaft, daß er das Aristokraten-Töchterchen heiratet. Das Paar wird von dem Mönch getraut, einem gemütvollen Mann, der durch seine Liebe zum Essen und Trinken klischeehafte Vorstellungen bestätigt, sich an den Kämpfen aber nur dadurch beteiligt, daß er sie mit Worten aus der Bibel würzt. Er liefert manche harmlose nette Pointe, die das Publikum amüsiert. Und: er steht auf der Seite, mit der die Zuschauer Partei nehmen.»

Wie in diesem Film, so ist auch in den italienischen Robin Hood-Filmen der sechziger Jahre nur noch wenig Rekurs genommen auf die klassische Ausformung der Legende, vielmehr werden neue Episoden, neue Begegnungen und Motive für den Helden erfunden. Der Held in «Robin Hood e i Pirati» (Robin Hood und die Piraten – 1960 – Regie: Giorgio Simonelli) hat es zwar wieder mit der Tyrannei eines verräterischen Landedelmannes zu tun, ansonsten schlägt er sich mit allem herum, was im Genre wohlfeil zu haben ist. In «L'invincibile Cavaliere mascherato» (Robin Hood in der Stadt des Todes – 1962 – Regie: Umberto Lenzi) scheint es, als hätten sich die Drehbuchautoren nicht zwischen Robin Hood und Zorro entscheiden können. (Erwähnenswert ist im übrigen, daß im ersten Film Lex Barker die Hauptrolle spielte, der Darsteller des Old Shatterhand in den deutschen Karl May-Filmen späterer Jahre, und im zweiten Pierre Brice, sein Partner in der Rolle des edlen Häuptlings Winnetou.)

«Il Trionfo di Robin Hood» (Robin Hood, der Löwe von Sherwood – 1962 – Regie: Umberto Lenzi), der Don Burnett in der Titelrolle präsentiert, hält sich wieder ganz an die tradierte Legende, ohne dieser auf erzählerischer oder visueller Ebene irgend etwas Neues hinzuzufügen. Mit «L'Arciere del fuoco» (Der feurige Pfeil der Rache – 1970 – Regie: Giorgio Ferroni) – den Robin Hood spielte hier der Western-Star Giuliano Gemma – begann ein derb komödiantischer Zug in die Filme der Serie zu kommen, wie er sich auch etwa in «Una Spada per Brando» (Robin Hood – und ewig stechen die Räuber – 1970 – Regie: Alfio Caltabiano) fortsetzte – Paul Winston spielte hier den Robin Hood. Die italienischen Filme um Robin Hood waren verständlicherweise frei von den schließlich nicht zu übersehenden patriotischen und folkloristischen Zügen in der Zeichnung dieses englischen Nationalhelden, und auch als demokratischen Freiheitshelden wie einige der amerikanischen Filme konnten sie ihn nicht sehen. Vielmehr stand hier Robin Hood in der Tradition der naiven Abenteuerfilme, etwa zwischen den muskelbepackten Helden der Antikfilme und den eleganten Fechtern der Mantel & Degen-Filme. Alle diese Helden waren nicht mehr als große Kinder, und auch Robin Hood war hier die Erfüllung von Kinderträumen, die allerdings nicht sonderlich gut ausgestattet sind und denen etwas vom Charme fehlt, der in jedem Abenteuer verborgen ist. Komödiantisches, Zutaten aus dem Horror-Genre und ausgedehnte Faust- und Schwertkämpfe gaben eine *action*-betonte Mischung, die zwar den Stil des «lächelnden Abenteurers», die phantastische Ausstattung und das romantische Gefühl oft vermissen ließen, die aber dafür in ihrer direkten, fast kindlichen Sinnlichkeit und ihrer unbeirrbaren Naivität ihr Publikum erreichten.

Zweimal hatten sich die Walt Disney Productions des Stoffes angenommen, 1952 in Form eines (in England erstellten) Realfilms, «The Story of Robin Hood and his Merrie Men» (Robin Hood, Rebell des Königs – Regie: Ken Annakin), und 1969 als Zeichentrickfilm «Robin Hood» unter der Leitung von Wolfgang Reitherman. Beide Filme waren vorwiegend für Kinder konzipiert, und so verzichtete auch Annakin weitgehend auf jede spektakuläre Gewalt. «Das Ergebnis war eine respektable Lesebuch-Illustration, der der epische Atem und die Leidenschaft der Vorbilder fehlte. Keiner der Stars (Richard Todd, Joan Rice, der junge Peter Finch) konnte auch nur annähernd das Charisma ihrer Vorgänger in den Versionen von 1922 oder 1938 erreichen, und der Regisseur Ken Annakin hatte nichts von der bildhaften Kraft und der Dynamik von Curtiz oder Dwan aufzuweisen. Vor allem Richard Todd war eine unglückliche Besetzung für Robin; das *swashbuckling* war gewiß nicht sein Metier» (Jeffrey Richards).

Einer der gelungeneren Kunstgriffe des Films ist der Einsatz eines Balladensängers, der an der Peripherie der Handlung erscheint und sie kommentiert. Robin selbst ist hier kein Adeliger, sondern der Sohn eines königlichen Jägers, den man hinterrücks ermordet hat. Ansonsten hält sich «The Story of Robin Hood and his Merrie Men» an die Vorlagen und endet mit der Adelung Robins, der Hochzeit mit Marian (Joan Rice) und der Begnadigung seiner Männer durch König Richard.

Richard Lester drehte mit «Robin and Marian» (Robin und Marian – 1975) einen melancholischen Abgesang auf die Filme des Subgenres. Die Handlung setzt zwanzig Jahre nach der Rückkehr König Richards und der Auflösung der *merrie men* ein. Robin Hood (Sean Connery) und sein Freund Little John (Nicol Williamson) kehren mit König Richard von neuen Kreuzzügen zurück. In Frankreich befiehlt er ihnen ein sinnloses und abscheuliches Gemetzel an Frauen und Kindern, und die beiden sind über den einst so bewunderten König empört. Nachdem man diesen ermordet hat, kehren Robin und Little John nach England zurück, um erneut in Konflikt mit ihrem alten Feind, dem Sheriff von Nottingham (Robert Shaw), zu geraten.

Aber nicht nur diese Widersacher von einst und jetzt sind um zwanzig Jahre älter geworden, auch Lady Marian ist es, die aus Kummer ins Kloster gegangen ist und mittlerweile Äbtissin wurde. Halb gegen ihren Willen nimmt Robin sie mit in den Sherwood Forest, von wo er den Wider-

Audrey Hepburn und Sean Connery in «Robin and Marian» (1975).

stand gegen den Sheriff führt. Doch diesmal kann er nicht Sieger bleiben, es gibt auch keinen König, der die Despotie beenden könnte, denn nun herrscht John. Robin Hood stellt sich zu einem Zweikampf mit dem Sheriff, er kann diesen zwar töten, wird aber selbst schwer verwundet. Marian beendet sein (und ihr) Leiden, indem sie einen Kräutertrank bereitet, der sie beide tötet.

«Diese Geschichte böte an und für sich Material für die Darstellung des Krieges, von Intrigen, des Mythos um Robin Hood. Entgegen gängiger Handhabung liefert Lesters Film jedoch einen bemerkenswerten Versuch, den ‹großen Helden› zu entmythisieren. Er zeichnet ihn nicht als tollkühnen Banditen, als einen alle Sinnenfreuden genießenden Naturburschen wie seinerzeit zum Beispiel Douglas Fairbanks, sondern eher als einen gealterten, desillusionierten Mann, dem es Mühe bereitet, seinem eigenen Mythos gerecht zu werden. Wir begegnen ihm als Helden mit durchaus irdischen Wünschen nach einem bequemen Leben mit Marian, als einem Kämpfer, der im Sieg seine Bauern vergißt, vom Ehrgeiz gepackt wird und gierig von neuen, ruhmvollen Auseinandersetzungen träumt. (...) Der Schluß des Films mutet seltsam an: In einer zu langen Einstellung werden die sich suchenden, vom Blut beschmutzten Hände der beiden Sterbenden gezeigt. Oder: Der letzte Pfeil des Bogenschützen, der die Begräbnisstelle für Robin und Marian bezeichnen sollte, entschwirrt wie eine Friedenstaube ins Himmelblau» (Marietta Erne).

Die Geschichte von Robin Hood, der zugrunde geht, als er gezwungen wird, «erwachsen» zu werden, wird der Legende vielleicht nicht völlig gerecht, sowenig ein Mythos zu erfassen ist, indem man ihn an der Wirklichkeit mißt. Aber Lester hat es durchaus nicht an Respekt für seinen Helden fehlen lassen, und wie weit sich dieser Robin Hood von seinen Vorgängern entfernt hatte, so weit waren die Mittsiebziger auch vom Abenteuer entfernt.

In späteren Jahren ist kaum ein Film erschienen, der die Robin Hood-Legende erneut aufgegriffen hätte. Davon zu erwähnen ist etwa der italienische B-Film «Robin Hood frecce fagioli e karate» (Zwei linke Brüder auf dem Weg zur Hölle – 1977 – Regie: Tonnino Ricci), der die in groben Zügen den klassischen Vorbildern folgende Geschichte mit der Einführung eines Kung-Fu-kundigen Mönches und dementsprechend martialischen Kämpfen anreichert. Während nahezu alle klassischen Abenteuerstoffe einer Neuverfilmung unterzogen wurden, warten die achtziger Jahre noch auf «ihren» Robin Hood.

Vom Ritterfilm zur Fantasy

In den sechziger Jahren war der Ritterfilm mehr oder weniger zu einem B-Film-Genre geworden, und spektakuläre Arbeiten innerhalb seiner Muster waren selten. Und wie beim Piraten- und Mantel & Degen-Film war es vor allem die italienische Filmindustrie, die einigermaßen «billige», bunte und *action*-betonte Ritterfilme herstellte. Man bediente sich gelegentlich amerikanischer Darsteller – so war John Barrymore jr. (!) in «I Diavoli di Spartivento» (Teufelskerle mit Schwert und Degen – 1963 – Regie: Leopoldo Savona) zu sehen –, und man griff in freier Bearbeitung klassische Motive des Genres wieder auf, wie etwa in «La Rivincita di Ivanhoe» (Die Rache des Ivanhoe – 1964 – Regie: Amerigo Anton). Die Hauptelemente dieser Filme waren wilde Verfolgungsjagden zu Pferde, Massenkämpfe und Duelle, ausgelöst durch gigantische und oft nicht völlig zu entwirrende Intrigen und unterbrochen nur durch die Liebesgeschichte zwischen dem Helden und der «Prinzessin» (des öfteren dargestellt von Scilla Gabel). Sowohl Designs und Architekturen als auch die

«Moral» von Helden und Schurken ließen eine exakte Unterscheidung zwischen Mantel & Degen-Film und Ritterfilm nicht zu, im Gegensatz zur amerikanischen Produktion, wo sich der Gegensatz der Schwere im Ritterfilm zur Leichtigkeit des Mantel & Degen-Films nicht allein in der Bewaffnung der Protagonisten ausdrückte. Anlaß der Intrigen in den italienischen Ritterfilmen waren oft, wie etwa in «Il Terrore dei mantelli rossi» (Reiter des Schreckens – 1963 – Regie: Mario Costa), ein genreüblicher Erbschaftsstreit, aber welche historischen Konflikte dabei im Hintergrund stehen könnten, blieb fast immer im dunkeln. Kurzum, der italienische Ritterfilm der sechziger Jahre ist kein Film über das Mittelalter, und dementsprechend reflektiert er auch nicht jene Tugenden, von denen die Autoren amerikanischer Filme und der Literatur der Heroic Fantasy glauben, sie seien fatalerweise verlorengegangen. Schließlich hat der amerikanische Ritterfilm (trotz «Prince Valiant») mehr Affinität zur Literatur, der italienische mehr zu den Comics (was nicht als wertender Vergleich mißzuverstehen ist). Abgesehen davon hätte man die Geschichten dieser Filme ebensogut als Western oder als «moderne» Abenteuerfilme erzählen können.

In den Bereich von Mythos und Sage dagegen wagten sich nur wenige Filme, neben der italienischen «Siegfried»-Variante (vergleiche das Kapitel «[Mehr als] zweimal: Die Nibelungen») etwa «Kindar, l'invulnerabile» (Das Geheimnis der roten Blume – 1965 – Regie: Oswaldo Civirani). Hier geht es um einen Königssohn, der in einem Gewittersturm geboren wurde und dadurch unverwundbar geworden ist. Eine Verräterin im Gefolge des Königs raubt ihn jedoch und übergibt ihn dem Feind des Herrschers, einem Nomadenführer, der die Macht an sich reißen will. Er zieht Kindar, den Unverwundbaren, als eigenen Sohn auf und will ihn in den Kampf gegen seinen Vater schicken. Doch Kindar (Mark Forest) löst zuvor das Geheimnis seiner Herkunft. Nun versucht der Nomadenführer ihn durch das einzige Mittel zu vernichten, das Kindar, der Weissagung zufolge, töten kann: die rote Blume. Die rote Blume aber ist nichts anderes als die Macht des Feuers, und so soll Kindar in eine Falle gelockt und verbrannt werden. Kindar jedoch entkommt und bestraft die Verräter.

Gemeinsam mit einigen amerikanischen Filmen wie «The Magic Sword» (1962 – Regie: Bert I. Gordon) oder dem russischen «Ilja Muromez» (Ilja Muromez – Der Kampf ums goldene Tor – 1956 – Regie: Alexander Ptuschko) kann «Kindar, l'invulnerabile» als Vorläufer der späteren Fantasy-Filme gelten, die eine Verbindung von abenteuerlicher Aktion und Elementen von Märchen, Magie und Mythos schufen. Zunächst jedoch entwickelte sich das Genre in eine andere Richtung.

Da waren zunächst die ironisch-archaischen Filme von Mario Monicelli um die Figur des Ritters Brancaleone. 1965 entstand «L'Armata Brancaleone» (Branca Leone / Die unglaublichen Abenteuer des hochwohllöbli-

Das «Heer» in «Brancaleone alle Crociate» (1970).

chen Ritters Branca Leone). Dieser sehr italienische Ritter trägt Züge eines Don Quichotte; er ist ein etwas heruntergekommener Vertreter seines Standes, mit klappernder Rüstung, ohne Lehen und Auftrag, mit einem Roß, das sich zumeist unwillig zeigt, seinem Herrn zu Willen zu sein, zieht er von Abenteuer zu Abenteuer, immer bereit, das einzige, was ihm geblieben ist, seine Ehre (oder die Illusion, die er davon hat), zu verteidigen. Die meisten Kämpfe von Brancaleone, dargestellt von Vittorio Gassmann, nicht eigentlich komisch, sondern eher grotesk-tragisch, enden freilich als Farce oder in der Niederlage, und seine «Armee» besteht aus nichts weiter als einer Gruppe von Landstreichern. Hinter all diesen Mißverhältnissen von Ursachen und Wirkungen, mit denen es der Held zu tun hat, wird aber auch sichtbar, wie absurd eigentlich alle diese kriegerischen und religiösen Auseinandersetzungen sind, zu deren Protagonisten sich Brancaleone gerne zählen würde. So wie Dummheit hier oft zum Heldentum führt, so entlarvt sich Heldentum selbst als Dummheit.

Der zweite Film, den Monicelli mit Vittorio Gassmann in der Rolle dieses «Ritters von der traurigen Gestalt» drehte, «Brancaleone alle Crociate» (Brancaleone II – Auf Kreuzzug ins Heilige Land), kam 1970 heraus. «Wie im ersten Teil hat auch hier der brave Ritter Brancaleone da

Norcia im Sinn, das Heilige Land mit seiner ‹Armee› (ein paar Halunken, ein Prediger, einige Pilger, ein Aussätziger) zu befreien. Diesmal gelingt es ihm nach einigen Abenteuern, vor die Mauern Jerusalems zu gelangen. Hier, bei einem großen Turnier zwischen arabischen und christlichen Rittern, welches über den Besitz der Heiligen Stadt entscheiden soll, ist er dabei, die Christenheit zum Sieg zu führen. Aber eine kleine eifersüchtige Hexe, die in ihn verliebt ist, läßt ihn von einer Kokosnuß zu Boden schlagen.

Wie beim ersten Teil besteht die Geschichte aus einigen fast unabhängigen Stücken, deren Struktur ungefähr dieselbe bleibt. Es werden Erwartung und Hoffnung auf Brancaleone, auf seinen Mut und seine Kraft gesetzt: alles Mühen wird jedoch durch eine Kleinigkeit zunichte gemacht, oder die heldische Atmosphäre wird durch einen lächerlichen Schluß umgedreht. Wie man also sieht, gibt es sicher bei Brancaleone Ähnlichkeiten mit Don Quichotte; die Distanz jedoch ist nicht gering: Beim spanischen Helden ist die Auseinandersetzung mit dem Untergang des Rittertums, den Don Quichotte nicht begreift, die Quelle der Komik; bei Brancaleone ist es das Leben unter echten edlen Rittern – weil ohne Mittel, ohne Erfolg, ohne Prunk –, was ihn lächerlich macht. Die künstlerische Qualität zeigt sich besonders in der Gestaltung komischer Situationen; ein wichtiger Aspekt, der aus dem Zusammenkommen verschiedenster Sprachschichten und italienischer Dialekte erwächst, geht in der deutschen Fassung notwendigerweise verloren» (Corrado Marucci).

Dennoch sind diese Filme nicht unbedingt in der Reihe der Ritterfilm-Parodien, von «The Court Jester» (Der Hofnarr – 1955 – Regie: Norman Panama und Melvin Frank) mit Danny Kaye in der Hauptrolle bis zu «Monthy Python and the Holy Grail» (Die Ritter der Kokosnuß – 1975 – Regie: Terry Gilliam und Terry Jones), zu sehen; die Rekonstruktion der mittelalterlichen Welt, hier nicht allein mit ihrem Prunk und ihrer heroischen Atmosphäre, sondern auch von der anderen Seite, der Erbärmlichkeit und des schnellen Todes dargestellt, bemüht sich durchaus um Authentizität. (Die Entmodernisierung von Denken und Handeln der Helden im Genre ist sicher auch ein Schritt zu den heroisch-barbarischen Entwürfen der Fantasy-Filme.) Eine Ritterfilm-Parodie im eigentlichen Sinne ist im übrigen auch «Il Soldato di venture» (Hector, der Ritter ohne Furcht und Tadel – 1975 – Regie: Pasquale Festa Campanile) nicht. Es geht dabei vielmehr um eine jener Abenteuer-Komödien mit ausgedehnten, aber meist unblutigen Kämpfen mit dem bärbeißigen Bud Spencer in der Hauptrolle, die in den siebziger Jahren nachgerade zu einem eigenen Genre geworden waren.

Auch in England entstanden seit Beginn der sechziger Jahre eine Anzahl von Ritterfilmen, die, von Ausstattung, Budget und Handwerk her über dem Durchschnitt der italienischen Produktionen angesiedelt, ihren

Sujets wesentlich mehr Ernst und Respekt entgegenbrachten. «Siege of the Saxons» (Das Schwert des Königs – 1963 – Regie: Nathan Juran) lehnt sich noch einmal an die Artus-Legende an. «The Fightening Prince of Donegal» (Donegal, König der Rebellen – Regie: Michael O'Herlihy) ist die Geschichte eines irischen Prinzen (Peter McEnery), der die untereinander verfeindeten Clans von Irland zusammen und in den Kampf um die Unabhängigkeit von England führt. Er wird von den Engländern gefangen, kann aus seinem Verlies entkommen und die Besatzer von der Burg seiner Familie vertreiben. «Alfred the Great» (1969 – Regie: Clive Donner) spinnt seine Geschichte um die Thronübernahme Alfreds des Großen (David Hemmings) im Jahr 871, der seinen Bruder bezwang.

Mochten diese Filme auch nicht eben zimperlich im Umgang mit historischen Details verfahren, so bemühten sie sich doch, im Gegensatz zu den italienischen Filmen des Genres, ihre Handlung vor einem realen und erkennbaren historischen Hintergrund zu entwickeln. Sie waren sogar, wo sie versuchten, historische Wendungen zu beschreiben, die geistige Entwicklung ihrer Protagonisten zu charakterisieren, so etwas wie «epische» Ritterfilme, auch wenn die *action*-Elemente eindeutig im Vordergrund standen. «The Last Valley» (1970 – Regie: James Clavell), der eine Geschichte aus dem Dreißigjährigen Krieg erzählt, ließ solch epischen Charakter schließlich auch durch die reichhaltige Ausstattung und die Technik (der Film war in Todd-AO aufgenommen) und nicht zuletzt durch seine Länge (128 Minuten) entstehen. Doch auch diese Arbeit konnte kaum dazu beitragen, dem ein wenig verödenden Genre des Ritterfilms neue Impulse zu geben.

Die kamen auch nur bedingt von einer kleineren und strengeren Arbeit, John Hustons «A Walk with Love and Death» (Eine Reise mit der Liebe und dem Tod – 1969), obwohl der Regisseur bemüht war, Klischees des Genres zu vermeiden. Im mittelalterlichen Frankreich geraten der Student Heron de Foix (Assaf Dayan) und die Grafentochter Claudia (Anjelica Huston) zwischen die Fronten der aufständischen Bauern und der Ritter, die sie mit allen Mitteln zu bezwingen trachten. Ihr privates Glück ist dabei ebenso gefährdet wie ihre Versuche, mit der ihnen möglichen Weltsicht einen Sinn in diesen Auseinandersetzungen zu finden. Hustons Arbeit, eher ungewöhnlich für den Regisseur von Filmen wie «Moby Dick» und «La Bibbia», ist weniger ein Epos als eine Elegie. Die in ruhigen, fast bedächtigen Bildfolgen erzählte Odyssee und Liebesgeschichte reflektiert auch, einmal mehr, den Untergang des Rittertums, wobei freilich hier auch die sozialen Ursachen für diesen Untergang zumindest angedeutet werden. Huston selbst spielt einen der Ritter, die das ökonomische und moralische Ende ihres Standes akzeptiert haben und sich auf die Seite der Bauern stellen.

Eigentliche Wiedergeburt erfuhr das Genre erst 1980 mit John Boormans Artus-Variation «Excalibur», und bezeichnenderweise verstand man diese Arbeit auch weniger als Ritter- denn als Fantasy-Film. Das hängt gewiß zum einen damit zusammen, daß Magie und Mythos eine bedeutende Rolle spielen, noch mehr aber erwächst es aus dem Flair der Produktion, den Bildern, die weniger auf eine geschichtliche Größe als eine des Traumes verweisen. Während der «reine» Ritterfilm eine bestimmte Pracht und eine Lebensform zu rekonstruieren vorgibt (der er, wie an einigen Beispielen gezeigt, durchaus kritisch gegenüberstehen kann), lebt der Fantasy-Film von der Konfrontation der verschiedensten «Welten»; Elemente des Übersinnlichen sind so notwendig wie die Konstruktion von Bildern, die man glaubt, noch nie gesehen zu haben. In der Fantasy setzt sich das Genre auch als Ausstattungsorgie und phantastisches *trompe-l'œil* fort. Den moralisch-pragmatischen Ansatz der ritterlichen Helden des Hollywood-Films in den fünfziger und sechziger Jahren vermögen die Helden der Fantasy indes nicht fortzuführen. Es verkörpert sich vielmehr in ihnen Zivilisationsflucht und -kritik, es sind, wie der berühmteste von ihnen, Conan, Barbaren.

Wie das Weltraum-Märchen «Star Wars» (vergleiche den Band «Kino des Utopischen» in dieser Buchreihe) zeichnen sich auch die mit Elementen des Ritterfilms versetzten Fantasy-Filme durch eine robuste Mischung von Stilen und Genres aus. Boormans Artus-Film folgten einige freie Phantasien über mythische Reiche und Helden, die sich aus einer reichhaltigen Fantasy-Literatur speisten und schon in ihren (Original-)Titeln auf die populäre Gattung der Sword & Sorcery-Romane anspielten. «The Archer and the Sorceress» (Der Zauberbogen – 1981 – Regie: Nicholas Corea) ist einer jener Filme aus dem Geist der Fantasy, die man sicher zu Recht «Märchen für Erwachsene» genannt hat und die von verschiedensten Genres und Vorbildern inspiriert sind: «Der greise Stammesführer und König Brakus, Chef des Falkenclans, kämpft für eine Einheitsfront verschiedener anderer Clans gegenüber Gar (Kabir Bedi) und seinen Schlangenmenschen. Doch bevor sein Traum wahr werden kann, ist Brakus auch schon tot – ermordet von den Schlangenmenschen, die mit seinen Neffen gemeinsame Sache machen und den Mord Toran (Lane Caudell), dem Sohn des Ermordeten, anhängen wollen. Doch der kann mit seinem alten Lehrer Mak fliehen, um den allwissenden Zauberer Lazar-Sa zu finden – einst Freund und Beschützer seines Vaters. Von Mak erhält Toran den Zauberbogen, jene magische Waffe, die – wie in ‹Excalibur› das Schwert – ihren Besitzer unbesiegbar werden läßt. Mit Hilfe dieses Bogens schlägt sich Toran bis zu Lazar-Sa durch, doch findet er statt der Wahrheit nur dessen Stellvertreter. Begleitet auf seiner Suche wird er im übrigen von der attraktiven Zauberin Estra (Belinda Bauer), die ihm gegenüber recht bald menschliche Gefühle an den Tag legt, und dem fidelen Taugenichts und Dieb Slant (Victor Campos), der sich am Ende dann

Lane Caudell in «The Archer and the Sorceress» (1981).

doch als rechter Freund erweist. Dieses Ende allerdings läßt der Regisseur Nicholas Corea offen, so daß eine Fortsetzung wohl erwartet werden kann.

Mit seinem ‹Zauberbogen› hat sich Corea rechtzeitig an die Fantasy-Welle angehängt. Ungeniert plündert er die in den letzten Jahren entstandenen Asservatenkammern des Genres. Ob ‹Krieg der Sterne›, ‹Kampf der Titanen› oder ‹Excalibur› – von allem etwas findet sich in ‹Der Zauberbogen›. So erscheint der Film als eine Art Billigausgabe der Fantasy, zumal er mit Tricks arbeitet, die phantasielos und allzeit durchschaubar sind und in seiner Ausstattung wirklich alles zusammenmengt, was es in der Geschichte des historischen Films schon einmal gegeben hat: das reicht von römischen Tempelanlagen, mittelalterlichen Ritterrüstungen bis zu modernen Phantasiegestalten» (Rainer Casper).

Wenn die Kritik an der «ungenierten Plünderung» trifft, so trifft sie nicht nur diesen Film, sondern sicher das ganze Genre. Die Sword & Sorcery- beziehungsweise Heroic Fantasy-Filme haben sich, ebenso wie die ihnen zugrundeliegende Sparte der phantastischen Literatur, um die Geschlossenheit der von ihnen geschaffenen Welten nicht zu bekümmern, ja sie leben davon, daß sie die «Welten», und damit die Formen von

Ambiente, beliebig verändern. So bewegen sich die Helden eben nicht nur von einem Abenteuer zum anderen, sondern gleichsam auch von einem Western in einen Horrorfilm, von da zur Science-fiction und so weiter. Neben dem modernen Horrorfilm, der Elemente des Thrillers, des klassischen Horrorfilms und der Science-fiction vereinigt, ist der Fantasy-Film also das zweite «Super-Genre» des populären Kinos, das sich in den siebziger Jahren herausbildete. Es hat alle Variationen des Abenteuerfilms, vermischt mit Motiven der Phantastik, in einer Filmart vereinigt.

Der Held dieser Filme ist meistens eher düster, und nicht selten dient als roter Faden für die Handlung eine Rachegeschichte, die man so oder ähnlich auch in einem Western erzählen könnte. Nach solchem «Rezept» gefertigt ist auch «The Sword and the Sorcerer» (Talon – Im Kampf gegen das Imperium – 1981 – Regie: Albert Pyun), dessen Inhaltsangabe (zitiert nach dem Presseheft) sich liest wie eine Zusammenstellung aller im Genre üblichen Elemente:

Die Armeen des Crudell von Aragon (Richard Lynch) haben die Welt verwüstet, ein Königreich nach dem anderen wurde unterworfen. Es wurde gebrandschatzt, zerstört und vergewaltigt. Lediglich Eh-Dan, das reichste aller Königreiche, kann sich dem Zugriff entziehen und Crudells Armeen insgesamt viermal unter der Führung seines Königs Ricard in die Flucht schlagen.

Der arg gebeutelte Crudell gibt aber nicht auf und begibt sich mit seinem vertrauten Feldherrn auf die Reise ans Ende der Welt, in der Hoffnung, dort die Unterstützung zu finden, die er braucht, um auch Eh-Dan seinem Willen gefügig zu machen. Auf der legendären Insel Delos gelingt es ihm mit Hilfe der Hexe Ban-Urlu, den mächtigen und bösen Magier Xusia (Richard Moll) aus seinem tausendjährigen Schlaf zu wecken und das Versprechen abzunehmen, ihm bei der Vernichtung Ricards zu helfen.

Daß Crudell den richtigen Griff getan hat, zeigt sich sehr schnell. Xusias unbändige Zauberkraft wirkt verheerend auf Ricards Heer – er schickt Feuer und Erdbeben über die entsetzten Soldaten, eine alles entstellende Seuche gibt den bis dahin so tapfer kämpfenden Männern den Rest. König Ricard wird ermordet, seine Familie von Crudells berüchtigter Angriffstruppe «Schwarze Klauen» verfolgt und in einem Hinterhalt ermordet. Lediglich der vierzehnjährige Prinz Talon (Lee Horsley) kann schwer verletzt entkommen, nachdem er mit ansehen mußte, wie seine Mutter und seine Geschwister niedergemetzelt wurden und ihm selbst die Hand von einer stählernen Speerspitze zerschmettert wurde.

Elf Jahre vergehen. Ein großer, mit allen Attributen der Männlichkeit ausgestatteter Fremder steht auf einem Berg und blickt auf die einst so helle, lebhafte Hauptstadt von Eh-Dan, die nun düster und grau ist. Eine seiner Hände ist aus Stahl geschmiedet. Mit einer Gruppe von Kriegern

Lee Horsley in «The Sword and the Sorcerer» (1981).

begibt er sich in die Stadt, die unter Crudells Herrschaft dahinvegetiert. Während der Fremde durch die Straßen der Stadt zieht, vergnügen sich die Männer anderweitig; im Bewußtsein, daß es noch etwas anderes als nur Krieg gibt, finden sie im Bordell die erhoffte Zuwendung. Ihr Herr hat es indessen mit einer Horde betrunkener Besatzer zu tun, die ein Mädchen belästigen. Mit ungeahnter Stärke und Wendigkeit schlägt er die Trunkenbolde bewußtlos und befreit das Mädchen, das den Retter anfleht, den Aufständischen von Eh-Dan zu Hilfe zu kommen und ihren Bruder Mikah (Simon MacCorkindale) zu befreien, der in den Kerkern des Königs dahinvegetiert. Nachdem das schwarzhaarige Geschöpf ihm als Dank eine Liebesnacht verspricht, werden beide handelseinig, und der Fremde verspricht, die Rettung zu versuchen.

In der Zwischenzeit versucht Crudell – auch nicht untätig – mit einem raffinierten Schachzug, sich die Macht über vier weitere Königreiche zu verschaffen, deren Herrscher er zu einer alljährlichen Feier eingeladen hat. Am meisten jedoch beschäftigt ihn der Gedanke an Xusia, von dem er geradezu besessen ist. Xusia war vor elf Jahren verschwunden, nachdem Crudell versucht hatte, ihn zu töten. Seit dieser Zeit ist Crudell hinter dem Magier her und betrachtet jeden, der auch nur im geringsten ungewöhnlich ist, mit Argwohn und Mißtrauen.

Nachdem der Fremde in der Verkleidung eines «Black Claw» ins Schloß eingedrungen ist und Mikah sowie alle anderen Gefangenen befreit hat, ist Crudell fest davon überzeugt, daß Xusia seine Hand im Spiel hat. Nach einer erbarmungslosen Jagd durch das Burggelände wird der Fremde gefangen, an ein Kreuz genagelt und während der Feierlichkeiten in der Halle zur Schau gestellt. An demselben Tag ist auch Crudells Hochzeit mit Alana (Kathleen Beller) geplant, jenem Mädchen, das der Fremde gerettet hatte und dem Crudell das Heiratsversprechen abgenommen hatte, nachdem er vorher damit drohte, ihren Bruder zu töten, falls es nicht zur Vermählung käme.

Das Fest entwickelt sich zur wüsten Orgie, als die Hochzeit beginnen soll. Der Fremde starrt mit grenzenloser Rachsucht auf Crudell, jenen Mann, der seine Familie und sein Königreich ausgelöscht hat. In jenem Augenblick, in dem das Hochzeitsgelübde abgelegt werden soll, gelingt es ihm, sich der riesigen Stahlklammern zu entledigen, die ihn an das hölzerne Kreuz fesseln. Und schon ist in der Halle die Hölle los – Mikah und seine Rebellen, die Söldner und die befreiten Gefangenen, all jene, denen der Heldenmut des Fremden imponiert, kommen ihm bei dem ausbrechenden Kampf zu Hilfe.

Crudell, Alana und Machelli (George Maharis), Crudells engster Berater, versuchen durch ein Labyrinth von Katakomben aus der Burg zu entfliehen. Dabei verliert Crudell die beiden, und Machelli schleicht sich mit Alana in einen geheimen Raum der Katakomben, wo er sich in sein ursprüngliches Wesen, den schrecklichen und mächtigen Xusia, verwandelt. Crudell und der Fremde finden die beiden und werden von Xusias überirdischen Kräften fast vernichtet. Doch im letzten Moment feuert der Fremde die Klinge seines legendären Schwertes in die Brust des überraschten Magiers und wirft ihn zu Boden.

Xusia ist vernichtet. Was bleibt, ist die Vernichtung Crudells, des Erzfeindes des Fremden. In einem unerbittlichen Kampf von brutaler Stärke, Geschicklichkeit und bewundernswerter mittelalterlicher Waffenkunst setzt der Fremde Crudell und seiner Schreckensherrschaft ein Ende. Erst als Crudell im Sterben liegt, erfährt er von der wirklichen Identität des Fremden: Talon, der Sohn Ricards.

Seiner Schwächen bewußt, verzichtet Talon auf die Krone, überläßt sie Mikah, löst das Versprechen der schönen Alana ein und verschwindet mit seinen Männern am Horizont zu legendären Abenteuern, die für ihn in der Befreiung unterdrückter Reiche und der Eroberung schöner Frauen liegen.

Eine Rachegeschichte erzählt auch «Conan the Barbarian» (Conan, der Barbar – 1982 – Regie: John Milius). Conans (Arnold Schwarzenegger) Eltern und sein Volk sind von den Reitern des schrecklichen Thulsa Doom (James Earl Jones) ermordet, er selber als Sklave verkauft wor-

Arnold Schwarzenegger als «Conan the Barbarian» (1981).

den, der, ins kampffähige Alter gekommen, als Gladiator in der Arena kämpft. Wegen seiner Unbesiegbarkeit wird er freigelassen, und er macht sich auf die Suche nach Thulsa Doom. Bei einer Hexe trifft er auf den Dieb Subotai (Gerry Lopez), der ihn begleitet. Bei dem Versuch, einen kostbaren Edelstein aus dem Tempel eines Schlangenkults zu rauben, schließt sich ihnen noch Valeria, die Königin der Diebe (Sandahl Bergman) an.

Nach dem erfolgreichen Coup werden die drei zu König Osric (Max von Sydow) gebracht, dessen Tochter in den Bann des Schlangenkults geraten ist. Der König verspricht den dreien große Reichtümer, wenn sie sie aus den Händen von Thulsa Doom – denn niemand anderes führt den Schlangenkult an – befreien. Conan mischt sich unter einen Pilgerzug, wird jedoch erkannt und gefangengenommen. Doom läßt ihn am «Baum des Leidens» kreuzigen. Subotai rettet ihn in letzter Minute und bringt den Schwerverletzten zu einem Zauberer, der ihn den Kampf mit den Geistern bestehen läßt.

Mit Valeria und Subotai dringt Conan erneut in die Stätte des Schlangenkults und befreit die Prinzessin. Doom tötet Valeria mit einer in einen Pfeil verwandelten Schlange, doch im letzten Kampf steht ihr Geist noch einmal Conan bei.

Dem Drehbuch liegen zwei Erzählungen des «Conan»-Erfinders Robert E. Howard, «Black Colossus» und «A Witch Shall Be Born», zugrunde, und die Designs stammen von dem Comic-Illustrator Ron Cobb. John Milius, der Regisseur, als «Prophet der Gewalt» im amerikanischen Film apostrophiert, war geeignet nicht zuletzt wegen seiner Affinität zur Weltsicht Howards: «Howard und ich stehen der Zivilisation skeptisch gegenüber», bemerkte Milius, und: «Diesen zivilisierenden Einflüssen, die uns umgeben, mißtraue ich. Ich bevorzuge eine einfachere, abenteuerlichere Sicht der Dinge und werde dem Film ein Gefühl echt heidnischer Moralität geben.» Im Gegensatz zu den literarischen Vorlagen vermeidet Milius allzu häufiges Auftreten übersinnlicher Kräfte, sein Film schafft fast so etwas wie das Paradox «realistischer Fantasy», nicht zuletzt auch durch die sorgfältige Behandlung von Motivation und der Zusammenhänge innerhalb der Geschichte.

Conan ist gewiß stark, doch er ist keineswegs unbezwingbar. Er steht weder in der Tradition der *swashbuckler*, der lachenden Abenteurer, noch der der unbesiegbaren Helden des Antikfilms. Auch der Darsteller Schwarzenegger sah seinen Helden als Menschen, der über sich selbst hinauswachsen kann, aber nicht ins Unermeßliche und Unmögliche: «Wäre ich gebeten worden, Herkules zu spielen, hätte ich dem Betreffenden einen Korb gegeben. Denn Herkules macht Sachen, die absolut unglaubwürdig sind. Säulen auseinanderzuschieben ist ja wohl nicht normal. Bei einem Kampf wird man nicht mit einem Burschen sympathisieren, der einen Tempel in Klump haut. Was kann so ein Typ schon für Schwierigkeiten haben? Aber Conan ist verwundbar, Conan ist noch ein menschliches Wesen. Bei seinen Kämpfen hält man den Atem an, weil es wirklich um Leben und Tod geht.»

Die Grausamkeit des Helden in den literarischen Vorlagen (die im übrigen bei der Neuveröffentlichung in der BRD anläßlich der Filmpremiere zur Indizierung führte) und in den von Roy Thomas getexteten und von Barry Smith gezeichneten Comics bestimmt bis zu einem gewissen Grade auch den Conan des Films. Sie gehört zum einen zu dem Konzept einer heidnischen Kultur, und nicht Grausamkeit ist es, was die Guten von den Bösen unterscheidet, sondern die Verfehlungen der Macht. Conan ist einmal mehr der Kämpfer des Individualismus gegen die Kollektivierung, die jede Zivilisation mit sich bringt. Sie ist zum anderen aber auch psychologisch erklärt, als eine Folge langer Mißhandlung und Demütigung. Der Bösewicht des Films schließlich, Thulsa Doom, ist nicht der eindimensionale *heavy* vieler Abenteuerfilme; es gibt mehr als einen Hinweis darauf, daß er am Ende seinen Untergang selber mit herbeiführt. Sein Konzept der Zivilisation ist fehlgeschlagen, und als ihm am Ende Conan den Kopf abschlägt, ist dies ein Akt der Befreiung in mehrerer Hinsicht.

Totenkopf und weiße Segel: Der Piratenfilm

Der Abenteurer zur See par excellence ist der Pirat. Der Pirat lebt und kämpft im Maquis von Krieg, Handel und Verbrechen, den konstitutiven Kräften unserer Zivilisationen; er ist keinem ganz zugehörig und profitiert von allen dreien. Er ist frei, lebt zu seiner Lust und seinem Vorteil, und doch ist er oft genug im Auftrag und mit Billigung einer der europäischen Majestäten auf Kaperfahrt. Er ist nie moralisch so verwerflich, daß ihn die Begegnung mit der schönen Prinzessin nicht wieder ganz zurückführen könnte in den Glanz der Ehre und Achtung an den Höfen. So ist er der Bandit, der zweifach Absolution erhält, durch seinen eigenen strengen Ehrenkodex, durch den sich der gute vom bösen Piraten unterscheidet, der nicht zu retten ist, und durch seine nationale Loyalität, die allenfalls durch Intrigen in Frage gestellt sein kann.

Der Pirat erlangt selten den Status eines Volkshelden; dazu ist er stets bei seinen Abenteuern zu weit von allem entfernt, was Heimat ist (und doch schafft der Pirat sich vieles an Heimat: die See, das Schiff, den Hafen, das Hideout); er ist als *swashbuckler* eine der Mischungen aus Barbar und Gentleman im Genre, die sich über so viele Konventionen hinwegzusetzen vermögen, ohne sie außer Kraft zu setzen. Und dennoch findet sich in dieser Figur auch ein Echo des Sozialrebellen, da die Piraten in der Literatur wie im Film vor allem patriotischen Pflichtwerk den Kampf gegen die Tyrannen und Sklavenhalter führen. Sie entreißen immer und immer wieder den Diktatoren und deren Abgesandten die guten Töchter. Eine lustvolle Expropriation der Expropriateure ist ihr Abenteuer, bevor es sich im Happy-End verliert, aber niemals eine Revolution.

Als Genre beginnt der Piratenfilm erst in den dreißiger Jahren zu leben, wiewohl es schon seit den Jahren um 1905 Filme gegeben hat, die, des öfteren von der populären Literatur ausgehend, Piraten als Helden oder als Widersacher präsentierten. Neben einer Reihe von Captain Kidd-Filmen wurde auch ein Serial mit der offensichtlich zu dieser Zeit beliebtesten Piratengestalt gedreht, «Captain Kidd» (1922).

Frühe *spectaculars* des Genres sind unter anderem «The Sea Hawk» (1924 – Regie: Frank Lloyd) oder «Captain Blood» (1924 – Regie: David Smith), entstanden nach Romanen von Rafaele Sabatini. Und natürlich wirkte wiederum Douglas Fairbanks in dem von Albert Parker inszenierten Farbfilm (Zwei-Farben-Technicolor) «The Black Pirate» aus dem

Jahr 1926 stilbildend. Der Piratenheld dieses Films ist, was sich freilich erst am Schluß herausstellt, ein spanischer Adeliger, Graf Arnoldo (Fairbanks), der sich an den Mördern seines Vaters, Piraten, rächt. Er übernimmt die Herrschaft über ein Piratenschiff und kapert ein Handelsschiff. Auf diesem jedoch befindet sich eine schöne Prinzessin (Billie Dove), in die sich Arnoldo prompt verliebt. Seine Pläne, ihr zur Flucht zu verhelfen, scheitern zunächst am Mißtrauen seines Ersten Offiziers (Sam de Grasse), der ihn später schließlich absetzt und «über die Planke» schickt. Doch Arnoldo kann die rettende Küste erreichen, und es gelingt ihm, mit einer Handvoll Gefährten das Piratenschiff zu entern, die Piraten zu besiegen und die Prinzessin zu befreien.

Ganz im Vordergrund steht hier die moralische Konstruktion in der Geschichte des Piraten, der freilich Douglas Fairbanks sein Lachen entgegensetzt. Der Pirat ist eigentlich gar kein Pirat, und die «wirklichen» Piraten in diesem Film sind eine Horde brutaler, verschlagener und nicht zuletzt häßlicher Gesellen. Aber in der Gestalt eines eher komischen, gutmütigen schottischen Piraten (Donald Crisp) gibt es auch hier bereits ein positives Gegenbild. Die Figur eines behäbigen, bei aller bösen Lust doch im Herzen freundlichen Piraten, ausgestattet mit einer gewissen Korpulenz, ein wenig Selbstironie und einem Hauch von Väterlichkeit, wird es auch später in anderen Filmen des Genres wie Jacques Tourneurs «Anne of the Indies» geben. Der Film enthält im übrigen ein im Genre immer wiederkehrendes spektakuläres Motiv: Um möglichst schnell von einem Platz in der Takelage auf das Deck zu kommen, steckt der Held seinen Dolch in das Tuch des Segels und gleitet so rasch an dem Schnitt im Tuch entlang nach unten.

Eine ganz ähnliche moralische Konstruktion zur Ehrenrettung des Piratenhelden findet sich auch in den Erzählungen um die Figur des Captain Peter Blood, den Rafael Sabatini erfand, der 1950 verstorbene Autor zahlreicher historischer Abenteuerromane, darunter «Scaramouche» (vergleiche das Kapitel «Der Mantel & Degen-Film»), dessen Arbeiten gewiß für die Konstitution des Piratenfilms als Genre einen bedeutenden Beitrag geleistet haben. Blood ist der fälschlich des Verrats angeklagte, unschuldig verfolgte und schließlich als Sklave nach Westindien verbrachte Märtyrerheld, der zum Piraten wird, um zu helfen und um sich zu rächen, und der doch, als sein Land ihn braucht, zur Stelle ist. Sein Kampf ist am wenigsten von der Gier nach Gold und Reichtum oder gar der Lust an der Gewalt bestimmt; für ihn ist die Piraterie eine Form des Kampfes gegen Unfreiheit und Unterdrückung.

Smiths «Captain Blood» aus dem Jahr 1925 war, wie die Sabatini-Adaption «The Sea Hawk» von 1915, eine aufwendige Produktion, der durchaus der Glanz des technisch Innovativen und Sensationellen anhing. Doch der Erfolg beider Filme sollte übertroffen werden von einer neuen,

Errol Flynn als Captain Blood im Kampf mit Basil Rathbone als Levasseur in «Captain Blood» (1935).

von Michael Curtiz eingerichteten Version von «Captain Blood» (Unter Piratenflagge – 1935), in der, nachdem Robert Donat und George Brent nicht zur Verfügung standen beziehungsweise sich als für die Rolle ungeeignet erwiesen, einem jungen Vertragsschauspieler von Warner Bros. die Chance seines Lebens geboten wurde: Errol Flynn.

Der junge Arzt Peter Blood (Errol Flynn) hilft zur Zeit der tyrannischen Herrschaft James' II. in den achtziger Jahren des 17. Jahrhunderts in England einem verwundeten Rebellen und wird daraufhin zur Strafe zur Sklaverei verurteilt und nach Port Royal auf den Westindischen Inseln gebracht. Dort kauft ihn die Nichte des Gouverneurs, Arabella (Olivia de Havilland). Doch als die Spanier Port Royal angreifen, gelingt es Blood und seinen Gefährten, ein spanisches Schiff in ihre Gewalt zu bringen. Sie verbünden sich mit dem französischen Piraten Levasseur (Basil Rathbone), doch es kommt zur Entzweiung zwischen diesem und Peter Blood, als Levasseur Arabella gefangennimmt. Blood tötet Levasseur im Zweikampf und bringt Arabella nach Port Royal zurück, das unterdessen von den Franzosen angegriffen wird. Blood erfährt, daß die Herrschaft des Königs James beendet ist; er stellt sich mit seinen Leuten auf die Seite seiner Heimat, und mit ihrer Hilfe wird der Gegner bezwungen.

Zwar gilt «Captain Blood» als Neubeginn des Piratenfilms, ja des *swashbuckler*-Genres überhaupt, das seit den Filmen mit Douglas Fairbanks nur noch wenige herausragende Arbeiten hervorgebracht hatte; und Michael Curtiz, Errol Flynn und Olivia de Havilland sollten in der Folgezeit noch eine Reihe gemeinsamer Filme drehen. Aber die technischen Möglichkeiten waren natürlich noch weit entfernt von denen, die dem Genre in den fünfziger Jahren zur Blüte verhalfen. So gab es keine nachgebauten Schiffe, sondern es wurde ausschließlich mit etwa fünf Meter langen Modellen in einem Studiobassin gearbeitet, und gelegentlich verwendete man auch Material aus der Stummfilm-Version des Stoffes von 1924. Selbst die Stadt und die Hafenanlagen von Port Royal bestanden nur im Modell. Es ist Curtiz' geschickter Einrichtung der Szenen und einer raschen Schnittfolge zu verdanken, daß diese Mängel kaum ins Gewicht fallen. Dazu kommt die Ausstrahlung von Errol Flynn, der der vollendete Gentleman-Pirat ist, ein junger Mann, vor dem sich gewiß nur die Schurken fürchten müssen. Und schließlich waren auch die Eloquenz des *storytelling* in der literarischen Vorlage und ihre Adaption sowie das Faible am Gelingen des Films beteiligt, das Curtiz für das Motiv des ausgestoßenen und verbannten Helden hatte (ein Thema, auf das der Regisseur immer wieder und vor allem in seinen besten Filmen zurückkam), denn «Captain Blood» ist nicht nur ein Piratenfilm, sondern auch die Geschichte einer sonderbaren Odyssee, eine umgedrehte «Geschichte vom verlorenen Sohn». Der Pirat ist der Sohn, der erst nach Hause finden kann, wenn der böse Vater/König gestorben ist.

Bedeutend für die Mythologie des Genres, und vielleicht in das oben angesprochene Motiv verwoben, ist die doppelte Gestalt, in der das Böse in diesem Film auftritt. Und auch in nahezu allen klassischen *swashbuckler*-Filmen der Folgezeit wird es zwei Schurken-Gestalten geben, den einen als Vertreter des Bösen, das sich «im System», innerhalb der Gesellschaft, als schreckliche Parodie der bürokratischen Herrschaft eingenistet hat (hier ist es Lionel Atwill in der Rolle des Colonel Bishop), und den anderen als Vertreter der morallosen *outlaws*, außerhalb der Gesellschaft und jedes Systems als böse Parodie der Anarchie (hier ist es Basil Rathbone als Levasseur). Auf der Ebene der Darstellung führt das oft zu schauspielerischen Parforcetouren der beiden konkurrierenden/sich ergänzenden *heavies*; schauspielerische «Duelle» etwa zwischen Claude Rains und Basil Rathbone («The Adventures of Robin Hood») oder Claude Rains und Henry Daniell («The Sea Hawk») gaben Filmen des Genres einen zusätzlichen Reiz. Und was etwa die italienischen Imitationen der angelsächsischen *swashbucklers* – unter anderem – zur Zweit- und Drittklassigkeit verurteilte, das war das Fehlen solch eindrucksvoller Schurken-Darsteller.

Die weiteren Filme um die Figur des Captain Blood haben indes nicht allzuviel zur weiteren Entwicklung des Genres beigetragen. Wolf-Eckart Bühler erwähnt «The Chronicles of Captain Blood» (1931), daneben sind es vor allem zwei Filme, in denen Louis Hayward den Captain Blood und Patricia Medina Donna Isabelita, sein *love interest*, spielten. «Fortunes of Captain Blood» (Liebe unter schwarzen Segeln – 1950 – Regie: Gordon Douglas) erzählt, wie der Held eine Gruppe von (schwarzen) Sklaven befreit und wie er seinen Kampf gegen die Sklaverei, vertreten im Verein von dem spanischen Gouverneur (George Macready) und dem englischen Sklavenhändler (Lowell Gilmore) unbarmherzig fortführt. Der Film bot, handwerklich auf solidem, durchschnittlichem Niveau, alles, was Piratenfilme bis anhin zu beinhalten hatten an Schau- und Moral-Werten: Seeschlachten (freilich immer noch als Kombination von Modell-Aufnahmen mit Studio-Sets eines Schiffsdecks), Zweikämpfe, Entführung und Ausbruch aus Verlieskellern, Massenkämpfe mit überraschenden *gadgets* und Tricks und nicht zuletzt interessante *heavies*. Doch gerade das Repetitive, die so spürbare Zusammensetzung aus fertigen «Bausteinen» ließen die Qualität des Traums und des Mythos in solchen Filmen nicht recht zur Geltung kommen. In den Klassikern geht es um eine Geschichte, die, so scheint es, erzählt werden *muß*, und zwar genau so, wie sie erzählt wird, eine Geschichte, die gerade immer zum erstenmal erzählt zu werden scheint. In den «Baustein-Abenteuerfilmen» dagegen scheint es sich um Erinnerungen an Träume zu handeln, Bruchstücke, die angenehme Gefühle erzeugen, ohne den Hauch von Bedeutung, Größe und Unerhörtheit zu erlangen, den das Märchen braucht.

Dies gilt wohl auch für «Captain Blood – Fugitive» (1952 – Regie: Ralph Murphy), der im Gegensatz zu Douglas' Film in Farbe gedreht wurde. Blood lebt nun als Arzt auf Jamaika; er hat seinen Kampf gegen die Sklaverei mit anderen Mitteln fortgesetzt. Er verbirgt entflohene Sklaven bei sich. Kurz vor seiner Trauung mit Donna Isabelita wird er der erneuten Piraterie angeklagt und ins Gefängnis geworfen. Er entflieht und sucht, durch verschiedene Verkleidungen getarnt, nach dem wahren Verbrecher, als den er zum guten Ende den englischen Sklavenhändler Captain Evans (John Sutton) entlarvt.

Harry Joe Brown, der alle Captain Blood-Filme seit der Version mit Errol Flynn produziert hatte, war auch der Produzent des Films «Il Figlio del Capitano Blood» / «The Son of Captain Blood» (Der Sohn von Captain Blood – 1961 – Regie: Tulio Demichelli), einer spanisch-italienisch-amerikanischen Gemeinschaftsproduktion, deren größte Attraktion Browns mehr oder minder grandiose Idee war, den Part des Sohnes von Captain Blood mit Errol Flynns Sohn Sean zu besetzen. Das Drehbuch stammte von dem Autor der Sabatini-Adaption zu «Captain Blood» aus dem Jahr 1935, Casey Robinson, und für die *action*-Sequenzen zeichnete Yakima Canutt verantwortlich.

Es kann kaum verwundern, daß der Sohn von Captain Blood dazu verurteilt ist, das Schicksal seines Vaters noch einmal zu durchleben. Er wird gefangen, lernt das Schicksal der Sklaven kennen und nimmt als Piratenkapitän den Kampf gegen dieses Unrecht auf. Seine Mission ist beendet, als er den schurkischen spanischen Gouverneur bezwungen hat, der hinter allen Teufeleien steckt.

Bedeutender als die Nachfolgefilme zu «Captain Blood» war für die Entwicklung des Genres wohl Michael Curtiz' zweite Sabatini-Verfilmung «The Sea Hawk» (Herr der sieben Meere – 1940), für die Seton I. Miller und Howard Koch das Drehbuch verfaßten, nachdem bereits Delmer Daves eine Version geschrieben hatte. Dieser Wechsel bezeichnet den im Genre des Piratenfilms wohl eher seltenen Versuch, direkte Parallelen zu zeitgenössischen politischen Ereignissen zu ziehen: «The Sea Hawk» ist beinahe so etwas wie ein Propaganda-Piratenfilm, der in die Bedrohung Englands durch den spanischen König Philip im 17. Jahrhundert die gegenwärtige durch eine Invasion der Hitlerarmee spiegelt . (Etliche Jahre später, als sich die Verhältnisse geändert hatten, wurde der Film im übrigen neu geschnitten – in dieser kürzeren Version existiert er heute noch – und um die allzu pathetischen Dialog-Passagen gekürzt.)

König Philip (Montagu Love), der insgeheim Kriegsvorbereitungen gegen England trifft, schickt Don José Alvarez de Cordoba (Claude Rains) als neuen Botschafter nach London, um Königin Elizabeth (Flora Robson) von seinen friedlichen Absichten zu überzeugen. Auf dem Weg wird das Schiff, auf dem sich Cordoba und seine Nichte, die schöne Maria (Brenda Marshall), befinden, von Piraten unter dem Kommando von Geoffrey Thorpe (Errol Flynn) aufgebracht, der wie eine Reihe ihm ergebener Kapitäne davon überzeugt ist, daß die Spanier einen Angriff auf England planen. So berauben sie spanische Schiffe, die reich beladen von den überseeischen Kolonien kommen, um die Beute für die Ausrüstung der englischen Flotte zu verwenden.

Nachdem er den spanischen Botschafter an den Hof gebracht und sich gegen dessen Vorwürfe damit gerechtfertigt hat, daß das Schiff immerhin Engländer als Galeerensklaven führte, überzeugt Thorpe die Königin von der Notwendigkeit, weitere Kaperfahrten zugunsten der englischen Flotte zu unternehmen. Donna Maria beginnt nun Thorpes Motive zu verstehen und ihn als Edelmann zu achten, die beiden verlieben sich ineinander. Während Maria auf Geoffrey wartet, der sich auf den Weg nach Südamerika gemacht hat, wird sie Zeugin, als ein Komplott gegen ihn zwischen ihrem Onkel und dem englischen Lord Wolfingham (Henry Daniell) ausgehandelt wird. Thorpe und seine Männer geraten im Urwald von Panama in einen Hinterhalt, und nur ihm und einer Handvoll seiner Männer gelingt es, aus dem Dschungel zum Schiff zurückzukehren, das

Seekampf in «The Sea Hawk» (1940).

jedoch unterdessen von den Spaniern eingenommen worden ist. Sie werden zur Sklavenarbeit auf den Galeeren verurteilt, können aber nach Monaten der Qualen und Entbehrungen entkommen und England erreichen. Bevor Thorpe der Königin die spanischen Pläne für den Angriff der Armada, deren er sich bemächtigt hat, überbringen kann, muß er sich zum Zweikampf mit Wolfingham stellen, den er schließlich für sich entscheiden kann. Schon auf dem Kriegsschiff, das zum Kampf gegen die spanische Armada gerüstet ist, wird Thorpe von der Königin zum Ritter geschlagen.

«Es schien nur wenigen Kritikern des Jahres 1940 zu Bewußtsein zu kommen, wie gut die Regie von Michael Curtiz war. Die Zeit hat gezeigt, eine welch schwierige Kunst die Inszenierung von *action-costume epics* ist – und die Zeit hat auch gezeigt, daß es neben Curtiz nur sehr wenige gegeben hat, die so überzeugende Arbeiten in diesem Genre liefern konnten» (Tony Thomas).

Der Held von «The Sea Hawk» war die Apotheose des noblen, in Moral und Umgangsformen eher dem Adel als den «gemeinen» Seeräubern zugetanen Piraten, der immer wieder zurückfindet in die Gesellschaft der

Majestäten und Fürsten. Die Lust am Piratenleben ist bei ihm kontrolliert durch den patriotischen Auftrag; die Entführung/Verführung der schönen Prinzessin erweist sich am Ende immer als weit weniger frevelhaft, als es den Anschein hatte: der Verstoß gegen Sitte, Konvention und Klassengrenzen wird durch die Nobilitierung des Helden zurückgenommen. Die Begegnung mit der edlen Frau kann aber auch als Beginn einer «Bekehrung» gedeutet werden; im Dienste der Nation und im Dienste der Frau überwindet der Pirat in allen diesen Filmen seine abenteuerliche Lust, die ihn gepackt hat, als er ausgestoßen, rechtlos wurde, als er sich zur Wehr setzen und sich rächen mußte. Es ist gewiß nicht zufällig immer die Tochter eines Mannes, der zu den «Feinden» gerechnet wird: Indem der Pirat sie entführt und für sich gewinnt, rettet er sie auch, vor dem Einfluß einer bösen Vater-Gestalt sowohl als auch vor dem Schicksal, auf der moralisch «falschen» Seite zu stehen. Oft genug durch eigene bittere Erfahrungen motiviert ist der Kampf des Piraten in diesen Filmen nicht nur der gegen persönliche oder nationale Feinde, sondern auch gegen die Sklaverei als solche. Hier ist der Abenteurer der Idealist, der zwar durch Wendungen des Schicksals in Verbitterung und Zynismus verfallen kann, der aber doch immer wieder zu seinen Idealen zurückfindet. Der scheinbare Rebell erweist sich am Ende immer als der bessere Patriot, ja als Garant für die konservative Herrschaft.

Dieser durch und durch zivilisierte Pirat sollte jedoch ganz allmählich abgelöst werden von einem Piratentypus, der proletarischer, abenteuerlicher, rücksichtsloser, sinnlicher war. Erste Anzeichen für solche Wandlung finden sich in dem Film «The Black Swan» (Der schwarze Schwan – 1943) von Henry King, für den Seton I. Miller und Ben Hecht einen weiteren Sabatini-Roman adaptiert hatten. «Sieht man den Film ‹unbefangen›, außerhalb seines historischen Kontextes, ist nur schwer vorstellbar, daß dieser Film an einem Anfang gestanden haben soll: von seiner Idealität für das Genre her (übertroffen bedingt nur durch den ‹Crimson Pirate› von Siodmak) wie durch seine Subversivität dem Genre gegenüber kann man sich den ‹Black Swan› kaum anders als auf dem Climax der Bewegung denken – und der lag genau ein Jahrzehnt später.

Erstaunlicherweise basiert die Story zu diesem Film auf einem Roman eben jenes Rafael Sabatini, der mit seinen Vorlagen zu den ‹Captain Bloods› und den ‹Sea Hawks› dem Piraten-Großfilm mit zu seiner Entstehung verhalf. Der Held (dargestellt durch Tyrone Power) ist nie etwas anderes gewesen als Pirat, ein ziemlich unbedarfter Mensch, versoffen, beinahe imbecil; die beiden wüsten, aber nichtsdestoweniger sympathischen Männer des Films sind ein ehemaliger Piratenführer, den die Staatsraison unter dem Galgen zum Gouverneur von Jamaica gemacht hat und der dieses Amt bald zu hassen beginnt und sich auf See zurückwünscht (Laird Gregar als Sir Henry Morgan), sowie ein Vollblutpirat, der lieber sterben als sein ungezwungenes Leben auf See aufgeben will und die eigentlich tragische Figur des Films ist (George Sanders als Captain Billy Leech); Intrigant und Verräter (und natürlich Nebenbuhler des Helden um die Gunst der schönen Frau) ist ein adeliger, Wohlanständigkeit nicht nur heuchelnder Perückenmensch der offiziellen Politik; Freund des Helden und sein Schatten ist Tommy Blue (‹blue› für die See, die Treue und den Suff), eine bereits rein karnevaleske Figur (Thomas Mitchell); die schöne Dame ist zwar wie gehabt die Tochter des (ehemaligen) Gouverneurs (Maureen O'Hara), doch läßt sie sich eher von Tyrone Power in das Piratenmilieu ‹heben›, als daß sie den Piraten zu einer bürgerlichen Existenz ‹erniedrigen› würde. Er und sie stehen zum Schluß vereint an Deck des Piratenschiffes, hinter ihnen steht eine große rote Sonne. Henry Morgan kratzt sich seine kurzen, von der Perücke endlich befreiten Haare und sagt: ‹Auf See ist es viel schöner ... Die Welt liegt offen vor dir und wartet, daß du sie dir nimmst ...› Tommy Blue vor dem blauen Himmel: ‹Du könntest die ganze Karibische See beherrschen, wenn du es sagst ...› Morgan sieht ihn und sie vor der roten Sonne sich küssen und gibt sich einen Ruck: ‹Das ist das Ende der spanischen Seemacht!› verfügt er vergnügt. Piraterie! – trotz des ‹offiziellen› Verbots, trotz des ‹offiziellen› Friedens mit Spanien, und wenn es sein muß, gegen alle Flaggen! ...

Welch ein Unterschied gegenüber dem Schluß des Warner/Curtiz-‹Sea Hawk›, wo wir einem feierlichen Staatsakt, bei dem Errol Flynn von der Königin geadelt wird, beiwohnen.

Erst der ‹Black Swan› (und damit in der Nachfolge des Fairbanksschen ‹Black Pirate›, doch eben von anderen, nichtautorenhaften, Voraussetzungen aus) akzeptiert den Piraten als das, was er ist und sein will: als Piraten – und damit sich selber als *ersten Piratenfilm*! Er markiert so die Geburt des Genres, setzt alle Filme der Folgezeit instand, sich seiner zu bedienen, ihn nach Herzenslust wie eine reiche spanische Galeone zu plündern. Entfallen kann nun die bislang ebenso unumgängliche wie umständliche Exposition des Helden: daß er ein Pirat ist, muß nicht mehr weitschweifig und thematisch begründet und entschuldigt werden, seine Vorgeschichte kann sich auf wenige Pflichtdialoge reduzieren; ein unverbesserlicher Pirat, böse, aber doch imponierend, kann zum zweiten Star des Films aufsteigen, braucht nicht mehr nur schematischer Antagonist des Helden zu sein; die Frau kann aus ihrer rein funktionalen Rolle als Katalysator des Helden heraustreten, im Endeffekt sogar selber eine Piratin werden; es wird möglich, den Helden und/oder die Heldin als nicht mehr unbedingt und einseitig gebunden an die Kodexe ihres Gesellschaftssystems (das es damals eh nur als adeliges, höfisches gegeben hat) darzustellen; das Hauptmotiv, der Hauptwiderstand können innerhalb des Piratenhaften selber zu liegen kommen, müssen nicht mehr von politischen Rankünen welcher Art auch immer definiert werden: mit dem Auslöschen, zumindest aber dem Abnehmen der Staatsraison als einem Dominierenden – für die Protagonisten wie für die Dramaturgie des gesamten Films – kann die Logik (das Dramatische ...) als das ordnende Prinzip in Frage gestellt, überführt, zeitweise extinguiert, kurz zum Spielball werden.

Die Himmel im ‹Black Swan› sind in allen Schattierungen von blau, purpurn, gelb, grün, rosa, rot und lila und nie gekannten Farben; die Tage müssen schnell aufeinander folgen, damit es soviel wie möglich Morgen- und Abenddämmerndes geben kann; ja, das Aufgehen und das Untergehen der Sonne kann auch mehrmals täglich sein ... ‹The Black Swan› ist der erste (Voll-)*Technicolor*-Piratenfilm! Erst er konnte generieren (und in einigem auch gleich übertreffen), was die wahre Stärke des Genres und den Spaß an ihm ausmachen werden, nämlich *karnevalistische* und *erotische Sinnlichkeit*. Die satte und pralle Buntheit der Piratenkleidung, der Palmenküsten, der karibischen Häfen und ihrer Rumtavernen wie auch die verfaulten oder blassen Farben der Residenzen, Perücken und Reifröcke: sie generieren wiederum ganz bestimmte und nur in diesem Kontext mögliche Topoi, Motive, rhetorische Figuren, *spezifische Codes*» (Wolf-Eckart Bühler).

Nach «The Black Swan» wird der Piratenfilm ein Farbenfilm sein. Und es werden sich Filme, in denen wirkliche Piraten die Helden sind, von denen unterscheiden lassen müssen, deren noble Helden die Piratenrolle nur für eine Zeit und für eine bestimmte Absicht einnehmen. Der Pirat konnte nun sogar die wilde, sinnliche Alternative zum edlen, aber vielleicht ein wenig zu braven Märchenprinzen werden. So ist in dem nach einem Roman von Daphne du Maurier entstandenen Film «Frenchman's Creek» (1944 – Regie: Mitchell Leisen) eine englische Lady (Joan Fontaine) auf der Flucht vor einem bösen Adeligen und findet Zuflucht bei einem französischen Piraten (Arturo de Cordova). Und in Frank Borzages «The Spanish Main» (Der Seeteufel von Cartagena – 1945) wird Maureen O'Hara als widerspenstige Verlobte des spanischen Vizekönigs von Paul Henreid als Pirat entführt und gezähmt. Motive des Piratenfilm-Genres waren hier Hintergrund für romantische und leicht komödiantische Geschichten geworden, und die Beziehung zwischen Pirat und «Prinzessin» war zu einer leicht verständlichen erotischen Metapher entwikkelt. Kein Wunder also, daß diese auch im Genre des Musicals, dem erotischsten aller Genres, Verwendung fand. In «The Pirate» (1948 – Regie: Vincente Minnelli) träumt sich ein Mädchen (Judy Garland) aus ihrem verschmähten Liebhaber (Gene Kelly) einen berühmten Piraten. Im übrigen spielte hier wie in «The Spanish Main» Walter Slezak den komischen Widerpart des Helden und lieferte in beiden Filmen die vollendete Parodie auf die feisten *heavies* des Genres. Neben solchen ironischen *tongue-in-cheek*-Travestien gab es schließlich auch noch eine sehr direkte Parodie auf das Genre mit David Butlers «The Princess and the Pirate» (Die Prinzessin und der Pirat/Das Korsarenschiff – 1944), wo Bob Hope, anmaßend und feig wie immer, sich in die Rolle eines gefürchteten Piraten schwindelt.

Der dramatische Piratenfilm entdeckte schließlich eine populäre Gestalt des literarischen Genres wieder: In «Captain Kidd» (Unter schwarzer Flagge – 1945 – Regie: Rowland V. Lee) spielt Charles Laughton den abgrundtief schurkischen Piratenkapitän, der im 17. Jahrhundert vor allem die Gewässer um Madagaskar unsicher machte. Als biederer Handelskapitän verkleidet, gelangt er nach London, wo er es sogar fertigbringt, dem König seine Dienste anzubieten. Dieser vertraut ihm eine Galeone an, auf der sich auch die junge Lady Ann (Barbara Britton) als Passagier befindet. Um einen tückischen Plan zu verwirklichen, sprengt Kidd das Schiff in die Luft und kehrt nach London zurück, um sich als Held feiern zu lassen. Doch auch Lady Ann hat entkommen können, und gemeinsam mit dem Sohn eines von Kidds Opfern (Randolph Scott) gelingt es ihr, den Schurken zu überwinden.

Dieser eigentlich weniger bedeutende, hinter das in «The Black Swan» und ähnlichen Arbeiten für das Genre Erreichte weit zurückfallende B-Film hinterließ seine Spuren fast ausschließlich wegen Charles Laughtons Figur des böse-komischen Schurken. Ansonsten fehlt sogar die für einen Film des Genres unerläßliche, typische *action*. Der Piratenfilm der B-Kategorie, der sich die Schauwerte der Großproduktionen nicht leisten konnte, wich aus in die verwickelte Konstruktion von Intrige und *plot*; während der Piraten-«Großfilm» sich Zeit für seine großen Momente, vom Erscheinen der stolzen Segelschiffe bis zu den meisterhaft ausgeführten Duellen ließ, läßt der B-Film des Genres seinen Mangel durch die Atemlosigkeit der Handlung verbergen. Er entfernt sich von der «Seele» des Genres, insofern er sich nicht mehr für das Leben und das Wesen des Piraten interessieren kann; seine Unfähigkeit, die eigentliche Piratengeschichte zu erzählen, zwingt ihn dazu, sich *plot*-Teile von verschiedenen anderen Genres auszuleihen. Am Niedergang des Genres werden, sowohl was die Regie als auch was die Darsteller anbelangt, Routiniers aus dem Bereich des Western das Feld übernommen haben.

Laughton wiederholte seine Darstellung des Captain Kidd noch in einer Groteske mit dem Komikerpaar Bud Abbott und Lou Costello, in «Abbott and Costello Meet Captain Kidd» (Piraten wider Willen – 1952 – Regie: Charles Lamont). 1954 folgte eine Fortsetzung zu Lees «Captain Kidd»-Film, der bei der vermeintlichen Exekution beginnt, die am Ende des Films von 1945 stand. Der Captain Kidd (Anthony Dexter), der hier in «Captain Kidd and the Slave Girl» (Captain Kidd und das Sklavenmädchen – Regie: Lew Landers) entkommen kann, erscheint freilich in anderem, heroischem Licht als Laughtons tückischer Bösewicht.

Seine eigentliche Blüte erlebte das Genre des Piratenfilms in den Jahren zwischen 1950 und 1954, obwohl nun in einer Reihe von B-Filmen die eigentlichen Tugenden des Genres außer acht gelassen wurden und in einer Anzahl anderer den weiblichen Hauptfiguren mehr Aufmerksamkeit gewidmet wurde als den Piraten. «Buccaneer's Girl» (Die Piratenbraut – 1950 – Regie: Frederick de Cordova) ist eine romantisch-abenteuerliche Geschichte um eine Sängerin aus New Orleans (Yvonne de Carlo), die ihren Geliebten, den Piraten (Philip Friend) sogar aus dem Gefängnis befreit. Jean Peters ist die Heldin von «Anne of the Indies» (Die Piratenkönigin – 1951 – Regie: Jacques Tourneur), der von Afficionados des Genres unter die schönsten Piratenfilme gerechnet wird. Anne Providence, die einzige Frau unter den verwegenen Piratenkapitänen, zeigt sich allen Gefahren und Anfechtungen ihres Standes gewachsen. Doch eines Tages kapert sie ein englisches Schiff, auf dem sich der Gefangene Pierre (Louis Jourdan) befindet. Sie schlägt alle Warnungen ihres väterlichen Freundes Captain Blackbeard (Thomas Gomez) in den Wind, denn sie hat sich Hals über Kopf in Pierre verliebt. Sie will nicht glauben, was Blackbeard ahnt, daß nämlich Pierre ein englischer Spitzel ist, der auf die Piraten angesetzt ist. Liebe verwandelt sich in Haß und muß doch am Ende triumphieren.

Dies war wieder einer jener Einbrüche der Frauen in die männliche Domäne des *swashbuckling*, wie sie auch Binnie Barnes in «The Spanish Main», Paula Corday in «Sword of Monte Christo» (1951 – Regie: Maurice Geraghty) oder ein wenig später June Laverick in «The Son of Robin Hood» (1959 – vergleiche den Abschnitt «Robin Hood, der König der Rebellen») verkörperten, und dieser Tabuverstoß, verstärkt durch die Tatsache, daß Anne Providence eine *wirkliche* Piratin in der Nachfolge von Tyrone Power aus «The Black Swan» war, wurde nur bedingt in einem versöhnenden Happy-End zurückgenommen. Ist der Pirat der ungezähmte, nichtzivilisierte Mann, der durch die Begegnung mit der Frau auf den Weg zur Selbstzivilisierung gebracht wird, für sie seine Ungebundenheit aufgebend, so ist es hier die Frau, wilder und «barbarischer» noch als die Männer im Genre beim Fechten und bei den Ritualen der Seeräuber, die für die Zivilisation gewonnen werden muß. Sie muß dabei durch eine ungleich härtere Prüfung, denn es ist nicht die Kraft des Mannes, die sie «zähmt», sondern zunächst sein Verrat, für den freilich auch zu büßen ist. «Anne of the Indies» ist ein romantischer, erotischer Abenteuerfilm, der durchaus die Umkehr der Rollen als mögliches Glück empfinden läßt, und doch ist er auch, in seinen deutlichen Verweisen auf Kastrationsängste, ein Spiegelbild der erotisch-kulturellen Obsessionen seiner Entstehungszeit. Die Emanzipation der Frau in der Welt der Piraten ist so ambivalent wie die in den Filmen der Schwarzen Serie und den *woman's films* vordem.

Jean Peters als kampfgewandte Piratin in «Anne of the Indies» (1951).

Ganz funktionelle Staffage und Augenweide konnte die Frau zunächst im Genre auch kaum wieder werden. In George Shermans Variation der Motive von «Anne of the Indies» «Against All Flags» (Gegen alle Flaggen – 1952) ist es Maureen O'Hara als Piratin, an Wildheit und Leidenschaft Jean Peters nicht nachstehend, die zwischen zwei Männern und zwei Lebensprinzipien zu entscheiden hat. Errol Flynn als britischer Seeoffizier gewinnt ihr Herz, während er gegen den gefürchteten Seeräuber Brasiliano (Anthony Quinn) kämpft. Auch Flynns Weg indes führt hier über den Verrat; er gibt sich als Deserteur aus, um sich das Vertrauen der Piraten zu erringen, und wie in «Anne of the Indies» scheint die Piratin nur allzu bereit, auf diese List hereinzufallen, bevor sie sich ganz offen auf seine Seite stellt, während die Männer nie ganz ihr Mißtrauen verlieren. Damit deutet sich auch an, daß die Piratin nicht vollständig Teil der Piratenwelt ist; ihrem *swashbuckling* bleibt der Ruch der Pose, mit der sie vielleicht die heimliche Sehnsucht, (bürgerliche) Frau zu werden, überspielt. Keiner Piratin gelingt es, so wie es Tyrone Power gelungen war, seine Prinzessin in die Piratenwelt zu führen, ihren Helden für das Piratenleben zu gewinnen.

Im Jahr 1952 wurden allein mehr als ein halbes Dutzend freilich von Aufwand und Staraufgebot her sehr unterschiedlicher Piratenfilme gedreht, wobei des öfteren noch die Frau im Mittelpunkt stand: In «The Golden Hawk» (Lady Rotkopf – Regie: Sidney Salkow) ist es Rhonda Fleming und in «Caribbean» (Die Geliebte des Korsaren – Regie: Edward Ludwig) Arlene Dahl. Je näher man allerdings einer Formel für den B-Piratenfilm kam, desto mehr sah sich auch die Frau in die traditionelle Rolle im Abenteuerfilm zurückgedrängt.

Es entwickelte sich gar so etwas wie ein «schmutziger», schwarzer und zynischer Piratenfilm. Raoul Walshs «Blackbeard the Pirate» (Kampf um den Piratenschatz) schließt gewissermaßen die «bürgerliche» Welt aus, und ganz konsequent droht so der Traum zum Alptraum zu werden. Es ist die Geschichte «eines gefürchteten englischen Piraten, voll von finster blickenden Seeleuten, blutigen Schlachten, geborstenen Schädeldecken, Kreuzigungs-, Trink- und Folterszenen», und: «Am Ende plumpst der Schatz ins Meer, nachdem sie lange genug darum einander begaunert und bekriegt haben. Piraten unter sich – da hören die Spielregeln auf, alle kämpfen gegen alle, und jeder benimmt sich so wüst wie möglich. Die Hinterlisten verschlingen sich ineinander, bis schließlich dem Drehbuchautor nichts anderes übrig bleibt, als die Geschichte mit einem grausamen Effekt im Sande verlaufen zu lassen: der finstere ‹Schwarzbart› wird bis zum Hals in Sand eingegraben, und über seine rollenden Augen rollen die Wasser hinweg, während ein nicht übermäßig beneidenswertes Liebespaar in einem Kahn davonschwimmt», hieß es seinerzeit im «filmdienst».

Wenn auch in diesen B-Filmen oft *action* und Intrige über die Elemente von Märchen und Traum siegten, so waren diese dennoch nicht gänzlich eliminiert in den *low budget*-Produktionen. «Yankee Buccaneer» (Unter falscher Flagge – Regie: Frederick de Cordova) ist sozusagen ein «Abfallprodukt» von «Against All Flags»: Als sich Errol Flynn während der Dreharbeiten verletzt hatte, nutzte man die Kulissen, den Stab und die Nebendarsteller, um in der Zwangspause einen weiteren Piratenfilm zu drehen. Es geht, in einer wieder etwas überkonstruierten Geschichte, um einen Kapitän (Jeff Chandler), der sein Schiff unter Piratenflagge segeln läßt, um so hinter die Pläne der Spanier zu kommen. Thematisch und von der Konstruktion seiner Helden her war der B-Piratenfilm also wieder dort angelangt, wo das Genre mit seinen frühen Tonfilm-Adaptionen der Sabatini-Stoffe begonnen hatte: bei dem Piraten, der eigentlich keiner ist. Filme wie «Captain Pirate» (Die schwarze Isabell – Regie: Ralph Murphy) und zwei Filme, die Sidney Salkow 1953 drehte, «Prince of Pirates» (Piraten an Bord) und «Raiders of the Seven Seas» (König der Piraten) markieren den Höhepunkt des amerikanischen B-Piratenfilms, der seine Fortsetzung in England und vor allem in Italien finden sollte.

Aber noch im Jahr 1952 hatte Robert Siodmak mit seinem «The Crimson Pirate» (Der rote Korsar) den letzten wirklichen Klassiker innerhalb des Genres geschaffen, einen Film, der obendrein in der Feier des Piratenlebens den «Black Swan» noch übertrifft.

Vallo (Burt Lancaster) ist ein mit allen Wassern gewaschener Piratenkapitän. Er erklärt sich dazu bereit, im Dienste eines Barons den gefürchteten Rebellenführer El Libre (Frederick Leister) zu fangen. Zuvor will er ihm freilich die 3000 Musketen verkaufen, die er auf dem Schiff des Barons erbeutet hat. Als er jedoch auf der Insel Cobra gelandet ist, erfährt er, daß El Libre bereits gefangengenommen wurde. Er lernt dessen hübsche Tochter Consuela (Eva Bartok) kennen, verliebt sich in sie, und dies gibt Ärger mit seiner Mannschaft, die glaubt, daß sich ihr Kapitän mehr mit Consuela als mit den Belangen der Seeräuberei beschäftigt. Am Ende bezwingt er jedoch dank seiner akrobatischen Fähigkeiten und seines Listenreichtums und nicht zuletzt mit Hilfe seines treuen stummen Steuermannes Ojo (Nick Cravat), Consuelas und eines kauzigen Erfinders alle seine Widersacher, und er erweist sich schließlich sogar als der bessere Rebell.

Der auf Ischia gedrehte aufwendige Film – «Die Produktionsleitung hatte ein Schiff gemietet, eine Galeone, die fünftausend Quadratmeter Segel hatte, mit zwei starken eingebauten Dynamos, die gebraucht werden sollten, wenn Windstille war. Außerdem gab es ein kleineres Schiff für die Piraten», erinnerte sich Robert Siodmak – ist Komödie, ohne Parodie zu sein, und mit seinem Aufwand und seiner Technik geht der Film so spielerisch um wie Vallo mit den Gegenständen seines Metiers. «Das Wesen dieses Films ist Vergnügen und Lust, das wird schon am Anfang deutlich, als Burt Lancaster sich behend von einer Rahnock zur anderen schwingt, indes er seiner Mannschaft Befehle zuruft (‹Bemannt die Rahen – Setzt alle Segel›). Mit breitem Grinsen wendet er sich an das Publikum und erklärt, daß man nun Zeuge der letzten Fahrt der ‹Crimson Pirate› würde. (‹Stellen Sie keine Fragen. Glauben Sie nur, was Sie sehen – nein, nicht einmal die Hälfte davon.›) Dann geht es los mit einer Reihe von akrobatischen Meisterstücken, bei denen Lancaster und Cravat alle Stunts selber durchführen, unterstützt von einem erfahrenen Team von Kaskadeuren (Paddy Hayes, Allan Pomeroy, Paul Baxley, Charles Horvath etc.). Der Beginn des Films hat in der Stimmung einen Hauch von ‹Gothic›, was an die Verbindung des Regisseurs Robert Siodmak mit dem *film noir* erinnert. Baron Grudas Galeone sichtet ein Schiff, auf dem der Skorbut seine Opfer gefunden zu haben scheint; es treibt ziellos auf dem Wasser, die Mannschaft liegt tot auf Deck. Man nimmt das Schiff ins Schlepptau. Doch in der Nacht erwachen vor den Augen der entsetzten Spanier die ‹Leichen› zu neuem Leben, man sieht zwei, die über der Rahnock gelegen sind, auf das Steuerruder zukriechen, und dann erhebt sich

Eva Bartok und Burt Lancaster in «The Crimson Pirate» (1952).

plötzlich ein Holzbein gegen den nächtlichen Himmel und fährt krachend auf den Schädel eines Spaniers nieder. Das ist das Zeichen für Vallo und Ojo, sich in den Kampf zu werfen, und ihre Aktionen wirken wie ein akrobatisches Ballett, das mit absoluter Harmonie, unfehlbarem Timing und wohldosierter Grazie choreografiert scheint. Sie gleiten entlang den Tauen, klettern die Takelage hinauf, werfen Belegnägel auf die Köpfe der Wachsoldaten, die über Bord fallen, und gelangen schließlich mit weitem Sprung in Grudas Kabine, während sie im gleichen Moment ihre Pistolen hervorziehen. Dann, während sich Ojo über ein Hühnerbein hermacht, Vallo die Geliebte des Barons küßt und Gruda vor ohnmächtigem Zorn kocht, fliegt einer nach dem anderen seiner Männer durch die Tür, bis sich ein Berg von Bewußtlosen auf dem Boden gebildet hat, und als die Kampfgeräusche langsam verebben, wird der Captain ohne große Formalitäten durch eine Luke hinausbefördert» (Jeffrey Richards).

Es ist also die Art, in der der Film erzählt, was ihn selbst in einem so märchenhaft phantastischen Genre wie dem Piratenfilm einzigartig macht. Das Augenmerk liegt nicht auf dem *Was*, sondern fast ausschließlich auf dem *Wie*. Nicht das Notwendige, sondern das Spielerische in einer Aktion wird dokumentiert, die Szenen ordnen sich nicht einer geradlinigen Handlung unter, sondern folgen selber den Gesetzen einer Choreografie; ihre Anordnung präsentiert stolz nicht was alles möglich, sondern was alles gleichzeitig und in einem Fluß möglich ist. Dazu werden von jeder Aktion nicht deren Totalität, sondern nur Teilaspekte abgebildet, so daß das Traumwandlerische am Ende übrigbleibt. «The Crimson Pirate» als Film «denkt» wie ein Pirat.

Die nächsten Jahre brachten nur wenige bemerkenswerte und sehr unterschiedliche Piratenfilme hervor; einige versuchten, die klassischen Formeln des Genres fortzusetzen, andere, sie mit neuen Elementen zu bereichern. Der «arme» Piratenfilm als *B-picture* entwarf Konstruktionen, seinen Mangel durch die Windungen der Handlung zu verbergen; seinen Helden spielte er dabei nicht selten übel mit. Er ließ sie allzu lange an Land operieren, verlangte von ihnen, zuviel zu reden, baute Intrigen, anstatt den Korsaren in seinen Elementen, der See und der akrobatischen Aktion, zu belassen und nahm ihm sogar mit der Farbe die Seele seines Traums. Es waren vielmehr Geschichten mit Piraten als Piratengeschichten, die solche Filme erzählten. So stellt sich etwa in «Sea Devils» (Im Schatten des Korsaren/Seeteufel – 1953 – Regie: Raoul Walsh) die Beziehung von Pirat und Verräter dar als die zwischen dem Korsaren (Rock Hudson) und der schönen Spionin (Yvonne De Carlo), die er rettet. (Es handelt sich also gewissermaßen um die Umkehrung der Konstellation aus «Anne of the Indies».) «The Black Pirates» (Der Schatz des Freibeuters – 1954 – Regie: Allen H. Miner) variiert ein eher aus dem Western-Genre bekanntes Motiv: Eine Gruppe von Outlaws/Piraten terrorisiert ein Städtchen, bis sie bezwungen wird. Hier kommt es dazu, weil eine Piratenmannschaft kein Schiff mehr hat und versucht, an einen ausgerechnet unter einer Kirche vergrabenen Schatz heranzukommen. In «His Majesty O'Keefe» (1954 – Regie: Byron Haskin) organisiert ein weltläufiger Seemann (Burt Lancaster) den Widerstand von Eingeborenen auf einer Insel gegen Piraten. Alle diese Filme hatten nur wenig mit der Ikonografie und der Moral des «wirklichen» Piratenfilms zu tun. Gerade weil der Pirat zu einer allgemeineren Chiffre außerhalb der strengen Regeln «seiner» Geschichte werden konnte, verlor das Genre an Konsistenz.

Wolf-Eckart Bühler stellt zum eigentlichen Ende des Piratenfilms folgende Überlegungen an: «Daß der Piratenfilm nach 1954 wieder fast in der Versenkung verschwindet, dürfte seinen primären Grund darin haben, daß er – trotz allem immer noch aufwendiger als die meisten anderen Genres, die Farbe ist geradezu Bedingung ... – wohl nicht die entscheidend große Kasse machte als der Durchschnitt an Western, Gangsterfilmen usw. Also nach einer genügend großen ‹Probezeit›, Schlußgong, Aus!

Das tatsächliche Ende des Piratenfilm-Genres hat – wie auch schon sein Beginn – nur relativ mit dem speziellen Genre selbst zu tun, liegt vielmehr in dem Verschwinden des Genrefilms überhaupt begründet, das heißt letztlich im Scheitern Hollywoods ...

Die Gefahr nicht scheuend, lieber Leser, an dieser Stelle ein wenig unvermittelt abzubrechen, möchte ich mich im folgenden auf wenige Thesen betreffs des Endes des Piratenfilm-Genres beschränken:

a) Der Piratenfilm hat, weil so spät entstanden, es nie dazu bringen können, im Gegensatz zum Beispiel zum Western, derart spezifische Codes aus sich heraus zu bilden, daß, ihrer beraubt, man vermeinen könnte, des Films überhaupt beraubt zu sein.

b) Der Piratenfilm ist ein Film mit sehr wenig Standards (Schiffsmanöver, Schiffskämpfe, Entern des Beuteschiffes, Eroberung der Herzensdame, Gefangenschaft und Folter beim gegnerischen Gouverneur sowie Befreiung, Kneipenderbheit, etwas Insel/Südsee-Romantik ...) und Schauplätzen (Schiff, Küste, Gouverneurspalast, Taverne); selbst Ortswechsel (Karibisches Meer, England, Afrika, amerikanische Küste, China) bringen wenig Neues, höchstens Änderungen in der Zeit, aber dann ist es kein ‹Piratenfilm› mehr ...

c) Direkte Gegenwartsbezüge sind im Piratenfilm nur äußerst schwach (im Gegensatz zum Western), sie sind ideologisch also schwer befrachtbar; das läuft einerseits den Intentionen der Hersteller zuwider, wirft andererseits zuwenig an Alibis für sie ab (auf der Höhe der Zeit sein ...), und kann schließlich dem an Fernsehserien-Kost gewöhnten Zuschauer zu wenig an unmittelbarer Identifikation bieten ...

d) Seiner sinnlichen und anarchistischen Qualitäten wegen ist der Piratenfilm ein zu ‹gefährliches› Genre gewesen.

e) Die See ist im Zeitalter der Jumbo-Jets und Sky-Labs entmystifiziert. Die Kinder lesen weniger (und weniger Seegeschichten) und gukken mehr Fernsehen (und sehen keine See/Piraten-Filme). Die See als potentieller Freiheitsraum für die Kinder, Narren, Abenteurer und Unterdrückten ist nicht mehr. Wenn man in der Zeitung von ‹arabischen Luftpiraten› liest, denkt man sich zwar, na wenigstens ist die Piraterie noch nicht völlig ausgestorben – doch welche Welten trennen den alten Haß der Engländer und Franzosen auf die Spanier im 17. Jahrhundert von dem Haß zwischen Arabern und Israelis heute, und welche Welten die Arbeit, die das Entern und Führen eines Segelschiffes erforderte, von der Entführung eines Düsenclippers, indem man dem Piloten den Revolver an die Schläfe hält oder die Geisel zu erschießen droht ...

f) Produktionsbedingungen beim Fernsehen wirken auf die Arbeit im Filmbusiness zurück. Handwerksroutine und Handwerksgeist sterben mit den Alten, die ‹von der Pike auf lernten›, aus. Wer beim Fernsehen ‹von der Pike auf gelernt› hat, hat meist nichts gelernt, denn als fester oder ‹freier› Angestellter mit einem Verwaltungsapparat auszukommen – *Ideen* durchzusetzen, nicht *Arbeit*.

g) In dem Augenblick, wo in Hollywood die fabrikmäßige Produktion zum Erliegen kam, weil das Kino in Konkurrenz zum Fernsehen schrittweise dessen Produktionsweisen sich aneignete (Fabrik→Apparat, Geld→Kapital, Firmen→Banken, Bosse→Verwalter, Verantwortungen→Richtlinien, Produktion für den Markt→Produktion per se ...), starb auch der gesamte Genrefilm aus, mit Ausnahme der populärsten, am billigsten herzustellenden und die stärksten Gegenwartsbezüge aufweisenden: das heißt Western und ‹Krimi›, letzteres eine zunächst eher fernsehspezifische, dann auch vom Kino übernommene Mixtur aus Gangsterfilm, Polizeifilm, Detektivfilm, Spionagefilm usw. Das Musical wurde zur ‹live show›, der Historienfilm zur ‹Fernsehdokumentation› usw., Horrorfilm, Vampirfilm, Mantel-und-Degen-Film, die Genres, die zum ‹Krimi› wurden, und vieles andere mehr verschwanden fast völlig. Der Piratenfilm, schon für das Film-Business zu aufwendig, war es für das Fernsehen natürlich erst recht, das Farbfernsehen kam erst spät ...»

In dieser Situation blieb dem Piratenfilm nur die Fortexistenz als C-Film, wie es in Europa geschehen sollte, und die weitere Geschichte «großer» Piratenfilme ist kaum etwas anderes als die Geschichte von mehr oder weniger gescheiterten Wiederbelebungsversuchen. Einen eigenen Weg wählte dabei etwa Anthony Quinns Regiedebüt «The Buccaneer» (König der Freibeuter – 1958), der am ehesten die immanente Krise des Genres spiegelt. «Zwei Szenaristen verbrieten drei ältere Drehbücher und einen von einem anderen bearbeiteten Roman zu einem Buch, das unter der Oberaufsicht eines Altmeisters der Regie (gemeint ist Cecil B. DeMille – d. Verf.) von einem Debütanten inszeniert wurde. Das Resultat ist ein Film, in dem so viel passiert, daß darüber zwei Stunden vergehen, ehe wirklich etwas passieren könnte – und dann ist die Zeit um. Unmöglich, die Wechselfälle nachzuzeichnen, die der Film um den Piraten Jean Lafitte (Yul Brynner) binnen weniger Tage zustoßen läßt: er gewinnt eine Liebe, verliert sie und gewinnt eine andere; er muß einen unbotsamen Untergebenen hängen lassen, seine Leute aus amerikanischer Gefangenschaft holen und sie gegen die Briten führen, muß mit britischen und amerikanischen Offizieren verhandeln, wird verfemt, gefeiert und wieder gestürzt. Die rechte Sinnenlust stellt sich trotz des Millionenaufwands nur sporadisch ein: zu kurzatmig ist die Dramaturgie, und zu ungleich sind die einzelnen Szenen» (Enno Patalas).

Es scheint, als wollten in diesem Film die Standards des Genres nicht mehr recht funktionieren, nicht nur weil die Handlung, sondern auch weil die Figuren, allen voran der Titelheld, zu kompliziert geworden sind. Immerhin bezeichnet, in der Endzeit der Entwicklung des Genres, Quinns Arbeit so etwas wie den Versuch zu einem «psychologischen Piratenfilm», und so unauflösbar der Widerspruch zwischen Psychologie und Piratentraum auch scheint, so zeigen sich hier doch neue Facetten im Wesen des Helden. Die Loyalitätsfrage ist auch für ihn nicht mehr ohne Probleme zu bewältigen; der Pirat ist hier ein Mann, der seine Situation zwischen den Fronten (in den Auseinandersetzungen um die Unabhängigkeit der Vereinigten Staaten) auch mit diplomatischem Geschick nicht aufrechterhalten kann. Anders als bei allen anderen Film-Piraten vor ihm ist es vor allem Vernunft, die ihn leitet (und paradoxerweise ist es gerade Vernunft, die ihn zu den grausamsten Handlungen treibt). Als er den Kapitän, der für die Versenkung eines amerikanischen Schiffes gegen seinen strikten Befehl verantwortlich ist, hängen läßt, um seine Autorität und seine «Politik» zu retten, zieht er sich damit den Haß von dessen Tochter (Claire Bloom) zu. So kann die «Piratenhochzeit» nicht funktionieren, aber sie wird ihm auch «erscheinen», als sich Lafitte am Ziel seiner Wünsche wähnt, die Tochter des Gouverneurs zu heiraten, und diese Verbindung verhindern, indem sie seine Schuld am Tod der Schwester der Braut offenbart. Mit dem Happy-End verweigert der Film seinem Helden die mythische erotische Lösung aller seiner Widersprüche.

Der Piratentraum zerbricht indes nicht nur an den verwickelten Beziehungen, sondern auch an wirklicher Politik/Geschichte. Sein «Patriotismus» funktioniert sowenig wie die Abenteuer-Lust-Beziehung. Der «Spätpiratenfilm» verweigert seinem Helden nicht nur die letztendliche bürgerliche Erlösung in der im Genre als Standard eingesetzten Ehe mit der Gouverneurstochter, er überführt sogar die ganze Piraten-Existenz ihrer Absurdität und läßt die Moral, die sich der Pirat geschaffen hat, in ihre Bestandteile zerfallen: romantische Barbarei und bürgerlicher Patriotismus gehen hier keine innige Verbindung mehr ein, sondern heben sich gegenseitig auf. Selbst die glänzende patriotische Tat, der Sieg über die Engländer an der Seite des amerikanischen Generals Andrew Jackson (Charlton Heston), bringt für Lafitte keine wirkliche Lösung, wirft ihn noch weiter in die Situation der Einsamkeit und der Verfemung. Yul Brynner schließlich kann dem Abenteuer nicht mehr lachend begegnen, er führt nicht mehr choreografisch, sondern patriarchalisch, mit beinahe steifen Bewegungen, er kämpft mit dem Mute der Verzweiflung und von vornherein, wie es scheint, mit dem Rücken zur Wand. Unter dem Zwang von Variation und Innovation hatte sich der Piratentraum selber aufgehoben.

«The Buccaneer» war im übrigen nicht die erste Zusammenarbeit von Anthony Quinn und Cecil B. DeMille im Genre des Piratenfilms. Er ist vielmehr ein Remake des gleichnamigen Films, den DeMille selbst im Jahr 1938 fertiggestellt hatte. Fredric March spielte in dieser Version den Jean Lafitte, und Anthony Quinn ist der Pirat Beluche. Dieser mehr patriotische als psychologische Film ist wie sein Remake zum «klassischen» Piratenfilm zeitversetzt, ist moderner, und möglicherweise spielt auch das eine Rolle bei dem Umstand, daß die Piraten-Mythologie hier nicht trägt (sie ist freilich aber auch weniger als – bewußt oder unbewußt – in Quinns Film Gegenstand der Reflexion).

In den Jahren um 1960, als die Produktion von Piratenfilmen in Hollywood zu versiegen begann, entstanden in Europa, vor allem in Italien, Frankreich und Spanien, eine Reihe von relativ bescheiden budgetierten und naiven Piratenfilmen, die im allgemeinen ohne große Stars auskommen mußten und als Regisseure Routiniers des Abenteuerfilms oder aber amerikanische Gastregisseure wie etwa André de Toth oder Rudolph Maté aufwiesen. Mit einem Film, bei dem der Regisseur (Edgar G. Ulmer) und der Star (Louis Hayward) Amerikaner waren, «I Pirati di Capri» (Die Piraten von Capri – 1957), hatte der Zyklus italienischer Piratenfilme auch seinen entscheidenden Impuls erhalten. Über die Entwicklung des Genres in Italien notierte Wolf-Eckart Bühler: «Über ein Drittel aller Filme sind Co-Produktionen, meist mit Frankreich, die anderen mit Spanien bzw. Jugoslawien. Weit über die Hälfte der Filme sind in Farbe und im Scope-Format.

Eine Firma, ein Star, ein Regisseur, die sich für eine Zeitlang auf den Piratenfilm spezialisiert hätten, gibt es allerdings auch hier nicht. ‹Ausnahmen› bilden der Regisseur Domenico Paolella, der in den Jahren 1960 und 1961 vier Piratenfilme macht (‹Il Terrore dei Mari› – Die Abenteuer der Totenkopf-Piraten; ‹I Pirati della Costa› – Küste der Piraten; ‹Il Secreto dello Sparviero Nero› – Der Schwarze Brigant; ‹Le Prigioniere dell'Isola del Diavolo› – Frauen für die Teufelsinsel), der Produzent und Regisseur Primo Zeglio (1951: ‹La Vendetta del Corsaro› – Die Rache des Korsaren; 1953: ‹Capitan Fantasma› – Der Korsar des Königs; 1958: ‹Il Figlio del Corsaro Rosso› – Die Vergeltung des roten Korsaren; 1960: ‹Morgan il Pirata› – König der Seeräuber; 1961: ‹Il Dominatore dei sette mari› – Pirat der sieben Meere) und der Schauspieler Lex Barker, der von 1958 bis 1961 jeweils einen Piratenfilm macht (‹Il Figlio del Corsaro Rosso› von Primo Zeglio, 1958, ‹La Scimitarra del Saraceno› von Piero Pierotti, 1959, ‹I Pirati della Costa› von Paolella, 1960, und ‹Il Secreto dello Sparviero Nero›, 1961, ebenfalls von Paolella).»

Die Geschichten, die der mediterrane Piratenfilm zu erzählen hat, sind im allgemeinen Variationen der klassischen Vorbilder aus Hollywood und aus der populären Literatur. Intrigen um Insel-Gouverneure wie in «Marie des Isles» (Sklavin der Pirateninsel – 1959 – Regie: Georges Combret), Kämpfe zwischen Piraten um einen Schatz wie in «Los Buccaneros del Caribe» (Unter der Flagge der Freibeuter – 1960 – Regie: Gene Martin) und Sklavenbefreiungen wie in «Gordon, il pirata nero» (Der schwarze Seeteufel – 1961 – Regie: Mario Costa) stehen im Vordergrund, und die Handlung wird entsprechend häufig auf das Land verlegt, um kostspielige Seeaufnahmen zu sparen. In «Morgan il pirata» (König der Seeräuber – 1960 – Regie: André de Toth) und in «Il Dominatore dei sette mari» wurde historischen Seeräubergestalten ein filmisches Denkmal gesetzt (im letzteren Fall handelt es sich um Sir Francis Drake, gespielt übrigens von dem amerikanischen Westerndarsteller Rod Taylor), und in Stenos «I Moschettieri del mare» (Die drei Musketiere des Meeres – 1961) tun sich gar die drei Dumas nachempfundenen Helden mit einem Piraten zusammen, um einem schurkischen Vizegouverneur das Handwerk zu legen.

Eine kleinere Anzahl von Piratenfilmen wurde auch in England produziert, vor allem von der auf Horrorfilme spezialisierten Firma Hammer, die ihre in diesem Genre populären Schauspieler auch in ihren Piratenfilmen herausstellte. «The Pirates of Blood River» (Piraten vom Todesfluß – 1961 – Regie: John Gilling) betonte, wie die meisten Filme der kurzen Serie, die *thrill*-Elemente, und es gibt eigentlich nur einige wenige eingestreute Szenen, die auf See spielen. Dasselbe gilt auch für «Devil Ship Pirates» (Die Teufelspiraten – 1963 – Regie: Don Sharp), wo wiederum Dracula-Darsteller Christopher Lee den Bösewicht gab. «Captain Clegg» (Die Bande des Captain Clegg – 1962 – Regie: Peter Graham Scott) ist mehr eine Schmuggler- als eine Piratengeschichte und in der Atmosphäre am ehesten dem gothischen Horror von Hammer verpflichtet. Die Titelfigur, ein Pirat, der sich als Vikar ausgibt, wird von Peter Cushing, dem Darsteller des Barons Frankenstein in einer Anzahl von Hammer-Filmen, verkörpert. Ein wenig verdankt der Film wohl auch dem Vorbild, das Alfred Hitchcock mit «Jamaica Inn» aus dem Jahr 1939 gegeben hat.

Nur wenig Neues hatte unterdessen auch der italienische Piratenfilm zu bieten, dessen Entwicklung sich dem Ende zuneigte. Auf der einen Seite standen Filme, in denen sich Dramatik und Gewalt häuften. So erzählt «Lo Sparviero dei Caraibi» (Die tollen Hunde der Karibischen See – 1962 – Regie: Piero Regnoli) von einer Gruppe Strafgefangener, die sich bei einem Schiffsuntergang retten und in blutigem Kampf ein anderes Schiff in ihre Gewalt bringen, mit dem sie als Freibeuter auf Kaperfahrt gehen. Für das Versprechen der Amnestie stellen sich die Piraten schließlich jedoch auf die Seite des Vizekönigs und kämpfen gegen die Engländer. Der Piratenkapitän (Johnny Desmond) opfert sich selbst, um seine Mannschaft zu retten (er steuert allein das mit Pulver voll beladene Schiff gegen die angreifenden Engländer), der aber durch eine Intrige die versprochene Amnestie verwehrt wird. Die Härte solcher Filme korrespondiert mit einer Art Zynismus, ja Depressivität, die sich vielleicht einer ähnlichen Stimmung verdankt, wie sie den Italowestern möglich machte. Auf der anderen Seite setzte sich eine in manchen naiven Genrefilmen der Frühsechziger begonnene komödiantische Linie fort, die in «Il Corsaro Nero» (Freibeuter der Meere – 1971 – Regie: Vincent Thomas) ihren Höhepunkt fand. Der kommerzielle Erfolg stellte sich für diesen Film allerdings erst ein, als seine Hauptdarsteller Terence Hill und Bud Spencer als komödiantisches Duo in mehr oder weniger unblutigen *action*-Filmen populär geworden waren.

Eine andere Entwicklung brachte eine Reihe von «modernen» Piratenfilmen mit gelegentlich etwas allegorischer Anlage hervor. Die Piraten in diesen Filmen haben einen beängstigenden Grad von Absurdität, grausamer Wurzellosigkeit angenommen; sie sind nicht mehr die romantischen, lachenden Abenteurer, sondern Ausgestoßene, für die jeder Gedanke an eine Rückkehr ins bürgerliche Leben sich verbietet. Und alle ihre Tugenden wenden sich gegen sie selbst. Eine solche Geschichte erzählt Alexander Mackendricks «A High Wind in Jamaica» (Sturm über Jamaika – 1964), der nach dem 1929 erschienenen gleichnamigen Roman des Walisers Richard Hughes entstand. Es ist zugleich so etwas wie eine Reflexion über das Abenteuer, wie es sich aus kindlicher Perspektive ansieht, und über seine reale Unmöglichkeit. Sieben Kinder geraten in Jamaika im 19. Jahrhundert in die Gewalt von Piraten, und sie reagieren auf diese Situation mit einer Mischung aus Furcht und Abenteuerlust. Ebenso ambivalent wie ihre eigenen Gefühle erleben die Kinder die Piraten, voran den Kapitän Chavez (Anthony Quinn), der so brutal sein kann und der sich doch rührend um ein krankes Mädchen bemüht, und den Ersten Maat Zac (James Coburn), ein fernes Echo des «lachenden Abenteurers». Die Piraten werden, nicht zuletzt wegen dieser Kinder, von der englischen Marine gejagt, und auch in dieser Konfrontation ist es für die Kinder nicht unbedingt leicht auszumachen, auf welcher Seite ihre Sympathien eigentlich liegen. Diesem doch recht komplexen emotionalen Widerspruch kann der Film nicht völlig gerecht werden: «Es gelang dem Regisseur nicht, das Wechselspiel zwischen den auf der Reise von Jamaika nach London gekidnappten Kindern und ihren Entführern, einer wilden Piratenhorde, auch nur hinlänglich zu dramatisieren. Zwar bringt das Kleinmädchen Emily (Deborah Baxter) den Seeräuberhauptmann um Mannschaft, Schiff, Kopf und Kragen, aber der Käptn freut sich darüber nur: der Umgang mit den Kindern hat aus ihm einen guten Menschen von See, zu Anfällen von Selbstgerechtigkeit neigend, gemacht», notierte kalauernd seinerzeit «Der Spiegel».

Und noch einmal spielte Anthony Quinn einen «problematischen» Piraten. «L'Avventuriero» (Ich komme vom Ende der Welt – 1967 – Regie: Terence Young) entstand nach einem Roman von Joseph Conrad («The Rover» – deutsch: Der Freibeuter). Es ist die Geschichte einer mißglückten Piraten-Heimkehr. Der Korsar Peyrol (Quinn) kommt nach vierzig Jahren Abenteuer auf See in seine Heimat zurück, wo just die Französische Revolution ihre Spuren hinterlassen hat, England eine Blockade versucht und Napoleon sich anschickt, Ägypten zu erobern. In dieser neuen Welt findet sich Peyrol nicht mehr zurecht. Verstört und von der politischen Polizei verfolgt, gelangt er an die Stätte seiner Kindheit, am Strand trifft er auf das Mädchen Arlette (Rosanna Schiaffino), das unter einem schweren Kindheitstrauma leidet. Im Haus ihrer Tante (Rita Hayworth) findet Peyrol Zuflucht. Peyrol liebt das Mädchen, das er vor einer Vergewaltigung gerettet und damit auch von seinem Trauma befreit hat, aber Arlette liebt ihrerseits einen jungen Offizier, der den ehemaligen Piraten schließlich dazu überreden will, gefälschte Geheimdokumente in die Hände der Engländer zu spielen, um diese auf eine falsche Fährte zu locken. Peyrol aber kann dieses Spiel nicht mitmachen; er sucht die Freiheit und vielleicht den Tod. Allein segelt er mit einem Schiff, das er selbst zuvor wieder instand gesetzt hat, aufs offene Meer hinaus, wo er, von den Kanonen der Engländer getroffen, den Tod auf dem Meeresgrund findet. «Ein Schiff ist ein würdiger Sarg für einen Mann – und bei Gott, er war ein Mann», sagt der englische Kapitän.

«Es galt», erzählte Young, «ganz einfach, die erzählerische Schönheit Conrads in optische Schönheit zu übersetzen, den Hauch des Verderbens, der über seinen Gestalten liegt, einzufangen und – ohne zu übertreiben – die psychologische Tiefe nicht zu scheuen.»

Noch weit mehr als «The Buccaneer» ist «L'Avventuriero» ein «Spät-Piratenfilm», denn es sind hier nicht allein die «Regeln» des Genres, die nicht recht greifen wollen, sondern es ist der Held selber, der aus der Welt muß, weil er die Regeln nicht verletzt. Sicher erreicht der Film nur selten die angestrebte psychologische Tiefe, und ob sich jener «Hauch des Verderbens» ganz einfach durch dunkle Farben vermitteln läßt, ist auch nicht gewiß, aber in manchen Augenblicken trifft Youngs Film doch die Verbindung von Melancholie und Abenteuer, die für Conrads Werk, auf ganz andere Art freilich auch für die Zeitstimmung der Endsechziger bezeichnend war.

Auch Yul Brynner kehrte noch einmal ins Piratenfach zurück für seine Darstellung eines durch und durch bösen Piraten in der Jules Verne-Verfilmung «The Light at the Edge of the World» (Das Licht am Ende der Welt – 1971 – Regie: Kevin Billington). In den sechziger Jahren des 19. Jahrhunderts wird am Kap Hoorn ein neuer Leuchtturm eingeweiht, in dem drei Männer Tag und Nacht Dienst tun sollen. Eines Tages fährt ein Schoner vorbei, der plötzlich SOS-Signale sendet. Zwei von der Leuchtturmmannschaft fahren mit einem Rettungsboot hinaus zu dem Schiff, der zurückgebliebene Denton (Kirk Douglas) jedoch muß mit ansehen, wie sie von den Männern auf dem Schiff, bei denen es sich offensichtlich um Piraten handelt, ermordet werden. Die Freibeuter wollen sich des Leuchtturms bemächtigen, um Schiffe in die Falle zu locken und auszurauben. So wird die Besatzung eines hilflos in den Klippen zerschellenden Schiffes brutal getötet, nur eine hübsche junge Frau (Samantha Eggar), die verschont wird, weil der Piratenkapitän (Yul Brunner) sie für sich beansprucht, und der Maschinist Montefiore (Renato Salvatori), den

Denton retten kann, bleiben am Leben. Denton und Montefiore nehmen nun den Kampf gegen die Piraten auf. Während Montefiore in die Hände der Freibeuter fällt, bemächtigt sich Denton einiger Kanonen und versenkt das Piratenschiff. Schließlich kommt es zum entscheidenden Zweikampf zwischen dem Seeräuber Kongre und Denton, den dieser nach Aufbietung aller seiner Kräfte für sich entscheiden kann.

Dieser Film ist gewiß eine der gewalttätigsten Arbeiten des Genres, andererseits fehlt aber auch jede Romantisierung. Es «beherrscht eine fast quälend langsam fortschreitende Bösartigkeit die abenteuerliche Story; systematisch werden Kinoklischees über Helden und Bösewichter, über Gerettete und Opfer in ihr Gegenteil verkehrt. Regisseur Kevin Billington hatte hier freilich ein hervorragendes Team zur Verfügung, allen voran Kameramann Henri Decae, der u. a. für Melville ‹Der eiskalte Engel› und für Louis Malle ‹Viva Maria› gefilmt hat, auch die beiden Stars Kirk Douglas und Yul Brunner leisten hervorragende Arbeit: Douglas als ehemaliger Goldsucher, der auf einer einsamen Felsinsel als Leuchtturmwärter eine große Liebe zu vergessen sucht, Brynner als Piratenkapitän, der diese Zuflucht in eine Hölle verwandelt. Mit seiner bösartigen, grausamen Mannschaft errichtet er eine kleine Tyrannis auf der Insel, bringt durch falsche Positionen des Leuchtfeuers Schiffe zum Stranden, deren Passagiere schonungslos niedergemetzelt werden. Zwischen dem Kapitän und dem Leuchtturmwärter, der sich dem Zugriff der Piraten entziehen konnte, entbrennt ein erbitterter Kampf mit allen Mitteln. Sogar die große Liebe des Leuchtturmwärters beutet der Kapitän, der davon aus zurückgelassenen Briefen erfuhr, für seine Zwecke skrupellos aus und zwingt eine Gefangene, den auf der Insel Versteckten sein Leben für seine Liebe riskieren zu lassen. Am Ende des äußerst brutal geführten Kampfes stehen sich der Leuchtturmwärter und der Kapitän auf der Spitze des brennenden Leuchtturmes gegenüber; der Pirat bezahlt mit dem Leben. Das kaum definierbare, grundlos Böse, der Wille zum Töten erliegt dem Willen zum Leben, nicht dem Guten, aber doch dem Gutwilligen. Die metaphysische Dimension dieser Feindschaft erinnert viel eher an die hintergründigen Romane Herman Melvilles als an Jules Vernes phantastische Abenteuergeschichten», schrieb der «film-dienst».

Der Pirat in diesen «modernen» Piratenfilmen war entweder zum Scheitern verurteilt wie Anthony Quinns Seeräubergestalten, hoffnungslos der herandräuenden Moderne unterlegen, oder sie waren wie Yul Brynners Kapitän Kongre in «The Light at the Edge of the World» in geradezu metaphysischen Ausmaßen böse, so böse, daß sie auch ihre Opfer vergifteten. Dies verweist nicht allein auf das Ende des Piratenfilms, sondern darüber hinaus auch auf die Krise des Abenteuerfilms, ja der Idee vom Abenteuer überhaupt.

Der klassische Pirat hatte nur noch ein paar sporadische Auftritte in einigen B-Filmen wie «Il Corsaro» (Der größte aller Freibeuter – 1969 – Regie: Tony Mulligan) oder «La Rebellión de los Buccaneros» (Totenkopf auf weißen Segeln – 1971 – Regie: José Luis Merino), und er war, kurz gesagt, nur noch ein Schatten seiner selbst. Auch und gerade hier schien es, als wisse der Pirat mit sich selber nichts Rechtes mehr anzufangen, könne sich weder ganz ernst nehmen noch sich und seine Abenteuer besonders komisch finden, und torkele mehr oder weniger fröhlich, mehr oder weniger grimmig zwischen den Fronten und den Ideen herum. «The King's Pirate» (Der Pirat des Königs – 1967 – Regie: Don Weis) dagegen versucht zumindest neben einer Portion Humor auch so etwas wie die Rekonstruktion der verlorenen Romantik, die sich über die Liebesgeschichte zwischen dem Helden (Doug McClure) und der Piratin (Jill St. John) hinaus entwickelt.

Ähnliches gilt auch für «Surcouf, le Tigre de 7 mers» (Unter der Flagge des Tigers – 1967 – Regie: Sergio Bergonzelli), einer farbenprächtigen Abenteuergeschichte zwischen Piraten- und Mantel & Degen-Film um den Titelhelden (Gérard Barray), der aus Liebe zu einer Frau die Blokkade der Stadt St. Malo durchbricht, um die Angebetete (Antonella Lualdi) allen Intrigen und Fährnissen zum Trotz zu gewinnen. Eine Variation der Motive bot Bergonzelli in «Tonnerre sur L'Océan Indien» (Donner über dem Indischen Ozean – 1967), wo Surcouf (wieder von Barray dargestellt) zu neuen Taten schreitet.

Das Problem dieser Filme war allerdings nicht nur die Beschränkung auf das Format des B-Films, sondern auch das, was man die Unwiederbringlichkeit des zu Ende geträumten Traumes nennen könnte. Die Rekonstruktion funktionierte nur bis zu einem gewissen Grad, und man konnte sich nicht so recht klar darüber werden, ob darauf mit Wehmut, Sarkasmus, Brutalität, Ironie oder Detailfetischismus zu reagieren wäre.

Noch einmal, im Jahr 1976, setzte man zu einer Wiederbelebung des klassischen Piratenfilms an. In den USA entstand «Swashbuckler», auch «The Scarlet Buccaneer» betitelt, (Der scharlachrote Pirat – Regie: James Goldstone), mit Robert Shaw in der Titelrolle, ein Film, der sich nie ganz zwischen Ironisierung und dramatischem Ernst entscheiden kann. Wieder gibt es den tyrannischen Insel-Gouverneur, gegen den der Pirat kämpft, und wieder ist ihm das wichtiger als alles Beutemachen, weil ihm als Belohnung das Herz einer schönen Frau winkt (hier ist es Geneviève Bujold), einer Frau, die ihn zunächst am liebsten mit dem Degen aufgespießt hätte. Und wieder macht der Film den «Fehler», mit dem der B-Piratenfilm seit jeher dem Genre den Garaus zu machen drohte, er entfremdet den Piraten von seinem eigentlichen Element, der See, läßt ihn nicht zu Wasser, sondern auf dem Trockenen kämpfen, und er definiert ihn mehr durch den vorangehenden Rolltitel als durch die Beschreibung seiner Lebensumstände.

In Italien drehte Sergio Sollima «Il Corsaro Nero» (Der schwarze Korsar) mit Kabir Bedi in der Titelrolle. (Mit dem indischen Schauspieler Kabir Bedi in der Hauptrolle hatte Sollima im selben Jahr auch eine TV-Serie um den edlen indischen Seeräuber Sandokan nach einer insbesondere in Italien populären literarischen Vorlage von Emilio Salgari geschaffen, aus der auch ein Kinofilm zusammengestellt wurde: «Il Tigre» – Sandokan.) Über «Il Corsaro Nero» schrieb Helmut W. Banz in der «Zeit»: «Der Glanz und Glamour des unvergessenen Seeräubergenres ist matt geworden in den derzeitigen Neuauflagen. Wie schon James Goldstones ‹Der scharlachrote Pirat› ist auch ‹Der schwarze Korsar› des renommierten Italowestern-Regisseurs Sergio Sollima kein Piratenfilm, nur ein Film über Piraten. Denn nicht Degenduelle oder Seeschlachten kennzeichnen dies Genre, sondern die phantasievoll-verschlüsselte Radikalität einer Freiheitsutopie, die Anarchie als artistisches Abenteuer zelebriert – Kindheitstraum und Traumkino par excellence. Bei Sollima gerinnt das Genre zur ‹eher kümmerlichen Kombination aus trivialem Liebesmelodram, aufgesetztem Sozialpathos und halbherziger Parodie. Das Resultat bewirkt gepflegte Langeweile – und weckt Erinnerungen an furiosere Freibeuter als Hauptdarsteller Kabir Bedi: an Douglas Fairbanks, Errol Flynn und Burt Lancaster. Eben an Piratenfilme alten Schlages.»

Nach diesen zumindest unspektakulären Wiederbelebungsversuchen des Genres kamen Piraten mehr oder weniger nur noch als Spuk zurück, so in John Carpenters «The Fog» (The Fog – Nebel des Grauens – 1979) oder in «The Island» (Freibeuter des Todes – 1979 – Regie: Michael Ritchie). Natürlich gibt es produktionstechnische Ursachen für das Versiegen des Piratenfilms, veränderte Kino-Strukturen, aber vielleicht haben wir, die wir so freigebig mit dem Wort vom «Anarchismus» umgehen, die Beziehung zu diesem Menschenschlag schon verloren, der keinen König hat, aber dafür den Wind, wie Anthony Quinn in «The Black Swan» sagt.

Doch je ähnlicher unsere Zeit den «repressiven Fünfzigern» wird, in denen der Film-Pirat auf großer Fahrt war, je sehnsüchtiger ist unser Bild auf den endlosen blauen Horizont gerichtet. Wir warten auf ein fernes weißes Segel ...

En garde!
Der Mantel & Degen-Film

D'Artagnan und die drei Musketiere

Mit seinem «Les trois mousquetaires» (1844) und den Fortsetzungen zu diesem Roman, «Vingt ans après» (1845) und «Vicomte de Bragelonne» (1847), hatte Alexandre Dumas einen Abenteuerstoff geschaffen, der nicht nur durch «naturhafte Vitalität, den mitreißenden Schwung seiner ungezähmten Einbildungskraft» (Gero von Wilpert) das Publikum seiner Zeit fesselte, sondern auch die Phantasie kommender Generationen von Autoren und Lesern. Mit seinen noblen Naturburschen, den Kämpfern, die bürgerliche, bäuerliche und adelige Tugenden vereinten, war ein neuer Heldentyp geboren, der durchaus schon Züge des *swashbucklers* aufweist. «Dumas inspirierte nicht nur eine ganze Reihe von Imitatoren, bemerkenswert darunter etwa Stanley J. Weyman, Baroneß Orczy und Rafael Sabatini, er hatte auch zwei der grundlegenden Motive für das Genre eingeführt: die Gentlemen-Abenteurer, die ihr Schwert der Verteidigung der Ehre einer Lady und ihres Landes weihen (Die drei Musketiere), und der aristokratische Rächer, der eine Verkleidung annimmt, um die ihm und seiner Familie angetane Schmach zu sühnen (Der Graf von Monte Christo). Diese zwei grundsätzlichen Handlungsführungen erlaubten die Kombination von Begeisterung, Aufregung und Abenteuer mit dem Einstehen für eine gerechte und aufrechte Sache, was den Helden Gelegenheit gibt, ihre Fähigkeit im Kampf zu beweisen wie ihre Ehre, ihren Gerechtigkeitssinn, ihren Patriotismus und ihre Ritterlichkeit.

Dumas' Romane wurden auch zu einer Inspirationsquelle für das Kino, auch wenn, wie in jüngster Zeit häufig geschehen, die Handlung gegenüber den Vorlagen stark verändert wurde und ihrer spezifischen gallischen Melancholie, der sozialen Stellungnahme und der romantischen Exzesse beraubt wurde. ‹Die drei Musketiere›, ein Meilenstein in der Geschichte der Abenteuerliteratur, ist häufiger als alle anderen Dumas-Romane für die Leinwand bearbeitet worden. Es gibt von diesem Roman Kino-Versionen aus so entlegenen Ländern wie Argentinien und Rußland. In der Frühzeit des Kinos wurden vier Versionen in den Vereinigten Staaten produziert (1911, 1913, 1914, 1916), mindestens zwei in Frankreich (1903, 1922) und eine in Italien (1909). Aber wie bei den anderen Motiven des *swashbuckler*-Genres wurde die erste definitive Film-Version erst mit Douglas Fairbanks sr. erstellt» (Jeffrey Richards).

In «The Three Musketeers» (1921 – Regie: Fred Niblo) geht es vor allem um die Episode, da die Intrigen des Kardinals Richelieu (Nigel de Brulier) sich um das Halsband der Königin (Mary Maclaren) winden. Fairbanks' d'Artagnan ist der junge, heißblütige, ein wenig übereifrige Romantiker aus der Gascogne, der von seinen väterlichen Freunden, den drei Musketieren des Königs, unterstützt, aber nicht geführt wird. Er ist ausgezogen, nach seines Vaters Willen ein Musketier zu werden, um dem König, dem Kardinal und der Königin zu dienen. Doch eben dies erweist sich als unmöglich, denn der Kardinal ist bestrebt, noch mehr Macht vor dem König (Adolphe Menjou) zu erringen, und er bedient sich dazu allerlei Rankünen, in die auch die romantischen Verstrickungen der Königin mit einbezogen sind. D'Artagnan und die drei Musketiere stellen sich gegen den Kardinal, aber mehr noch kämpfen sie für die Aufrechterhaltung des Status quo am Hofe, für das Gleichgewicht der Ordnung. Die darin verborgenen Züge von Absurdität, in der literarischen Vorlage durchaus nicht verschwiegen, klammert der Film freilich aus. Am Ende versöhnt sich gar der Kardinal mit den Musketieren und führt d'Artagnan und seine geliebte Constance (Marguerite de la Motte) zusammen. (Das Kino hat sehr oft – abweichend von Dumas' Romanen – für die Abenteuer der Musketiere ein Happy-End gefunden.)

Die Akzente, die Fred Niblo und Douglas Fairbanks, wie häufig so auch hier am Drehbuch beteiligt, bei ihrer Adaption setzten, bestimmten auch nahezu alle folgenden Film-Versionen der «Drei Musketiere». D'Artagnan wird auf fast komische Weise, durch ein dreifaches Duell, in den «Männerbund» der Musketiere eingeführt und bewährt sich im Kampf gegen die Wachen des Kardinals, mit denen sich die Musketiere des Königs in unerklärtem Kriegszustand befinden. In diesem Kampf wird die Technik der Auseinandersetzungen im Mantel & Degen-Film präsentiert: Es wird nicht nur in höllischer Geschwindigkeit gefochten, sondern auch akrobatische Sprünge und Saltos, das Einbeziehen von Gegenständen wie Tischen in das Kampfgeschehen und das geschickte Ausnutzen der Schwächen des zahlenmäßig überlegenen Gegners gehören zum Stil der Musketiere. Später wird Doug, als er Constance rettet, eine schwere Holztür so einzusetzen wissen, daß er damit seine Opponenten entwaffnet. Die Jagd um die Diamanten der Königin entwickelt sich schließlich als klassische Konstruktion von *suspense*. Einer der Musketiere nach dem anderen muß zurückgelassen werden, bis schließlich d'Artagnan allein mit den Diamanten zurückkehrt, sie in letzter Minute der Königin aushändigt, nachdem er ein letztes schweres Duell mit de Rochefort (Boyd Irwin), dem Vertrauten des Kardinals, zu bestehen hatte.

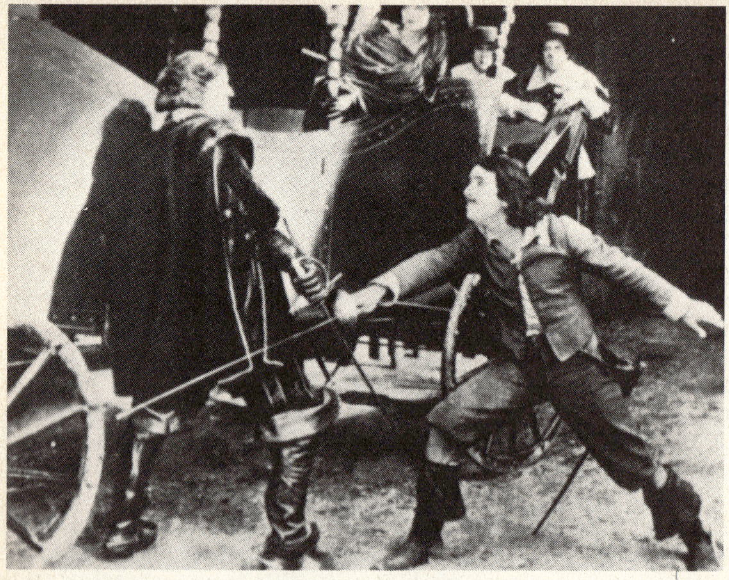

Douglas Fairbanks in «The Three Musketeers» (1921).

Natürlich war Fairbanks' d'Artagnan einer der lachenden Helden des *swashbuckler*-Genres, wenig war bei ihm zu spüren von der anfänglichen Unsicherheit, der bleibenden Unfähigkeit d'Artagnans, die Intrigen ganz zu durchschauen, in denen ihm schließlich die Schlüsselrolle zukommt. «Ich liebe das Lachen», hatte Fairbanks gesagt, «Lachen ist für mich ein Elixier. Das Lachen ist eine physische Notwendigkeit. Es ist notwendig für das Nervensystem. Der Mann, der lacht auf seinem Lebensweg, hat die Zukunft nicht zu fürchten.» Das ist beinahe so etwas wie eine Definition des Genres, und in der Tat hat der Film konsequent jene düsteren, bitteren Wendungen der literarischen Vorlage ignoriert, die «Les trois Mousquetaires» von der Masse der Produktionen von Dumas' «Romanfabrik» unterscheidet. Der «romantische Exzeß» wurde zur romantischen Feier pragmatischen Optimismus.

Der Zauber der «Drei Musketiere» liegt auch in einer Abbildung eines «Emanzipationsprozesses» innerhalb einer *boy-hero*-Beziehung. D'Artagnan nimmt Abschied von seinem Vater, um gleich drei neue Väter zu finden, denen er sich bald als ebenbürtig, ja sogar überlegen erweist. Die drei Musketiere mit ihren ausgeprägten Vorlieben und Charakterzügen kontrastieren zum geradlinigen Helden, der aus nichts als Idealismus und

Kraft zu bestehen scheint. Am Ende hat sich d'Artagnan über alles erhoben, sogar über seinen konservativen «Auftrag». Diesen abenteuerlichen Entwicklungsroman hat der Film aufgehoben in der Jugendlichkeit und «Unschuld» des Helden, der sich durch sein Lachen mit der Kindheit verbindet.

1935 entstand die nächste Version des Stoffes unter der Regie von Rowland V. Lee, der bereits «The Count of Monte Cristo» (Das Rätsel von Monte Christo – 1934) gedreht hatte. Schon in diesem Film gibt es jene Verbindung von (Kampf-)Choreografie und Musik (von Max Steiner beigesteuert), die in späteren Filmen so bedeutend wurde und die aus dem *swashbuckler*-Film ein ausgesprochen musikalisches, tänzerisches Genre machte, das nicht zufällig gelegentlich ins Musical «umkippte».

Lees «The Three Musketeers» präsentierte einen bis dahin völlig unbekannten Schauspieler, Walter Abel, in der Rolle des d'Artagnan und porträtierte Dumas' Helden als «Jungen vom Lande», der viel mehr als Douglas Fairbanks' D'Artagnan-Inkarnation der «Erziehung» durch Athos (Paul Lukas), Porthos (Moroni Olsen) und Aramis (Onslow Stevens) bedarf. Der Erziehungsroman hinter den Wendungen der Handlung betrifft hier das Gefühl für Loyalität und Pflichterfüllung, und ganz anders als Fairbanks' lachender Kämpfer hat dieser d'Artagnan ein reichlich humorloses Verhältnis zu diesen Tugenden. So ist auch Richelieu (wieder dargestellt von Nigel de Brulier, der diese Rolle noch zweimal wiederholen sollte) nicht der eigentliche Schurke des Films, da er in ein System von Pflicht und Autorität eingebunden ist, sondern Rochefort (Ian Keith), sein überaus tückischer Verbündeter. Bei allem Gefühl für Stimmungen, Dekors und Atmosphäre und bei aller Eleganz in der Choreografie der Kämpfe macht doch dieser ungebrochene, nahezu ideologisch vorgetragene Patriotismus und die bedingungslose Pflichttreue die Helden zu Verrätern an der Idee des Abenteuers, und es nimmt nicht wunder, daß diese Zeichnung d'Artagnans einer Korrektur bedurfte, um die Figur im Genre lebendig zu erhalten.

Zunächst folgte eine Musical-Version, «The Three Musketeers» (1939 – Regie: Allan Dwan), im Kern eine Parodie auf den Fairbanks-Film, in der Don Ameche für den romantischen und die Ritz-Brothers für den komischen Teil der Handlung zu sorgen hatten. Eine Gruppe exzellenter *heavy*-Darsteller, darunter Lionel Atwill und John Carradine, vervollständigten die Personage. (Unnütz zu sagen, daß sich die Handlung natürlich nicht um die «richtigen» Musketiere dreht, sondern um Männer, die mit diesen verwechselt werden.)

Hatte Lees Version dem Vorläufer von Fred Niblo gegenüber den Vorzug des Tons aufzuweisen, so war es nun Technicolor, was die neue dramatische Fassung der «Drei Musketiere» aus dem Jahr 1948 technisch von den vorausgegangenen Varianten unterschied. Mit der so unkonventionellen wie geschickten Besetzung der Rolle d'Artagnans mit Gene Kelly blieb eine innere Nähe zum Musical bestehen.

«The Three Musketeers» (Die drei Musketiere – Regie: George Sidney) ist wirklich ein Film, der in Farben, Dekorationen (von Cedric Gibbons und Malcolm Brown) und Bewegungen schwelgt. Die Handlung nimmt einen Grad an Phantastik und Abenteuer an, der der Pracht der Bilder nicht nachsteht, und die Schauspieler, die neben Gene Kelly agieren, scheinen sichtlich in ihrem Element: June Allyson ist d'Artagnans Geliebte Constance, die Musketiere Athos (Van Heflin), Porthos (Gig Young) und Aramis (Robert Coote) stehen dem bis dahin übelsten aller Richelieus in Gestalt von Vincent Price gegenüber. Allenfalls Lana Turner in der Rolle der gefährlichen Lady de Winter scheint ein kleiner Mißgriff in der Besetzung; in ihrem Spiel ist kein Platz für den spielerischen Unernst, der Filme wie diesen auszeichnet, und so ist auch der zweite, mehr melodramatische Teil des Films, der auf sie zugeschnitten ist, weniger vergnüglich und leicht als der erste, der ganz im Zeichen der Lust am Abenteuer steht.

Wie in jedem guten Abenteuerfilm sind es auch hier die akrobatischen Fähigkeiten vor allem, die den Helden zum Sieg bringen, und macht ihn sein Lächeln unverwundbar. Gene Kellys d'Artagnan ist keine Parodie, wohl aber eine ironische Hommage für Douglas Fairbanks, in ihren komödiantischen Zügen nie übertrieben. Natürlich ist die Nähe der Fechtduelle zum Tanz nie so ausgespielt worden wie in diesem Film durch Gene Kelly, der umgekehrt in Musical-Filme wie «Singin' in the Rain» kleine parodistische *swashbuckling*-Szenen einzubauen wußte. Dieser d'Artagnan verteidigt über Pflicht und Ehre hinaus sein Recht darauf, ein überlegen-spöttisches Verhältnis zur Welt zu behaupten (das ihm freilich dann in seinem Melodram abhanden kommt). Nach einem atemberaubenden Fechtkampf mit dem Schwertmeister Richelieus tötet er diesen nicht, sondern beraubt ihn mit einem wohlgezielten Hieb der Beinkleider (ein Gag, der bald zum Standard-Repertoire eines Mantel & Degen-Films gehörte). Der *swashbuckling hero* möchte seine Gegner nicht eigentlich töten (solange sie sich nicht an seiner Braut vergreifen), er braucht sie noch, um das Spiel fortzusetzen.

Die Versuche, den Erfolg von George Sidneys Film mit einer neuen Adaption des Dumasschen Musketier-Stoffes zu wiederholen, zeitigten nur eher bescheidene Ergebnisse. Lewis Allen drehte einen der zu dieser Zeit so beliebten «Sons of ...»-Filme: «Sons of the Musketeers», später auch «At Sword's Point» betitelt (Die Söhne der drei Musketiere – 1950). Die Handlung beginnt nach dem Tode Richelieus und des Königs; die Königin gerät in neuerliche Bedrängnis, und der Thron ist in Gefahr. Drei Söhne und eine Tochter der berühmten Musketiere übernehmen die Rettung des Hofes und sichern, nach vielen Kämpfen, dem legitimen Thronerben die Anwartschaft. Der ganz auf seinen Star Cornel Wilde zugeschnittene Film bietet mehr *action* als Abenteuer (die Fechtszenen können sich freilich durchaus mit denen aus klassischen Filmen des Genres messen) und geht mit ironischen Einsprengseln eher sparsam um. 1952 inszenierte der für seine Western und Stierkampffilme bekannte Budd Boetticher einen Pilot-Film für eine geplante TV-Serie um die drei Musketiere, der unter dem Titel «The Sword of d'Artagnan» in die Kinos kam. (Die Drehzeit soll ganze drei Tage betragen haben.)

In französisch-italienischer Gemeinschaftsproduktion entstand 1954 «Le Vicomte de Bragelonne» (Der Graf und die drei Musketiere – Regie: Fernando Cerchio), in der Georges Marchal den d'Artagnan spielte. Und ebenfalls in französisch-italienischer Coproduktion inszenierte Bernard Borderie, der Regisseur der Serie von «Angélique»-Filmen nach den Romanen von Anne Golon, den zweiteiligen Film «Les trois Mousquetaires» (Die drei Musketiere – 1960). Der erste Teil, «Les Ferrets de la Reine», kam unter dem Titel «Haudegen der Königin» in die Kinos der BRD, der zweite, «La Vengeance de Milady» als «Ohne Furcht und Tadel». Der Film bietet «gehäufte Fechtszenen im Wildweststil, in buntbewegter, durchschnittlicher Inszenierung», wie es in «20 Jahre Film» heißt, und insbesondere in den Kampf-Choreografien steht er den amerikanischen Filmen um nichts nach. Zudem hatte Borderie es verstanden, den Stoff wieder mit ein wenig epischem Atem zu versehen; anders als in den vorhergegangenen Filmen hat man den Eindruck, nicht irgendein paar Episoden aus dem Leben von Abenteurern beizuwohnen, sondern den entscheidenden.

Fulvio Tului inszenierte «D'Artagnan contro I Tre Moschettieri» (D'Artagnan und die drei Musketiere – 1963), der sehr frei mit den von Dumas geschaffenen Charakteren umgeht und d'Artagnan (Fernando Lamas) mal mit den Musketieren, mal gegen sie kämpfen läßt. Eine neuerliche Parodie versuchte «I quatro Moschettieri» (Die lustigen Rivalen der vier Musketiere – 1963 – Regie: Carlo Ludovico), ein Unterfangen, das die französische Komikertruppe «Les Charlots» in «Les quatre Charlots Mousquetaires» (Die tollen Charlots: Wir viere sind die Musketiere – 1973 – Regie: André Hunebelle) erneut versuchte («Überdrehtes Klamaukstück an der Grenze der Vulgarität, mit einer grotesken Folge von Verfolgungsjagden und Schlägereien» urteilte «Zoom / Filmberater»). Im Jahr darauf folgte eine Fortsetzung, «Les quatre Charlots Mousquetaires, 2e ronde» / «A nous quatre, Cardinal» (Die tollen Charlots: Hilfe, mein Degen klemmt – Regie: André Hunebelle).

Eine der bedeutendsten freien Variationen über die Figur des d'Artagnan ist sicher Abel Gances «Cyrano et d'Artagnan» (Cyrano und d'Artagnan) aus dem Jahr 1963. Den Hintergrund der Handlung bilden die Herrschaft des Kardinals Richelieu vor König Ludwig XIII. und die politischen Intrigen am französischen Hof. Der Dichter und Fechtmeister Cyrano de Bergerac (José Ferrer) und d'Artagnan (Jean-Pierre Cassel) lernen sich auf dem Weg nach Paris kennen. Dort tritt der eine in den Dienst des Königs, der andere in den der Königin, woraus sich sowohl groteske als auch höchst dramatische Verwicklungen ergeben. Den größten Raum nehmen freilich die Liebeshändel der beiden ein, wobei Cyrano mit seinen poetischen Gaben d'Artagnan behilflich ist, und dieser dem mit einer überdimensionalen Nase geschlagenen Cyrano. Mit großer Leichtigkeit verschiebt Abel Gance die Akzente vom Abenteuerfilm zur romantischen Komödie.

Mit dem Zweiteiler «The Three Musketeers» (Die drei Musketiere – 1973) und «The Four Musketeers» (Die vier Musketiere – Die Rache der Mylady – 1974) kehrten Richard Lester als Regisseur und George McDonald Fraser als Drehbuchautor zur literarischen Vorlage und zu den klassischen Vorbildern aus der Geschichte des Genres zurück und unterzogen diese einer ironischen Retrospektive. In der vor allem im ersten Teil nicht nur parodistischen, sondern von einem Hauch milden Wahnwitzes durchzogenen Handlung offenbart sich nicht nur das Vergnügen aller Beteiligten, sondern trotz der Travestie auch eine Art des Respekts vor der Welt des Abenteuers. Die Helden bleiben nicht ungeschoren, aber das Abenteuer bleibt unangetastet.

Lesters Arbeit weist eine beachtliche Besetzungsliste auf, wobei freilich das Erscheinen mancher Stars wenig mehr als ein «Auftritt» mit Zitat-Charakter ist. Die Rolle des d'Artagnan spielt Michael York; Athos, Porthos und Aramis werden von Oliver Reed, Frank Finlay und Richard Chamberlain verkörpert. Dazu kommen Raquel Welch als Constance Bonacieux, Charlton Heston als Richelieu, Faye Dunaway als Lady de Winter, Geraldine Chaplin als Königin, Jean-Pierre Cassel als Ludwig XIII. und Christopher Lee als Rochefort. «Lester hat die Musketiere gründlich gegen den Strich gebürstet, mit Kunstfertigkeit, Ironie und reiner Spiellust ihre Abenteuer in leichte, bunte Splitter aufgelöst, die vielfach schimmern und blitzen. Dieser Film ist sinnlos schön, wie selten einer: Alles, was in ihm Spaß macht, ist bloßer Oberflächenreiz, dekorativer und artistischer Luxus, Leichtsinn und Übermut, Laune und schamlose Pracht, gemacht zum verzückten Staunen. So stellt sich denn auch immer gleich, wenn schauspielerische Anstrengungen und dramaturgische Tiefe sich anbahnen, Langeweile und Ermüdung ein. Lesters Film ist dann groß und faszinierend, wenn er, und das tut er zum Glück meistens, den Faden verliert, sich in Konfusion und Details verirrt, ausführlich und sorgfältig um Kleinigkeiten herumtanzt und sie mit schöner Spätzündung explodieren läßt: Da sieht man ein buntes Leben wie durch ein Kaleidoskop, Kunststücke und Mißgeschicke wie in einer Jahrmarktzauberbude», schrieb Siegfried Schober im «Spiegel». (Daß der Film in Deutschland im übrigen – im Gegensatz etwa zu England und Frankreich – auf eine eher skeptische Resonanz bei der Kritik stieß, hängt gewiß unter anderem mit einer ausgesprochen lieblos dahinblödelnden deutschen Synchronisation sowie einigen recht willkürlichen Verleih-Schnitten zusammen.)

D'Artagnan tritt als Held auch in anderen Romanen von Dumas, neben «Les Trois Mousquetaires» und den direkten Fortsetzungen dazu, in Erscheinung; am bekanntesten davon ist gewiß «Le Masque de fer» (Die eiserne Maske), und auch dieser Stoff wurde im Genre des Abenteuerfilms immer wieder aufgegriffen. Die erste Hollywood-Version inszenierte 1929 Allan Dwan mit Douglas Fairbanks in der Hauptrolle unter dem Titel «The Iron Mask». Der Stummfilm, der entstand, als der Tonfilm bereits seinen Siegeszug begonnen hatte, war als direkte Fortsetzung zu der Fairbanks-Version der «Drei Musketiere» angelegt (und man mußte dazu einige einschneidende Änderungen gegenüber der Vorlage vornehmen).

In der Dynastie des französischen Hofs bahnt sich ein ungeheurer Konflikt an, als die Königin Zwillingsbrüdern, Ludwig und Philippe, das Leben schenkt. Um einen etwaigen späteren Kampf um die Thronfolge auszuschließen, läßt König Ludwig XIII. Philippe nach Spanien bringen, wo er heranwächst, ohne von seiner königlichen Abstammung zu wissen. Nach dem Tod des Königs besteigt sein Sohn als Ludwig XIV. den Thron. Aber die Existenz des Zwillingsbruders wird entdeckt, und eine Gruppe von Konspirateuren ergreift die Macht. Ludwig wird in die Bastille geworfen und Philippe an seine Stelle gesetzt. D'Artagnan jedoch erkennt den Betrug und wirft sich in den Kampf, um den legitimen König wieder in seine Rechte einzusetzen. Während in dem Roman der Führer der Konspirateure kein anderer als d'Artagnans ehemaliger Mitstreiter Aramis ist, haben die Film-Versionen häufig einen anderen Schurken eingesetzt; in Dwans Film ist es der *heavy* aus dem «Musketeers»-Film, de Rochefort (hier gespielt von Ulrich Haupt).

«The Iron Mask» war nicht nur der letzte stumme *swashbuckler*-Film, er war auch der letzte in der Reihe von Fairbanks-Filmen, das Ende eines Traums. Und es ist, als hätten alle Beteiligten dies gewußt und sich bemüht, eine Art Testament zu erstellen. Zum erstenmal in seiner Laufbahn als Filmheld stirbt Douglas Fairbanks hier am Ende der Handlung, und sein Tod wird begleitet von Erinnerungen an all die Freunde und Mitkämpfer, die ihm ein Stück seines abenteuerlichen Lebens gefolgt und nun selber tot und begraben sind. Keiner, nicht einmal Constance, nicht einmal die Schurken Richelieu und Rochefort, überlebt dieses Ende des Traums. Am Ende sind nur die Geister, die Schatten, die Legenden der Helden übrig, die in den Wolken verschwinden.

An die Stelle dieser Wehmut des Abenteuers setzte der erste Tonfilm, der sich des Motivs annahm, eine gleichsam gothische, romantische Stimmung, in der irritierend das Unwirkliche das Pathos überlagerte. Der Regisseur von «The Man in the Iron Mask» (1939) war James Whale, der Schöpfer der «Frankenstein»-Filme vom Beginn der dreißiger Jahre und ein exzentrischer Stilist. Hier wird Philippe in die Obhut der Musketiere und d'Artagnans (Warren William) gegeben, und während sein Bruder (in beiden Rollen Louis Hayward) König Ludwig XIV. wird, ist er selber dazu bestimmt, ihm bei gefahrvollen Unternehmungen als Double zu dienen. Philippe verliebt sich jedoch in die Braut seines Bruders, Maria Theresia (Joan Bennett), und dies bringt ihm den Haß Ludwigs ein, der ihn in die Bastille werfen läßt, wo man ihm, jede Gefahr ausschließend, eine eiserne Maske anlegt. D'Artagnan und die drei Musketiere befreien Philippe. In den darauffolgenden Kämpfen finden sowohl die Musketiere als auch Ludwig und sein Vertrauter Fouquet (Joseph Schildkraut) den Tod, und Philippe wird der rechtmäßige König, an dessen Seite Maria Theresia als Königin stehen wird.

Insbesondere an Hand dieses Films wird deutlich, daß der Stoff von «The Iron Mask» auch als Diskurs über «gute» und «schlechte» Macht gedeutet werden kann, die sich gelegentlich wirklich so ähnlich sehen wie Zwillinge. Der eine steht für Folter, ungerechte Besteuerung, Willkür und Tyrannei, der andere für Schutz, Treue, Pflicht und Güte. Daß dabei die Sympathieverteilung der Vorlage gegenüber gerade umgekehrt ist, mag mit einem angelsächsischen demokratischen Gedanken zusammenhängen, der Macht mehr an Moral denn an Legitimation gebunden sehen wissen will.

1952 drehte man eine Variante des Stoffes, deren d'Artagnan von Louis Hayward verkörpert wurde, und der, wie eine Reihe von Abenteuerfilmen zu dieser Zeit, der Handlung eine originelle Wendung zu geben versuchte, indem man die Haupt-Charaktere von Frauen statt von in diesen Rollen gewohnten Männern darstellen ließ. In «Lady in the Iron Mask» (Regie: Ralph Murphy) spielt Patricia Medina die Zwillingsschwestern Anne und Louise, die ein ähnliches Schicksal aneinanderknüpft wie das von Ludwig und Philippe in «The Man in the Iron Mask».

Auch der italienische Abenteuer-/Kostümfilm brachte seine Version dieser Geschichte hervor: «La Vendetta della Maschera di Ferro» (Der Gefangene der eisernen Maske – 1961 – Regie: Francesco de Feo). Hier ist freilich lediglich das Topos der eisernen Maske verwendet, jeglicher historischer Bezug aber beiseite gelassen. Vom französischen Hof ist die Intrige an den eines fiktiven Herzogtums verlegt, und das größte Gewicht wurde auf die Vollendung der Rache gelegt. 1962 folgte eine französische Version, «Le Masque de fer» (Die eiserne Maske) unter der Regie von Henri Decoin. In der Rolle des d'Artagnan ist hier Jean Marais zu sehen, auch er hier nicht mehr der Jüngste und ähnlich wie Douglas Fairbanks in seinem Film – wenn vielleicht auch nicht mit derselben Wehmut – eine Form von Abschied und Testament zelebrierend.

Die (vorläufig) letzte Fassung entstand 1976 in England, «The Man in the Iron Mask» (Der Mann mit der eisernen Maske – Regie: Mike Newell). König Louis XIV. (Richard Chamberlain) hat hier alle seine Regierungsgewalt mehr oder weniger freiwillig dem intriganten Finanzminister Fouquet (Patrick McGoohan) überlassen, während Innenminister Colbert (Ralph Richardson) und der Musketier d'Artagnan (Louis Jourdan – auch er einst Star vieler Abenteuerfilme wie etwa «Anne of the Indies» und nun die paradoxe Figur eines gealterten *swashbucklers* darstellend) darauf sinnen, im Interesse des Staates die Machtverhältnisse zu ändern. Man entdeckt den totgeglaubten Zwillingsbruder des Königs (ebenfalls Richard Chamberlain), der von Fouquets Leuten auf eine Insel gebracht wird, wo man sein Gesicht hinter einer eisernen Maske verbirgt und ihn ins Verlies wirft. D'Artagnan gelingt die Befreiung Philippes, und er bereitet ihn darauf vor, die Rolle des französischen Königs zu übernehmen. Ein geschicktes Intrigenspiel schließlich ermöglicht den «Austausch» des Königs, wobei Fouquet sogar unwissentlich behilflich ist.

«Alexandre Dumas' reichhaltiges Werk war schon Ausgangspunkt vieler Drehbücher; dasjenige von William Bast (‹Gwangis Rache›, ‹Hammerhead›) greift jene Version von George Bruce (für Whales Film aus dem Jahr 1939 – d. Verf.) wieder auf, wonach der Austausch der königlichen Zwillingsbrüder gelang und Frankreich am Ende ein anderer Mann regierte, ohne daß dies bekannt wurde. In Mike Newells Inszenierung geht es dennoch weniger um den Austausch von ‹Böse› gegen ‹Gut›, sondern um die Staatsraison: Ein Führer ist vonnöten, kein eitler Charmeur. In der richtigen Folgerung, daß ein solch diskreter Austausch nicht durch Kampf, sondern nur durch Intrige erreicht werden kann, liegt die Betonung des Films auch nicht auf den fast lieblosen Action- und Fechtszenen, sondern auf der Kunst der Hofintrige hinter glänzenden Kulissen. Profilierte Darsteller sorgen dafür, daß diese Rechnung aufgeht. Die menschliche Seite – vertreten durch die Liebesgeschichte Philippe/Louise – stellt Newell in den Hintergrund und behandelt sie reichlich schematisch» (Günter Knorr).

Ein solch unromantischer, in einem Sinne realistischer Blick auf das Abenteuer mochte konsequent sein und dem Stoff neue Dimensionen hinzugewinnen, für den *swashbuckler* bedeutet er den Weg in eine Sackgasse. Denn die spezifische Botschaft des Genres ist der Sieg des Abenteuers über die Intrige. Stellt es sich aber, wie hier, völlig in den Dienst der Intrige, so verliert es notwendigerweise seine Eleganz. Es ist ein Mittel, das sich letztlich selber entbehrlich macht.

Das Geheimnis von Monte Christo

Hatte «Les trois Mousquetaires» die Formel für eine Reihe von Mantel & Degen-Filmen um abenteuerliche, gutgelaunte Haudegen abgegeben (siehe auch den Abschnitt «Die Erben der Musketiere»), so war Dumas' «Le Comte de Monte Christo» das Modell für eine andere Form, Geschichten im Mantel & Degen-Genre zu erzählen, gewoben um die Gestalt des bitteren Rächers seiner Ehre. (Insofern ließe sich sagen, daß die Filme um die «eiserne Maske» eine Kombination der beiden Haupt-Geschichten innerhalb des Genres darstellen.) Es geht hier um den jungen Edmond Dantes, einen Matrosen, der unter falsche Anklage gestellt wird und in einem berüchtigten Verlies siebzehn Jahre Kerkerhaft verbüßt, bevor ihm die Flucht gelingt. Den Schatz von Monte Christo in Händen, kehrt er als Graf von Monte Christo nach Paris zurück, um sich an seinen drei Verleumdern zu rächen. Er treibt den mittlerweile zu militärischen Ehren gelangten Fernand de Morcerf, der Edmonds frühere Geliebte Mercedes an sich gebunden hat, in den Selbstmord, ruiniert den Bankier Baron Danglars und fördert nach Kräften den Weg in den Wahnsinn für Staatsanwalt de Villefort, dessen Frau Mitglieder seiner Familie vergiftet hat. Von seiner Rache eher ermattet als erleichtert, gibt der Graf von Monte Christo seinen Handlungen noch eine positive Wendung, als er die Liebenden Maximilien Morel und Valentine de Villefort zusammenführt.

In den Filmversionen treten im allgemeinen die melodramatischen Elemente hinter denen von *action* und *thrill* zurück. Allein in Frankreich entstanden zwischen 1908 und 1960 sieben Versionen, und auch Hollywood hat eine Reihe von «Monte Christo»-Filmen hervorgebracht, die aber häufig nur eine Beziehung zur Titelgestalt herstellten, ohne sich an die im Roman fixierten Figuren und Handlung zu halten. Nachdem es zwischen 1907 und 1912 schon sechs «Monte Christo»-Filme gegeben hatte, folgte 1923 unter dem Titel «Monte Cristo» (Regie: Emmet J. Flynn) die klassische amerikanische Stummfilmversion. Sie stand am Beginn der Karriere für den Hauptdarsteller John Gilbert, und der Film etablierte gleichsam eine ernste, ein wenig melodramatische Alternative zu den heiteren abenteuerlichen Filmen des Genres mit Douglas Fairbanks in der Hauptrolle.

Die bekannteste einigermaßen der Vorlage folgende Hollywood-Tonfilmversion stammt aus dem Jahr 1934. Rowland V. Lee inszenierte «The Count of Monte Cristo» (Das Rätsel von Monte Christo), in der Titelrolle glänzte der englische Schauspieler Robert Donat, dessen einziger Hollywood-Film dies blieb. Lees Film versucht, den Geist der Dumasschen Vorlage wiederzugeben, vereinfacht aber die Handlung und gibt ihr ein Happy-End, indem er Dantes und Mercedes (Elissa Landi) schließlich wieder zueinanderfinden läßt. Dies war ein «klassischer *swashbuckler*, außerordentlich gut gestaltet und mit ebensoviel Sorgfalt bei den *action*-Sequenzen wie bei den Dialogen gefertigt» (Leslie Halliwell), und die folgenden von der Vorlage abweichenden Filme konnten in den seltensten Fällen Spannung, Atmosphäre und Charisma von Lees Film erreichen.

«The Son of Monte Cristo» (1940), bei dem wiederum Rowland V. Lee die Regie führte, läßt Edmond Dantes' Sohn als maskierten Rächer auftreten, der einen Tyrannen bezwingt. Zu den Pluspunkten dieses Films gehört sicher die Darstellung von Louis Hayward in der Titelrolle und von George Sanders als Gegenspieler des Helden, und da auch Inszenierung und Ausstattung sorgfältiger als im Gros der Filme des Genres waren, ließ sich übersehen, daß «The Son of Monte Cristo» gewissermaßen aus Fertigteilen des Genres zusammengesetzt ist.

«The Return of Monte Cristo» (1946 – Regie: Henry Levin) hat als Helden den Neffen des legendären Grafen – dargestellt wird dieser Held wiederum von Louis Hayward –, der von einer Gruppe konspirierender Schurken auf die Teufelsinsel gebracht wird, um zu verhindern, daß er sein Erbe antritt. Im selben Jahr kam «The Wife of Monte Cristo» (Regie: Edgar G. Ulmer) heraus; die Serie hatte mittlerweile das Produktionsniveau von *low budget*-Filmen erreicht, doch immerhin gab Ulmers stilvolle Regie der einigermaßen belanglosen Geschichte ein wenig Gewicht. «The Countess of Monte Cristo» (1948 – Regie: Frederick de Cordova) ist eine Komödie mit Sonja Henie und «The Sword of Monte Cristo» (1951 – Regie: Maurice Geraghty) ein «uninspirierter Abenteuerfilm um eine Frau, die das legendäre Schwert des Grafen findet, auf dem der Lageplan des Schatzes von Monte Christo eingraviert ist» (Leonard Maltin).

Im Gegensatz zu diesen Filmen bezogen sich die beiden französischen Filme um die Figur des Grafen, die 1954 bzw. 1961 entstanden, wieder direkt auf die literarische Vorlage. In der zweiteiligen Arbeit von Robert Vernay «Le Comte de Monte Christo» (Der Graf von Monte Christo: 1. Teil: Glück und Verbannung/2. Teil: Heimkehr und Rache) spielt Jean Marais die Titelrolle. Dies ist die wohl bis anhin episch-breiteste Verfilmung, eines jener filmischen «Gemälde», die sich ihrer Schauwerte bewußt sind und die Verstrickungen der Handlung oft ein wenig umständlich zu entwirren suchen. (Im selben Jahr übrigens entstand in Argentinien eine «kleinere» Variation unter der Regie von Leon Klimovsky, die als «Das Testament des Grafen von Monte Christo» in die deutschen Kinos kam.)

Claude Autant-Laras Version aus dem Jahr 1961 präsentiert wieder Louis Jourdan in der Hauptrolle eines *swashbucklers*. «Le Comte de Monte-Christo» (Der Graf von Monte Christo) hat aber auch, als einer der wenigen Filme seines Genres, Bezüge zur aktuellen Gegenwart seiner Entstehungszeit. «Claude Autant-Lara verachtet nicht Kostüm und De-

Vom Piraten zum reichen Grafen: Richard Chamberlain in «The Count of Monte Cristo» (1974).

kor und weiß so viel Prunk zu entfalten, daß er der Gunst der bloß Schaulustigen sicher ist. Zugleich weiß er so delikat mit Farben umzugehn, daß er den raffinierten Ästheten entzückt. Leider laufen aber Dekorfreudigkeit und Farbsinn seiner Interpretation der Fabel davon, haben nichts von dramaturgischer Notwendigkeit und wären als Konzession an Schaulust und Geschmäcklerei erst dann von Funktion, würde die Regie uns in den zweiten 90 Minuten des Film wirklich das geben, was sie uns in den ersten 90 Minuten bis zur opernhaften Pause verspricht. Sie verspricht nämlich, an die Stelle eines aufgewärmten Monte-Christo-Kults idealistischer Provenienz eine historisierend kaschierte Polemik wider de Gaulles V. Republik. Dantes-Monte Christo, berühmtester und legendärster Insasse des Chateau d'If, soll diesmal nichts weiter sein als dafür die Initialzündung. Und in der Tat ist es der vom offiziellen Paris geschmähte Autant-Lara von ‹Du sollst nicht töten› selbst, der Dantes vor heuchlerischen Regierungsvertretern listenreich, doch entschieden wider die Todesstrafe fechten läßt. Es dürfte auch weniger das Frankreich der Bürgerkönige bedacht sein, wenn Dantes alles daransetzt, einen hohen Militär zu überführen, der unter Berufung auf nationale Belange in Nordafrika mit Menschen wie mit Vieh verfuhr und dabei sein Geld schnitt. Andere Herren als Fouché und sein Nachfolger sind gemeint, wenn die Apparaturen der Geheimpolizei durchleuchtet werden.

Dennoch mißlingt die Absicht, sich des tagesfernen Stoffes zu bedienen, um jenes Maß Möglichkeit zur Kritik zu haben, für das sich kein Platz mehr findet in einem Film, der direkt auf die Gegenwart zielt. Autant-Lara erliegt dem Zwiespalt, hier ein Publikum anzusprechen, das eingeschworen ist auf einen Rächer nach alttestamentarischen Maßen, dort dem eigenen Wunsch gerecht zu werden, aus dieser Figur einen Gesellschaftskritiker zu machen» (Martin Ripkens).

Eine ganze Reihe von Filmen nahm den Schatz von Monte Christo als Anlaß zu ausgedehnten Kämpfen und Intrigen, darunter «Treasure of Monte Cristo» (1949 – Regie: William Berke), ein Gangsterfilm mit der Suche nach dem legendären Schatz als rotem Faden, und «The Secret of Monte Cristo» (Das Geheimnis von Monte Christo – 1961 – Regie: Robert S. Baker) mit Rory Calhoun in der Rolle eines fechtgewandten Glücksritters, der in den Kampf um den Schatz verwickelt ist, bei dem bald jeder gegen jeden zu arbeiten scheint. Bakers Arbeit ist einer der (nicht eben häufigen) «kleinen» Höhepunkte des Mantel & Degen-Films jenseits der Prestigeproduktionen in Amerika zu dieser Zeit; die Geschichte um eine – fast möchte man sagen: typische – Gruppe von Schatzsuchern, die sich schließlich gegenseitig ausstechen wollen, ist nur der Aufhänger für zahlreiche Fecht- und *action*-Sequenzen.

Wie in Berkes Film, so ist auch in «Sous le Signe de Monte Christo» (Der Rächer aus dem Sarg – 1969 – Regie: André Hunebelle) die Handlung in die Neuzeit verlegt. Doch geht es hier nicht um den Schatz. Vielmehr wiederholt sich das Schicksal des Grafen: Ein französischer Widerstandskämpfer (Paul Barge) wird zu Unrecht angeklagt und verurteilt und nimmt mit der Hilfe eines Leidensgenossen Rache an den Schuldigen.

Eine neue großangelegte und bis zu einem gewissen Grade vorlagengetreue Fassung drehte David Greene 1974 in England: «The Count of Monte Cristo» (Der Graf von Monte Christo), die neben Richard Chamberlain in der Titelrolle Tony Curtis, Louis Jourdan und Donald Pleasance als Schurken-Trio aufzuweisen hatte. Der Film kann sich auf der handwerklichen Ebene durchaus mit den klassischen Modellen messen, und die Schauspieler agieren mit sichtlichem Engagement. Aber etwas grundlegend Neues konnte auch Greenes Arbeit nicht über den Grafen von Monte Christo zutage fördern. Es ist vielleicht bezeichnend, daß der Film, seinem Aufwand und seiner gestalterischen Großzügigkeit zuwiderlaufend, in Amerika nur im Fernsehen gezeigt wurde: der Stoff und seine an den klassischen Vorbildern orientierte Gestaltung war domestiziert; in ihm spiegelt sich nicht mehr allzuviel von unseren eigenen Problemen. Und an mehr oder weniger gnadenlosen Racheengeln hat unsere populäre Mythologie mittlerweile ganz andere Exemplare hervorgebracht ...

Die Erben der Musketiere

Wo der Mantel & Degen-Film eine Qualität von Ironie und Eleganz erhielt, sprach er immer auch ein Publikum an, das den naiven Traum des Abenteuers nicht (mehr) verteidigen konnte. Geradezu ein Kultfilm geworden ist in dieser Art der englische Restaurations-Abenteuerfilm «The Scarlet Pimpernel» (Wer ist Scarlet Pimpernel? / Die scharlachrote Blume / Das scharlachrote Siegel – 1934 – Regie: Harold Young). Er erzählt die Abenteuer eines geheimnisvollen Mannes, der zur Zeit der französischen Revolution verfolgte Adelige aus dem Gefängnis und vor der Hinrichtung rettet. Hinter dem als «Scarlet Pimpernel» bekannten und gefürchteten Abenteurer verbirgt sich der englische Adelige Percy Blakeney (Leslie Howard), der sich als Dandy und ein wenig un-männlicher Mode-Snob tarnt. Nicht einmal seine Frau (Merle Oberon) ahnt von seinem Doppelleben, und sie verrät ihn unwissentlich. Scheinbar rettungslos in der Falle, kann Scarlet Pimpernel seinen Häschern doch noch in letzter Minute ein Schnippchen schlagen und gemeinsam mit seiner Frau, die ihn nun in anderem Lichte sieht, das sichere und geordnete England erreichen.

Was den Film von anderen des Genres unterscheidet, ist nicht allein die eher ironische Darstellung des Helden und der Aktion. «Scarlet Pimpernel» ist zugleich ein Abenteuerfilm und eine psychologische Ehe-Komödie, die durch die «Doppelgesichtigkeit» des Helden in Gang kommt, ein Spiel mit Rollen. Die für den *swashbuckler* selbstverständliche Einheit von Kampfkraft und Eleganz ist hier gewissermaßen geteilt, historische Größe korrespondiert mit privater Skurrilität. Es geht dabei um eine spezifisch englische Art, Geschichte auf menschliches Format zu reduzieren, wie es auch in einer ganzen Reihe von britischen Historienfilmen, beginnend etwa mit «The Private Life of Henry VIII» (Das Privatleben Heinrichts VIII. – 1933 – Regie: Alexander Korda), gepflegt wurde. Ironische Distanz verband sich mit einem gewissen Stolz bei der Gegenüberstellung der englischen, noblen Gesellschaft mit der chaotischen, grausamen Welt des nachrevolutionären Frankreich. Mit Stil, Geschmack, *understatement* und Menschlichkeit, so die Botschaft dieser Filme, läßt sich in der Geschichte und gelegentlich eben auch gegen sie überleben.

Der Hauptdarsteller Leslie Howard selbst inszenierte eine Art Fortsetzung zu Youngs Film, «Pimpernel Smith» (1941), in dem er auch wieder die Hauptrolle verkörperte. Howards Arbeit erzählt mehr oder weniger die Geschichte von «The Scarlet Pimpernel» noch einmal, diesmal allerdings verlegt in die Zeit des Zweiten Weltkriegs. Der Held unternimmt von England aus abenteuerliche Reisen, um Flüchtlingen zu helfen. Weil die leicht polemische Konfrontation von Adel und bürgerlichen (beziehungsweise «pöbelhaften») Revolutionären hier nicht vorhanden ist, konnte der Stoff seine innere Humanität belegen.

Eine weitere Variante schuf Hans Schwarz 1937 mit «The Return of the Scarlet Pimpernel», die Sir Percy Blakeney (Barry K. Barnes) erneut nach Frankreich schickt, wo er neben einer Reihe von Adeligen auch seine Frau vor der Guillotine retten muß. Wie der erste Film (und eine Anzahl ähnlicher ironisch-psychologischer Historienbilder) war auch «The Return of the Scarlet Pimpernel» von Alexander Kordas London Films produziert worden (während Howard seinen Film selbst für British National produziert hatte). 1950 entstand, unter Verwendung des Drehbuchs zu «The Scarlet Pimpernel», eine neue Version: «The Elusive Pimpernel» (Regie: Michael Powell, Emeric Pressburger), die David Niven in der Hauptrolle präsentierte. Das teure und farbige Remake konnte freilich weder den Charme noch die Leichtigkeit des Originals erreichen und wirkte gerade durch sein Überaufgebot an Technik und Aufwand eher unangemessen, während die komödiantischen und psychologischen Elemente notgedrungen gröber wurden.

Denselben Geist, aus restaurativer Sicht der historischen Gegebenheiten, Ironie und Abenteuer gemischt, atmeten auch andere englische Mantel & Degen-Filme dieser Zeit, darunter etwa «Under the Red Robe» (Unter der roten Robe – 1937 – Regie: Victor Sjöström), die Geschichte eines Adeligen (Conrad Veidt) im Kampf gegen Kardinal Richelieu (Raymond Massey).

Was die «Formel» seiner Handlungsführung anbelangt, folgt dieser Film in etwa einem Klassiker der Mantel & Degen-Literatur, dem Roman «The Prisoner of Zenda» von Anthony Hope, der in der Geschichte des Genres mehrfach auf die Leinwand gebracht wurde. Die erste Film-Version des Romans entstand schon 1913, es folgte eine 1922 und eine 1927 unter der Regie von Rex Ingram mit Ramon Novarro und Barbara La Marr in den Hauptrollen.

Die Geschichte von Hope, historisch wohl als «Spät-Mantel & Degen-Geschichte» einzuordnen, vereint in sich die erfolgreichen Elemente des Genres: eine Verwechslungsgeschichte, wie sie aus «Le Masque de fer» bekannt ist, politische Intrigen, eine Liebesgeschichte mit sehr dramatischen Zügen, den Prunk des höfischen Lebens, Degenduelle und andere Aktionen zuhauf.

Die zweifellos bekannteste Film-Version dieses 1894 erschienenen Buchs stammt von John Cromwell aus dem Jahr 1937. Rudolf Rassendyll (Roland Colman) kommt in das kleine Königreich Ruritania; er ist ein nahezu perfektes Ebenbild des Königs Rudolf, dessen Feinde lange Pläne geschmiedet haben, ihm den Thron zu rauben. Die Vertrauten des Königs, Colonel Zapf (C. Aubrey Smith) und Lieutenant von Tarlenheim (David Niven) hecken einen Plan aus, um die geplante Entführung des Königs zu verhindern. Rassendyll soll in der Rolle des Königs das Opfer abgeben, dessen sich die Thronräuber, voran der Halbbruder des Königs,

Norman Rossington, Jeremy Kemp und Peter Sellers in «The Prisoner of Zenda» (1978).

Michael (Raymond Massey), und Rupert von Hentzau (Douglas Fairbanks jr.), bemächtigen. Bei all den Gefahren, die Rassendyll nun zu überstehen hat, findet er noch Zeit, sich in Prinzessin Flavia (Madeleine Carroll) zu verlieben, die mit dem König verlobt ist, und auch sie, die den König nur als kalten, gefühllosen Mann kennengelernt hat, erwidert diese Liebe. Sie entdeckt freilich, daß dieser Mann nicht der König sein kann. Die Intrigen entwickeln sich immer verwickelter und gefahrvoller, und schließlich kann nur durch Verrat auf der anderen Seite verhindert werden, daß die Usurpatoren Sieger bleiben. Es kommt zu einem Duell zwischen Rupert und Rassendyll, das mit Ruperts Flucht endet. Zapf und von Tarlenheim eskortieren Rassendyll zur Grenze, nicht ohne Bedauern darüber, daß «das Schicksal nicht immer die richtigen Männer zum König bestimmt».

Die nächste Version lehnte sich stark an Cromwells Verfilmung an; «The Prisoner of Zenda» (Der Gefangene von Zenda – 1952 – Regie: Richard Thorpe) hielt sich in Passagen nahezu Szene für Szene an den Film von 1937. Mit Stewart Granger stand allerdings ein Schauspieler zur Verfügung, der in den Fechtszenen glänzen konnte und im Genre bewandert war. So traten, nicht unbedingt zum Schaden des Films, die Implikationen der politischen Intrigen zugunsten der *action* zurück.

In dem Film «The Great Race» (Das große Rennen rund um die Welt – 1965 – Regie: Blake Edwards) ist eine Episode mit Jack Lemmon in der Doppelrolle deutlich als Parodie auf «The Prisoner of Zenda» angelegt. Die vorläufig letzte Variante drehte Richard Quine 1978. In seinem «The Prisoner of Zenda» (Der Gefangene von Zenda) spielt der auf Doppelrollen geradezu spezialisierte Peter Sellers die Hauptrollen. Auch hier überwiegt das parodistische Element; in die Geschichte vom Kutscher, der zum König wird, ist auch ein wenig Satire auf Hof- und Macht-Rituale und auf Versatzstücke des Genres gespiegelt. Anders als in den vorangegangenen Verfilmungen bleibt hier die Verwechslung unaufgelöst.

Anklänge an das Doppelgängermotiv enthalten schließlich auch die Filme um die «korsischen Brüder» nach dem Roman von Alexandre Dumas, deren beispielgebender 1941 entstand, «The Corsican Brothers» (Blutrache – Regie: Gregory Ratoff). Graf Franchi (Henry Wilcoxon) ruft seine Verwandtschaft auf sein Schloß, um mit ihr die Geburt seines Kindes zu feiern. Der Arzt Dr. Paoli (H. B. Warner) bringt die Nachricht, daß die Gräfin (Gloria Holden) Zwillingen das Leben geschenkt hat, die allerdings miteinander verwachsen sind.

Während der Feind der Franchis, Baron Colonna (Akim Tamiroff) das Schloß überfällt und die ganze Familie auslöscht, gelingt Paoli mit den Zwillingen die Flucht. Nachdem es ihm gelungen ist, die siamesischen Zwillinge zu trennen, wachsen beide zu kräftigen jungen Männern heran, die weiterhin eine innige mentale Verbindung miteinander verknüpft; der eine spürt den Schmerz und die Freude des anderen. Mario und Lucien Franchi (Douglas Fairbanks jr.) schwören Rache für Colonnas Mordtaten, der sich mittlerweile den Besitz der Familie angeeignet hat. Der gemeinsame Kampf der Zwillinge wird jedoch in Frage gestellt, als sich beide in die schöne Isabelle (Ruth Warrick) verlieben, die ihrerseits von Colonna verfolgt wird.

Dieser von der Geschichte her schon so «starken» Konstellation, die Ratoff adäquat ins Bild umsetzte («Gregory Ratoffs Abenteuerfilm von 1941 gehört zu den schönsten Beispielen des Genres; er hat Spannung und Atmosphäre», urteilt die «Süddeutsche Zeitung»), ließen sich kaum neue Aspekte hinzugewinnen. In den fünfziger Jahren gab es eine argentinische Version, «Los Hermanos Corsos» (Blutrache auf Korsika – 1954 – Regie: Leo Fleider), und 1961 folgte eine italienische, «I Fratelli Corsi» (Die korsischen Brüder – Regie: Anton Giulio Majano), die als Pluspunkt gegenüber dem Vorbild nur die Farbe aufzuweisen hatte.

Die Popularität des Doppelgängermotivs im Abenteuer- und insbesondere im Mantel & Degen-Film hängt sicher mit den romantischen und «gothischen» Grundlagen des Genres zusammen, das immer eine Nähe zum Phantastischen bewahrt. Es spielt gewiß aber auch bei der psychologischen Kondition des abenteuerlichen Traums eine nicht unerhebliche

Rolle. Im allgemeinen geht es dabei um die Aufspaltung einer Person in eine gute und eine böse (oder zumindest unerfreuliche wie bei «The Prisoner of Zenda»). Wie das Märchen, so gestattet auch der Abenteuer-Traum, die erfahrene Ambivalenz des Mitmenschen, insbesondere des mächtigen, manifest werden zu lassen. Mit dem bösen Doppelgänger wird das Böse an einer Person bezwungen, möglicherweise stellvertretend für einen solchen Reinigungsprozeß bei uns selbst. Aber die Verhältnisse komplizieren sich durch politische und familiäre Beziehungen. Das Böse bei den korsischen Brüdern kann nur noch durch gemeinsame Anstrengung, das Opfer und das Walten des Schicksals überwunden werden.

Zugleich scheint das Doppelgängermotiv aber oft auch zur Vermenschlichung der Macht zu dienen: Der einfache Mensch, der zufällig dem König ähnlich sieht, wäre zum König wohl ebenso geeignet wie der geborene Fürst, möglicherweise besser. Und fällt der König unters Volk, so muß er leiden wie dieses. In solchem Austausch von *persona*, also Maske, verbirgt sich zweifellos mythische Kritik an Machtverhältnissen. Denn ein Teil allen Fürst- und König-Seins wird so als Theaterspiel und Illusion entlarvt, deren wahre Gestalter hinter etwelchen Kulissen gewalttätig und korrupt wirken. Ähnlich ist es auch in den Film-Versionen von Mark Twains «The Prince and the Pauper» (Prinz und Bettelknabe), für die stellvertretend die Fassung von 1937 mit Errol Flynn als väterlichem Freund des ins Volk gestoßenen kleinen Königs (Billy Mauch) (Regie führte William Keighley) und «The Prince and the Pauper» (Der Prinz und der Bettler – 1977 – Regie: Richard Fleischer) genannt seien.

Während alle diese romantischen *swashbuckler* um das Doppelgängermotiv einen Zug von Dramatik und Düsternis, von «tieferer Bedeutung» allemal, aufweisen, machten sich andere Filme auf die Suche nach der heiteren Seite des *swashbuckling*. Darunter fallen vor allem eine Reihe von Filmen um edle Banditen, die oft wirken wie Piraten an Land, Nachfahren der Volkshelden wie Robin Hood und Vorfahren von solchen wie Jesse James. «The Highwayman» (Der maskierte Kavalier – 1951 – Regie: Lesley Selander) entstand zwar nach einem Gedicht von Alfred Noyes, doch der Regisseur charakterisierte ihn sicher zutreffend: «Er war wie ein Western, nur daß wir Schwerter statt Revolver benutzten.» Diese Charakteristik gilt sicher für eine Reihe von diesen «Edle Räuber»-Geschichten, nicht zuletzt auch für die Filme um den maskierten Räuber Zorro, bei denen im allgemeinen die Western-Elemente oft auch schon in Atmosphäre und Dekors überwiegen.

Bei seinem Ausflug ins *swashbuckler*-Genre mit «Captain Lightfoot» (Wenn die Ketten brechen – 1955) setzte der Melodramen-Regisseur Douglas Sirk (vergleiche den Band «Kino der Gefühle» in dieser Buchreihe) Rock Hudson als Helden und Herzensbrecher ein. Im Irland des

Jahres 1815 setzen sich immer mehr junge Männer gegen die Herrschaft der Engländer zur Wehr. Als Captain Lightfoot beraubt der irische Rebell Michael Martin die englischen Lords und hilft mit der Beute seinen Landsleuten. Und so patriotisch seine Taten auch sind, so wenig verleugnet er das Vergnügen, das sie ihm bereiten.

«The King's Thief» (Des Königs Dieb – 1955 – Regie: Robert Z. Leonard) ist ein nicht weniger patriotischer englischer Offizier, der als Wegelagerer wirkt, um die Macht eines intriganten Lords am Hofe König Karls II. zu brechen. «Robbery Under Arms» (1957 – Regie: Jack Lee) erzählt von zwei australischen Jungen, die sich dem berühmten Banditen «Captain Starlight» anschließen.

Eine deutsche Variante des Motivs vom edlen Räuber bot «Der Schinderhannes» (1958 – Regie: Helmut Käutner), der nach dem Stück von Carl Zuckmayer entstand. Dieser Schinderhannes (Curd Jürgens) ist ein mittelgebirgischer Robin Hood, Freund der Armen, Feind der Reichen und zugleich ein patriotischer Kämpfer gegen Napoleon. Aber er ist kein *swashbuckler*, nicht wirklich ein lachender Abenteurer, sondern eher ein «Führer», eine jener autoritären Gestalten, die nicht ihren Traum, sondern eine Ideologie verwirklichen, wie sie den deutschen Film bevölkern. Er setzt sich über seine Feinde nicht hinweg, er stellt sich ihnen nackenstark entgegen, mit tönernen Füßen wie jeder Koloß. Vielleicht ist dieses Beispiel Beleg genug dafür, daß es den deutschen Abenteuerfilm nicht geben konnte. «Welch schöner Film hätte hieraus entstehen können! Und wie böse ist man Helmut Käutner, daß er sich damit begnügt hat, das Sujet in die Länge zu ziehen und einen schläfrigen und ungleichen Film zu machen! Er ist nicht ungeschickt gemacht, ganz im Gegenteil, aber man sucht darin vergeblich den geringsten lyrischen Schwung, das geringste Feuer. Dieses Unternehmen war von Anfang an zum Scheitern verurteilt. Schinderhannes ist eine junge, dynamische, verführerische Figur, Tänzer zugleich und Pirat, Don Juan und d'Artagnan. Um diese leichtfüßige Rolle zu interpretieren, bemüht Käutner den Fünfziger Curd Jürgens, dickwanstig und trompetend. Drei Viertel aller Einstellungen sind ihm gewidmet, und nicht mal das letzte Viertel bietet Erholung, das durchs andere monstre sacré (Kreation Käutner), Maria Schell in ihrer großen Nummer, mobilisiert wird (die ganze Tonleiter des naiven Lachens und sämtliche Tremolos leidender Frauen). In einer normalen Produktion würde Käutner der mittelmäßige Platz eines Le Chanois bei uns zukommen. Die deutsche Produktion ist, leider!, keine normale Produktion. Ihr mittelmäßiges Niveau ist derart, daß ein Käutner sich mißbräuchlich auf den ersten Platz hat schwingen können», hieß es in der Pariser Zeitschrift «Arts» (zitiert nach «Filmkritik»).

Apotheose zugleich und Ironisierung erfuhr der gute Räuber des Mantel & Degen-Films in Philippe de Brocas «Cartouche» (Cartouche, der

Bandit – 1961). Im vorrevolutionären Frankreich wirkt der Taschendieb Dominique (Jean-Paul Belmondo), der es sich zur Regel gemacht hat, die Reichen zu bestehlen und die Armen ungeschoren zu lassen. Seine Beute freilich muß er seinem raffgierigen Onkel Malichot (Marcel Dalio) abliefern. Nachdem er sich offen gegen ihn gestellt hat, muß Dominique fliehen und läßt sich von der Armee anwerben. Mehr oder minder zufällig erbeutet er im Kampf zwei feindliche Fahnen und wird dafür ausgezeichnet. Dominique macht sich mit der Kasse aus dem Staub und rettet die Diebin Venus (Claudia Cardinale) vor dem Gefängnis. Mit ihr zusammen stürzt er seinen tyrannischen Onkel und setzt sich selbst an die Spitze der Diebe von Paris, und seine Moral, die Reichen zu erleichtern und die Armen zu verschonen, wird zum ungeschriebenen Gesetz. Die freundliche Idylle, die seine Verehrung als Volksheld und die Ohnmacht der Mächtigen bewirkt hat, wird gestört, als er sich in die schöne Frau des Polizeipräfekten de Ferrussac (Philippe Lemaire), Isabelle (Odile Versois), verliebt und sich immer wieder in Gefahr begibt, um sie zu sehen. Zwar kann er noch jeder Falle entgehen, doch findet schließlich bei einer letzten Befreiungsaktion Venus den Tod. Dominique, «Cartouche» genannt, erkennt seinen Irrtum, er überfällt eine prunkvolle Feier der Reichen und bereitet mit dem erbeuteten Schmuck Venus ein glanzvolles Begräbnis.

«Cartouche» ist so etwas wie ein heiterer Erziehungsroman in farbenprächtigen Bildern: Aus dem kleinen anarchistischen Dieb wird nach und nach der Sozialrebell, eine Art Prophet der kommenden Revolution. Daß die Welt der Reichen (noch) die Stärkere ist, weil sie die unerwartetsten Verführungen instrumentalisieren kann, erfährt er zu spät – jede Berührung ist gefahrvoll und tödlich. Mit dem Tod von Venus ist Cartouche zurückgewofen auf den privaten Rächer. Die Liebe und das Abenteuer werden hier also, im Gegensatz zu den reinen Träumen des Abenteuerfilms, wieder zu Gegensätzen, wo es es so etwas wie eine soziale Verantwortung für den Helden gibt. Der erotische Abenteurer verrät den Volkshelden. «Antizipiert ist das schon auf den ersten Metern, wenn Cartouche einer Dame den eben geraubten Schmuck mit den Worten zurückreicht: Verzeihen Sie, Madame. Ich hatte nicht gesehen, daß Sie schön sind!

Auf Längen aber bleibt dieses Thema unausgesprochen zugunsten eines differenziert entwickelten Porträts jenes Cartouche, der vorrevolutionären Wind in die Straßen von Paris trägt. Denn für den gemeinen Mann ist Cartouche keiner, den es zu verehren, sondern einer, dem es nachzueifern gilt. Was Cartouche verlangt, von den Männern seiner Bande wie von seiner Frau Venus, ist nicht Botmäßigkeit, sondern ihre Hilfe bei seinem Versuch, planmäßig die Macht der Feudalclique zu brechen. Hier sollen nicht die Armen auch mal was haben, hier wird mit einer Beharrlichkeit das hierarchische Staatsgefüge unterminiert, die auf die

Jahrzehnte später ausbrechende Revolution hinweist. Wie wenig Cartouche ein Schinderhannes Zuckmayerscher Provenienz ist, offenbart sich am besten im Verhältnis zu seiner pistolenschwingenden Frau Venus, die auch alles andere ist als ein Julchen von Käutners Gnaden. Venus, bei der man nicht weiß, ob Cartouche sie zur Frau nahm oder ob sie ihn zu ihrem Mann machte, sieht ihrem Geliebten denn auch seine Gelegenheitsamouren nach, wird erst nervös, als die ernsthafte Konkurrentin Isabelle auf den Plan tritt.

Das alles läuft ab in einer Bildmanier, die das Routinierte streift. Solides Handwerk, im Tempo dann doch an ‹Fanfan la tulipe›, in der Farbgebung an Renoirs ‹Frühstück im Grünen› erinnernd. Was ins Auge fällt, ist nur die elegante Nutzung der Breitwand. Doch ein Neuerer politischen Stilwillens ist de Broca nicht. Wo er originär wirkt, ist immer zunächst eine thematische Absicht erkennbar. Bestes Beispiel ist Cartouches Intermezzo als Soldat. Gemeinsam mit La Douceur und La Taupe, die fortan seine treuesten Kumpane sein werden, überlebt er eine Schlacht, die von der Regie arrangiert ist bar jeden realistischen Moments, in der die Soldaten noch sterbend Purzelbäume schlagen und mit deren stilisiert klamottiger Inszenierung de Broca eine Ironisierung des militärischen dulce et decorum gelingt, die nur noch überboten wird vom Sarkasmus, mit dem er in der folgenden Sequenz dümmliche, pfauenhafte und effeminierte Kriegsherren vor den Mannschaften von Ehre und Vaterlandsverteidigung reden läßt, während die Offiziere schon auf den Sold der Krieger warten, die fallen werden.

Momente des Makabren hingegen kommen auf im letzten Drittel des Films, als Cartouche selbst zu stoppen beginnt, was er in Bewegung brachte. Die Equipage des Polizeipräfekten de Ferussac rollt durch die Straßen von Paris. Er und seine Frau Isabelle werden nervös ob der Flüche alter Marktweiber und tatenhungriger junger Burschen. Sie würden wohl eine Beute dessen, was man rechts Mob nennt, sorgte nicht Cartouche selbst um Isabelles willen dafür, daß sie ungeschoren bleiben. Damit wendet sich aber auch Cartouches Glück, das eben kein Zufall, kein Produkt vorgegebener eigener Größe ist. Mag immer Cartouche von Stund an vor seiner Frau und seinen Kumpanen als Führer posieren; die Wahrheit ist, daß der Feind der Hierarchie sich nur einer Frau wegen zum Herrn aufwirft. Wird das nicht gesagt, so wird es doch sichtbar in jener Sequenz gegen Ende, da Cartouche seinen Freund La Douceur befreit, der den staatlichen Häschern in die Hände gefallen ist. Der Schauplatz der Handlung entspricht der Eingangssequenz. Ein Markt, eine öffentliche Richtstätte. Unzählbare gemeine Leute und in einer Proszeniumsloge der Herr Polizei, seine Anhängerschaft und Isabelle, seine Frau. Auf sie allein zielt, was Cartouche jetzt an Tollkühnheit leistet, wenn er sich als Klettermaxe geriert und sich endlich aus höchster Höhe huldvoll präsentiert. Der Elan des Rebellen, der einst dachte, eine Gesellschaft auf den Kopf zu stellen, ist dem Kalkül des verliebten Poseurs gewichen. Das soziale Pathos wird zum spektakulären Moment, das die Geliebte gnädig stimmen soll. Sie indes sagt weder ja noch nein, als er, seines Erfolges sicher, sie zum nächtlichen Rendezvous bittet. Sie ist nicht das Wesen, das er in ihr sieht. Sie ist nur ein feudales Gretchen, das ihn, unwissentlich, verrät. Zwar kommt Cartouche noch einmal frei, doch um den Preis, daß seine Frau Venus getötet wird.

Zurück bleibt ein dubioser Held mit einer mürrischen, skeptischen Gefolgschaft, die ihn fragt, wie es denn jetzt weitergehen solle. Daß er sich rächen wolle und wohl eines Tages am Galgen enden werde, ist die Antwort. Doch was noch geschehen mag, es geschieht jenseits dieses Films. Das Ende ist abrupt, läuft dem der Käutnerschen Kino-Mär vom Schinderhannes kraß zuwider. De Broca schlägt seinem Publikum (und vermutlich auch seinen Produzenten) hier ein ähnliches Schnippchen wie mit dem Ende seines ‹Farçeur›. Der Cartouche, der wieder zum bloßen Hassenden, zum nichts und niemandem verpflichteten legendären Räuberhauptmann geworden ist, interessiert ihn nicht mehr» (Martin Ripkens).

Mit dem erwähnten Film «Fanfan la tulipe» (Fanfan, der Husar – 1952 – Regie: Christian-Jacque) hat «Cartouche» vielleicht noch ein wenig mehr gemein als nur das Tempo. Auch hier herrscht die ironisch-reflektierende Sicht vor, und die Geschichte selbst ist eine – wenn auch «konservativere» – Darstellung von Machtverhältnissen. Gerade in diesen französischen Filmen wird klar, was der *swashbuckler* ist: ein Mann, der zwischen Bürger und Revolutionär einen dritten Weg sucht, mal mit mehr bürgerlichen (im Kontext des Genres natürlich: nobel-loyalen), mal mit mehr revolutionären Impulsen in seinem Traum. «Nach dem ‹Petit Larousse› ist die Figur des Fanfan-la-Tulipe ein von Liederdichtern geschaffener Typ des französischen Soldaten, der den Wein ebenso liebt wie den Ruhm und die Frauen, und der allzeit bereit ist, seine Tapferkeit in den Dienst jener Sache zu stellen, die er gerecht findet. Im Film ist die Reihenfolge von Fanfans (Gérard Philipe) Vorlieben auf den Kopf gestellt: Die Frauen interessieren ihn bei weitem mehr als Ruhm oder gar Wein. Als rechter Schwerenöter und Schürzenjäger ist er denn auch zu Beginn dieser bewegten Abenteuergeschichte gezwungen, vor einer unfreiwilligen Heirat in die Armee König Ludwigs VI. (Marcel Herrand) zu fliehen. Da ihm Adeline (Gina Lollobrigida), die Tochter des Truppenwerbers, in betrügerischer Absicht prophezeit, die Hand der Königstocher sei ihm vorausbestimmt, richtet er in abergläubischer Verschrobenheit sein ganzes Sinnen und Trachten auf dieses Ziel hin. Das Schicksal scheint auf seiner Seite zu stehen, denn alsbald kann er das edle Fräulein samt der Madame Pompadour aus den Händen von Räubern befreien. Das bringt ihm als Lohn zwar vorerst nur eine goldene Tulpe aus der Hand der Königstochter und damit seinen Übernamen Fanfan-la-Tulipe ein, hilft ihm jedoch, Unbill und Drill des Soldatenlebens souverän zu überstehen. Als er sich nächtlicherweile mit seinem Freund Franche-Montagne (Olivier Hussenot) seiner Angebeteten in ihren Gemächern zu nähern wagt, werden beide erwischt, ins Kittchen gesteckt und zum Tode verurteilt. Nur die Fürsprache Adelines beim König rettet die beiden im letzten Moment vor der Hinrichtung. Nun dämmert es Fanfan allmählich, daß Adeline ihn liebt und er sie eigentlich auch. Aber fast ist es für diese Erkenntnis zu spät, denn König Ludwig (‹Man nannte ihn den Vielgeliebten, obwohl er es doch war, der so viel geliebt hat›) hat inzwischen die hübsche Adeline sich selbst als Dankespreis für die Begnadigung Fanfans zugedacht. Des Königs Macht kann jedoch Fanfan nicht abhalten, er macht sich auf, seine Adeline den Händen der königlichen Lakaien und des verräterischen Nebenbuhlers Fier-à-Bras (Noël Roquevert) zu entreißen, wobei er so ganz nebenher den Generalen eine ganze schöne Schlacht nicht nur verdirbt, sondern auch gleich noch gewinnt. Und schließlich wird Adelines Prophezeiung auch noch wahr: Der König adoptiert sie und gibt sie Fanfan-la-Tulipe zur Frau.

Den Personen geht zwar jegliche Psychologie ab, aber Henri Jeansons spritzige, freche, frivole, satirische und spöttische Dialoge bieten dafür vollwertigen Ersatz. So gepflegt und blendend diese Dialoge sind, so ist ‹Fanfan la tulipe› in erster Linie dennoch ein Film der optischen Bewegung, ein französischer ‹Western› mit Charme und Esprit. In nahezu ununterbrochener Folge lösen heiter-schwungvolle Szenen und Aktionen einander ab, aufgenommen von einer sorgfältig und virtuos geführten Kamera, und bilden ein Feuerwerk aus Tempo, Schwung und Witz. Die brillant inszenierten Degengefechte, Verfolgungsjagden und Reiterszenen ergeben eine vergnügliche Persiflage auf sämtliche Don Juan-, Robin Hood- und Douglas Fairbanks-Filme. Pointen und Gags folgen sich in verblüffender Präsision. Und der unnachahmliche, unvergeßliche Gérard Philipe bewegt sich inmitten des heiteren Trubels mit der salopp-charmanten Frechheit und Eleganz eines liebenswürdigen, pfiffigen Lausbuben. Alles zusammengenommen ergibt eine blendende filmische Boulevardkomödie in historischem Gewand und in bester gallischer Tradition» (Franz Ulrich).

Im selben Jahr wie «Fanfan la tulipe» entstand so etwas wie ein amerikanisches Gegenstück, «Scaramouche» (Scaramouche, der galante Marquis – Regie: George Sidney), nach einer Vorlage von Rafael Sabatini. In der Stummfilmzeit hatte es bereits eine Version des Stoffes gegeben, Rex Ingram hatte 1923 die Regie geführt, und Ramon Novarro hatte die Titelrolle gespielt. Ihm folgte nun Stewart Granger, der (spätestens) mit diesem Film zum einzigen verläßlichen neuen Star des Genres wurde.

André Moreau (Granger) ist ein junger Lebemann, der vom Geld seines unbekannten Vaters ein unbeschwertes, ausschweifendes Leben führt. Als die Zahlungen plötzlich ausbleiben, macht sich André auf die Suche nach seinem Vater und entdeckt, daß er der Sohn des mächtigen Grafen de Gavrillac ist, der soeben das Zeitliche gesegnet hat. André hat sich zuvor in die schöne Aline de Gavrillac (Janet Leigh) verliebt und ist nun maßlos enttäuscht, da er glauben muß, sie sei seine Schwester. Aline wird ihrerseits der Hof von Marquis Noël de Maynes (Mel Ferrer) gemacht, dem Favoriten der Königin (Nina Foch) und berühmtesten Fechter Frankreichs. Zusammen mit seinem Freund Philippe (Richard Anderson), einem Führer der revolutionären Kräfte, gerät André in einer Taverne in Streit mit dem Marquis, der sie durch seine Fechtkünste demütigt. André entkommt schließlich und findet Zuflucht bei der Schauspielerin Leonore (Eleanor Parker), und er übernimmt, um sich zu verbergen, in ihrem Theater die Rolle des maskierten Clowns Scaramouche. André läßt sich von dem Meister, der auch Noël ausgebildet hat und mittlerweile mit den Revolutionären sympathisiert, Fechtunterricht geben. Und er selbst nimmt eine Stellung in der politischen Führung der Revolutionäre ein. Im Theater schließlich kommt es zum Duell zwischen Noël und André, als dieser die Maske des Scaramouche fallen läßt und de Maynes von der Bühne aus fordert. Den ausgedehnten Zweikampf (er nimmt im Film beinahe sieben Minuten ein) kann André schließlich für sich entscheiden, aber er bringt es nicht über sich, Noël zu töten. Kurz darauf erfährt André, daß er nicht der Sohn de Gavrillacs ist, sondern der des Marquis de Maynes, also Noëls Halbbruder. Er ist also frei, Aline zur Frau zu nehmen.

Innerhalb der amerikanischen Filme des Genres nach dem Krieg ist «Scaramouche» sicherlich ein Glücksfall; es «stimmt» alles, von den stilvollen Dekorationen über das sichtbare Vergnügen aller Beteiligten bis zu den exzellenten Fechtszenen und Stunts. Für den Erfolg ist aber auch jene genretypische Verbindung von Familiendrama mit erotischen Verwicklungen und großen historischen Ereignissen verantwortlich, die allgemeine und vielleicht eher banale psychologisch-soziale Konflikte in einen großen Rahmen stellt und als dramatisches Schauspiel zur glücklichen Lösung bringt. Ganz anders als später bei «Cartouche» ist freilich die politische Situation und die historische «Notwendigkeit» der Revolution hier nicht mehr als eine Folie.

«Scaramouche» sollte zwei Remakes in Europa erleben, «Scaramouche» (Das Geheimnis des Scaramouche – 1963 – Regie: Antonio Isasi-Isasmendi) mit Gérard Barray in der Titelrolle, einem der im italienisch-französischen Mantel & Degen-Film dieser Zeit meistbeschäftigten Darsteller, und die deutsch-italienisch-jugoslawische Coproduktion «Scaramouche, der Teufelskerl» (1975 – Regie: Enzo G. Castellari), die Michael Sarrazin als Titelhelden präsentierte. Freilich konnte keiner der

Mel Ferrer und Stewart Granger in «Scaramouche» (1952).

beiden Filme die Leichtigkeit und das Flair der Arbeit von Sidney erreichen, gewiß nicht allein wegen der geringeren Budgetierung der Filme und der minderen Qualität der Regie-Arbeiten (zumindest Castellari ist gewiß einmal als kommender Kult-Regisseur zu entdecken), sondern vor allem, weil der *swashbuckler* seinen Weg ins Abenteuer nicht mehr so leicht bewältigen konnte.

Stewart Granger war wohl der letzte der «einfachen», ungebrochenen Abenteurer, die sich keine Autorität über den Anspruch ihrer Person hinaus anmaßten. Er spielte in «The Prisoner of Zenda» (1952), «Beau Brummel» (Beau Brummel – Rebell und Verführer – 1955 – Regie: Curtis Bernhardt) und einer Reihe von «modernen» Abenteuerfilmen wie «King Solomon's Mines» (1950 – Regie: Compton Bennett, Andrew Marton), bevor auch er seinen Weg in den mediterranen B-Abenteuerfilm wie «Lo Spadaccino di Siena» (Degenduell – 1962 – Regie: Etienne Périer) fand.

Aber vielleicht hatte sich schon in dem früheren Stewart Granger die Krise des *swashbucklers* abzuzeichnen begonnen. Seine Verführungskünste waren das eine oder andere Mal schon zu geckenhaft vorgetragen, seine Blicke zu posenhaft, um noch glaubhaft zu machen, daß es hier um die Entführung in ein Land des *anderen* ging, und er führte sein abenteuerliches hedonistisches Leben immer wie ein Bürger, nicht wie ein Proletarier wie Tyrone Power oder Burt Lancaster, oder auch Jean-Paul Belmondo. Er konnte seine Umwelt noch irritieren, aber er konnte sich nicht mehr über sie hinwegsetzen. Kurz, dieser Abenteurer war kein Kind mehr, und so bereitete er Abschied und Verrat vor.

Zu den Konkurrenten Grangers in Europa gehörten etwa Georges Marchal – «Le Vicomte de Bragelonne» (vergleiche den Abschnitt «D'Artagnan und die drei Musketiere»), der erwähnte Gérard Barray – «Les Trois Musquetaires» (1960), «Le Chevalier de Pardaillan» (Der scharlachrote Musketier – 1962 – Regie: Bernard Borderie), «Hardi, Pardaillan!» (Der Triumph des Musketiers – 1963 – Regie: Bernard Borderie) und Georges Rivière – «Mandrin»/«L'Indomabile» (Mandrin, der tolle Musketier – 1962 – Regie: Jean-Paul le Chanois). Alain Delon unternahm mit «La Tulipe Noire» (Die schwarze Tulpe – 1963 – Regie: Christian-Jacque) einen Ausflug ins Genre, der nicht nur durch die Person des Regisseurs und den Titel mit «Fanfan la tulipe» verknüpft ist, und noch einmal Jean-Paul Belmondo mit «Les Maries de l'an deux» (Musketier mit Hieb und Stich – 1971 – Regie: Jean-Paul Rappeneau).

Der berühmteste der Helden der französischen Mantel & Degen-Filme aber war zweifelsfrei Jean Marais, der in Filmen wie «La Comte de Monte Christo» (1954), «La Tour, Prends Garde» (Des Königs bester Mann – 1957 – Regie: Georges Lampin), «Le Capitan» (Mein Schwert für den König – 1960 – Regie: André Hunebelle), «Le Masque de fer» (Die eiserne Maske – 1962 – Regie: Henri Decoin) einen herb-romantischen Helden abgab. Marais war der gerechte, souveräne Kämpfer für die gerechte Sache, immer war seine Moral auch die von Gesetz und Ordnung, und nie war er ein Rebell; er war pragmatisch, wo die angelsächsischen *swashbuckler* romantisch waren, und er war romantisch, wo diese pragmatisch dachten und handelten.

Marais verstand die Fechtkunst, beherrschte auch den «kreativen Umgang mit den Objekten», aber er war nicht eigentlich ein Akrobat. Wenn er lächelte, lag darin Freundlichkeit und Härte, nie aber diese ungeheure Unverschämtheit, mit der der wahre Abenteurer der Welt die lange Nase zeigt. Die Anarchie, die als fernes betörendes Leuchten den Weg der frühen *swashbuckler* begleitet hatte, rückte in den letzten beiden Jahrzehnten des Genres in immer weitere Ferne, selbst dort, wo sie in Europa gar thematisiert war. Der Abenteurer richtete sich zunehmend an Werten außerhalb seines Traums aus – und verlor sich dabei in seinen Aktionen.

Die letzten Abenteurer

Die phantastischen historischen, sozialen und geografischen Räume, in denen die klassischen Spielarten des Abenteuerfilms angesiedelt sind, ermöglichen jene Schwerelosigkeit, ohne die vom Abenteuer nur die *action* übrigbleibt. Damit ist es aus, wird der soziale Ort des Helden präzis identifizierbar und die Topografie des Geschehens naturalistisch beschrieben. Die Schritte des Abenteurers werden langsamer, Widerstände machen sich bemerkbar, um so mehr, als seine Reise und/oder Flucht in eine realistische Handlung eingebettet scheint.

Die Desillusionierung durch den Zweiten Weltkrieg lenkte den Blick auf die Realität, und zugleich schwand der Optimismus, sie zu meistern. Mit Vehemenz warf sich der Abenteuerfilm nach dem Krieg auf die Produktion seiner Traumreisen, zugleich aber brachte er auch eine kritische, wenn man so will, sogar ein wenig schwarze Spielart hervor. Da wird der Tatendrang des Abenteurers geschluckt von dem Gefühl, den Mächten eher ausgeliefert zu sein, mit denen der klassische Abenteurer, der *swashbuckler* und seine Nachfolger, spielte. Je mehr sich der Abenteuerfilm der Gegenwart annähert, was seine historische Geografie und das Denken seiner Helden anbelangt, desto mehr bekommt er melodramatische Züge. Er kann eine Dimension des Komischen, des Grotesken erhalten, oder seine Fabel wird durch eine Rahmenhandlung zur politischen oder sozialen Metapher. Und der Abenteurer lernt etwas, das ihm nicht bestimmt schien, er lernt zu leiden.

Gedreht werden Abenteuerfilme freilich weiterhin, denn das Bedürfnis nach Abenteuer und Glück ist ja größer denn je. So wird die abenteuerliche Tat zum Trotzdem oder bedarf komplizierter Motivation und ausführlicher epischer Einleitungen.

Dem gebrochenen, reflektierenden Helden der «moralischen» Krise geht der Negativheld der materiellen Krise voraus. Den Schwung der «Big Business-Periode» in den USA nach 1918 mit ihrem in der Idee naiven und in der Praxis brutalen Puritanismus (Prohibition und Ku-Klux-Klan) lähmte der Schock des Schwarzen Freitags und des wirtschaftlichen Zusammenbruchs. Der Entdeckung der harten Wirklichkeit folgte das Bedürfnis nach adäquaten Bewältigungsmustern. Der zynische Gangster-Typus vor zeitgenössischer Kulisse etablierte sich auch als Kino-Held. Und auf der technischen Seite vervollständigte die Entwicklung des Filmtons den immanenten Naturalismus der Fotografie. Das Kino näherte sich unter verschiedenen Vorzeichen der Wirklichkeit an.

Es war die Stunde Clark Gables, eines «dunkelhaarigen, hemdsärmeligen Burschen, der sich die Zähne mit Whisky zu putzen schien: Das rauhe bellende Stakkato seiner Stimme zerschnitt die Szenen in einem neuen Kino, das die stillen Pantomimen des Stummfilms wie eine Springflut hinunterspülte in eine elegische Vergangenheit, die von der säbelklirrenden Eleganz eines Douglas Fairbanks senior und dem wilden Augenrollen Valentinos dominiert worden war. Gable ersetzte diese beiden Heroen einer verflossenen *silver-screen-Ära* in einer Person: Seine fäusteschwingenden Protagonisten verzichteten auf Mantel und Degen, es genügte ihnen, zum Telefon zu greifen oder den Finger am Abzug des Revolvers zu halten» (Adolf Heinzlmeier).

In «Red Dust» (Die gelbe Hölle – 1932 – Regie: Victor Fleming) findet die nüchterne, aber lebenszugewandte Haltung ihren Ausdruck in der Direktheit erotischer Ansprüche, die sich gegen die alte Macht viktorianischer Bigotterie durchsetzen.

Der vitale Dennis Carson (Clark Gable) führt eine Gummiplantage in Indochina. Trotz traditioneller Moralvorstellungen erliegt er der blonden Sirene Vantine (Jean Harlow), die, auf der Flucht vor Saigoner Behörden, bei ihm Unterschlupf findet. Dann aber wehrt er die selbstsichere, gewitzte Vantine ab und stürzt sich statt dessen in eine Romanze mit dem *good girl* des Films, Barbara (Mary Astor), der Frau des Forschungsreisenden Willis. Nach etlichen Verwicklungen sieht Dennis ein, daß er nicht zum romantischen Liebhaber taugt, und er beendet die Affäre mit Barbara auf smarte Weise und mit Hilfe der Schlagfertigkeit Vantines, ohne Willis zu kränken. Er kehrt zu Vantine, der Frau, die zu ihm gehört, zurück. «Diese Konstellation machte die beiden zu einem echten Liebespaar der dreißiger Jahre – ihr unbekümmert-freches Leben auf dem sinkenden Schiff, mit einem Fuß im Gefängnis, mit dem anderen im zwielichtigen Abgrund des Verbrechens» (Adolf Heinzlmeier). Damit ist bereits eine andere Konstellation, die Sex, Melancholie und Abenteuer im Zueinanderfinden eines Paares verband, vorgezeichnet, die von Humphrey Bogart und Lauren Bacall in «To Have and Have Not» (1945). Man ist skeptisch gegenüber großen Worten, und man liebt klare Verhältnisse; das Abenteuer ist nicht der Fluchtpunkt der Biografie, es ist die Biografie selber, und entsprechend kann es nicht sonderlich romantisch gesehen werden. Hier wie dort erkennen sich die «Abgebrühten», die vielleicht von einer gutbürgerlichen Gesellschaft so genannten «Abenteurer» instinktiv und auf Anhieb. Howard Hawks, der Regisseur von «To Have and Have Not», wiederholt den Trick, das spontane Einverständnis der Protagonisten dadurch bündig auszudrücken, daß die Partner sich bestimmte Namen geben, die gleichsam Identitäten aufheben und neu konstituieren. Carson redet Vantine mit Lily an, sie nennt ihn nur Fred, so wie Harry Morgan (Humphrey Bogart) und Marie Browning (Lauren Bacall) – in «To Have and Have Not» – sich gegenseitig in Slim und Steve umtaufen.

«Red Dust» hatte im übrigen alle Kassenrekorde gebrochen. Zwei Remakes, «Congo Maisie» (1940 – Regie: H. C. Potter) mit Ann Sothern und John Carroll und «Mogambo» (1953 – Regie: John Ford), wieder mit Clark Gable, versuchten vergeblich, den Erfolg zu wiederholen.

In «They Met in Bombay» (1941 – Regie: Clarence Brown) spielt Rosalind Russell die Gable ebenbürtige Frau. Als Juwelendiebe auf der Flucht in den Osten versuchen sich beide gegenseitig auszutricksen, bis Hochstapler Gable in der Uniform eines britischen Captains an die Front muß. Dort entpuppt sich der falsche Captain als Held. Er wird mit dem Victoria-Kreuz ausgezeichnet, wird aber dennoch ins Gefängnis gebracht, freilich nicht für lange Zeit und mit der Gewißheit, daß die Abenteurerin Russell auf ihn warten wird.

Die bedeutsamste und perfekteste Ausgestaltung fand der negative Held des Genres, der Abenteurer mit Problemen, sicher in den von Humphrey Bogart dargestellten Figuren, und es ist gewiß auch kein Zufall, daß diese gleichsam die Fortsetzung seiner Gangster-Rollen aus den dreißiger Jahren sind. Die Erfahrungen des Zweiten Weltkrieges schienen alle optimistischen und fortschrittsgläubigen Weltbilder Lügen zu strafen. Dem technischen stand nicht unbedingt ein moralischer, sozialer Fortschritt gegenüber, so daß man sich daran gewöhnte, daß die großen und hehren Ziele zurücktraten zugunsten bescheidenerer Wünsche, Wünsche auch, die sich mehr auf den einzelnen als auf die Gesellschaft richteten. Ein egoistischer Pragmatiker beherrscht nun also die Leinwand, der so, wie er ist, geworden ist, weil er die Welt kennt und weiß, daß sie schlecht ist. Nur heimlich ist er ein Moralist, und es ist fast nicht auszumachen, ob er das selber weiß oder nicht. Das «Was kostet die Welt» weicht der Devise: «Der einzige Sinn, viel Geld zu machen, ist es, einem Boss sagen zu können: Fahr zur Hölle!» (Bogart).

So gibt es für den Bogart-Helden zwei Wege (zurück) ins Abenteuer: Der eine ist jenes Wagnis, für das viel Geld in Aussicht steht und damit noch mehr Unabhängigkeit von den Bossen der Welt, der andere ist gewissermaßen der Rückfall in den Idealismus, die Wiederkehr der beiseite geschobenen Moral. Fast immer ist es eine Frau, die diese Rückkehr herbeiführt; manchmal wird dabei aus dem Egoismus des einzelnen der Egoismus des Paares, aber gelegentlich kommt dabei auch so etwas wie eine Verantwortung für die Mitwelt zum Tragen. Da erscheinen Momente des Verzichtes und der Trauer, die man mit dem Gestus der Härte verbirgt.

Zur Botschaft des Bogart-Typus im Abenteuer gehörte also, daß er im Kern nicht der war, für den man ihn halten mochte. Seine Härte war nur die Widerspiegelung der Verhältnisse. Die Geschichte selbst schien ja nicht mehr zu retten, so muß man sehen, wo man selbst bleibt und vielleicht noch ein Freund und eine Frau, und wie man einigermaßen aufrecht bleibt dabei. «Als Hitler brutalere und obszönere Drehbücher in Szene setzte, als sie sich Nord-Chicago oder Warner Bros. jemals hätten träumen lassen, war Bogart der einzig mögliche Gegner mit der Aussicht, ihn zu überlisten und zu überleben» (Cooke).

Ökonomisch gesehen waren alle diese herb romantischen Helden Bogarts Kleinunternehmer, Selbständige – Privatdetektiv, Barbesitzer, Bootsvermieter –; sie sind nicht mehr Herren der sieben Meere und Glückbringer für alle, allenfalls Boss einer kleinen autarken Insel. Aber weder die Weltferne dieser Insel noch der Opportunismus ihres Bewohners gegenüber den politischen Machthabern kann verhindern, daß er ins Weltgetriebe verwickelt und zu Entscheidungen gezwungen wird. So muß er zeigen, daß er die Dinge der Welt beherrscht und daß er in letzter Konsequenz gerecht ist, auch dort, wo sein Eintreten für eine Sache weder Aussicht auf Erfolg noch Vorteil für ihn selber bereitzuhalten scheint. Gerade wo er «gut ist», das heißt professionell zu Werke geht, schimmert durch, daß er auch ein «guter Mensch» ist.

Der Bogart dieses Typs ist immer ein Mann mit Vergangenheit, dessen Lehrjahre ihn nicht als nützliches Glied der Gesellschaft integriert haben, die ihn aber trotz gründlicher Desillusion auch nicht zerstört haben. Aus der Perspektive des Abenteuers gesehen ist er der müde, resignierte Held, der das «Große» als schönen Schein erkannt zu haben glaubt und als einzigen Ausweg nur sich selbst zum Maßstab für sich macht. Sein Rückfall in Moral und Abenteuer zugleich ist auch ein Schauspiel: Aus Liebe zu einem oder mehreren Menschen rettet er die Idee der Gerechtigkeit, die er für sich selber bereits abgetan hat.

Daß dieser Held freilich auch in gefährlicher Nähe des bis in den Wahnsinn selbstsüchtigen, kranken Abenteurers liegt, zeigt Bogart in der Rolle des Dobbs in «The Treasure of the Sierra Madre» (Der Schatz der Sierra Madre – 1948 – Regie: John Huston). Als Arbeits- und in jedem Sinne Heimatloser jeder Möglichkeit des Rückzugs auf ein autarkes Inselreich (oder was dafür stehen kann) beraubt, ist für Dobbs – vielleicht wie in der Wirklichkeit – Überlebenskampf und Abenteuer in eins gesetzt. Es gibt für ihn, anders als für seine Begleiter, kein Gefühl mehr für die Ästhetik, die Choreografie des Abenteuers, dessen Geist er zerstören wird.

Wo das Abenteuer schließlich zur Gewohnheit geworden ist, kann der Abenteurer es wohl nur durch Alkohol noch ertragen und sich selber uns erträglich durch eine Form des sarkastischen Humors machen. An dieser Stelle in der Entwicklung kehrt der Abenteurer zu seinem Gegenbild, seiner Ergänzung, dem Picaro, zurück. Er ist wieder Schelm, der kleine Gauner, der sich irgendwie durchs Leben schlägt. Nur zur rechten Fröh-

Katherine Hepburn und Humphrey Bogart in «The African Queen» (1951).

lichkeit will es ihm nicht mehr gelingen, bevor er, wie Humphrey Bogart in Hustons «The African Queen» (African Queen – 1951) auf einen anderen Weg gebracht wird. Ein wenig dient dieser geläuterte Picaro auch der Reflexion des Abenteuers, auch der ästhetisch-ideologischen Strukturen des Genres; der schlecht rasierte, mürrische und faule Held widerspricht jeder Eleganz des Abenteuers. Er, so scheint es, braucht das Abenteuer nicht, und nur weil das Abenteuer ihn findet, ist es, schlecht und recht, noch möglich.

Der filmhistorischen Legende nach ist *der* Bogart-Abenteuerfilm, «To Have and Have Not», selbst ein Produkt professioneller Eitelkeit. Hawks ärgerte Hemingway, er könne auch aus der schlechtesten Erzählung von ihm einen guten Film machen, und dieser warf ihm den Roman «To Have and Have Not» an den Kopf. Das Drehbuch ließ Hawks von Könnern (William Faulkner und Jules Furthman) schreiben, und er wußte zudem das Glück, daß sich die beiden Hauptdarsteller Bogart und die Debütantin Lauren Bacall heftig ineinander verliebt hatten, zu nutzen.

Bei Warner Bros. hatte man eine Art weiteres «Casablanca» im Sinn gehabt, und so verschob man in diesem Sinne ein wenig die Akzente im Plot. Ort der Handlung wurde das Vichy-kontrollierte Martinique, man baute französische Widerstandskämpfer in die Story ein, und sogar der obligatorische Pianist hatte seinen Auftritt. Bogart spielt den Amerikaner Harry Morgan, der sich seinen Lebensunterhalt verdient, indem er sein Boot an angelnde Touristen vermietet. Als er in Geldnöte geraten ist, nimmt er auch den Auftrag, Widerstandskämpfer fortzubringen, an, den er vorher abgelehnt hat, weil er nichts riskieren wollte. Seinen Gesinnungswandel erklärt er mit den Worten: «Jetzt brauche ich das Geld, letzte Nacht brauchte ich es noch nicht.» Auch seine Beziehung zu Marie (Bacall), der in den Bars auftretenden «Herumtreiberin», die mit den Widerstandskämpfern nichts zu tun hat, entwickelt sich zunächst über einen rein sachlichen Konflikt. Doch in der besonderen Qualität dieses Konflikts tritt witzig die innere Verwandtschaft der Heimatlosen miteinander zutage. Marie stiehlt einem Schuldner Morgans die Brieftasche, worauf dieser sie stellt und belehrt: «Sie sollten sich jemanden zum Klauen suchen, der mir kein Geld schuldet.» Unter dem falschen Verdacht, mit den Widerstandskämpfern zusammenzuarbeiten, werden Morgan und Marie festgenommen und von Captain Renard (Dan Seymour) und seinen Leuten einem entwürdigenden Verhör unterzogen. Nach ihrer Freilassung nimmt Morgan, dessen Schuldner inzwischen nicht mehr zahlen kann, den Auftrag der Widerstandskämpfer an. «Vielleicht ist es eher Renards Autorität als Morgans finanzielle Situation, was Morgan das Angebot der Widerstandskämpfer annehmen läßt» (Julie Barker). In jedem Fall ist er gezwungen worden, die Augen aufzutun angesichts der ungerechten und unmenschlichen Macht. Natürlich gibt es Schwierigkeiten mit den Vichy-Schergen, verursacht vor allem durch das unbeherrschte Verhalten von Morgans Passagieren. Unter Aufbietung all seiner Professionalität (die den Widerstandskämpfern so fehlt) gelingt es Morgan, der weder Idealismus noch irgendwelche Emotionen zeigt, «aber weiß, wie man eine Schußwunde behandelt», und Slim, die Situation zu meistern, die Widerstandskämpfer zu retten und die Insel sicher zu verlassen.

Bogart, der Held in den mittleren Jahren, der sich zwar schon die Hörner abgestoßen hat, aber trotzdem noch etwas vom Leben erwartet, war der Held des liberalen Amerika, eines Amerika, das sich von kaum wissenschaftlichen, eher schwärmerisch verfolgten marxistischen Idealen, für die in der ersten Hälfte der Roosevelt-Ära Platz war, ab- und dem Konzept der *original sin* zuwandte, mit der man sich irgendwie arrangieren mußte. *Acceptance* und Revolte waren die beiden Pole dieser intellektuellen und individualistischen Form des Pragmatismus mit aufrechtem Gang. Melancholie ist seine Grundstimmung. Im Kino spiegelt sich das in einer eigentümlichen Verbindung von Melodram und Abenteuerfilm, der Konfrontation von Schicksalsergebenheit mit der Herausforderung der Geschichte.

In «Casablanca» (Casablanca – 1942 – Regie: Michael Curtiz) überwiegt das Melodram. Das naive Abenteuer hat sein Held schon hinter sich. Rik (Bogart) wird uns als ehemaliger Kämpfer für das Gute vorgestellt. Er besorgte Waffen für die spanischen Republikaner. Das Abenteuer als Trotzdem beginnt erst mit dem Ende des Films (der es im übrigen fertigbringt, uns die fürchterliche andere Seite der Bogartschen Medaille, den korrumpierten, hedonistischen Opportunisten in der Figur des charmanten Captain Renault, dargestellt von Claude Rains, fast sympathisch zu machen).

In «To Have and Have Not» ist das Abenteuer durch Slim, die Vagabundin, gleich präsent. Auch bleibt die Handlung nicht auf die Glashausatmosphäre einer Flüchtlingsstadt und einer Bar darin beschränkt, sondern bezieht das Meer als Ort des Abenteuers mit ein. Es ist auch diese Interpretation möglich: Nicht ein Trinker und Barbesitzer bezieht parteilich Position, sondern ein abgebrannter Bootsbesitzer nimmt einen in erster Linie lukrativen Job an, um *sein* Leben weiter leben zu können. «To Have and Have Not» ist also ein durchaus ambivalenter Film. Egoismus und Loyalität, Pragmatismus und politische Moral werden weniger miteinander vereint als durch Witz und pointierte Dialoge in spannungsreiche Beziehung gesetzt.

Die weiteren Abenteuerfiguren, die Bogart dargestellt hat, entsprechen nicht mehr seiner Film-*persona* des romantischen *loners*. Sieht man aber einmal ab von «The Left Hand of God» (Die linke Hand Gottes – 1955 – Regie: Edward Dmytryk), wo Bogart einen im Priestergewand fliehenden amerikanischen Piloten, der über China abgeschossen wurde, spielt und mit drei Feinden, «China, der Versuchung des Fleisches und nahezu allen Klischees, die jemals in Filmen über Missionare auf fremdem Boden benutzt worden sind» – so hieß es in der «Daily Mail» –, zu kämpfen hat, könnten Bogarts Verkörperungen des Abenteurers aus «Abspaltungen» seiner *loner*-Gestalt entstanden sein.

Verhindern Welterfahrung, eine heimliche Moralität und vielleicht sogar eine heimliche Hoffnung, daß Rik oder Morgan zu gewissenlosen Unmenschen abgleiten, so wird in «The Treasure of the Sierra Madre» und in «The African Queen» die Geschichte von Anti-Helden erzählt, die solche sind, weil sie aus Beschränktheit oder Selbstbeschränkung den Gegebenheiten unterworfen sind oder sich ihnen unterwerfen. In beiden Fällen sind es Geschichten, die sich außerhalb der durch staatliche oder persönliche Souveränität gesicherten Konventionen ereignen.

In «The Treasure of the Sierra Madre» setzt der in der Figur des Dobbs angelegte Egoismus, von keiner Kraft gesteuert, seine ganze zerstörerische Kraft frei und reißt die Protagonisten ins Verderben. Dieser Film wäre wohl die konsequenteste Beendigung des Abenteuerfilms, wenn denn ein Genre durch einen Film zu Ende gebracht werden könnte.

Die Geschichte spielt im Mexiko der zwanziger Jahre. Drei arbeitslose Herumtreiber, der brutale Dobbs (Bogart), der naive junge Curtin (Tim

Holt) und der erfahrene Alte Howard (Walter Huston), tun sich zusammen, um in der Sierra Madre das Gold zu suchen, von dem Howard zu wissen meint. Nachdem sie sich ihren Lohn, um den sie von ihrem ehemaligen Boss geprellt worden sind, mit Gewalt geholt haben und außerdem durch Spielglück zu einer ansehnlichen Summe gekommen sind, rüsten sie sich aus und beginnen das Abenteuer. Schon auf ihrem Weg droht die Bitterkeit Dobbs' die Gruppe zu sprengen. Als sie jedoch tatsächlich Goldstaub finden, raufen sie sich noch einmal zusammen. Der gekittete Zusammenhalt hält allerdings nicht lange. Der habgierige Dobbs wird durch seine grundlosen Verdächtigungen zur Gefahr für die anderen. Zu allem Überfluß setzen ihnen fremde Mitwisser und Banditen zu. Sie entschließen sich, mit der genügend umfangreichen Ausbeute nach Tampico zurückzukehren. Unterwegs werden sie von Indianern aufgehalten, die Howard um Hilfe für ein erkranktes Kind bitten. Howard geht mit den Indianern, und es gelingt ihm, das Kind zu retten. Ohne den besonnenen Alten vollendet sich die Tragödie, vor der Howard schon am Beginn der Expedition gewarnt hatte. Blind vor Gier und Mißtrauen schießt Dobbs Curtin nieder und verschwindet mit dem Gold. Howard findet Curtin und kann ihn retten. Dobbs gerät unterdessen in die Fänge von Banditen, die ihn berauben und ermorden. Den Goldstaub halten sie für Sand und schütten ihn achtlos auf den Boden. Howard und Curtin erreichen den Tatort; der Wind hat das Gold inzwischen verweht. Howard bricht in hysterisches Gelächter aus und schreit, zu Curtin gewandt: «Lach, Junge, das ist ein Witz, den Gott oder das Schicksal oder wer immer mit uns spielt ... Das Gold ist weg, dahin zurück, wo wir es geholt haben.»

Huston drehte diesen Film wie auch «The African Queen» zum großen Teil *on location*. Er versprach sich von der Wirklichkeit der Umgebung und vor allem von den wirklichen Anstrengungen, die die Wüste und die Tropen für Darsteller und Crew erfordern, eine realistische Darstellung. Auch das deutet auf einen Wandel im Genre hin, das ursprünglich gerade durch artifizielle Landschaften und die traumtänzerische Schwerelosigkeit seiner Helden charakterisiert war. Die Kämpfe in «The Treasure of the Sierra Madre» unterliegen keiner Choreografie; sie werden nicht «getanzt», haben weder Schwung noch Pathos. Sie sind zäh und schmutzig. Die Schlägerei, mit der Dobbs seinem betrügerischen Arbeitgeber den Lohn abzwingt, wird nicht als sportlicher Wettkampf oder artistische Nummer vorgeführt, sondern aus distanzierender Untersicht in fast quälender Langsamkeit und mit verwirrenden Perspektivwechseln in ihrer ganzen Elendigkeit und Brutalität gezeigt. Man kann sich über weite Strecken des alptraumhaften Gefühls nicht erwehren, zu Boden gedrückt zu werden und nicht weglaufen zu können. Als ob die Kamera gerade dies bezwecken wolle, scheint sie mit dem Fortschreiten des Films eine immer höhere Perspektive einzunehmen.

Wo der Abenteuerfilm «realistisch» wird, wo er seine Traum-Elemente konkretisiert und wo vom Schatz nur der blanke Geld-Wert übrigbleibt, können auch Frauen kaum noch eine Rolle spielen. In einem gewissermaßen dramatisierten Bild von ansonsten wirklichen «Arbeitsprozessen», die das Abenteuer so im nebenhinein abwerfen, ohne seine utopischen Ziele noch zuzulassen, ist die Entfremdung so groß wie im Alltagsleben. Das Verhältnis zur Frau für den Abenteurer müßte nun dargestellt werden als Verhältnis zu wirklichen Individuen, wo die Frau nicht mehr funktioniert als bloßes *Bild* für den Traum, für die Natur, für die Gesellschaft. Da es in Filmen von der Art wie «The Treasure of the Sierra Madre» und «Le Salaire de la peur» (Lohn der Angst – 1952 – Regie: Henri-Georges Clouzot) um den Lohn geht und nicht um die Utopie eines versöhnten Verhältnisses zur Natur oder um die einer freien Gesellschaft, können sie frauenlos bleiben. Je frauenloser die Welt des Abenteuers freilich ist, desto «schmutziger» wird sie auch.

Einen weiteren Schritt geht Huston mit «The African Queen», der mit seinem Humor, der aus der Spannung zwischen Naturalismus und Poesie resultiert, den Ausgleich sucht zwischen erstarrter Zivilisation und reizvoll verlotterter gleichgültiger Landstreicherei. Der Amerikaner Charlie Allnutt (Humphrey Bogart) rettet mit seinem Zehn-Meter-Schrottkahn «African Queen» das schon etwas ältere Methodistenfräulein Rose Sayer (Katharine Hepburn), das in Zentralafrika eine Mission betreibt, vor dem Vandalismus deutscher Truppen. Da die Deutschen den Fluchtweg, der für die Engländer zugleich ein wichtiger strategischer Punkt ist, mit einem Kanonenboot unter Kontrolle haben, gedenkt Charlie sich und die «African Queen» mit ihrer Ladung explosiver Chemikalien und einem Vorrat an Tabak und Gin in ein sicheres Dschungelversteck zu bringen, um dort den Ausgang des entbrannten Ersten Weltkrieges abzuwarten.

Doch die spröde, aber patriotische Rose nötigt ihn mit Überredungskunst, Penetranz und Bösartigkeit zu einem Wahnsinnsunternehmen: die «African Queen» trotz Stromschnellen und deutscher Stellungen flußabwärts zu fahren, sie zum Torpedo umzubauen und die «Louisa», das deutsche Kanonenboot, zu versenken. Der phlegmatische Charlie kann sich der Energie der zielstrebigen Missionarin nicht entziehen. Gemeinsam überstehen sie mit viel Glück unüberwindbar erscheinende Hindernisse. Auf der abenteuerlichen Fahrt kommen sich Charlie (der sich anfangs vor Rose wie vor einer teuren Porzellanfigur in acht nimmt), und die Missionarin, die mit ihm spitzfingrig wie mit einem üblen Putzlappen umgeht, näher.

Charlie überwindet sein Phlegma und überrascht durch Tatkraft und Phantasie, und Rose legt ihre Berührungsangst ab. Aus ihrer zwischen Distanz und unbemerkt wachsender Zuneigung oszillierenden Liebesgeschichte entspringt ein das Abenteuer ständig begleitender Humor, der auch noch gegenwärtig ist, als die beiden zum Paar geworden sind. Nach ihrer ersten Liebesnacht fragt Rose den Liebhaber: «Mr. Allnutt – Liebling – wie ist dein Vorname?» Dieser Witz, von Bogart und Hepburn brillant ausgespielt, desavouiert stets den aufklärerischen Optimismus und das Pathos der Tat. So entziehen sich die Protagonisten der Ideologisierung ihres Abenteuers. Zudem stellt sich der Erfolg nicht proportional zur investierten Arbeit ein. Alle überlebenswichtigen Momente werden vom Zufall entschieden, der auch das Happy-End verantwortet. Die auf ihrer Feindfahrt havarierte «African Queen» treibt mit ihrer explosiven Last unbemerkt auf die «Louisa» zu, wo die beiden Helden auf ihre Exekution wegen Hochverrats warten. Der Kapitän erfüllt ihnen noch ihren letzten Wunsch und traut sie. Da kollidiert die «Louisa» mit der «African Queen» und sinkt. Glücklich entkommt das Liebespaar an Land.

«Das zufällig glückliche Ende ist keine Pointe. Es ist sogar gleichgültig. Denn auf Erfolg oder Mißerfolg der abenteuerlichen Reise kam es nicht an. Wichtig war es nur, ein Ziel zu haben, irgendeines, aber ein außerordentliches» (Dietrich Kuhlbrodt). Es geht weniger um den Sieg gegen die bösen Deutschen als um das Recht der Körperlichkeit, die Erfahrung des Körpers, um seine Sinnlichkeit, Trägheit und Lächerlichkeit – Bogarts Bartstoppeln und Dreck, sein Schweiß, sein Magenknurren und seine Hasenzähne, die sein frech-blödes Grinsen entblößen darf. Wenn auch die schlanke, fast in reines Tun und Wollen sich auflösende Rose, die uns vorgestellt wird, wie sie Eingeborenen verbissen die Nationalhymne beizubringen versucht, den Sieg über Charlies gemütlichen Fatalismus davonzutragen scheint, so erzählt der Film doch eigentlich eine Geschichte der Humanisierung des Zivilisatorischen durch die Trägheitskraft der Natur, die im Abseits zwar zum fast animalischen, bewußtseinslosen Existieren regredierte, aber nur dort dem Erstickungstod durch die Enge des Puritanismus entgehen konnte. Nicht vom äußeren Feind und nicht von der urwüchsigen Natur droht der Zivilisation – der Frau – das eigentliche Verderben, sondern durch die Verabsolutierung ihrer zivilisatorischen Normen, der falschen Überwindung des Körpers. Teatime im Kongo, dafür krümmt der Abenteurer keinen Finger; er überläßt sich lieber dem Treiben des Flusses, den er einst für die Zivilisation erschlossen hätte. Nicht die Kultivierung der Natur, sondern die Rekultivierung der Zivilisation ist das Thema des Films. In der Beziehung der Geschlechter äußert sich dies darin, daß Erotik weder in Formen des Kampfes noch durch die Chiffren des konventionellen Sex-Appeal entsteht, sondern in einer Form solidarischen Handelns. Deshalb auch mußten die Protagonisten nicht jugendlich sein, mußte das Abenteuer nicht der romantisch-perfekte Traum werden, mußte nie gesiegt werden.

So ist «The African Queen» so etwas wie ein Spät-Abenteuerfilm, der sich, wie etwa der Spät-Western, über die Reflexion der Mythen hinaus das wirkliche Alter seines Stars zunutze macht, um für ein Genre, eine Botschaft, ein Gefühl die Fortexistenz trotz Veränderung zu gestatten. Gerade die ironische, kritische Behandlung des Abenteuers läßt dieses als emotionale Erfahrung und Haltung zur Welt weiterleben.

Aber für Bogart war ja das Abenteuer nie die Selbstverständlichkeit, wie es für einen *swashbuckler* der Fall war. Für seinen Abenteurer war das Altern keine Katastrophe, denn er schwang sich nicht akrobatisch durch die Gefahren der Welt, sondern er schlängelte sich listig hindurch, immer der Erde sehr nahe. Nicht so für Errol Flynn, dessen mythische Ausstrahlung den Alterungsprozeß am wenigsten vertrug. «In ‹Maru Maru›, gedreht 1952, erleben wir einen alarmierend unsicheren und krank aussehenden Flynn. Seine Augen sind erloschen, der Körper ist der eines Mannes, der mindestens doppelt so alt ist, und seine draufgängerische Haltung gegenüber dem Leben und all seinen Widrigkeiten hat sich völlig verflüchtigt» (George Morris).

«Maru Maru» ist eine Schatzsuchergeschichte. Flynn spielt einen Tiefseetaucher, der einem mit Diamanten besetzten Kreuz, das im Wrack eines Kanonenbootes liegen soll, auf der Spur ist. Der Film scheint sich nicht recht zu entscheiden zwischen einer Problematisierung seiner Motive – es wird sehr viel über Macht und Habgier geredet – und der Form ungebrochenen *action*-Kinos. Der Glanz des Abenteuers fehlte so sehr, wie ihn der im gleichen Jahr gedrehte «Against All Flags» vermissen ließ, wo Flynn als «Milch- und Wasser-*swashbuckler*» wirkte, wie Lionel Godfrey wenig schmeichelhaft bemerkte.

Der ambitionierte VistaVision-Film «The Mountain» (Der Berg der Versuchung – 1956 – Regie: Edward Dmytryk) wendet die Altersproblematik im Genre moralisch. Es ist eine in die Höhen der Alpen verlegte Schatzsuchergeschichte. Wieder geht es um das Phänomen grenzenloser Habgier. Über einer unzugänglichen Gegend der französischen Alpen stürzt eine Linienmaschine ab. Alle Rettungsunternehmen scheitern, zumal der erfahrenste Bergführer (Spencer Tracy) sich zurückgezogen hat und seine Hilfe verweigert. Sein jüngerer Bruder (Robert Wagner) bedrängt ihn aber, den Aufstieg zu wagen, um das Wrack zu plündern. Nach dem gefahrvollen Aufstieg erreichen sie ihr Ziel. Einer Plünderung allerdings steht die einzige Überlebende des Absturzes, eine junge Inderin (Anna Kashfi), im Wege. Es kommt zum Bruch zwischen den Brüdern, als der jüngere seine Absicht äußert, die Frau zu beseitigen, während der ältere ohne Zögern ihre Rettung vorbereitet. Er bringt sie wohlbehalten ins Tal und überläßt seinen Bruder sich selbst, den Habsucht und Unerfahrenheit schließlich in den Tod führen.

Dmytryk betonte in seiner Autobiografie, daß er in seiner Eigenschaft als Regisseur und Produzent von «The Mountain» keine Kompromisse einzugehen hatte. Die Bergszenen wurden *on location* in der Nähe von Chamonix gedreht, was alle Beteiligten mit hohen physischen und technischen Anforderungen konfrontierte. Doch steht der hohe Grad von Authentizität in einem etwas unglücklichen Gegensatz zu der allzu naiv moralisierenden Geschichte vom weisen älteren und dem bösen jungen Bruder. Das Abenteuer findet gewissermaßen ein doppeltes Ende: durch den Tod für den «bösen» Abenteurer, durch Auflösung in Pflicht und Menschlichkeit für den «guten» Abenteurer, den das Alter adelt.

Natürlich gab es unter den Schatzsucherfilmen auch dieser Zeit ganz geradlinige, unproblematische und unmelodramatische Beispiele, die mit allerlei Voodoo-Zauber und der Vorstellung vom antiken Schatz als magischer Botschaft versunkener Kulturen den Thrill des Geheimnisses innerhalb des Motivs bewahrten. Als Beispiel dafür kann der von dem B-Picture-Spezialisten Budd Boetticher gedrehte Film «City Beneath the Sea» (1953) gelten, mit Robert Ryan und Anthony Quinn als von Gangstern engagierten Tauchern auf der Suche nach einem Goldschatz vor Jamaikas Küste. Dabei stören sie die Geister der versunkenen Stadt Port Royal, die sich mit einem Unterwasserbeben gegen die Eindringlinge zur Wehr setzen. Ein anderes Beispiel ist «The Secret of the Incas» (1964 – Regie: Jerry Hopper) mit Charlton Heston und Robert Young in den Hauptrollen. Es geht um die Jagd nach einem Schmuckstück von unschätzbarem Wert aus der Zeit der Inkamacht. Charlton Heston, gewandelt durch die Zuneigung einer Frau (Nicole Maurey), verzichtet schließlich auf das Juwel, um den Nachkommen der Inkas das Symbol ihrer großen Geschichte nicht zu nehmen.

In nahezu allen Schatzsuchergeschichten im Genre des Abenteuerfilms ist die Belohnung nicht der materielle Wert des Schatzes, sondern das Abenteuer der Suche selbst. Der Verzicht unterscheidet den guten vom bösen Abenteurer, und sehr oft muß der, der den Schatz nicht im rechten Augenblick loslassen kann, dafür mit dem Leben bezahlen. Denn würde der Abenteurer mit dem Schatz wirklich in die Zivilisation zurückkehren, aus der er ihn gelockt hat, was sollte er damit anfangen? Was würde die Zivilisation mit ihm anfangen? Nein, der Triumph liegt an anderer Stelle, und auch Tom Sawyer wußte, daß es völlig gleichgültig ist, wo man mit der Suche beginnt und wohin sie führt, wenn sie nur das Abenteuer bringt.

Das genaue Gegenteil zur abenteuerlichen Schatzsuche, bei der man sich um eine mythische Identität bemüht, ist das Abenteuer, bei dem es um die eigene Haut geht, fast nichts sonst. Der Realismus, um den sich John Huston in «The Treasure of the Sierra Madre» bemüht hatte, setzte sich auch in «Le Salaire de la peur» (Lohn der Angst – 1952 – Regie: Henri-Georges Clouzot) fort. Mit geradezu epischer Ausführlichkeit und in hartem Schwarzweiß zeichnet er die Trostlosigkeit eines von aller Welt abgeschnittenen südamerikanischen Dorfes und der Gestalten, die darin gestrandet sind. Doch bei allem Realismus weist ein symbolisches Bild

Yves Montand in «Le Salaire de la peur» (1952).

von einem Gitter auf die Absicht des Regisseurs, die Situation der Protagonisten als Gleichnis für die Existenz des modernen Menschen zu entwickeln. Gelegenheit zur scheinbar befreienden Tat bietet sich, als die ortsansässige Ölfirma vier Männer für ein «Himmelfahrtskommando» sucht. Zwei Lkw-Ladungen hochexplosiven Nitroglyzerins, mit dem ein Bohrlochbrand erstickt werden soll, sind durch unwegsames Gelände zum Brandort zu fahren. «Vier Männer wagen das Spiel mit dem Tod, das den Gewinnern 2000 Dollar bringt: der Korse Mario (Yves Montand), der Ex-Gangster Jo (Charles Vanel), der Italiener Luigi (Folco Lulli), der Deutsche Bimba (Peter van Eyck). Die gefährliche Fahrt, auf der jede Unebenheit die Ladung zur Explosion bringen kann, beginnt. Schon bald verliert der großsprecherische Jo die Nerven; aber sein Beifahrer Mario will nicht aufgeben – auch nicht, als der Wagen von Luigi und Bimba in die Luft geflogen ist. Mario wagt jedes Risiko. Als es gilt, den Krater zu durchfahren, den die Explosion des anderen Wagens gerissen und den eine zerfetzte Ölleitung mit Öl gefüllt hat, überfährt er mit zusammengebissenen Zähnen auch seinen Freund Jo, der ausgerutscht und vor den Wagen gefallen ist. Jo ist schwer verletzt; und als Mario endlich auf dem Ölfeld ankommt, zieht man ihn tot aus dem Wagen. Mario erhält dadurch sogar 4000 Dollar. Aber auf dem Rückweg vergißt er im Rausch des Glücks alle Vorsicht und verunglückt tödlich» (Krusche/Labenski).

Der Lohn der Angst – 2000 Dollar – ist lächerlich gering, gemessen am Risiko für die Fahrer und an dem Wert, um den es für die Ölfirma geht. Dadurch wird der Abenteurer auch gekennzeichnet gleichsam als «letzte Reserve» in einer Kette von Ausbeutungs- und Machtverhältnissen. Der Nachfahr dieses Abenteurers aus Clouzots Film mag heute der Atomkraftwerksreiniger sein, der sich erhöhter Gefahr aussetzt, ohne daß dies auch nur im geringsten honoriert würde. (Auch hier wird man rekrutieren, wer nichts anderes mehr zu verkaufen hat als seine Haut.) Zur Gefahr kann dieser Abenteurer nur das Verhältnis eines Picaro haben, der damit leben muß, ob er will oder nicht, und der das Beste daraus zu machen versucht. Zu den Qualitäten des Schelms zählte ja nicht nur das Komische, im Film vertreten durch den Italiener Luigi mit seinem Galgenhumor, sondern auch Hinterlist und Hochstapelei, repräsentiert durch den Möchtegerngangster Jo – und eben auch Egoismus und Skrupellosigkeit. Wenn Mario seinem Partner Jo wissentlich das Bein kaputtfährt, so verweist dies auf die Ausweglosigkeit seiner Lage; er folgt darin aber auch der zynischen Brutalität seines Urahnen, des Lazarillo von Tormes, der seinen blinden Partner um des eigenen Vorteils willen zu Fall bringt und ihn, wie es heißt, «halb tot und mit aufgeschlagenem Kopf» zurückläßt. Da geht es um eine soziale Konstellation, die es gibt, seit und solange es die Konkurrenz derer gibt, die ihre Arbeitskraft verkaufen müssen, und deren pervertierter Exponent der Söldner ist, der letztlich für sein tägliches Brot Unschuldige tötet, Freund und Feind je nach Bezahlung definierend. Der Abenteurer dieses Films ist ein Zwischenglied zwischen dem *swashbuckler* und dem modernen «Abenteurer», den sein (Un-)Wesen in den Krieg treibt. Nicht zufällig, sondern als Abbildung einer Realität, in der die Söldner-Mentalität sich im Alltag verbreitet, ist es der Krieg, der – einerlei ob mit kritischer Intention gezeichnet oder heroisch verklärt – die Kulisse für moderne Abenteuer abgibt. Und auch der Abenteurer der Zukunft, so wie er sich in der Phantastik, in Sciencefiction und Fantasy zeigt, ist mehr oder weniger offen ein Kriegsheld, der auch materielle, egoistische Ziele verfolgt.

Die Gefahr, zum rein formalen Betrieb zu verkommen, ist im Abenteuer seit je angelegt, dessen erster Held, der Ritter, von wirklicher politischer Verfügung ausgeschlossen, zur *individuellen* Selbstbestätigung mit Chimären – zuletzt mit Windmühlen – vorliebnahm. In «Le Salaire de la peur» ist es das formalästhetische Interesse an einer Konzeption des «Kontrastes von Mut und Angst» (Clouzot), die umgesetzt wird durch eine «Mechanik des Schocks» (Gregor/Patalas), gespiegelt in einer mehr oder minder nihilistischen Sicht auf die Helden. So hebt sich letztlich das Abenteuer in der Mechanik des *suspense* auf, wobei der Mut zum Mittel wird, die Gefahr zu genießen, der Mut des letzten Abenteurers, auf den bald noch zu verzichten ist.

Gehörten die fünfziger Jahre dem «schwarzen» Film, zu dem auch «Le Salaire de la peur» mit seinen realistischen Stilelementen und seiner fatalistischen Skepsis zählen könnte, so setzt mit der sogenannten Nouvelle Vague am Ende des Jahrzehntes von Frankreich aus das «Kino der Filmkritik» ein. Nicht nur zur Wirklichkeit war nun ein anderes Verhältnis möglich, sondern auch zu den kinematografischen Konventionen. Bezeichnend, wenn auch nicht mit überwältigenden Folgen, ist die manchmal ein wenig oberflächliche Manier, mit der klassische Genrefilme zitiert und Elemente der Filmgeschichte in die «neuen» Filme eingefügt wurden, um dem cineastischen Eingeweihten per Wiedererkennungseffekt Respekt und Vergnügen zu gewähren. Für die Entwicklung filmischer Ausdrucksformen bedeutsamer war der experimentelle Umgang mit den Strukturelementen des herkömmlichen Kinos. Auf einer ironisch reflektierenden Ebene konnte durch die Konkretheit der Filmbilder hindurch der «tiefere» Sinn der erzählten Geschichte, der Geschichte und des Erzählens selbst thematisiert werden. Dabei waren die etwas esoterischen Anfangsprojekte auch Inspirationsquelle einer Serie von populären Filmen, die sich eines ironischen Umgangs mit den Traditionen ihrer Genres, ihrer Helden, ihrer Stars und ihrer Erzählformen befleißigten.

Mit Jean-Paul Belmondo, der sich als Bogart-Epigone in Jean-Luc Godards «À bout de souffle» (Außer Atem – 1960) einen Namen gemacht hatte, drehte der ehemalige Assistent von Claude Chabrol Philip de Broca 1961 den Mantel & Degen-Film «Cartouche» (Cartouche, der Bandit), in dem er das Abenteuer als soziale Bewegung deutet. Der kleine Bandit Cartouche schwingt sich aus sozialrevolutionärem Geist heraus zum mächtigsten Mann von Paris auf. Am Ende allerdings verliert er durch Liebeshändel alles wieder und kann gerade noch sein eigenes Leben retten (vergleiche auch den Abschnitt «Die Erben der Musketiere».)

Wieder mit Belmondo in der Hauptrolle, der inzwischen in «Le Doulos» (Der Teufel mit der weißen Weste – 1962 – Regie: Jean-Pierre Melville) den Übergang zum Genrefilm geschafft hatte, entstand 1963 «L' Homme de Rio». Mit einer dicken Zigarre im Gesicht und dem Blick unsteter Überheblichkeit persifliert Belmondo den Gangstertypus, seine weit ausholenden, Energieüberschuß verratenden Bewegungen erinnern an die agilen *swashbuckler*. Als Adrien Dufourquet verstrickt er sich in eine verwirrende Entführungsgeschichte, die ihn von Paris nach Rio de Janeiro, Brasilia, in den brasilianischen Urwald und wieder zurück nach Paris führt. Es geht um drei antike Statuen, mit deren Hilfe man das Geheimnis der Malteken lüften zu können glaubt. Der fanatische Professor (Jean Servais), in dessen Museum eine von ihnen steht, entpuppt sich als Entführer seiner Mitarbeiterin Agnès (Françoise Dorleac), der Freundin

Adriens, die das Versteck der zweiten kennt, und als Mörder des Brasilianers Dicastros, Besitzers der dritten. Während der Professor sich im Dschungel der Enträtselung des Geheimnisses widmet und Adrien zum zweitenmal Agnès befreit, erschüttern gewaltige Explosionen den Schauplatz im Urwald, und der Professor verunglückt tödlich. Aber nicht die Rache der Malteken, sondern eine Straßenbaukolonne ist verantwortlich für dieses Schicksal, wie man dem Bild heranrollender Bulldozer entnehmen kann. Wieder zurück in Paris und im Zug nach Besançon, entfährt es Adrien: «Was für ein Abenteuer!» Er meint damit jedoch nicht die selbstüberstandenen Erlebnisse, sondern den Bericht seines Freundes, der erzählt, wie er drei Stunden im Verkehrsgewühl von Paris gebraucht habe, um vom Montmartre zum Gare de l'Est zu gelangen.

Es ist eine der Verabredungen des Genres, daß die Gelehrten solch exotischer Fachrichtungen wie Archäologie, Afrikanistik oder Ägyptologie sich aus ihren Studierstuben, Museen, Lehrsälen aufmachen, um in der wahren Exotik ferner Länder Abenteuer und Geheimnis zu finden. Und eine gebräuchliche Formel besagt, daß diese Professoren des Abenteuers entweder ihre Skurrilität und Naivität behalten oder aber mehr oder weniger überschnappen. Der Wissenschaftler dieses Films freilich schnappt nicht nur über, er entledigt sich auch aller Skrupel, ist nicht auf ein Ziel hin, sondern in seiner ganzen Motivation wahnsinnig. Und neu für das Genre ist auch nicht der Held, der durch das Abenteuer stolpert, ohne im Kern zu verstehen, was an Intrigen und Täuschungen vor sich geht. Neu an de Brocas Film freilich ist, daß der Held für die heldenhaftesten Taten auch noch beschimpft wird, und daß, was immer er anstellt, niemand es anerkennend zur Kenntnis nimmt, in letzter Konsequenz nicht einmal er selbst. Und neu ist schließlich auch die desillusionierende Auflösung des Abenteuers. Die Metapher von den alles plattwalzenden Bulldozern, die kein Geheimnis und kein Abenteuer übriglassen, zeigen das Gegenstück, vielleicht die andere Seite des Abenteurers: den rücksichtslosen Technokraten. Die Rahmenhandlung – erzähltechnische Notwendigkeit der ironischen Doppelbödigkeit – mündet in der Entzauberung der großen Reise durch das, was nach ihr noch übrigbleibt: der fade Kampf im Straßenverkehr.

Ähnlich wie Huston in «The African Queen» distanziert auch de Broca von seinem Helden, indem er die Geschichte durch Zufälle voranbringt und dazu eine Reihe von Slapstickelementen einbringt. Adriens «Habitus ist bewußt der aller übrigen Filmhelden des Reißers in der Umkehrung; zwar tut er immer das Richtige, aber immer mit den untauglichsten Mitteln. Er verfolgt schnellfahrende Autos zu Fuß, schwimmt hinter Schiffen her und radelt vergnügt durch Brasilia. In der Schlägerei ist er nur Punchingball für die anderen, bis er von dem entsetzlichen Fusel trinkt, der ihn zuvor fast umgeworfen hätte» (P. H. Schröder).

Von der Vielzahl der Filmzitate in Brocas Arbeit sei nur die Szene der Rodungsarbeiten aus Robert Flahertys «Louisiana-Story» (Louisiana-Legende – 1946/1948) erwähnt – auch deswegen, weil es Zeit wäre, den «Vater» des Dokumentarfilms auch als den Filmpoeten der naturalistischen Abenteuerlandschaften und seine Filme in gewisser Weise als Abenteuerfilme ohne individuellen Helden zu entdecken. (In diesem Zusammenhang ist vielleicht bemerkenswert, daß Huston seine Aufnahmekonzeption von «The African Queen» mit Flahertys realistischer Methode verglichen hat.)

«L'Homme de Rio» durchbricht eine naive Rezeption des Abenteuers durch seine Komik, die freilich zugleich mit einem Lachen über die desillusionierenden Elemente und die entstandenen Brüche hinweggehen läßt. Der 1967 entstandene Film «Les Aventuriers» (Die Abenteurer – Regie: Robert Enrico) dagegen macht sich die Desillusion selbst auf eine anfangs leise und kaum spürbare Weise zum Thema. Enrico entführt den Zuschauer auf eine zauberhafte Reise, indem er die Summe aller Abenteuer zieht. Zugleich aber läßt er keinen Zweifel an der mythischen Qualität des Abenteuers, also seiner Nicht-Realität, ohne sich jedoch auch nur einen Moment lang über seine Helden oder ihre Taten lustig zu machen. Auf diese Weise evoziert er im Betrachter ein merkwürdiges Glücksgefühl mit einer unterschwelligen Melancholie, um dann an unerwarteter Stelle den Zuschauer durch über die Helden hereinbrechendes Unglück zu erschrecken und gegen Ende konsequent aus dem Traum des Abenteuers zu wecken.

Die drei Freunde Manu (Alain Delon), Roland (Lino Ventura) und die später dazukommende Laetitia (Joanna Shimkus), die vor Paris in einem werkstattähnlichen Schuppen leben, spielen die verschiedensten Formen des Abenteuers durch. Roland «spekuliert die Elemente»; er baut an einer den Motorrennsport revolutionierenden Konstruktion. Manu setzt mit waghalsiger Kunstfliegerei die Naturgesetze außer Kraft, und Laetitia (das bedeutet die Freude) schweißt aus wertlosem Schrott wertlose, schöne Mobiles. Doch alle drei scheitern auf dem Weg vom Traum zur Realität. Manu wird der Pilotenschein entzogen, nachdem er versucht hat, durch den Arc de Triomphe zu fliegen; Laetitias Projekte werden nach einer ambitionierten Ausstellung von der Presse verrissen, und Rolands Traumauto sprengt seinen Erfinder auf einer Probefahrt beinahe ins Jenseits. Um ihren Lebensunterhalt zu verdienen, tun sie das, was sie auf andere Weise schon die ganze Zeit getan haben: sie spielen. Diesmal ist es Roulette, und es wird – natürlich – nach «System» gespielt – und verloren. Also «steigen Manu, Roland und Laetitia in den zweiten Teil des Films um – der spinnt die Träume aus» (Uwe Nettelbeck). Er spielt vor der afrikanischen Küste, zeigt uns Delon vollbärtig und alle drei auf einem Zweimaster, auf Schatzsuche und das Leben genießend. Sie werden fün-

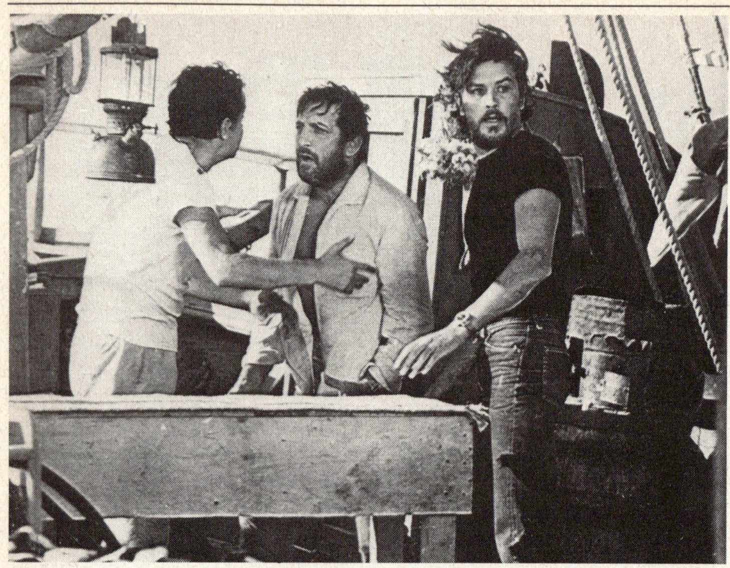

Serge Reggiani, Lino Ventura und Alain Delon in «Les Aventuriers» (1967).

dig durch den Tip eines ehemaligen Söldners, aber Laetitia wird von dessen piratisierenden Buschkriegskameraden erschossen. Laetitias Anteil wollen die Freunde ihren Angehörigen zukommen lassen, die sie in der Bretagne aufsuchen. Abgestoßen durch deren spießiges Mißtrauen, wollen sie unverrichteterdinge wieder abziehen. Als sie aber entdecken, daß der sympathische Junge, der sie durch das Heimatmuseum des Küstenortes geführt und ihnen die Reliquien der imperialen Abenteuer Napoleons in Ägypten erläutert hat, Laetitias Vetter ist, richten sie für ihn ein Konto ein. Roland bleibt in dem Dorf und kauft das Kastell im Meer, von dem Laetitia immer geträumt hatte. Manu setzt sich ab, kehrt zurück und wird schließlich von den Mördern Laetitias erschossen, die die Verfolgung nicht aufgegeben haben. Roland rächt ihn, und der Film klingt aus mit einer langen Einstellung des sich immer weiter entfernenden Kastells – das zu Stein erstarrte Bild von Piratenschiff und Insel und aller Abenteuerträume.

Mit der Freundschaft Rolands zu Laetitias Vetter nimmt der Film gleichsam einen dritten Anlauf. Doch nichts hält die Desillusion mehr auf. Als Roland, dem auch nichts Besseres mehr einfällt, als aus dem Kastell ein lächerliches Vergnügungshotel zu machen, seinem Schützling die Technik des Verbrennungsmotors erklärt, provoziert er statt Erfindergeist Unverständnis und die altkluge Auskunft, daß man Autos kaufen könne.

Ohne dem Zuschauer jemals das Vergnügen am Abenteuer zu verleiden, läßt Enrico ihn doch auch an der Trauer teilnehmen darüber, daß es eben das Vergnügen an Träumen, an Illusionen ist, die ihren Ort im Museum haben – und im Kino.

Wenn «Les Aventuriers» das Wesen des Abenteuers und seinen Widerspruch zur geordneten Welt westlicher Zivilisation durch Reflexion und ironische Umkehr der etablierten Topoi beschreibt, so versucht Barbet Schroeder dies, indem er in die entgegengesetzte Richtung geht. In «La Vallée» (1972), einer «Mischung aus Jules Verne und Hermann Hesse» (Jean-Louis Bory), versucht er mit einer Filmsprache aus archaischen Bildern und Vorstellungen das Abenteuer als metaphysische Reise ins Geheimnis zu gestalten. Zwar gibt er der Geschichte von der Wanderung ins gelobte Land einen realistischen Rahmen, nicht aber, um das Geheimnis in ein Scheingeflecht realer Bezüge einzubetten, sondern um es als das *ganz andere* kontrastierend dagegenzusetzen.

Es geht um ein Tal in Neuguinea. Auf der Landkarte erscheint es als weißer Fleck, und noch nie hat es einer betreten. Wunderbare Vögel soll es dort geben. Eine französische Konsulin und Boutiquebesitzerin will mit den Federn dieser Traumvögel ihr Sortiment erweitern. Zwei zivilisationsflüchtige Hippiepärchen, die mit der westlichen Welt abgeschlossen haben, suchen den Frieden im Tal. Je tiefer sie in den Urwald eindringen, je näher sie dem Tal kommen, desto mehr schwindet ihre Distanz zur Natur. Gesellschaftliche Konventionen werden bedeutungslos. Moralische, psychologische und rationale Schemata verlieren ihre formwahrende Kraft; die Reise gerät zum Selbsterfahrungstrip, und entsprechend dieser Entwicklung ändert sich der Aufnahmestil. Anfänglich beobachtet die Kamera die Zeremonien und Kriegstänze der Eingeborenen mit ethnografischer Neugier. Doch der wissenschaftliche Blick weicht nach und nach einem gefühlsmäßig gelenkten. Obgleich sich die Gruppe dem Verhalten und dem Naturverständnis der Eingeborenen annähert, nährt «La Vallée» nicht den Mythos vom guten Wilden. Schroeder befreit die Eingeborenen von dieser romantischen Projektion, indem er den Schlüssel zu einer anderen Welt jenseits von Gut und Böse symbolisch in den Federn der Paradiesvögel, an deren Warenwert längst keiner mehr denkt, gibt. Feierlich versöhnen sich die Menschen mit der vorzivilisatorischen Natur. Das Tal öffnet sich, das Paradies scheint erreichbar. Doch diese Reise zurück in den «Schoß der Erde» findet kein Ende; das Metaphysische entzieht sich dem Blick der Kamera.

Die Reflexionen des Kinos in der Nouvelle Vague wirkten bis zu einem gewissen Grad auch auf die amerikanischen Vorbilder zurück. Samuel Fuller, zum Beispiel, den Truffaut bewundert, weil er «nicht zu kritisierendes, makelloses Kino, gegebenes Kino und nicht angeeignetes, verdautes oder reflektiertes» mache, übernahm in «Shark» (Hai – 1969) vor allem stilistische Elemente des Schnitts und der Kameraführung von der Nouvelle Vague.

Auch «Shark» ist eine Schatzsuchergeschichte. Ein Trio, bestehend aus einem Wissenschaftler (Barry Sullivan), der attraktiven Anna (Siliva Pinal) und einem Waffenschmuggler (Burt Reynolds), sucht im Roten Meer heimlich nach Goldbarren. Die kühle Anna möchte die Teilhaber beseitigen und lockt, während die Männer tauchen, einen Hai an. Der Waffenschmuggler entkommt dem Anschlag und besteht auch die Auseinandersetzung mit Anna und einem korrupten Polizeioffizier.

Fuller, dessen ursprüngliches Konzept vom Produzenten durchkreuzt wurde, scheint sich sehr stark um eine formal neuartige Erzählweise eines B-Picture-Plots bemüht zu haben; «alles in ‹Shark› ist Kontemplation ... Die szenische Atmosphäre des Sudans und seiner Leute, die Godard ähnliche Akzentuierung der soliden primären und komplementären Farben der Kleidung gegen weißgetünchte Tonmauern, die gelegentlich erscheinenden Bilder von Sonne und Meer, all das dient weniger als Kontrast zu den Groschenromaneigenschaften der drei fremden Amerikaner, sondern mehr dazu, den ganzen Film als eine Stilübung erscheinen zu lassen» (T. A. Gallagher).

Auch Stephen Spielberg scheint das Kino «studiert» zu haben wie ehemals Truffaut, Godard und andere, die sich in der Cinémathèque Française die Augen wund sahen. Auch er kokettiert mit dem Nimbus des Cineasten, verwendet Filmzitate und -parodien. Wesentlicher jedoch ist die Übernahme des Blicks auf die «normalen» Menschen, den Spielbergs *action*-Kino von realistischen europäischen Arbeiten adaptiert. Während der *tough guy* fast nur noch mit parodistischen und anarchistischen Zügen auftaucht, gilt die Aufmerksamkeit in Spielbergs Filmen zuerst einmal den kleinen Angestellten, ihrer Kultur und Lebensweise. Das wiederkehrende Motiv in seinen Arbeiten ist die Begegnung des amerikanischen Mittelständlers mit dem Phantastischen, dem Unglaublichen, das in «Jaws» (Der weiße Hai – 1975) durch die Vermittlung eines Wissenschaftlers glaubhaft gemacht (nicht rationalisiert) wird. (Ganz ähnlich verhält es sich im übrigen in «Close Encounters of the Third Kind» – Unheimliche Begegnung der dritten Art – 1975–1977, wo der Wissenschaftler von François Truffaut dargestellt wird.)

Der uns da als Held vorgestellt wird, ist nicht der Abenteurer, sondern ein Garant des Wahrscheinlichen, ein farbloser Angestellter. Eine Mischung aus sozialer Verantwortung, Zivilcourage, Neugierde und Zufall ist es, die ihn ins Abenteuer zieht, in dem er dann über sich selbst hinauswächst. Wie in dem Film «The Deep» (Die Tiefe – 1977 – Regie: Peter Yates), in dem Drehbuchautor Peter Benchley die Figurenkonstellation von «Jaws» noch einmal verwendet, wenden sich die Protagonisten erst, als sie nicht mehr weiter wissen, auf dubiosen Rat hin an einen geheimnisvollen, zurückgezogen lebenden Mann. Über seine Herkunft wird kaum etwas verraten, sein Haus gleicht einer Festung. Der Eintritt des Helden dort markiert den Beginn des Abenteuers. Die Behausung dieses Fremden gleicht einem Fundus – für Abenteuerfilme: mit dem Blick auf Tauch- und Fanggeräte, auf Waffen und ähnliche Symbole stellt sich die Atmosphäre, das Klima der Abenteuerlichkeit ein. Und der fremde Abenteurer tritt aus dem Haus und trägt das Abenteuer in die Welt, in deren geordneten Bahnen es sonst nicht zu finden wäre. Bereitwillig lassen wir uns über diesen Anachronismus des Abenteuers täuschen, während er selbst als Anachronismus vorgeführt wird.

Damit das gelingt, erhält die Exposition eine erweiterte Funktion. Sie muß den Zuschauer von der Ebene des Alltäglichen in den Bann des Abenteuers ziehen, ohne durch den Widerspruch der zwei Welten Distanz aufkommen zu lassen. «Jaws» bietet in dieser Hinsicht ein Optimum. Der Stil ist zeitgemäß naturalistisch und das Sujet, der öde Touristenbetrieb eines Badeorts von Long Island, zunächst aufreizend gewöhnlich. Polizeichef Brody (Roy Scheider) sehnt sich nach seinem alten Distrikt im weniger eintönigen New York zurück. Als der riesige weiße Hai den Badestrand heimsucht, ist das für die Stadtoberen vor allem ein ökonomisches Problem. Um die Touristen nicht zu verschrecken, verhindert der Bürgermeister Information und Sicherheitsmaßnahmen. Der schwache Brody läßt sich darauf ein, obwohl er von dem Meeresbiologen Hooper (Richard Dreyfuss) von der Gefährlichkeit des Tieres weiß. Erst als das Monster trotz Brodys von schlechtem Gewissen geschärfter Aufmerksamkeit ein drittes Mal zugeschlagen hat, schließt er den Strand, und die Stadt beauftragt den Hai-Jäger Quint (Robert Shaw) mit der Vernichtung des Hais. Die Jagd beginnt. Gleichzeitig ändert sich Erzähl- und Inszenierungsstil. Das atmospärische und ein wenig psychologisierende Vorgehen in der Darstellung und Entwicklung von Charakteren und Beziehungen wird von einer stringenten Spannungsdramaturgie abgelöst. Nachdem ein rationales Fundament gelegt worden ist, können jetzt der Abenteurer und sein Opponent aufgebaut werden: «Die anfängliche Jagdzuversicht wird getrübt durch die unheimliche Intelligenz des Monsterhais, der mit übernormaler, vielleicht diabolischer Kraft begabt zu sein scheint. Quint verwandelt die Jagd in eine persönliche Vendetta. Er verhindert, daß Hooper seine ‹wissenschaftlichen› Mittel einsetzt, um die Kreatur zu töten, und zerstört schließlich sogar den Bordfunk, als Brody versucht, Hilfe herbeizurufen. Der Hai zertrümmert das Boot ... und Quint wird bei lebendigem Leib vor den Augen des entsetzten Brody gefressen. Brodys Tod scheint sicher. Gleichwohl bietet er seine ganze Kraft auf und besiegt das scheinbar unschlagbare Monster im letzten Augenblick dank seines Scharfsinns, seines Glücks und seiner Willensstärke» (Glenn Erickson). Glücklich erreichen er und der wundersam davongekommene Hooper die Küste.

Die Welten sind getrennt. Hier Gesellschaft, Familie, Geschäft und Beruf, dort «drei Mann in einem Boot gegen das Unbekannte» (Erickson). Doch das Abenteuer ist schon Fremdkörper in dieser Welt. Mit dem Abenteurer Quint ist schwer sich anfreunden. Die Distanz zu ihm ersetzt die Distanz zum Märchen, dem wir uns im Kleid des Normalen, durch Identifikation mit dem Familienvater Brody hingeben, ein biederer Sancho Pansa an der Seite eines am Rande zum Wahnsinn stehenden Don Quichotte, der folgerichtig seine Besessenheit mit dem Leben bezahlen muß. Eigentliche Sieger gibt es nicht. Brody und Hooper sind Überlebende. Sie hatten Glück.

Der Film war ein überwältigender Erfolg an den Kinokassen, nicht zuletzt vielleicht auch auf Grund eines Werbefeldzugs, der in seinen Ausmaßen neue Maßstäbe setzte. Einen Teil dieser Werbung macht die Diskussion um den realen Hintergrund der Geschichte aus, aber wohl weniger von der realen Möglichkeit solch phantastischer Gefahr ging die hauptsächliche Faszination aus, sondern von der Wirklichkeit der Menschen in der Geschichte. Spielbergs geschickte Erzählanlage und seine Kraft der Inszenierung fesseln den Zuschauer auch während der Alltagsszenen etwa durch indirekte Erzählweise und den liebevollen Umgang mit seinen Figuren, die eine direkte Beziehung von den Alltagserfahrungen der Menschen im Publikum zu der phantastischen Welt des Abenteuers schaffen. Zudem konnte Spielberg durch seine Fähigkeit zu cineastischen Taschenspielertricks mit der Erwartungshaltung des Zuschauers spielen und daher mit einem Minimum an Effekten auskommen. So taucht der Hai immer dann auf, wenn unsere Aufmerksamkeit von etwas ganz anderem gefesselt ist.

In «The Deep» spielt wiederum Robert Shaw die Rolle eines wunderlichen Abenteurers, der sich als Führer ins Reich des Abenteuers für die Normalbürger erweist. Die Tauchtouristen Gail (Jacqueline Bisset) und ihr Freund Davis (Nick Nolte) entdecken auf einem ihrer Tauchausflüge Spuren von gleich zwei Schätzen. Erst mit Hilfe des von einem stummen Wächter abgeschirmten Treece (Robert Shaw) können diese Spuren entschlüsselt werden. Es gelingt ihnen, den einen, den schrecklichen Schatz zu zerstören, eine Ladung Morphiumampullen, hinter der ein Rauschgiftring her ist, und den anderen, spanische Schmuckgegenstände aus dem 18. Jahrhundert, zu heben.

Der größte Teil des Films spielt sich unter Wasser ab. Die Schatzsuche in zwei gefährlich am Abgrund liegenden Wracks, Kämpfe mit Rauschgiftjägern und Ungeheuern des Meeres sorgen für Schau- und Spannungselemente. Auch hier spielt sich das Geschehen vor dem Hintergrund ei-

Nick Nolte, Robert Shaw und Jacqueline Bisset in «The Deep» (1977).

ner normalen, touristisch «besetzten» Landschaft ab, aus der sich das Abenteuer, unbemerkt von den Menschen des Alltags, in eine Enklave abgesetzt hat. Zu sehr aber verquickt sich der Abenteurer selbst in die Machenschaften an der Oberfläche, als daß die Reise in die Tiefe des Meeres und in die der Geschichte ihren poetischen Zauber voll entfalten könnte.

Die Sphäre des Abenteuers, das wird in diesen Filmen deutlich, kann sich nur noch innerhalb der Sphäre des Wahrscheinlichen und Normalen durch hermetischste Abgrenzung erhalten. Vermischen sich Wirklichkeit und Abenteuer, wird der Abenteurer selbst schnell ein wenig lächerlich, und sein Sex-Appeal verkommt zur sportlich-törichten Ausstrahlung eines Skilehrers aus einem Groschenroman.

Noch im Produktionsjahr von «Jaws» versuchte man, mit verwandten Produktionen vom Publikumserfolg dieses Films zu profitieren. So erzählt Cornel Wildes «Shark's Treasure» (Mörderhaie greifen an – 1975) einmal mehr die Geschichte von der Suche nach verbotenem Gold, von menschenfressenden Haien, die es bewachen, von der Karibischen See und vom glücklichen Kampf des Helden (Cornel Wilde) über und unter Wasser. «Vor fast fünfundzwanzig Jahren hat Budd Boetticher einen unvergessenen Film über eine Schatzsuche in der Karibik gedreht (‹City Beneath the Sea›); das karibische Schatzsucher-Abenteuer des Autors, Regisseurs, Produzenten und Hauptdarstellers Cornel Wilde bedient sich ungeniert und auch ein wenig unreflektiert der Muster, die unter anderem Boettichers Film geprägt hat.

Die vier Männer, die da hinter dem Tiefsee-Gold einer untergegangenen spanischen Karavelle her sind, geben sich als intakte Gemeinschaft, wobei es sich der Boss – ihn spielt mit breitgereckten Schultern, grauem Haar und breitem Lächeln der einundsechzigjährige Cornel Wilde selbst – ohne weiteres herausnehmen kann, seinen Ko-Abenteurern das Whiskytrinken und Zigarettenrauchen zu vermiesen. Die Gefahren über Wasser sind klassisch (ausgebrochene Sträflinge), die unter Wasser (attackierende Haie) modisch, und was sonst noch geschieht, ist weitgehend vorhersehbar, von einigen seltsam aus dem Rahmen fallenden Szenen abgesehen: Wenn der gewaltige Anführer der Gangster einem seiner Männer, den er gequält und beleidigt hat, in die gefährliche Brandung nachläuft und so in den Freitod folgt, dann steht eine solche verblüffende Sequenz irritierend im allzu rational abgespulten Kontext.

Trotz solcher Momente allerdings ist Wildes ‹Shark's Treasure› nicht gerade ein großer Wurf; man hat vielmehr das Gefühl, als wäre die Zeit schon Jahre vor dem Start über ihn hinweggegangen. Wilde selbst scheint sich der Nostalgie, die er da strahlend auslebt, offensichtlich kaum bewußt: Er turnt und taucht wie ein Zwanzigjähriger und fühlt sich auf dem Schatzsucher-Schiff sichtlich wohl in seiner Haut. Diese ehrliche Begeisterung eines Mannes, der ein Kind geblieben ist, über das nicht eben nach revolutionären Rezepten gebaute Abenteuer überträgt sich in jedem Bild auf den Betrachter» (Eckart Schmidt).

Abenteuer zur See brachte auch eine weitere Hemingway-Adaption nach dem autobiografisch geprägten Roman «Islands in the Stream». In dem gleichnamigen Film (in Deutschland: Inseln im Strom – 1977) erzählt Regisseur Franklin J. Schaffner die Geschichte vom Künstler als Abenteuer, und wie bei «To Have and Have Not» sagte man der Arbeit nach, der Film sei ein guter Film nach einer eher mäßigen Vorlage.

Der alternde, erfolgreiche Bildhauer Thomas Hudson (George C. Scott) hat sich auf die Bahamas zurückgezogen, «die Souveränität seiner Einsamkeit als Bewährung erprobend. Bewährung vor der Natur, wie sie in einem langen und intensiv vergegenwärtigten Kampf mit dem großen Meerfisch existentielles Format annimmt, Bewährung vor dem Leben überhaupt, in den gesammelten Erfahrungen mit den Nächsten, der ehemaligen Frau (Claire Bloom), den drei Jungen, die den Mann besuchen», hieß es in der «Neuen Zürcher Zeitung». War Bogart der noch einmal tätige Held in den mittleren Jahren, so ist George C. Scott im «Hemingway-Look» nun der das Leben resümierende, selbstreflektierende alte Held. Erst im letzten Drittel der Handlung wird solche Grübelei von den Kriegsereignissen – es ist das Jahr 1940 – eingeholt. Ein letztes Mal wird Hudson gefordert, als er sich in eine Rettungsaktion für jüdische Flüchtlinge verstrickt. Beim Versuch, die Flüchtlinge nach Kuba zu bringen, wird er von der Küstenwache abgefangen und findet den Tod. Wie Bogarts zynische *laissez-faire*-Haltung, so werden hier Hudsons schwermütige Reflexionen durch integre und mutige Taten, die dem Tod den Schrecken nehmen, relativiert.

Sinnfällig demonstriert «Islands in the Stream», der nach einem Drehbuch des Reporters und Freunds Hemingways Denn Bart Petitclerc entstand, den Zusammenhang von Abenteuer und Erzählen. Viele der modernen Erzähler, beispielsweise B. Traven oder Herman Melville, waren selbst so etwas wie Abenteurer. Hemingway war, wie etwa auch Hawks oder Huston, leidenschaftlicher Jäger. Vielleicht hat die Ernsthaftigkeit (nicht: Humorlosigkeit) und Authentizität ihrer Geschichten damit zu tun, deren spezifische Problematik sich allerdings auch im Leben ihrer Erzähler widerspiegelt, wie etwa in der individuellen Verengung des Abenteuers auf die Leidenschaft der (mehr oder weniger sportiven) Jagd, auf eine Tätigkeit also, die trotz ihres konkreten und sinnlichen Charakters nichts anderes ist als ein, wenn auch gefährliches, Spiel.

Von dieser Authentizität, die im «großen alten Hollywood» gelegentlich und auf die seltsamste Weise aufschien, ist das Hollywood der achtziger Jahre Lichtjahre entfernt. In «Raiders of the Lost Ark» (Jäger des verlorenen Schatzes – 1980 Regie: Stephen Spielberg) ist der Abenteuerfilm zusammengeschmolzen zu reiner Form, Kino «ein leeres Zeichen, reine Abstraktion» geworden, wie man in der «Filmkritik» schrieb. In den ersten Minuten sehen wir statt einer Exposition im klassischen Sinn gewissermaßen mehrere Filme auf ihre Höhepunkte verdichtet. Dies ist auch das Konstruktionsprinzip des gesamten Films: Er ist aus den Versatzstücken aller Abenteuerfilme – eine Montage von Filmzitaten – und nach dem dramaturgischen Prinzip der *cliffhangers*, der Serial-Folgen gebaut, die ihre Helden scheinbar ohne Aussicht auf Rettung über der tödlichen Schlucht hängen ließen, um erst in der nächsten Folge zu verraten, wie sie dennoch dem Tod entgehen konnten. Es gibt nur einfach keine Wartezeiten in «Raiders of the Lost Ark». Die wenigen retardierenden Passagen sind eher wirkungspsychologisch motiviert als erzählerisch, da man für den Effekt auch Pausen braucht. Es stellt sich hier auch nicht das Problem, mit welchen erzählerischen Mitteln man den Zuschauer in den Bann des Unwahrscheinlichen, des Abenteuers zieht, da dem Zuschauer gar keine Zeit bleibt, die Frage nach Wahrscheinlichkeit oder Logik zu stellen. «Raiders of the Lost Ark» hat die Ästhetik eines Trailers: Er «ist vor allem Wirkung» («Filmkritik»).

Der Inhalt ist daher auch nahezu beliebig. Freilich ist da jener «metaphysische Spaß» (ms in der «Neuen Zürcher Zeitung»), daß ausgerechnet die Bundeslade der Gegenstand der abenteuerlichen Schatzsuche ist. Sie verleiht ihrem Besitzer die Kraft, die Welt zu beherrschen. So bringt

Harrison Ford in «Raiders of the Lost Ark» (1980).

Spielberg auch das Thema des Abenteuerfilms, die Geschichte der Sehnsucht und ihre Verdinglichung im Gral, in einem «endgültigen» Bild unter.

Indiana Jones (Harrison Ford), ein abenteuersüchtiger Archäologieprofessor, ist dem Geheimnis der Lade auf der Spur. Aus naheliegenden Gründen interessieren sich auch die Nazis – wir befinden uns in den dreißiger Jahren – für sie. Sie haben sich Jones' Intimfeind, den französischen Archäologen Belloq (Paul Freeman), gekauft. Aber zusammen mit seiner Partnerin Marion (Karen Allen) bleibt Jones immer gleichauf mit der gegnerischen Übermacht. Am Schluß beseitigt der Geist aus der Lade die frevlerischen Nazis. Nur Jones und Marion, die nicht ins Numinose sehen, wie es das Alte Testament gebietet, überleben.

Der Film erreichte ein Riesenpublikum. Es schien, als wäre hier die Naivität und Freude am Fabulieren des klassischen, kindlichen Abenteuerfilms wiedererrettet. Doch ist wohl kein Film weiter davon entfernt, die Naivität der Serials früherer Kinotage im Herzen zu tragen, wie Spielbergs Arbeit. An ihre Stelle «ist die intellektuelle Lust an der vollkommenen Trivialität, die spielerische» und unverbindliche «Freude an der Unwahrscheinlichkeit (...) getreten» (ms in der «Neuen Zürcher Zeitung»). Ironische Schlußeinstellung von «Raiders of the Lost Ark»: Der amerikanische Geheimdienst läßt die Lade in eine Kiste mit der Aufschrift «Streng geheim» verpacken und in einem kafkaesken Depot zwischen Tausenden gleichaussehender Kisten verschwinden. So ist er endgültig begraben, der Stein der Weisen, in unserer Kultur der Reproduzierbarkeit.

Den Geist des Abenteuers in der Geschichte des deutschen Films zu suchen ist der Suche nach der berüchtigten Stecknadel im Heuhaufen verwandt. Harry Piel war, wenn auch auf unterhaltsame Weise, immer haarscharf am Abenteuer vorbeigeturnt, hatte sich dem Wunderbaren entzogen und mit einem Hauch von Ignoranz sich nicht nur zum Sieger, sondern auch zum Rationalisierer aufgeschwungen. Vielleicht herrschte in der Folgezeit im deutschen Kino ganz einfach zuviel Angst, zuviel Obsession, als daß das Abenteuer möglich geworden wäre. So wirken auch die Abenteuer- und Schatzsucherfilme aus der Bundesrepublik in den sechziger Jahren wie verzweifelte Versuche, etwas geschehen zu lassen, was man gar nicht versteht. Nahezu alle Abenteuerfilme enden in der Allerweltsästhetik des «Krimi», und es scheint vielmehr darum zu gehen, daß alles «aufgeklärt» wird und seine gerechte Strafe findet, als um jenen Hauch von glücklichem Wahnsinn, den das Abenteuer umfaßt.

Die Helden des deutschen Genre-Films zu dieser Zeit kamen aus der Massenliteratur, von Karl May oder Edgar Wallace, und einige waren direkte Umsetzungen von Romanheft-Heroen wie etwa Jerry Cotton, Kommissar X oder Perry Rhodan. In diesem Zusammenhang erinnerte man sich auch an eine klassische Abenteuergestalt aus der populären Literatur der Heftromane, Rolf Torring, einen der wenigen Helden der Trivialliteratur, die den Weltkrieg überlebt hatten. In «Der Fluch des schwarzen Rubin» (1964 – Regie: Manfred R. Köhler) jagt er hinter dem gestohlenen Schmuck eines thailändischen Prinzen her, bringt eine Gangsterbande zur Strecke und verhilft schließlich einer Erbin zu ihrem Recht.

Ebenfalls um ein wertvolles Schmuckstück geht es dem Reporter Cliff Wilder (Robert Stack); ein Medaillon, 2000 Jahre alt, birgt den Schlüssel zu einem verborgenen Schatz. Nach zahllosen Auseinandersetzungen in der «Hölle von Macao» (1966 – Regie: Frank Winterstein) mit Gangstern, korrupten Polizisten und Bordellpersonal findet er den Schatz in einer Höhle, entkommt seinen Kontrahenten über Rot-China und den Chinesen wiederum durch einen beherzten Sprung über den Stacheldraht.

Die Popularität eines Abenteurers, Erzählers und Pioniers der Unterwasserfotografie und Tauchtouristik machte man sich in «Ein toter Taucher nimmt kein Geld» (1973 – Regie: Harald Reinl) zunutze. Hans Hass jr. spielt in dieser Verfilmung eines Romans von H. G. Konsalik einen der drei Schatzsucher (Monika Lundi und Horst Janson sind die anderen zwei), die einen in der Karibischen See versunkenen Aztekenschatz heben wollen. Es gibt Händel mit Konkurrenten, Hans Hass jr. stirbt am

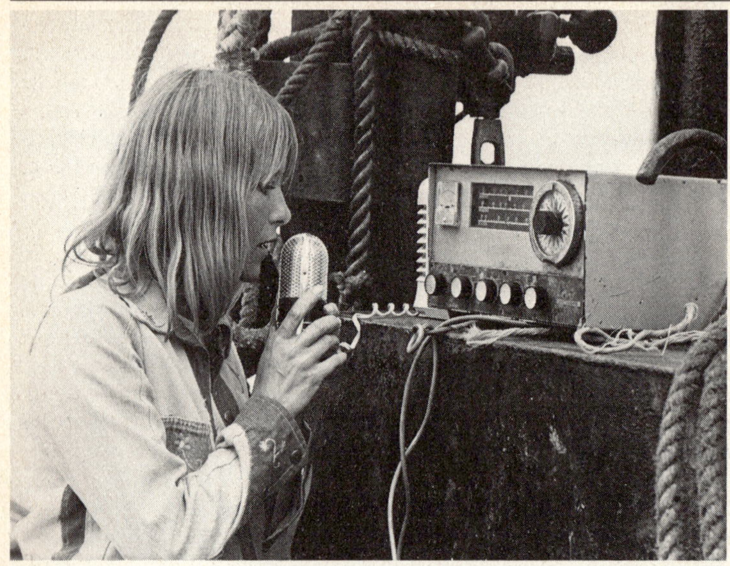

Monika Lundi in «Ein toter Taucher nimmt kein Geld» (1973).

Stich eines Giftfisches, und der Schatz wird am Ende von den Behörden beschlagnahmt.

Schön einfach ist dagegen der Plot von «Aguirre, der Zorn Gottes» (1972 – Regie: Werner Herzog): Peru, 1590/1591. Ein Trupp spanischer Conquistadores sucht nach dem legendären El Dorado. Lope de Aguirre (Klaus Kinski) hat den Erkundungstrupp des Andenheeres von Pizarro unter seine Herrschaft gebracht. Unter Beibehaltung europäischer Hofrituale ernennt er den ihm ergebenen törichten Guzman (Peter Berling) zum Kaiser des Gold-Landes und läßt den pizarrotreuen Ursúa (Ruy Guerra) hinrichten. Die Floßfahrt einen Amazonas-Quellfluß hinunter wird immer beschwerlicher und verlustreicher. Immer größer wird die Diskrepanz zwischen dem grotesken kolonisatorischen Gestus der Spanier und ihrer wirklichen Situation. Von Eingeborenen-Pfeilen dezimiert, durch Hunger und Krankheit geschwächt, werden sie langsam von der übermächtigen Natur erdrückt, die die Hybris der Kolonisatoren nicht etwa zu strafen, sondern lediglich zu ignorieren scheint. Die Schlußeinstellung einer um das Floß kreisenden Kamera zeigt den wahnsinnigen Aguirre als einzig noch Lebenden, umgeben von Leichen und einem Rudel Affen, die sich nicht um ihn scheren.

Wie Barbet Schroeder filmte Herzog an Originalschauplätzen, wie dieser ist er weniger an der Entwicklung einer Story interessiert, sondern stößt gleich zum «metaphysischen» Kern des Abenteuers vor: die theurgische, sich Göttlichkeit anmaßende Ambition des Abenteurers, sich zum Produzenten der Geschichte aufzuschwingen. So wird weniger erzählt als gemalt. «Schwelgerische Naturlyrik durchsetzt die ins Stocken geratene Handlung, farbsatte Bilder schwimmen auf den schlierenhaften Sphärenklängen der Popol Vuh» (Kraft Wetzel). Metaphorisch unterstreicht die fatalistische Schlußeinstellung das Scheitern des Abenteurers und seines utopischen Unternehmens.

Schon 1968 hatte Volker Schlöndorff die deutsche Literaturgeschichte um attraktive Abenteuerfabeln bemüht. Mit amerikanischem Geld und «amerikanischen» Stilmitteln verfilmte er Kleists berühmte Novelle unter dem Titel «Michael Kohlhaas – Der Rebell» als Parabel auf die sogenannte außerparlamentarische Opposition. Das auf ein breites Publikum spekulierende Unternehmen fand freilich so wenig Resonanz wie später Wolf Gremms unter ähnlichen Voraussetzungen entstandene freie Adaption von Schillers «Räubern». In «Tod oder Freiheit» (1978) liegt das Schwergewicht auf unterhaltsamer *action* und Räuberromantik.

Daß die deutsche Geschichte selbst nicht arm ist an Abenteuergestalten, führte uns Edgar Reitz mit «Der Schneider von Ulm» (1978) vor. Wieder ein einfaches, aber faszinierendes Motiv: Ein Mensch will fliegen. Geschickt macht Reitz die Geschichte dieses modernen Alchimisten transparent für ihren historischen Grund, den Aufbruch des Bürgertums, indem er dem technischen Revolutionär Berblinger (Thilo Prückner) einen politischen Revolutionär zur Seite stellt. «Dem einen ist der Flug genug, der andere aber braucht ein Ziel. Der eine ist ein Bastler und Erfinder, der andere ein politischer Kopf. Beide zusammen erst repräsentieren deutsche Möglichkeiten (und Versäumnisse): der Schneider Albrecht Ludwig Berblinger, der sich Flügel baut, um sich von dieser Erde zu lösen, und der Drucker Caspar Feßlen, der mit den Ideen der Revolution die Lebensbedingungen auf dieser Erde ändern möchte» (Peter W. Jansen). Ohne den didaktischen Zeigefinger allzusehr zu bemühen, entkleidet Reitz die Metaphysik des Abenteuers zur politischen Utopie; das materialistische Abenteuer ist die Verbesserung der Welt. Und das Scheitern dieses Abenteuers ist ein politisches Scheitern.

Schon der Titel von Alf Brustellins und Bernhard Sinkels Film «Berlinger – Ein deutsches Abenteuer» (1975) deutet an, daß es in dieser modernen Fliegergeschichte ebenfalls um die Aufarbeitung konkreter geschichtlicher Abläufe geht.

Lucas Berlinger (Martin Benrath), als Sohn eines Salpetersäurefabrikanten aller materiellen Sorgen enthoben, wächst zum unreflektierten Tausendsassa und Sportflieger-As heran. Sein Freund Johannes Roeder ist Arbeiterkind und erfüllt seine Aufstiegsträume in der NSDAP. Es kommt zum Konflikt, und Berlinger flieht, da er sich nicht für die Nazis einspannen lassen will. Sprung in die Bundesrepublik 1968. Der Konflikt wiederholt sich mit neuen Akzenten. Bodenspekulant Roeder plant auf Berlingers Fabrikgelände eine gigantische Freizeitanlage. Berlinger sperrt sich und nutzt die leere Fabrik lieber, um seinen Subjektivismus auszuleben; er baut Luftschiffe, betreibt biochemische Kulturen, feiert, spielt, liebt. Der Privatkrieg der beiden eskaliert. Berlinger, in die Enge getrieben, entzieht sich allen Problemen und fliegt in den Tod, Roeder spekuliert sich in die Pleite. «Berlinger und Roeder, zwei ungleiche Freunde im Dauerclinch, zwei Spielarten von Konservatismus, die progressive und die opportunistische» (Wolf Donner) dienen Sinkel und Brustellin als Spiegel für die Kontinuität deutscher Geschichte bis hin zur Kulturkritik der Alternativbewegung.

Bislang letztes Beispiel teutonischer Filmabenteuer ist Werner Herzogs «Fitzcarraldo» (1980). Wie es die filmhistorische Legende will, vereinigen sich in Herzogs Person Filmemacher und Abenteurer. «Für ihn wird jeder Film zum Tanz mit dem Sensenmann. Flagellant und – sehr zum empörten Leidwesen mancher Schauspieler – Folterknecht zugleich, versteht Herzog die Filmarbeit als klassische Herausforderung des Schicksals» («Der Spiegel»). Doch im Unterschied zu den amerikanischen Filmerzählern vom Schlage Hustons oder Hawks', deren Abenteurertum gekennzeichnet ist vom Understatement eines selbstbewußten Professionalismus und vom gesunden Menschenverstand des amerikanischen Pragmatismus, konvergiert Herzogs Abenteuerimage mit dem romantischen Geniegedanken. Aus der Überanstrengung aller individuellen Kräfte heraus erschafft er mit prophetischer Geste «nie gesehne Bilder», vermittelt visionäre Eingebungen, erzwingt das Unmögliche. «Für Herzog ist das Filmen nicht das wohlfeile Herbeizaubern von Illusionen, sondern das nahezu dokumentarische Festhalten einer unbedingten und bedingungslosen Kunstanstrengung», um noch einmal den «Spiegel» zu zitieren.

Fitzcarraldo ist ein *alter ego* Herzogs. Denen, die ihn verspotten, antwortet er anmaßend im Ton des johanneischen Jesus: «Ich bin die Überkraft und die Überzahl. Ich bin die letzte Schlacht. Ich bin das Schauspiel im Wald.»

Um sich die Mittel zu verschaffen, die große Oper in das Kautschuknest Iquitos zu bringen, verfolgt der glücklose Projektemacher und fanatische Opernliebhaber Fitzcarraldo einen wahnwitzigen Plan. Er will ein unzugängliches Kautschukgebiet erschließen, indem er die Stromschnellen, die der Ausbeutung im Wege stehen, umgeht: Das zum Transport nötige Schiff soll von einem Fluß über einen Berg in einen parallel verlaufenden Flußlauf geschleppt werden, der schiffbar ist. Mit einem riesigen Flaschenzug und mit der Muskelkraft von Eingeborenen, die weiße Scharla-

Klaus Kinski in «Fitzcarraldo» (1980).

tanerie willig gemacht hat, gelingt der Plan. Doch die Indios kappen bei Nacht die Leinen und opfern das Schiff dem Fluß. Steuerlos passiert es die gefährlichen Stromschnellen. Ramponiert, aber über Wasser wird es samt Besatzung, die mit dem Schrecken davonkommt, zurück in Richtung Iquitos gespült. Fitzcarraldo verkauft das Schiff und mietet sich von dem Erlös das Orchester von Manáus für ein Gastspiel. Mit einer riesigen Zigarre zwischen den Zähnen, in der Pose des Siegers und von Opernmusik untermalt, hält er Einzug in Iquitos.

Als «ein Film wider die Natur» ging «Fitzcarraldo», dessen Herzstück, der Transport des Schiffes über den Berg, authentisch nachvollzogen wurde, in die Kinos. Das Bewußtsein von Echtheit der Wahnsinnstat mußte die auf Grund fehlender Tiefe in der Geschichte fehlende Illusionskraft ersetzen. Die finanziellen und geografischen Verhältnisse setzen der kameratechnischen Bewältigung des Unterfangens enge Grenzen (es gibt zum Beispiel keine Kamerafahrten). Um der Faszination teilhaftig zu werden, mußte der Zuschauer glauben, was die Medien über das Abenteuer Herzogs zu berichten wußten, was sie *erzählten*.

Das ist gleich zweimal ein mögliches Ende für das Abenteuer: Vom erlebten, geträumten Abenteuer zum *behaupteten* Abenteuer (das zur Lösung einer Aufgabe herunterkommt, die noch lange nicht zum wahren Abenteuer wird, bloß weil sie selbst gewählt und ein bißchen wahnsinnig ist) geht der Weg zur Zerstörung des Traums. Und über einer neuen Variante der «Realisierung des Abenteuers» geht verloren, daß der Abenteurer nur als großes Kind existieren kann. Aus Angst vor diesem wohl, seinen Ansprüchen, seinen Träumen, seiner lustigen Grandezza, hat das Abenteuer im deutschen Film nie stattfinden dürfen.

Die besten Abenteuer sind im Kopf, und wenn sie nicht im Kopf sind, dann sind sie nirgendwo. Denn bei der Verwirklichung des Abenteuers hat man nur die Wahl zwischen Spiel, Sport, Kolonisation und Krieg.

Anhang

Filmografie

Die Filmografie ist nach Subgenres und Jahreszahlen geordnet. Sie geben das Produktionsjahr an. Innerhalb eines Jahres sind die Filme alphabetisch geordnet, da sich das genaue Datum der Fertigstellung nicht immer zweifelsfrei erschließen läßt.

Die Auswahl der Filme will die Entwicklung des Genres in den bekanntesten (nicht unbedingt den künstlerisch bedeutendsten) Beispielen dokumentieren. Die im Text behandelten Filme sind aufgenommen, soweit es sich nicht um beiläufige Erwähnungen nur unter einem bestimmten Aspekt diskutierter Filme handelt.

Angegeben wurden Produktionsjahr, der Originaltitel, bei Filmen, die in Deutschland zu sehen waren, der deutsche Verleihtitel, der Regisseur, der Drehbuchautor, der Kameramann und die wichtigsten Darsteller.

Die Abkürzungen bedeuten R Regie, B Drehbuch, K Kamera, M Musik, D Darsteller

Antikfilme

1924/26

BEN HUR (Ben Hur)
R: Fred Niblo. B: Carey Wilson, Bess Meredith, June Mathis n. d. Roman v. Lewis Wallace. K: René Guissart, Karl Struss, Percy Hilburn, Clyde DeVinna. M: David Mendoza, William Axt (Partitur 1926), Miklós Rozsa (Filmmusik 1959). D: Ramon Novarro, Francis X. Bushman, May McAvoy, Claire McDowell.

1932

THE SIGN OF THE CROSS
R: Cecil B. DeMille. B: Waldemar Young, Sidney Buchman n. e. Stück von Wilson Barrett. K: Karl Struss. M: Rudolph Kopp. D: Fredric March, Elissa Landi, Charles Laughton, Claudette Colbert, Ian Keith, Harry Beresford.

1934

CLEOPATRA
R: Cecil B. DeMille. B: Waldemar Young, Vincent Lawrence. K: Victor Milner. M: Rudolph Kopp. D: Claudette Colbert, Henry Wilcoxon, Warren William, Gertrude Michael, Joseph Schildkraut, Ian Keith, C. Aubrey Smith, Irving Pichel.

1935

THE LAST DAYS OF POMPEII
R: Merian C. Cooper, Ernest B. Schoedsack. B: Ruth Rose, Boris Ingster n. d. Roman v. Lord Lytton. K: Eddie Linden jr, Ray June. M: Roy Webb. D: Preston Foster, Basil Rathbone, Alan Hale.

1945

Caesar and Cleopatra
R: Gabriel Pascal. B: Bernard Shaw. K: F. A. Young, Robert Krasker, Jack Hildyard, Jack Cardiff. M: Georges Auric. D: Claude Rains, Vivien Leigh, Stewart Granger, Flora Robson, Francis L. Sullivan, Raymond Lovell.

1952

Quo Vadis?
(Quo Vadis?)
R: Mervyn LeRoy. B: John Lee Mahin, S. N. Behrman, Sonya Levien n. d. Roman v. Henryk Sienkiewicz. K: Robert Surtees, William V. Skall. M: Miklós Rozsa. D: Robert Taylor, Deborah Kerr, Peter Ustinov, Leo Genn.

1953

Julius Caesar
(Julius Caesar)
R: Joseph L. Mankiewicz. B: Joseph L. Mankiewicz n. d. Stück v. William Shakespeare. K: Joseph Ruttenberg. M: Miklós Rozsa. D: John Gielgud, James Mason, Marlon Brando, Greer Garson, Deborah Kerr, Louis Calhern, Edmond O'Brien, George Mcready.

1954

Demetrius and the Gladiators
(Die Gladiatoren)
R: Delmer Daves. B: Philip Dunne. K: Milton Krasner. M: Franz Waxman. D: Susan Hayward, Victor Mature, Debra Paget, Michael Rennie, Anne Bancroft, Jay Robinson, Richard Egan, Ernest Borgnine.

The Egyptian
(Sinuhe der Ägypter)
R: Michael Curtiz. B: Philip Dunne n. d. Roman von Mika Waltari. K: Leon Shamroy. M: Alfred Newman, Bernard Herrman. D: Edmond Purdom, Victor Mature, Jean Simmons, Peter Ustinov, Bella Darvi, Gene Tierney, John Carradine.

Ulisse
(Die Fahrten des Odysseus)
R: Mario Camerini. B: Franco Brusati, Mario Camerini, Ennio de Concini, Hugh Gray, Ben Hecht, Ivo Perelli, Irwin Shaw. K: Harold Rosson. M: Alessandro Cicognini. D: Kirk Douglas, Silvana Mangano, Anthony Quinn, Rossana Podesta.

1955

Land of the Pharaohs
(Land der Pharaonen)
R: Howard Hawks. B: William Faulkner, Harry Kurnitz, H. Jack Bloom. K: Lee Garmes, Russell Harlan. M: Dmitri Tiomkin. D: Jack Hawkins, Joan Collins, Alexis Minotis, James Robertson Justice, Sidney Chaplin.

1956

Alexander the Great
(Alexander der Große)
R: Robert Rossen. B: Robert Rossen. K: Robert Kastler. M: Mario Nascimbene. D: Richard Burton, Fredric March, Claire Bloom.

1957

La spada e la croce
(Kreuz und Schwert)
R: Carlo Ludovico Bragaglia. B: Ottavio Poggi. K: Marcello Masiocchi. M: Roberto Nicol. D: Yvonne de Carlo, Jorge Mistral, Rossana Podesta, Massimo Serato.

1958

Le fatiche di Ercole
(Die unglaublichen Abenteuer des Herkules)
R: Pietro Francisci. B: Pietro Francisci, Ennio de Concini, Gaio Frattini. K: Mario Bava. M: Enzo Masetti. D: Steve Reeves, Sylva Koscina, Fabrici Mioni, Mimmo Palmare.

1959

Gli ultimi giorni di Pompeii
(Die letzten Tage von Pompeji)
R: Mario Bonnard, Sergio Leone. B: Sergio Leone, Sergio Corbucci, Mario Bonnard n. d. Roman v. Bulwer-Lytton. K: A. Ballesteros. M: F. Lavagnino. D: Steve Reeves, Fernando Rey, Christine Kaufmann, Barbara Carroll, Annemarie Baumann.

1960

Spartacus
(Spartakus)
R: Stanley Kubrick. B: Dalton Trumbo n. d. Roman v. Howard Fast. K: Russel Metty. M: Alex North. D: Jean Simmons, Kirk Douglas, Laurence Olivier, Tony Curtis, Peter Ustinov, John Gavin, John Ireland, Herbert Lom.

1961

Ercole alla conquista di Atlantide
(Herkules erobert Atlantis)
R: Vittorio Cottafavi. B: Vittorio Cottafavi, Alessandro Cintinenza, Duccio Tessari. K: Carlo Carlini. M: Gino Marinuzzi. D: Reg Park, Fay Spain, Ettore Manni, Luchiano Marin, Laura Altan.

La guerra di Troia
(Der Kampf um Troja)
R: Giorgio Ferroni. B: Ugo Liberatore, Giorgio Stegani, F. Zardi. K: Rino Filippini. M: Giovanni Fusco. D: Steve Reeves, Hedy Vessel, Warner Bentivegna, Arturo Dominici.

1962

Cleopatra (Cleopatra)
R: Joseph L. Mankiewicz. B: Joseph L. Mankiewicz. K: Leon Shamroy M: Alex North. D: Rex Harrison, Elizabeth Taylor, Richard Burton.

The 300 Spartans
(Der Löwe von Sparta)
R: Rudolph Maté. B: George St. George. K: Geoffrey Unsworth. M: Manos Hadjikakis. D: David Farrar, Richard Egan, Ralph Richardson, Diane Baker, Barry Coe, Donald Houston.

1963

The Fall of the Roman Empire
(Der Untergang des römischen Reiches)
R: Anthony Mann. B: Ben Barzman, Philip Yordan. K: Robert Krasker, John Moore. M: Dmitri Tiomkin. D: Sophia Loren, Stephen Boyd, Christopher Plummer, Alec Guinness, James Mason, John Ireland, Mel Ferrer, Omar Sharif.

Jason and the Argonauts
(Jason und die Argonauten)
R: Don Chaffey. B: Jan Read, Beverly Cross. K: Wilkie Cooper. M: Bernard Herrman. D: Todd Armstrong, Nancy Kovack, Honor Blackman, Niall MacGinis, Andrew Faulds.

Kings of the Sun
(Könige der Sonne)
R: J. Lee Thompson. B: Elliott Arnold, James R. Webb. K: Joseph MacDonald. M: Elmer Bernstein. D: Yul Brynner, George Chakiris, Richard Basehart, Shirley Anne Field.

Il ladro di Damasco
(Der Sieger von Samarkand)
R: Mario Amendola. B: Mario Amendola. K: Luciano Trasatti. M: Giorgio Fabor. D: Tony Russell, Luciana Gilli, Gianna Solaro, Renato Baldini.

Sansone contro il corsaro nero
(Samson gegen die Korsaren des Teufels)
R: Luigi Capuano. B: Arpad De Riso, Piero Pierotti. K: Augusto Tiezzi. M: Angelo Francesco Lavagnino. D: Alan Steel, Rosalba Neri, Piero Lulli, Elsa Mainardi, Andrea Aureli.

Sansone contro i pirati
(Samson und die weißen Sklavinnen)
R: Amerigo Anton. B: Guido Malatesta. K: Augusto Tiezzi. M: Francesco Lavagnino. D: Kirk Morris, Margaret Lee, Daniele Vargas, Aldo Bufilandi.

1964

Il colosso di Roma
(Der Titan mit der eisernen Faust)
R: Giorgio Ferroni. B: Alberto Montanari, Remigio Del Grosso, Giorgio Ferroni, K: Augusto Tiezzi. M: Angelo Francesco Lavagnino. D: Gordon Scott, Gabriella Pallotta, Massimo Serato, Roldano Lupi.

Ercole contro Roma
(Herkules, Rächer von Rom)
R: Piero Pierotti. B: Arpad De Riso, Nino Scolaro, Piero Pierotti. K: Augusto Tiezzi. M: Angelo Francesco Lavagnino. D: Alan Steel, Wandisa Guida, Domenico Palmara, Daniele Vargas.

Ercole, Sansone, Maciste e Ursus: gli invincibili
(Die Stunde der harten Männer)
R: Giorgio Capitani. B: Sandro Continenza, Roberto Gianvitta. K: Carlo Bellero. M: Piero Umiliani. D: Alan Steel (=Sergio Ciani), Nadir Baltimor, Red Ross (=Renato Rossini), Moira Orfei, Yann Carvor.

Gli invincibili tre
(Tollkühne Haudegen)
R: Gianfranco Parolini. B: Lionello De Felice, Arnaldo Marrosu, Gianfranco Parolini. K: Francesco Izzarelli. M: Angelo Francesco Lavagnino. D: Alan Steel, Mimmo Palmara, Rosalba Neri, Carlo Tamberlani, Orchidea De Santis.

Maciste alle corte dello Zar
(Marco – der Unbezwingbare)
R: Amerigo Anton. B: Mario Moroni, Arpad De Riso, Amerigo Anton. K: Aldo Giordani. M: Carlo Rustichelli. D: Kirk Morris, Massimo Serato, Ombretta Colli, Gloria Milland.

Maciste, gladiatore di Sparta
(Maciste, der Held von Sparta)
R: Mario Caiano. B: Mario Amendola, Alfonso Brescia, Albert Valentin. K: Pier Ludovico Pavoni. M: Carlo Franci. D: Mark Forrest, Elisabeth Fanty, Robert Hundar, Peter White, Marilu Tolo.

Il trionfo di Ercole
(Der stärkste Mann der Welt)
R: Alberto de Martino. B: Piero Lulli. K: Pier Ludovico Pavoni. M: Francesco De Masi. D: Dan Vadis, Pierre Cressoy, Marilu Tolo, Piero Lulli, Moira Orfei.

1965

Samson und der Schatz der Inkas
R: Piero Pierotti. B: Piero Pierotti, Arpad De Riso. K: Augusto Tiezzi. M: Angelo Francesco Lavagnino. D: Toni Sailer, Alan Steel, Wolfgang Lukschy, Mario Petri, Anna Maria Polani.

Vendetta di Spartacus
(Revanche für Spartacus)
R: Michele Lupo. B: Lionello De Felice, Ernesto Guida. K: Guglielmo Mancori. M: Francesco De Masi. D: Roger Browne, Gordon Mitchell, Scilla Gabel, Giacomo Rossi Stuart.

1966

Les Guerriers
(Kampf der Titanen gegen Rom)
R: Serge Nicolaescu. B: Titus Popovici, Jacques Remy. K: Costache Ciobotaru. M: Theodor Grigoriu. D: Pierre Brice, Marie-José Nat, Georges Marchall, Amza Pellea.

1968

Columna Lui Trajan / Dacii
(Der Tyrann)
R: Mircea Dragan. B: Titus Popovici. K: Nica Stan. M: Theodor Grigoriu. D: Richard Johnson, Antonella Lualdi, Amedeo Nazzari.

Kampf um Rom (1. u. 2. Teil)
R: Robert Siodmak. B: Ladislas Fodor n. d. Roman v. Felix Dahn. K: Richard Angst. M: Riz Ortolani. D: Laurence Harvey, Orson Welles, Michael Dunn, Sylva Koscina, Honor Blackman, Robert Hoffmann, Harriet Andersson, Ingrid Brett.

1969

The Royal Hunt of the Sun
(Der Untergang des Sonnenreiches)
R: Irving Lerner. B: Philip Yordan. K: Roger Barlow. M: Mark Wilkinson. D: Robert Shaw, Christopher Plummer, Nigel Davenport, Michael Craig.

1976

Caligola (Caligula)
R: Tinto Brass (unaut.). B: Giancarlo Lui, Bob Guccione, Tinto Brass. K: Silvano Ippoliti. M: Paul Clemente. D: Malcolm McDowell, Peter O'Toole, Teresa Ann Savoy, Helen Mirren, John Gielgud, Guido Mannari, Bruno Brive.

Hermann der Cherusker – Die Schlacht im Teutoburger Wald
R: F. Baldwin. B: Erich Farin. K: Tony Satson. M: Max Galinsky. D: Hans von Borsody, Antonella Lualdi, Cameron Mitchell.

1979

Clash of the Titans
(Kampf der Titanen)
R: Desmond Davis. B: Beverley Cross. K: Ted Moore. M: Laurence Rosenthal. D: Harry Hamlin, Judi Bowker, Burgess Meredith, Maggie Smith, Ursula Andress, Claire Bloom, Laurence Olivier.

1980

MASADA (Masada)
R: Boris Sagal. B: Joel Oliansky n. d. Roman «The Antagonists» v. Ernest K. Gann. K: Paul Lohmann. M: Jerry Goldsmith, Morton Stevens. D: Peter O'Toole, Peter Strauss, Barbara Carrera, Timothy West, David Warner, Anthony Quayle.

Ritterfilme

1922

ROBIN HOOD
(Robin Hood)
R: Allan Dwan. B: Elton Thomas (=Douglas Fairbanks), Lotta Woods. K: Paul Edeson. D: Douglas Fairbanks, Wallace Beery, Sam De Grasse, Enid Bennett.

1935

THE CRUSADES
R: Cecil B. DeMille. B: Harold Lamb, Waldemar Young, Dudley Nichols. K: Vicrot Milner. M: Rudolph Kopp. D: Henry Wilcoxon, Loretta Young, C. Aubrey Smith, Ian Keith, Katherine DeMille, Joseph Schildkraut, Alan Hale, Mischa Auer, George Barbier.

1938

THE ADVENTURES OF ROBIN HOOD
(Robin Hood – König der Vagabunden)
R: Michael Curtiz, William Keighley. B: Norman Reilly Raine, Seton I. Miller. K: Tony Gaudio. M: Erich Wolfgang Korngold. D: Errol Flynn, Olivia de Havilland, Claude Rains, Basil Rathbone, Patric Knowles, Alan Hale, Eugene Pallette.

1946

THE BANDIT OF SHERWOOD FOREST
R: George Sherman. B: Wilfried H. Petit, Melvin Levy n. d. Roman «Son of Robin Hood» v. Paul Castleton. K: Tony Gaudio, William Snyder, George Meehan. M: Hugo Friedhofer. D: Cornel Wilde, Anita Louise, Edgar Buchanan, Jill Esmond, Henry Daniell, George Macready, Russell Hicks, John Abbott.

1947

CAPTAIN FROM CASTILE
R: Henry King. B: Lamar Trotti n. e. Roman v. Samuel Shellabarger. K: Charles Clarke, Arthur E. Arling. M: Alfred Newman. D: Tyrone Power, Jean Peters, Lee J. Cobb, Cesar Romero, John Sutton, Antonio Moreno, Thomas Gomez, George Zucco, Alan Mowbray.

1950

THE BLACK ROSE
(Die schwarze Rose)
R: Henry Hathaway. B: Talbot Jennings n. e. Roman v. Thomas B. Costain. K: Jack Cardiff. M: Richard Addinsell. D: Tyrone Power, Orson

Welles, Cécile Aubrey, Jack Hawkins, Michael Rennie, Finlay Currie, Henry Oscar.

THE FLAME AND THE ARROW
(Der Rebell/Der schwarze Falke)
R: Jacques Tourneur. B: Waldo Salt. K: Ernest Haller. M: Max Steiner. D: Burt Lancaster, Virginia Mayo, Robert Douglas, Frank Allenby, Nick Gravat.

ROGUES OF SHERWOOD FOREST
(Robin Hoods Vergeltung)
R: Gordon Douglas. B: George Bruce. K: Charles Lawton jr. M: Heinz Roemheld, Harold MacArthur. D: John Derek, Diana Lynn, George Macready, Alan Hale, Paul Cavanagh, Lowell Gilmore, Billy House.

1952

IVANHOE
(Ivanhoe – der schwarze Ritter) R: Richard Thorpe. B: Noel Langley, Aeneas Mackenzie. K: Frederick A. Young. M: Miklós Rozsa. D: Robert Taylor, Joan Fontaine, Elizabeth Taylor, Emlyn Williams, George Sanders, Robert Douglas, Finlay Currie, Felix Aylmer, Guy Rolfe, Basil Sydney.

THE STORY OF ROBIN HOOD AND HIS MERRIE MEN
(Robin Hood und seine tollkühnen Gesellen)
R: Ken Annakin. B: Laurence E. Watkin. K: Guy Green. M: Clifton Parker. D: Richard Todd, Joan Rice, James Hayter, Hubert Gregg, James Robertson Justice, Martita Hunt, Peter Finch.

1954

THE BLACK KNIGHT
(Unter schwarzem Visier)
R: Tay Garnett. B: Alec Coppel. K: John Wilcox. M: John Addison. D: Alan Ladd, Patricia Medina, Peter Cushing, Harry Andrews, André Morell, Anthony Bushell, John Laurie.

THE BLACK SHIELD OF FALWORTH
(Der eiserne Ritter von Falworth)
R: Rudolph Maté. B: Oscar Brodney n. d. Roman «Men of Iron» v. Howard Pyle. K: Irving Glassberg. M: Joseph Gershenson. D: Tony Curtis, Janet Leigh, David Farrar, Barbara Rush, Herbert Marshall, Rhys Williams, Dan O'Herlihy.

KING RICHARD AND THE CRUSADERS
R: David Butler. B: John Twist n. d. Roman «The Talisman» v. Walter Scott. K: Peverell Marley. M: Max Steiner. D: Rex Harrison, Virginia Mayo, George Sanders, Laurence Harvey, Robert Douglas.

THE KNIGHTS OF THE ROUND TABLE
(Die Ritter der Tafelrunde)
R: Richard Thorpe. B: Talbot Jennings, Jan Lustig, Noel Langley. K: Frederick A. Young, Stephen Dade. M: Miklós Rozsa. D: Robert Taylor, Mel Ferrer, Ava Gardner, Anne Crawford, Stanley Baker, Felix Aylmer.

PRINCE VALIANT (Prinz Eisenherz)
R: Henry Hathaway. B: Dudley Nichols n. d. Comic-Serie v. Hal Foster. K: Lucien Ballard. M: Franz Waxman. D: Robert Wagner, James Mason, Janet Leigh, Sterling Hayden, Debra Paget, Victor McLaglen, Primo Carnera, Brian Aherne, Donald Crisp, Barry Jones.

1955

The Court Jester
(Der Hofnarr)
R: Norman Panama, Melvin Frank. B: Norman Panama, Melvin Frank. K: Ray June. M: Sylvia Fine, Sammy Cahn. D: Danny Kaye, Glynis Johns, Basil Rathbone, Cecil Parker, Mildred Natwick, Angela Lansbury, Edward Ashley, Robert Middleton.

Quentin Durward
(Liebe, Tod und Teufel)
R: Richard Thorpe. B: Robert Ardrey. K: Christopher Challis. M: Bronislau Kaper. D: Robert Taylor, Kay Kendall, Robert Morley, Alec Clunes, Wilfrid Hyde-White, Duncan Lamont, Ernest Thesiger, Harcourt Williams, George Cole.

The Warriors
(Der schwarze Prinz)
R: Henry Levin. B: Daniel B. Ullman. K: Guy Green. M: Cedric Thorpe Davie. D: Errol Flynn, Joanne Dru, Peter Finch, Michael Hordern, Rupert Davies.

1958

Son of Robin Hood
R: George Sherman. B: George Sherman, George Slavin. K: Arthur Grant. M: Leighton Lucas. D: David Hedison, June Laverick, David Farrar, Marius Goring, Philip Friend, George Coulouris.

1962

El Cid (El Cid)
R: Anthony Mann. B:Philipp Yordan, Fredric M. Frank. K: Robert Krasker. M: Miklós Rozsa. D: Charlton Heston, Sophia Loren, Raf Vallone, Geneviève Page, John Fraser, Gary Raymond, Hurd Hatfield.

Lancelot and Guinevere/Sword of Lancelot
R: Cornel Wilde. B: Richard Schayer, Jefferson Pascal. K: Harry Waxman. M: Ron Goodwin. D: Cornel Wilde, Jean Wallace, Brian Aherne, George Baker, John Barrie.

The Magic Sword
R: Bert I. Gordon. B: Bernard Schoenfeld. K: Paul Vogel. M: Richard Markowitz. D: Basil Rathbone, Estelle Winwood, Gary Lockwood, Anne Helm.

1963

Siege of the Saxons
(Das Schwert des Königs)
R: Nathan Juran. B: John Kohn, Jud Kinberg. K: Wilkie Cooper, Jack Willis. D: Janette Scott, Ronald Lewis, Ronald Howard, Mark Dignam, John Laurie, Richard Clarke.

1964

La rivincita di Ivanhoe
(Die Rache des Ivanhoe)
R: Amerigo Anton. B: Arpad De Riso, Nino Scolaro. K: Romolo Garroni. M: Giuseppe Pieillo. D: Clyde Rogers, Gilda Loussek, Andrea Aureli, Duilio Marzio, Furio Meniconi.

1965

L'Armata Brancaleone
(Branca Leone)
R: Mario Monicelli. B: Age Scarpelli, Mario Monicelli. K: Carlo Di Palma.

M: Carlo Rustichelli. D: Vittorio Gassmann, Cathérine Spaak, Folco Lulli, Gian Maria Volonté.

KINDAR, L'INVULNERABILE
(Das Geheimnis der roten Blume)
R: Oswaldo Civirani. B: Alessandro Ferrau, Roberto Gianviti. K: Osvaldo Civirani. M: Lallo Gori. D: Mark Forest, Mimmo Palmara, Rosalba Neri, Dea Flowers, Red Ross.

THE WARLORD
(Die Normannen kommen)
R: Franklin Schaffner. B: Millard Kaufman, John Collier n. e. Stück v. Leslie Stephens. K: Russell Metty. D: Charlton Heston, Richard Boone, Rosemary Forsyth, Guy Stockwell, Maurice Evans.

1966

THE FIGHTENING PRINCE OF DONEGAL
(Donegal, König der Rebellen)
R: Michael O'Herlihy. B: Robert Westerby n. e. Roman v. Robert T. Relly. K: Arthur Ibbetson. M: George Bruns. D: Peter McEnery, Susan Hampshire, Tom Adams, Gordon Jackson, Norman Wooland.

DIE NIBELUNGEN (1. TEIL: SIEGFRIEDS TOD, 2. TEIL: KRIEMHILDS RACHE)
R: Harald Reinl. B: Harald G. Petersson, Harald Reinl, Ladislas Fodor. K: Ernst W. Kalinke. M: Rolf Wilhelm. D: Uwe Beyer, Maria Marlow, Karin Dor, Rolf Henniger, Siegfried Wischnewski, Herbert Lom, Fred Williams, Mario Girotti.

1967

CAMELOT (Camelot)
R: Joshua Logan. B: Alan Jay Lerner nach T. H. Whites «The Once and Future King». K: Richard Kline. M: Frederick Loewe. D: Richard Harris, Vanessa Redgrave, Franco Nero, David Hemmings, Lang Jeffries.

1968

A CHALLENGE FOR ROBIN HOOD
(Robin Hood der Freiheitsheld)
R: C. Pennington-Richards. B: Peter Bryan. K: Arthur Grant. M: Gary Hughes. D: Barrie Ingham, James Hayter, Peter Blythe, Gay Hamilton, John Arnatt.

1969

ALFRED THE GREAT (Alfred der Große – Bezwinger der Wikinger)
R: Clive Donner. B: Ken Taylor, James R. Webb. K: Alex Thomson. M: Ray Leppard. D: David Hemmings, Michael York, Prunella Ransome, Colin Blakely, Julian Glover, Ian McKellen.

A WALK WITH LOVE AND DEATH
(Eine Reise mit der Liebe und dem Tod)
R: John Huston. B: Dale Wasserman n. d. Roman v. Hans Koningsberger. K: Ted Scaife. M: Georges Delerue. D: Anjelica Huston, Assaf Dayan, Anthony Corlan, John Hallam, John Huston.

1970

L'ARCIERE DEL FUOCO
(Der feurige Pfeil der Rache)
R: Giorgio Ferroni. B: Giorgio Stegani Casorati, Manuel Torres Larredo, André Tranché. K: Giuseppe Pinori. D: Giuliano Gemma, Mark Damon, Luis Davila, Silvia Dionisio, Mario Adorf.

Brancaleone alle crociate
(Brancaleone II – Auf Kreuzzug ins Heilige Land)
R: Mario Monicelli. B: Age Scarpelli. K: Aldo Tonti. D: Vittorio Gassmann, Stefania Sandrelli, Lini Toffolo, Adolfo Celi.

Una spada per brando
(Robin Hood – und ewig stechen die Räuber)
R: Alfio Caltabiano. K: Aldo Giordano. M: Carlo Rustichelli. D: Paul Winston, Karin Schubert, Gerhard Herter, Tano Cimarosa.

1973

Gawain and the Green Knight
R: Stephen Weeks. B: Philip Green, Stephen Weeks. K: Ian Wilson. M: Ron Goodwin. D: Murray Head, Ciaran Madden, Nigel Green, Anthony Sharp, Robert Hardy, Murray Melvin.

1974

Lancelot du Lac
(Lancelot, Ritter der Königin)
R: Robert Bresson. B: Robert Bresson. K: Pasqualino de Santis. M: Philippe Sarde. D: Luc Simon, Laura Duke Condominas, Humbert Balsan.

1975

Robin and Marian
(Robin und Marian)
R: Richard Lester. B: James Goldman. K: David Watkin. M: Michel Legrand. D: Sean Connery, Nicol Williamson, Audrey Hepburn, Esmond Knight, Richard Harris, Robert Shaw.

Il soldato di venture
(Hector, der Ritter ohne Furcht und Tadel)
R: Pasquale Festa Campanile. B: Franco Agostini. K: Marcello Masciocci. M: Guido u. Maurizio de Angelis. D: Bud Spencer, Jacques Herlin, Philippe Leroy, Andrea Ferreol, Angelo Infanti.

1980

Excalibur
(Excalibur)
R: John Boorman. B: John Boorman, Rospo Pallenberg n. «Le Mort D'Arthur» v. Sir Thomas Malory. K: Alex Thomson. M: Trevor Jones, (Richard Wagner, Carl Orff). D: Nigel Terry, Helen Mirren, Nicholas Clay, Cherie Lunghi, Paul Geoffrey, Nicol Williamson, Gabriel Byrne.

1981

The Archer and the Sorceress
(Der Zauberbogen)
R: Nicholas Corea. B: Nicholas Corea. K: John McPherson. M: Jan Underwood. D: Lane Caudell, Victor Campos, Belinda Bauer, Kabir Bedi, Marc Alaimo, George Kennedy.

Feuer und Schwert
R: Veith von Fürstenberg. B: Max Zihlmann n. e. Entwurf v. Veith von Fürstenberg. K: Jacques Steyn. M: Robert Lovas. D: Christopher Waltz, Antonia Preser, Leigh Lawson, Peter Firth, Vladek Sheyball, Walo Lüönd.

The Sword and the Sorcerer
(Talon – Im Kampf gegen das Imperium)
R: Albert Pyun. B: Tom Karnowski, John Stuckmeyer, Albert Pyun. K: Jo-

seph Mangine. M: David Whittacker. D: Lee Horsley, Kathleen Beller, Simon MacCorkindale, George Maharis, Richard Lynch, Nina van Pallandt, Richard Moll.

Piratenfilme

1935

Captain Blood
(Unter Piratenflagge)
R: Michael Curtiz. B: Casey Robinson n. d. Roman v. Rafael Sabatini. K: Hal Mohr. D: Errol Flynn, Olivia de Havilland, Basil Rathbone, Lionel Atwill, Guy Kibbee, Ross Alexander, Donald Meek.

1938

The Buccaneer
R: Cecil B. DeMille. B: Jeannie Macpherson, Edwin Justus Mayer, Harold Lamb, C. Gardner Sullivan. K: Victor Milner. M: Boris Morros. D: Fredric March, Franciska Gaal, Akim Tamiroff, Margot Grahame, Walter Brennan, Ian Keith, Anthony Quinn.

1939

Jamaica Inn
(Riffpiraten)
R: Alfred Hitchcock. B: Sidney Gilliat, Joan Harrison, J. B. Priestley. K: Harry Stradling, Bernard Knowles. M: Eric Fenby. D: Charles Laughton, Maureen O'Hara, Leslie Banks, Robert Newton, Emlyn Williams.

1940

The Sea Hawk
(Herr der sieben Meere)
R: Michael Curtiz. B: Seton I. Miller, Howard Koch. K: Sol Polito. M: Erich Wolfgang Korngold. D: Errol Flynn, Brenda Marshall, Claude Rains, Donald Crisp, Flora Robson, Alan Hale.

1943

The Black Swan
(Der schwarze Schwan)
R: Henry King. B: Ben Hecht, Seton I. Miller n. e. Roman v. Rafael Sabatini. K: Leon Shamroy. M: Alfred Newman. D: Tyrone Power, Maureen O'Hara, Thomas Mitchell, George Zucco, George Sanders, Anthony Quinn, Edward Ashley, Laird Cregar.

1944

Frenchman's Creek
R: Mitchell Leisen. B: Talbot Jennings n. e. Roman v. Daphne du Maurier. K: George Barnes. M: Victor Young. D: Joan Fontaine, Arturo de Cordova, Basil Rathbone, Nigel Bruce, Cecil Kellaway, Ralph Forbes.

Princess and the Pirate
(Die Prinzessin und der Pirat)
R: David Butler. B: Don Hartman, Melville Shavelson, Everett Freeman. K: William Snyder, Victor Milner. M:

David Rose. D: Bob Hope, Virginia Mayo, Walter Slezak, Victor McLaglen, Walter Brennan, Marc Lawrence, Hugo Haas.

1945

CAPTAIN KIDD
(Unter schwarzer Flagge)
R: Rowland V. Lee. B: Norman Reilly Raine. K: Archie Stout. D: Charles Laughton, Randolph Scott, Barbara Britton, Reginald Owen, Gilbert Roland.

THE SPANISH MAIN
R: Frank Borzage. B: George Worthing Yates, Herman J. Mankiewicz. K: George Barnes. M: Constantin Bakaleinikoff. D: Paul Henreid, Maureen O'Hara, Binnie Barnes, Walter Slezak, John Emery, Barton MacLane, J. M. Kerrigan, Mike Mazurki, Fritz Leiber, Nancy Gates.

1948

THE PIRATE
R: Vincente Minnelli. B: Albert Hackett, Frances Goodrich n. e. Stück von S. N. Behrman. K: Harry Stradling. M: Cole Porter. D: Gene Kelly, Judy Garland, Walter Slezak, Gladys Cooper, Reginald Owen, George Zucco.

1951

ANNE OF THE INDIES
(Die Piratenkönigin)
R: Jacques Tourneur. B: Philip Dunne, Arthur Caesar. K: Harry Jackson. M: Franz Waxman. D: Jean Peters, Louis Jourdan, Debra Paget, Herbert Marshall, Thomas Gomez, James Robertson Justice.

1952

AGAINST ALL FLAGS
(Gegen alle Flaggen)
R: George Sherman. B: Aeneas Mackenzie, Joseph Hoffman. K: Russell Metty. M: Hans Salter. D: Errol Flynn, Maureen O'Hara, Anthony Quinn, Mildred Natwick, Alice Kelly.

BLACKBEARD THE PIRATE
R: Raoul Walsh. B: Alan le May. K: William E. Snyder. M: Victor Young. D: Robert Newton, Linda Darnell, Keith Andes, William Bendix, Torin Thatcher, Irene Ryan, Richard Egan.

CARIBBEAN
R: Edward Ludwig. B: Frank L. Moss, Edward Ludwig. K: Lionel Lindon. M: Lucien Cailliet. D: John Payne, Arlene Dahl, Cedrick Hardwicke, Francis L. Sullivan, Dennis Hoey.

THE CRIMSON PIRATE
(Der rote Korsar)
R: Robert Siodmak. B: Roland Kibbee. K: Otto Heller. M: William Alwyn. D: Burt Lancaster, Nick Cravat, Eva Bartok, Torin Thatcher, James Hayter, Margot Grahame.

1953

THE MASTER OF BALLENTRAE
(Der Freibeuter)
R: William Keighley. B: Herb Meadow n. d. Roman v. Robert Louis Stevenson. K: Jack Cardiff. M: William Alwyn. D: Errol Flynn, Roger Livesey, Anthony Steel, Beatrice Campbell, Yvonne Furneaux, Felix Aylmer.

SEA DEVILS
(Seeteufel)
R: Raoul Walsh. B: Borden Chase. K: Wilkie Cooper. M: Richard Addinsell.

D: Rock Hudson, Yvonne De Carlo, Bryan Forbes, Maxwell Reed, Denis O'Dea.

1958

The Buccaneer
(König der Freibeuter)
R: Anthony Quinn. B: Jesse L. Lasky, Berenice Mosk n. Entwürfen v. Harold Lamb, Edwin Justis Mayer, C. Gardner Sullivan und nach «Lafitte the Pirate» v. Lyle Saxon, bearbeitet v. Jeanie MacPhersons. K: Loyal Griggs. M: Elmer Bernstein. D: Yul Brynner, Charlton Heston, Claire Bloom, Charles Boyer, Inger Stevens.

1961

The Pirates of Blood River
(Piraten vom Todesfluß)
R: John Gilling. B: John Hunter, John Gilling. K: Arthur Grant. D: Kervin Matthews, Glenn Corbett, Christopher Lee, Andrew Keir, Peter Arne, Oliver Reed, Marla Landi.

1962

Captain Clegg
(Die Bande des Captain Clegg)
R: Peter Graham Scott. B: John Elder. K: Arthur Grant. M: Don Banks. D: Peter Cushing, Patrick Allen, Michael Ripper, Oliver Reed, Derek Francis, Milton Reid, Martin Benson.

Lo sparviero dei Caraibi
(Die tollen Hunde der Karibischen See)
R: Piero Regnoli. B: Gian Paolo Callegari, Piero Regnoli. K: Aldo Greci. M: Aldo Piga. D: Johnny Desmond, Yvonne Monlaur, Armando Francioli.

1964

A High Wind in Jamaica
(Sturm über Jamaika)
R: Alexander Mackendrick. B: Ronald Harwood, Denis Cannon, Stanley Mann n. e. Roman v. Richard Hughes. K: Douglas Slocombe. M: Larry Adler. D: Anthony Quinn, James Coburn, Dennis Price, Gert Fröbe, Lila Kedrova.

1967

L'Avventuriero
(Ich komme vom Ende der Welt)
R: Terence Young. B: Luciano Vincenzioni n. e. Roman v. Joseph Conrad. K: Leonida Barboni. M: Ennio Morricone. D: Anthony Quinn, Rita Hayworth, Rosanna Schiaffino, Richard Johnson.

1969

Il Corsaro
(Der größte aller Freibeuter)
R: Tony Mulligan. B: Eduardo M. Brochero. K: Emilio Foriscot. M: Angelo Francesco Lavagnino. D: Robert Woods, Tania Alvarado, Chris Huerta.

1971

Il Corsaro Nero
(Freibeuter der Meere)
R: Vincent Thomas. B: George Martin. K: Jaime Deucasas. M: Gino Peguri. D: Terence Hill, Bud Spencer, Silvia Monti, George Martin, Edmund Purdom.

The Light at the Edge of the World
(Das Licht am Ende der Welt)
R: Kevin Billington. B: Tom Rowe

n. e. Roman von Jules Verne. K: Henri Decae. M: Piero Piccioni. D: Kirk Douglas, Yul Brynner, Samantha Eggar, Jean-Claude Drouot, Fernando Rey, Renato Salvatori.

LA REBELLION DE LOS BUCCANEROS
(Totenkopf auf weißen Segeln)
R: Josef Luis Merino. B: Josef Luis Merino. K: Emanuele Di Cola. M: Francesco De Masi. D: Charles Quiney, Stan Cooper, Maria Pia Conte.

1976

IL CORSARO NERO
(Der schwarze Korsar)
R: Sergio Solima. B: Sergio Solima, Alberto Silvestri. K: Alberto Spagnoli. M: Guido u. Maurizio de Angelis. D: Kabir Bedi, Carole André, Mel Ferrer, Angelo Infanti, Sonja Jeanine.

SWASHBUCKLER/THE SCARLET BUCCANEER
(Der scharlachrote Pirat)
R: James Goldstone. B: Jeffrey Bloom. K: Philip Lathrop. M: John Addison. D: Robert Shaw, James Earl Jones, Peter Boyle, Geneviève Bujold, Beau Bridges, Geoffrey Holder.

Mantel & Degen-Filme

1934

THE COUNT OF MONTE CRISTO
(Das Rätsel von Monte Christo)
R: Rowland V. Lee. B: Philip Dunne, Dan Totheroh, Rowland V. Lee n. d. Roman v. Alexandre Dumas. K: Peverell Marley. M: Alfred Newman. D: Robert Donat, Elissa Landi, Louis Calhern, Sidney Blackmer, Raymund Walburn.

THE SCARLET PIMPERNEL
(Wer ist Scarlet Pimpernel?/Die scharlachrote Blume/Das scharlachrote Siegel)
R: Harold Young. B: Robert E. Sherwood, Sam Berman, Arthur Wimperis, Lajos Biro n. d. Roman v. Baronesse Orczy. K: Harold Rossen. M: Arthur Benjamin. D: Leslie Howard, Merle Oberon, Raymond Massey, Nigel Bruce, Bramwell Fletcher, Anthony Bushell, Joan Gardner, Walter Rilla.

1937

THE PRINCE AND THE PAUPER
(Mit eiserner Faust/Der Prinz und der Bettelknabe)
R: William Keighley. B: Laird Doyle n. d. Roman v. Mark Twain. K: Sol Polito. M: Erich Wolfgang Korngold. D: Errol Flynn, Claude Rains, Billy und Bobby Mauch, Henry Stephenson, Barton MacLane, Alan Hale, Eric Portman, Montagu Love, Fritz Leiber.

THE PRISONER OF ZENDA
R: John Cromwell. B: John Balderston, Wills Root, Donald Ogden Stewart n. d. Roman v. Anthony Hope. K: James Wong Howe. M: Alfred Newman. D: Ronald Colman, Douglas Fairbanks jr., Madeleine Carroll, David Niven, Raymond Massey, Mary Astor, C. Aubrey Smith, Byron Foulger, Montagu Love.

UNDER THE RED ROBE
R: Victor Sjostrom. B: Lajos Biro, Philip Lindsay, J. L. Hodson n. d. Roman v. Stanley J. Weyman. K: Georges Périnal. D: Conrad Veidt, Raymond Massey, Annabella, Romney Brent, Sophie Stewart, Lawrence Grant.

1939

THE MAN IN THE IRON MASK
(Der Mann mit der eisernen Maske)
R: James Whale. B: George Bruce n. d. Roman v. Alexandre Dumas. K: Robert Planck. M: Lucien Moraweck. D: Louis Hayward, Warren William, Alan Hale, Bert Roach, Miles Mander, Joan Bennett, Joseph Schildkraut, Montagu Love.

THE THREE MUSKETEERS
(Die drei Musketiere)
R: Allan Dwan. B: M. M. Musselman, William A. Drake, Sam Hellman. K: Peverell Marley. D: Don Ameche, The Ritz Brothers, Binnie Barnes, Joseph Schildkraut, Lionel Atwill, Miles Mander, Gloria Stuart, Pauline Moore, John Carradine.

1940

SON OF MONTE CRISTO
(Die Stunde der Vergeltung)
R: Rowland V. Lee. B: George Bruce. K: George Robinson. M: Edward Ward. D: Louis Hayward, Joan Bennett, George Sanders, Florence Bates, Lionel Royce, Montagu Love, Clayton Moore.

1941

THE CORSICAN BROTHERS (Blutrache)
R: Gregory Ratoff. B: George Bruce, Howard Estabrock. K: Harry Stradling. M: Dmitri Tiomkin. D: Douglas Fairbanks jr, Ruth Warrick, Akim Tamiroff, Henry Wilcoxon, H. B. Warner.

1948

THE THREE MUSKETEERS
(Die drei Musketiere)
R: George Sidney. B: Robert Ardrey. K: Robert Planck. M: Herbert Stothart. D: Gene Kelly, Lana Turner, Van Heflin, Frank Morgan, Angela Lansbury, Vincent Price, Keenan Wynn, John Sutton, Gig Young, Reginals Owen, Ian Keith.

1950

CYRANO DE BERGERAC
(Der letzte Musketier)
R: Michael Gordon. B: Brian Hooker n. e. Stück v. Edmond Rostand. K: Franz Planer. M: Dmitri Tiomkin. D: José Ferrer, Mala Powers, William Prince, Morris Carnovsky, Ralph Clanton.

THE ELUSIVE PIMPERNEL
R: Michael Powell, Emeric Pressburger. B: Michael Powell, Emeric Pressburger n. e. Roman v. Baronesse Orczy u. d. Script zu dem Film «The Scarlet Pimpernel». K: Christopher Challis. M: Brian Easdale. D: David Niven, Margaret Leighton, Cyril Cusack, Jack Hawkins, David Hutcheson, Robert Coote.

SONS OF THE MUSKETEERS
(Die Söhne der drei Musketiere)
R: Lewis Allen. B: Walter Ferris, Joseph Hoffman. K: Ray Rennahan. M: Roy Webb. D: Cornel Wilde, Maureen O'Hara, Gladys Cooper, Robert Douglas, Dan O'Herlihy, Alan Hale jr.

1952

FANFAN LA TULIPE
(Fanfan, der Husar)
R: Christian-Jacque. B: René Wheeler, René Fallet (Adaption: Christian-Jacque, Henri Jeanson, René Wheeler). K: Christian Matras. M: Maurice Thiriet, Georges Van Parys. D: Gérard Philipe, Gina Lollobrigida, Noël Roquevert, Olivier Hussenot, Nerio Bernardi, Marcel Herrand.

THE PRISONER OF ZENDA
(Der Gefangene von Zenda)
R: Richard Thorpe. B: John Balderston, Noel Langley. K: Joseph Ruttenberg. M: Alfred Newman. D: Stewart Granger, James Mason, Deborah Kerr, Robert Coote, Robert Douglas, Jane Greer, Louis Calhern.

SCARAMOUCHE
(Scaramouche, der galante Marquis)
R: George Sidney. B: Ronald Millar, George Froeschel n. d. Roman v. Rafael Sabatini. K: Charles Rosher. M: Victor Young. D: Stewart Granger, Mel Ferrer, Eleanor Parker, Janet Leigh, Nina Foch, Henry Wilcoxon, Lewis Stone.

1955

BEAU BRUMMEL
(Beau Brummel – Rebell und Verführer)
R: Curtis Bernhardt. B: Karl Tunberg n. e. Stück v. Clyde Fitch. K: Oswald Morris. M: Richard Addinsell. D: Stewart Granger, Elizabeth Taylor, Peter Ustinov, Robert Morley, James Donald, James Hayter, Rosemary Harris.

CAPTAIN LIGHTFOOT
R: Douglas Sirk. B: W. R. Burnett, Oscar Brodney. K: Irving Glassberg. M: Joseph Gershenson. D: Rock Hudson, Barbara Rush, Jeff Morrow, Kathleen Ryan, Finlay Currie, Denis O'Dea.

THE PURPLE MASK
(Die purpurrote Maske)
R: H. Bruce Humberstone. B: Oscar Brodney. K: Irving Glassberg. M: Joseph Gershenson. D: Tony Curtis, Coleen Miller, Dan O'Herlihy, Gene Barry, Angela Lansbury, George Dolenz, John Hoyt.

1957

ROBBERY UNDER ARMS
R: Jack Lee. B: Alexander Baron, W. P. Lipscomb n. e. Roman v. Rolf Boldrewood. K: Harry Waxman. M: Matyas Seiber. D: Peter Finch, David McCallum, Ronald Lewis, Maureen Swanson, Jill Ireland, Laurence Naismith.

1958

DER SCHINDERHANNES
R: Helmut Käutner. B: Georg Hurdalek n. d. Stück v. Carl Zuckmayer. K: Heinz Pehlke. M: Bernhard Eichhorn. D: Curd Jürgens, Maria Schell, Christian Wolff, Fritz Tillmann, Joseph Offenbach, Siegfried Lowitz, Paul Esser, Armin Dahl, Joachim Hess.

1960

CARTOUCHE
(Cartouche der Bandit)
R: Philippe De Broca. B: Charles Spaak, Daniel Boulanger, Philippe De Broca. K: Christian Matras. D: Jean-Paul Belmondo, Claudia Cardinale, Odile Versois, Jess Hahn, Philippe Lemaire, Jean Rochefort.

Les Trois Mousquetaires (1: Les Ferrets de la Reine, 2: La Vengeance de Milady)
(Die drei Musketiere [1. Teil: Haudegen der Königin, 2. Teil: Ohne Furcht und Tadel])
R: Bernard Borderie. D: Gérard Barray, Georges Descrières, Mylène Demengeot.

1961

Le Comte de Monte-Christo
(Der Graf von Monte Christo)
R: Claude Autant-Lara. B: Jean Halain. K: Jacques Natteau. M: René Cloerec. D: Louis Jourdan, Yvonne Fourneaux, Bernard Dheran, Pierre Mondy.

1962

Mandrin / L'Indomabile
(Mandrin, der tolle Musketier)
R: Jean-Paul le Chanois. B: René Havard, Jean-Paul le Chanois. K: Marc Fossard. M: Georges van Parys. D: Georges Rivière, Sylvia Montfort, Dany Robin, Jeanne Valerie, Maurice Bacquet.

1963

La Tulipe Noire
(Die schwarze Tulpe)
R: Christian-Jacque. D: Alain Delon, Virna Lisi, Dawn Addams, Akim Tamiroff, Adolfo Marsillich, Francis Blanche.

1966

C'era una volta
(Schöne Isabella)
R: Francesco Rosi. B: Tonino Guerra, Raffaele La Capria, Giuseppe Patroni Griffi, Francesco Rosi. K: Pasquale De Santis. M: Piero Piccioni. D: Sophia Loren, Omar Sharif, Dolores del Rio, Georges Wilson, Leslie French.

Les Aventures extraordinaires de Cervantes
(Cervantes – der Abenteurer des Königs)
R: Vincent Sherman. D: David Karp, Enrique Llovett n. e. Roman v. Bruno Frank. K: Edmond Richard. M: Jean Ledrut. D: Horst Buchholz, Gina Lollobrigida, José Ferrer, Louis Jourdan, Francisco Rabal.

1971

Les Maries de l'an deux
(Musketier mit Hieb und Stich)
R: Jean-Paul Rappeneau. B: Jean-Paul Rappeneau. K: Claude Renoir, Jean Chiabaut. M: Michel Legrand. D: Jean-Paul Belmondo, Marlène Jobert, Laura Antonelli, Michel Auclair, Sami Frey, Pierre Brasseur.

1973

Les quatre Charlots Mousquetaires
(Die tollen Charlots: Wir viere sind die Musketiere)
R: André Hunebelle. B: Jean Halain. K: Claude Robin. M: Les Charlots. D: Les Charlots, Josephine Chaplin, Paul Préboist, Cathérine Jourdan.

The Three Musketeers / Les Trois Mousquetaires
(Die drei Musketiere)
R: Richard Lester. B: George McDo-

nald Fraser n. d. Roman v. Alexandre Dumas. K: David Watkins. M: Michel Legrand. D: Oliver Reed. Raquel Welch, Micheal York, Christopher Lee, Geraldine Chaplin, Faye Dunaway, Charlton Heston, Frank Finlay.

1974

A NOUS QUATRE, CARDINAL
(Die tollen Charlots: Hilfe, mein Degen klemmt)
R: André Hunebelle. B: Jean Hallain. K: Claude Robin. M: Les Charlots. D: Les Charlots.

THE COUNT OF MONTE CRISTO
(Der Graf von Monte Christo)
R: David Greene. B: Sidney Carrol n. d. Roman v. Alexandre Dumas. K: Aldo Tonti. M: Allyn Ferguson. D: Richard Chamberlain, Tony Curtis, Trevor Howard, Louis Jourdan, Donald Pleasance.

THE FOUR MUSKETEERS
(Die vier Musketiere – Die Rache der Mylady)
R: Richard Lester. B: George McDonald Fraser n. d. Roman v. Alexandre Dumas. K: David Watkins. M: Lalo Schifrin. D: Charlton Heston, Michael York, Faye Dunaway, Raquel Welch, Oliver Reed, Frank Finlay.

1975

SCARAMOUCHE, DER TEUFELSKERL
R: Enzo G. Castellari. B: Tito Carpi, Enzo G. Castellari. K: Giovanni Bergamini. M: Bixio Frizzi Tempera. D: Michael Sarrazin, Ursula Andress, Aldo Maccione, Giancarlo Prete, Michael Forest.

1976

THE MAN IN THE IRON MASK
(Der Mann mit der eisernen Maske)
R: Mike Newell. B: William Bast n. e. Roman v. Alexandre Dumas. K: Freddie Young. M: Allyn Ferguson. D: Richard Chamberlain. Louis Jourdan, Ralph Richardson, Patrick McGoohan, Jenny Agutter.

1977

THE PRINCE AND THE PAUPER
(Der Prinz und der Bettler)
R: Richard Fleischer. B: George McDonald Fraser, Berta Domingues, Pierre Spengler n. d. Roman v. Mark Twain. K: Jack Cardiff. M: Maurice Jarre. D: Oliver Reed, Raquel Welch, Mark Lester, Ernest Borgnine, George C. Scott, Rex Harrison, David Hemmings, Charlton Heston, Harry Andrews, Sybil Danning.

1978

THE PRISONER OF ZENDA
(Der Gefangene von Zenda)
R: Richard Quine. B: Dick Clement, Ina La Frenais n. d. Roman v. Anthony Hope. K: Arthur Ibbetson. M: Henry Mancini. D: Peter Sellers, Lynne Frederick, Lionel Jeffries, Elke Sommer, Gregory Sierra, Jeremy Kemp, Catherine Schell, Simon Williams.

Die letzten Abenteurer

1932

Red Dust
(Die gelbe Hölle)
R: Victor Fleming. B: John Lee Mahin nach einem Stück von Wilson Collison. K: Harold Rosson. D: Clark Gable, Jean Harlow, Mary Astor, Gene Raymond, Donald Crisp, Tully Marshall.

1945

To Have and Have Not
(Haben und Nichthaben)
R: Howard Hawks. B: Jules Furthman, William Faulkner nach dem Roman von Ernest Hemingway. K: Sid Hickox. M: Leo F. Forbstein. D: Humphrey Bogart, Lauren Bacall, Walter Brennan, Hoagy Carmichael, Dolores Moran, Dan Seymour.

1948

The Treasure of the Sierra Madre
(Der Schatz der Sierra Madre)
R: John Huston. B: John Huston nach dem Roman von B. Traven. K: Ted McCord. M: Leo F. Forbstein. D: Humphrey Bogart, Walter Huston, Tim Holt, Alfonso Bedoya, John Huston, Bruce Bennett, Barton MacLane.

1951

The African Queen
(African Queen)
R: John Huston. B: James Agee nach einem Roman von C.S. Forester. K: Jack Cardiff. M: Allan Gray. D: Humphrey Bogart, Katharine Hepburn, Robert Morley, Peter Bull.

1952

Le Salaire de la peur
(Lohn der Angst)
R: Henri-Georges Clouzot. B: Henri-Georges Clouzot nach dem Roman von Georges Arnaud. K: Armand Thirard. M: Georges Auric. D: Yves Montand, Charles Vanel, Peter van Eyck, Vera Clouzot, Folco Lulli.

1955

The Left Hand of God
(Die linke Hand Gottes)
R: Edward Dmytryk. B: Alfred Hayes nach dem Roman von William E. Barrett. K: Franz Planer. M: Victor Young. D: Humphrey Bogart, Gene Tierney, Lee J. Cobb, E.G. Marshall, Agnes Moorehead.

1956

The Mountain (Berg der Versuchung)
R: Edward Dmytryk. B: Ronald MacDougall nach dem Roman von Henri Troyat. K: Franz Planer. M: Daniele Amfitheatrof. D: Spencer Tracy, Robert Wagner, Claire Trevor, William Demarest, E.G. Marshall.

1963

L'Homme de Rio/L'Uomo del Rio
(Abenteuer in Rio)
R: Philippe De Broca. B: Philippe De Broca, Jean-Paul Rappeneau, Ariane Mnouchkine, Daniel Boulanger. K: Edmond Séchan. D: Jean-Paul Belmondo, Françoise Dorléac, Jean Servais, Milton Ribeiro, Adolfo Celi.

1967

Les Aventuriers
(Die Abenteurer)
R: Robert Enrico. B: Robert Enrico, José Giovanni, Pierre Pellegri nach einem Roman von José Giovanni. K: Jean Boffety. M: François de Roubaix. D: Alain Delon, Lino Ventura, Joanna Shimkus, Serge Reggiani.

1975

Jaws
(Der weiße Hai)
R: Steven Spielberg. B: Peter Benchley, Carl Gottlieb nach dem Roman von Peter Benchley. K: Bill Butler. M: John Williams. D: Robert Shaw, Roy Scheider, Richard Dreyfuss, Lorraine Gary, Murray Hamilton, Carl Gottlieb.

Shark's Treasure
(Mörderhaie greifen an)
R: Cornel Wilde. B: Cornel Wilde. K: Jack Atcheler, Al Giddings. M: Robert O. Ragland. D: Cornel Wilde, Yaphet Kotto, John Neilson, David Canary, Cliff Osmond.

1977

The Deep
(Die Tiefe)
R: Peter Yates. B: Peter Benchley, Tracy Keenan Wynn nach dem Roman von Peter Benchley. K: Christopher Challis. M: John Barry. D: Robert Shaw, Jacqueline Bisset, Nick Nolte.

Islands in the Stream
(Inseln im Strom)
R: Franklin J. Schaffner. B: Denne Bart Petitclerc nach dem Roman von Ernest Hemingway. K: Fred J. Koenekamp. M: Jerry Goldsmith. D: George C. Scott, David Hemmings, Gilbert Roland, Susan Tyrrett, Claire Bloom, Richard Evans.

1980

Fitzcarraldo
R: Werner Herzog. B: Werner Herzog. K: Thomas Mauch. M: Popol Vuh. D: Klaus Kinski, Claudia Cardinale, José Lewgoy, Miguel Angel Fuentes, Paul Hittscher.

Raiders of the Lost Ark
(Jäger des verlorenen Schatzes)
R: Steven Spielberg. B: Lawrence Kasdan nach einer Story von George Lucas und Philip Kaufmann. K: Douglas Slocombe. M: John Williams. D: Harrison Ford, Karen Allen, Wolf Kahler, Paul Freeman, Ronald Lacey, John Rhys-Davies.

Verzeichnis der im Text zitierten Bücher und Zeitschriftenartikel

Christa Bandmann/Joe Hembus: Klassiker des deutschen Tonfilms. 1930–1960. München 1980.

Julie Barker: To Have and Have Not. Artikel in: Magill's Survey of Cinema. English Language Films. Edited by Frank N. Magill. Bd. IV. New Jersey 1980.

Roland Barthes: Mythen des Alltags. Frankfurt/M. 1964.

Bruno Bettelheim: Kinder brauchen Märchen. Stuttgart 1977.

Bibliothek der Romane. Zitiert nach Martin Greiner: Die Entstehung der modernen Unterhaltungsliteratur. Studien zum Trivialroman des 18. Jahrhunderts. Reinbek 1964.

Hark Bohm/Enno Patalas: Stoffwechsel. In: «Filmkritik» Nr. 6. München 1970.

Jean-Louis Bory: Le safari des plumes (Rezension zu «La Valle»). In: «Le Nouvel Observateur», 28. 8. 1972.

C.M. Bowra: Heldendichtung. Eine vergleichende Phänomenologie der heroischen Poesie aller Völker und Zeiten. Stuttgart 1964.

Wolf-Eckart Bühler: Der Piratenfilm. Themenheft «Filmkritik» Nr. 10. München 1973.

Vinzenz B. Burg: Spielfilmanalyse: Lancelot, Ritter der Königin. In: «film-dienst» Nr. 17. Köln 1978.

Judith Christ: TV Guide to the Movies. New York 1974.

Cooke. Zitiert nach Peter Bogdanovich: Bogie in Excelsis. In: Humphrey Bogart und seine Filme (Citadel-Filmbücher). München 1981.

John Cutts. Zitiert nach Horst Schäfer (Hg.): Materialien zu den Filmen von Stanley Kubrick. Duisburg 1975.

Daily Mail. Zitiert nach Terence Pettigrew: The Bogart file. London 1977.

Peter Domagalski: Trivialliteratur. Geschichte, Produktion, Rezeption. Freiburg/Basel/Wien 1981.

Wolf Donner: «Berlinger – Ein deutsches Abenteuer». Ein intelligenter Kommerzfilm. Rezension in: «Die Zeit» vom 7. 11. 1975.

Klaus Eder: Der Nibelungen Nöthigung. Zweimal Siegfried: Über die Filme von Fritz Lang und Harald Reinl. In: «Film» Nr. 2. Velber 1967.

Glenn Erickson: Jaws. Artikel in: Magills' Survey of Cinema. Bd. II. New Jersey 1980.

Marietta Erne: Robin and Marian. In: «Zoom»/«Filmberater» Nr. 3. Zürich/Bern 1977.

T.A. Gallagher: «Shark!» (Rezension in der New Yorker «Village Voice». Abgedruckt in der «Süddeutschen Zeitung» vom 14. 8. 1971.)

André Gerely. Zitiert nach Ulrich Kurowski: Lexikon Film. München 1976.

Claire Goll: Amerikanisches Kino. In: «Die neue Schaubühne» vom Juni 1920. Zitiert nach Anton Kaes (Hg.): Kino-Debatte. Texte zum Verhältnis von Literatur und Film 1909–1929. München/Tübingen 1978.

Ulrich Gregor (Hg.): Herzog Kluge Straub. München 1976.

Gregor/Patalas: Geschichte des Films. Bd. 2. Reinbek 1976.

Ray Harryhausen: Film Fantasy Scrapbook. South Brunswick/New York/London 1973.

Adolf Heinzlmeier/Berndt Schulz/Karsten Witte: Die Unsterblichen des Kinos. Stummfilmzeit und die goldenen 30er Jahre. Frankfurt/M. 1982.

Bruno Jaeggi: Zauber einer verschollenen Tradition. In: «Zoom» Nr. 16. Bern 1972.

Peter W. Jansen: Träume als unbequemer Widerstand. «Der Schneider von Ulm» – ein neuer Film von Edgar Reitz. Rezension in: «Vorwärts» vom 29. 3. 1979.

Norbert Jochum: Der Rebell. In: «Filme» Nr. 3. Berlin 1980.

Günter Knorr: Der Mann mit der eisernen Maske. In: «FilmBeobachter» Nr. 4. München 1977.

Siegfried Kracauer: Ben Hur (1926). In: Ders.: Kino. Essays, Studien, Glossen zum Film. Herausgegeben von Karsten Witte. Frankfurt/M. 1974.

Siegfried Kracauer: Von Caligari zu Hitler. Schriften 2. Frankfurt/M. 1979.

Dieter Krusche/Jürgen Labenski: Reclams Film-Führer. Stuttgart 1973.

Dietrich Kuhlbrodt: Der Untergang des römischen Reiches. In: «Filmkritik» Nr. 7. München 1964.

Dietrich Kuhlbrodt. Zitiert nach dem Informationsblatt zu «The African Queen» der Bundesarbeitsgemeinschaft für Jugendfilmclubs (BAG).

Godfrey Lionel: The Life and Crimes of Errol Flynn. New York 1977.

Corrado Marucci: Brancaleone auf Kreuzzug ins heilige Land. In: «film-dienst» Nr. 2. Köln 1973.

Helmut Melzer: Trivialliteratur. München 1974.

George Morris: Errol Flynn. Seine Filme – sein Leben. München 1980.

Müller-Fraureuth. Zitiert nach Domagalski.

Uwe Nettelbeck: Les Aventuriers (Die Abenteurer). Rezension in: «Filmkritik» Nr. 6. München 1967.

Egon Nettenjakob: Der Tyrann. In: «film-dienst» Nr. 47. Köln 1968.

Enno Patalas: Kommentierte Filmografie. In: Peter W. Jansen/Wolfram Schütte (Hg.): Fritz Lang. München 1976.

Enno Patalas: König der Freibeuter. In: «Filmkritik» Nr. 11. Frankfurt/M. 1959.

Anthony Pietropinto/Jacqueline Simenauer: Abschied vom Mythos Mann. Frankfurt/M. 1978.

Heinrich Pleticha: Abenteuer Lexikon. Würzburg 1978.

Jeffrey Richards: Swordsmen of the Screen. From Douglas Fairbanks to Michael York. London/Henley/Boston 1977.

Martin Ripkens: Cartouche der Bandit. In: «Filmkritik» Nr. 4. München 1962.

Martin Ripkens: Der Graf von Monte Christo. In: «Filmkritik» Nr. 6. München 1962.

rororo Filmlexikon (Hg. von Liz-Anne Bawden u. Wolfram Tichy). Reinbek 1978.

P.H. Schröder. Zitiert nach dem Informationsblatt zu «L'Homme de Rio» der Bundesarbeitsgemeinschaft für Jugendfilmclubs (BAG).

Kurt Seeberger: Das sind Zeiten, oder: Sittenbilder von heute. Berlin/Darmstadt/Wien 1962.

Robert Siodmak: Zwischen Berlin und Hollywood. München 1980.

Vittorio Spinazzola: Herkules erobert die Leinwand. In: «Filmkritik» Nr. 8. München 1964.

Gordon Rattray Taylor: Kulturgeschichte der Sexualität. Frankfurt/M. 1977.

J.M. Thie: König Artus und der Astronaut. In: «FilmBeobachter» Nr. 11. München 1980.

Reinhold E. Thiel: Herkules erobert Atlantis. In: «Filmkritik» Nr. 3. Frankfurt/M. 1962.

Harry Tomicek: Ein paradoxes Lachen der Lust. Der amerikanische Abenteuerfilm, 1920–1960. Eine Retrospektive im Österreichischen Filmmuseum. In: «Süddeutsche Zeitung» vom 17./18. November. München 1979.

Alexandre Trauner. Zitiert nach Jean A. Gili: Howard Hawks. Deutsch in: «Filmkritik» Nr.197/8. München 1973.

François Truffaut: Die Filme meines Lebens. Aufsätze und Kritiken. München 1979.

Gert Ueding: Glanzvolles Elend. Versuch über Kitsch und Kolportage. Frankfurt/M. 1973.

Franz Ulrich: Fanfan-la-Tulipe. In: «Zoom»/«Filmberater» Nr. 21. Bern/Zürich 1975.

Jürgen Wehrhahn: König Artus und die Ritter der Tafelrunde. In: «Retro» Nr. 12. München 1981.

Richard Whitehall: Auf dem Weg 3. 10 Uhr nach Yuma. In: «Films and Filming» vom April und Mai. London 1963. Übersetzung zitiert nach Will Wehling/Joachim Kreck (Hg.): Delmer Daves. Oberhausen 1972.

Gero von Wilpert (Hg.): Lexikon der Weltliteratur. Stuttgart 1963.

Bibliografie zur Geschichte, Mythologie und Ästhetik des Abenteuer-Films

(zusammengestellt von Jürgen Berger)

1. Selbständige Veröffentlichungen

Gilbert Adair: Vietnam on Film. New York 1980.
Henri Agel: Romance américaine. Paris 1963.
Leslie Alcock: Arthur's Britain. London 1971.
Lawrence Alloway: Violent America. The Movies 1946–1964. New York 1971.
Anthony Amaral: Movie Horses. New York 1967.
Joseph L. Anderson/Donald Richie: The Japanese Film Industry. Rutland 1959.
Thomas R. Atkins: Graphic Violence on the Screen. New York 1976.
James Lloyd Ball: Exotic, Historical, Escapist. ‹Sword and Scorcery› Motion Pictures Produced in America. Dissertation. University of Southern California. Los Angeles 1977.
Richard Barber: King Arthur in History and Legend. London 1973.
Richard Barber: The Knight and Chivalry. London 1970.
Alan G. Barbour: Days of Thrills and Adventure. New York 1970.
Alan G. Barbour: Cliffhanger. A Pictorial History of the Motion Picture Serial. New York 1977.
Alan G. Barbour: High Roads to Adventure. Kew Gardens 1971.
Alan G. Barbour: A Thousand and one Delights. New York 1971.
Alan G. Barbour: Trail to Adventure. New York, o. J.
Ramon Barco del Rio: La historia a través del cine. Madrid 1976.
Elizabeth Barks/Paul Bernstein: The Making of James Clavell's «Shogun». New York 1980.
John Baxter: Hollywood in the Thirties. London/New York 1969.
John Baxter: Stunt. London 1973.
Jacques Belmans: Le cinéma et l'homme en état de guerre. Bruxelles 1974.
Claudio Bertieri: Per una storia del cinema di montagna e per una storia del cinema di explorazione. Trento 1961.
Peter Bogdanovitch: Allan Dwan. London 1971.
Joe Bonomo: The Strongman. A True Life Pictorial Autobiography of the Hercules of the Screen. New York 1968.
Christian Borberg/Ulrich Breuning/Torben Weinreich: Tarzanmythen. Romanerne, filmene, tegneserierne. København 1980.
Jack Brodsky/Nathan Weiss: The Cleopatra Papers. A Private Correspondence. New York 1963.
Kevin Brownlow: How it Happened Here. The Making of a Film. Garden City 1968.

Kevin Brownlow: The Parade's Gone By. New York 1968.
Kevin Brownlow: The War, the West and the Wilderness. Berkeley 1979.
Lothar Günther Buchheim: U 96. Szenen aus dem Seekrieg. Ein Film. Hamburg 1981.
Ivan Butler: The War Film. Cranbury 1974.
Ian Cameron: Adventure in the Cinema. New York/London 1973.
Richard Campbell/Michael Pitts: The Bible on Film. A Checklist 1897–1980. Metuchen 1981.
Kingsley Canham: The Hollywood Professionals. Volume 1. London/New York 1973.
David Carroll: The Matinee Idols. London 1972.
Robert Carse: The Age of Piracy. London 1959.
John Cary: Spectacular. The Story of the Epic Films. New York 1974.
John G. Cawelti: Adventure, Mystery, and Romance. Formula Stories as Art and Popular Culture. Chicago/London 1976.
Art Cohn (Hg.): Michael Todds triumphale Schau «In 80 Tagen um die Welt». New York 1957.
Brian Connell: Knight Errant. A Biography of Douglas Fairbanks, Jr. Garden City 1955.
Alistair Cooke: Douglas Fairbanks. The Making of a Screen Character. New York 1940.
Carlos Fernandez Cuenca: Toros y toreros en la pantalla. San Sebastian 1963.
John Culkin: Julius Caesar. The Complete Text With Notes. A Case Study of Julius Caesar as a Play and as a Film. New York 1963.
Anthony Curtis (Hg.): The Rise and Fall of the Matinee Idol. London 1974.
Joseph Daniel: Guerre et cinéma. Grandes illusions et petits soldats 1895–1971. Paris 1972.
Cecil B. DeMille: Autobiography. Englewood Cliffs 1959.
Barbara Deming: Running Away From Myself. New York 1969.
Clive Denton/Kingsley Canham/Tony Thomas: The Hollywood Professionals. Volume 2. London/New York 1974.
Gérard Devillers/Marceau Devillers: Errol Flynn. Paris 1969.
James Dickey: Deliverance (Drehbuch). Carbondale 1982.
Lucy Dougall: War Peace Film Guide. Chicago 1973.
John M. East: Neath the Mask. London 1967.
Edward Edelson: Great Movie Spectaculars. New York 1977.
Bernard Eisenschitz: Douglas Fairbanks. Paris 1969.
Gabe Essoe/Raymond Lee: DeMille. The Man and His Pictures. South Brunswick 1970.
Gabe Essoe: Tarzan of the Movies. A Pictorial History of More Than Fifty Years of Edgar Rice Burrough's Legendary Hero. Secaucus 1976.
Douglas Fairbanks, Jr./Richard Schickel: The Fairbanks Album. Boston 1975.
James H. Farmer: Celluloid Wings. The Impact of Movies on Aviation. London 1981.
William Faure: Images of Violence. London 1973.
Claudio Fava/Pietro Pruzzo: Il cinema, gli uomini e la guerra. Genova 1964.
Robert W. Fenton: Th Big Swingers. Englewood Cliffs 1967.
Marc Ferro: Cinéma et histoire. Paris 1977.

Der Film «Im Westen nichts Neues» in Bildern. Berlin 1931.
Errol Flynn: My Wicked, Wicked Ways. London 1960.
Carl Foreman: Young Winston. New York 1972.
Gene Fowler: Goodnight, Sweet Prince. New York 1944.
George Fox: Earthquake. The Story of the Movie. New York 1974.
John Fraser: Violence in the Arts. Cambridge 1974.
Christopher Fry: The Bible. Original Screenplay. New York 1966.
Tay Garnett/Fredda Dudley Balling: Light up Your Torches and Pull up Your Tights. New Rochelle 1973.
Nicholas Garnham: Samuel Fuller. New York 1972.
Leon Gautier: Chivalry. London 1965.
George Gerbner: The Film Hero. A Cross-Cultural Study. Lexington 1969.
L. Lionello Ghirardini: Il cinema e la guerra. Parma 1965.
Verina Glaessner: Kung Fu. Cinema of Vengeance. London 1974.
William Goldman: The Great Waldo Pepper. New York 1975.
Philip Gosse: The History of Piracy. London/New York 1932.
Thomas M. Greene: The Descent From Heaven. A Study in Epic Continuity. New Haven 1963.
Ralph Hancock/Leticia Fairbanks: Douglas Fairbanks. The Fourth Musketeer. New York 1953.
Phil Hardy: Samuel Fuller. New York 1970.
Jim Harmon/Donald F. Glut: The Great Movie Serials. Their Sound and Fury. New York 1972.
Harris P. Valentine: The Truth About Robin Hood. Mansfield 1969.
Adolf Heinzlmeier: Raub und Mord. Banditen und Sozialrebellen in Leben, Legende und Film. Frankfurt 1981.
Booton Herndon: Mary Pickford and Douglas Fairbanks. New York 1977.
Charles Higham: Cecil B. DeMille. London/New York 1974.
Charles Higham/Joel Greenberg: Hollywood in the Forties. New York 1968.
Foster Hirsch: The Hollywood Epic. Cranbury 1978.
Historical Films. Catalog. Hollywood 1968.
E. J. Hobsbawm: Bandits. London 1972.
Robert Hughes (Hg.): Film: Book 2. Films of War and Peace. New York 1962.
Michael T. Isenberg: War on Film. The American Cinema and World War I, 1914–1941. East Brunswick 1981.
David James: Scott of the Antarctic. The Film and Its Production. London 1948.
Clyde Jeavons mit Mary Unwin: A Pictorial History of War Films. London/New York 1974.
Niels Jensen: Den Første verdenkrig på film. København 1964.
Ken D. Jones/Arthur F. McClure (Hg.): Hollywood at War. The Motion Picture and World War II. South Brunswick 1973.
Norman Kagan: War Films. New York 1974.
Lawrence Kasdan: Raiders of the Lost Ark. The Illustrated Screenplay. New York 1981.
Maurice Keen: The Outlaws of Medieval Legend. London 1961.
Howard Kent: Single Bed For Three. A Lawrence of Arabia Notebook. London 1963.

William Paton Ker: Epic and Romance. Essays on Medieval Literature. London 1926.
John Kobal/Carlos Clarens: Spectacular! New York 1974.
Miloš V. Kratochvil/Otakar Vávra: Jan Hus. Film-Libretto. Praha 1975.
Akira Kurosawa: Something Like an Autobiography. New York 1982.
Akira Kurosawa: The Seven Samurai. New York 1970.
Akira Kurosawa: Three Bad Men in a Hidden Fortress. In: The Complete Works of Akira Kurosawa. Volume 9. Tokyo 1971.
Kalton C. Lahue: Bound and Gagged. The Story of the Silent Serials. New York 1968.
Hauke Lange-Fuchs (Zusammenstellung): Der zweite Weltkrieg im skandinavischen Film. Dokumentation. Schondorf 1980.
Ray Lee/Vernon Coriell: A Pictorial History of the Tarzan Movies. Los Angeles 1966.
Thomas Leeflang: Mij Tarzan, jij Jane. Ruwe bolster, blanke pit. Utrecht 1978.
Mo-ling Leong (Hg.): A Story of the Hong Kong Swordplay Film (1945–1980). Hong Kong 1981.
Look (Hg.): From Movie Lot to Beachhead. The Motion Picture Industry Goes to War and Prepares for the Future. Garden City 1945.
George Lucas/Stephen Spielberg/Campbell Black: Jäger des verlorenen Schatzes. München 1981.
Roger Manvell: Films and the Second World War. New York 1974.
Roger Manvell (Hg.): Three British Screenplays. Brief Encounter. Odd Man Out. Scott of the Antarctic. London 1950.
Edwin Justus Mayer/Harold Lamb/C. Gardner Sullivan: The Buccaneer (Drehbuchauszug). In: Frank Vreeland (Hg.): Foremost Films of 1938. New York/Chicago 1939.
Joan Mellen: Big Bad Wolves. Masculinity in the American Film. New York 1978.
Paul Merchant: The Epic. London 1971.
Marilyn D. Mintz: The Martial Arts Film. South Brunswick/London 1978.
Charles Moorman: A Knyght There Was. The Evolution of the Knight in Literature. Lexington 1961.
Joe Morella/Edward Z. Epstein: Rebels. The Rebel Hero in Films. New York 1971.
Joe Morella/Edward Z. Epstein/John Griggs: The Films of World War II. A Pictorial Treasury of Hollywood's War Years. Secaucus 1973.
George Morris: Errol Flynn. New York 1975. Deutsch: München 1980.
Leonard Mosley: The Battle of Britain. The Making of a Film. London 1969.
Paul O'Dell: Griffith and the Rise of Hollywood. South Brunswick/London 1970.
Sidney Painter: French Chivalry. Cornell 1965.
James Robert Parish/Alan G. Barbour/Alvin Marill: Errol Flynn. Kew Gardens 1969.
James Robert Parish: Great Movie Heroes. New York 1975.
James Robert Parish/Don E. Stanke: The Swashbucklers. Carlstadt 1976.
Tom Perlmutter: War Movies. London/New York 1974.
Gene D. Phillips: Hemingway and Film. New York 1980.
Janusz Piekalkiewicz: Freibeuter in der Karibischen See. München 1973.

Raphael Posner/A. van der Heyden: Masada. Der letzte Kampf um die Festung des Herodes. Stuttgart 1981.
Edgar Prestage (Hg.): Chivalry. London 1928.
Eino Railo: The Haunted Castle. London/New York 1927.
Basil Rathbone: In and out of Character. New York 1962.
Jean Renoir: Le grand illusion. New York 1968. Deutsch: Zürich 1982.
Jeffrey Richards: Swordsmen of the Screen. From Douglas Fairbanks to Michael York. London 1977.
Donald Richie: The Films of Akira Kurosawa. Berkeley 1965.
Gene Ringgold/DeWitt Bodeen: The Films of Cecil B. DeMille. Secaucus 1974.
David Robinson: Hollywood in the Twenties. London/New York 1968.
Allan Rodway: The Romantic Conflict. London 1963.
Steven Jay Rubin: Combat Films 1945–1970. Jefferson 1981.
Beram Saklatvala: Arthur. Roman Britain's Last Champion. Newton Abbot 1968.
H. A. Sauberli: Hollywood and World War II. A Survey of Hollywood Films About the War. M. A. University of California. Los Angeles 1967.
Joel Sayne/William Faulkner: The Road to Glory. Carbondale 1981.
Richard Schickel: His Picture in the Papers. A Speculation on Celebrity in America Based on the Life of Douglas Fairbanks, Sr. New York 1973.
Joachim Schiele: Tarzan. Der barfüßige Held. München 1981.
Budd Schulberg: Across the Everglades. A Play for the Screen. New York 1958.
Ted Sennett: Warner Brothers Presents. New Rochelle 1971.
Jack G. Shaheen (Hg.): Nuclear War Films. Carbondale/Edwardsville 1978.
Russell Earl Shain: An Analysis of Motion Pictures About War Released by the American Film Industry, 1939–1970. Dissertation. University of Illinois. Urbana-Champaign 1971. New York 1976[2].
Colin Shindler: Hollywood Goes to War. Films and American Society 1939–1952. Boston/London 1980.
Fred Silva (Hg.): Focus on Birth of a Nation. Englewood Cliffs 1971.
Alain Silver: The Samurai Film. South Brunswick/London 1977.
Bertil Skogsberg: Wings on the Screen. A Pictorial History of Air Movies. San Diego/London 1981.
Julian Smith: Looking Away. Hollywood and Vietnam. New York 1975.
Hans Sokol: Unter der Flagge mit dem Totenkopf. Die Geschichte der Seeräuberei. Herford 1971.
Jon Solomon: The Ancient World in the Cinema. Cranbury/London 1978.
Pierre Sorlin: The Film in History. Restaging the Past. Totowa 1982.
Frank R. Stockton: Buccaneers and Pirates of Our Coasts. New York 1963.
Lawrence H. Suid: Guts & Glory. Great American War Movies. Reading/Menlo Park/London/Amsterdam/Don Mills/Sydney 1978.
Tony Thomas: Cads and Cavaliers. The Gentleman Adventurers of the Movies. Cranbury 1973.
Tony Thomas: The Great Adventure Films. Secaucus/London 1980.
Tony Thomas/Rudy Behlmer/Clifford McCarthy: The Films of Errol Flynn. New York 1969.
John C. Tibbets/James M. Welsh: His Majesty the American. The Films of Douglas Fairbanks, Sr. Cranbury 1977.
Harry Tomicek: Der amerikanische Abenteuerfilm 1920–1960. Wien 1979.

Dalton Trumbo: Thirty Seconds Over Tokyo. In: John Gasner/Dudley Nichols (Hg.): Best Film Plays 1945. New York 1946.
Parker Tyler: The Waxworks of War. In: Ders.: Magic and Myth of the Movies. New York 1947. London 1971.
Christian Unucka (Hg.): Karl May im Film. Eine Bilddokumentation. Dachau 1980.
Giovanni Vento/Massimo Mida: Cinema e resistenza. Arezzo 1959.
J. W. Walker: The True Story of Robin Hood. Wakefield 1952.
Walter Wanger/Joe Hyams: My Life With Cleopatra. New York 1963.
David Manning White/Richard Averson: The Celluloid Weapon. Social Comment in the American Film. Boston 1972.
David Will/Peter Wollen (Hg.): Samuel Fuller. Edinburgh 1969.
Arthur Wise/Derek Ware: Stunting in the Cinema. London 1973.
Rick Trader Witcombe: Savage Cinema. New York 1975.
Maynard Frank Wolfe: The Making of «The Adventurers». New York 1970.
Michael Wood: America in the Movies. New York/London 1975.

2. Zeitschriftenartikel

Mireille Amiel: Vingt ans dans les Aurès. In: «Cinéma» Nr. 166. Mai. Paris 1972.
Heimo Bachstein: Die Piraten kommen oder: Ein Filmgenre wird neu entdeckt. 1. Folge. 2. Folge. In: «Retro» Nr. 4. August. Nr. 5. September/Oktober. München 1980.
José Baldizonne: Hollywood s'en-va-t-en-guerre! In: «Cahiers de la Cinémathèque» Nr. 20. Sommer. Perpignan 1976.
Robert O. Ball: A Study of War. In: «Film Society Review». April 1968.
Peter Bart: $upercolossaliti$. In: «Saturday Review» vom 24. Dezember. New York 1966.
Ruth Batchelor: Ruth B. Remembers. In: «Photoplay Film Monthly» Nr. 12. Dezember 1973.
Charles R. Beard: Why Get it Wrong. In: «Sight and Sound» Nr. 8. Winter. London 1933/34.
Rudy Behlmer: Robin Hood on the Screen. In: «Films in Review» Nr. 2. Februar. New York 1965.
Rudy Behlmer: Swordplay on the Screen. In: «Films in Review» Nr. 6. Juni/Juli. New York 1965.
Rudy Behlmer: World War I Aviation Films. In: «Films in Review» Nr. 7. August/September. New York 1967.
Jacques Belmans: Le cinéma et l'homme en état de guerre. In: «Cinéma» Nr. 162. Januar. Paris 1972.
Claude Benoit: Cinéma-catastrophe? Non: cinéma d'aventures. In: «Jeune Cinéma» Nr. 109. März. Paris 1978.
Bruce Beresford: Swashbuckling Movies. In: «Granta» Nr. 3. Mai 1967.
J. Bereznickij: Fil'my SŠA o vojne. Konec 60-h – načalo 70-h godov. In: «Iskusstvo Kino» Nr. 8. August. Moskva 1976.
Stanley Bielecki: Zanuck Goes to War. In: «Films and Filming» Nr. 11. August. London 1969.

Claude Billard: Aventures exotiques. In: «Cahiers de la Cinémathèque» Nr. 23/24. Perpignan 1977.

DeWitt Bodeen: Douglas Fairbanks. In: «Focus on Film» Nr. 5. Winter. London 1970.

Raymond Borde: Le cinéma marginal et la guerre d'Algérie. In: «Positif» Nr. 46. Paris 1962.

Wolf-Eckart Bühler: Beschreibung einer Schlacht. Analyse einer Sequenz aus ‹Anne of the Indies›. In: «Filmkritik» Nr. 10. Oktober. München 1973.

Wolf-Eckart Bühler: Dokumentation zur Geschichte des Piratenfilms. In: «Filmkritik» Nr. 10. Oktober. München 1973.

Wolf-Eckart Bühler: Erinnerung an das Handwerk des Piratenlebens. In: «Filmkritik» Nr. 10. Oktober. München 1973.

Wolf-Eckart Bühler: Eine Geschichte der Piraterie. In: «Filmkritik» Nr. 10. Oktober. München 1973.

Wolf-Eckart Bühler: Quellen. In: «Filmkritik» Nr. 10. Oktober. München 1973.

Wolf-Eckart Bühler: Der rot-blau-rote Diskurs. Der Piratenfilm. In: «Filmkritik» Nr. 10. Oktober. München 1973.

Wolf-Eckart Bühler: Der Schwarze Schwan in Technicolor. Zur Geschichte des Piratenfilm-Genres. In: «Filmkritik» Nr. 10. Oktober. München 1973.

Wolf-Eckart Bühler: See- und Piratenliteratur. In: «Filmkritik» Nr. 10. Oktober. München 1973.

Bryher: The War from Three Angles. In: «Close Up» Nr. 1. Juli. Teritet 1927.

Emmanuel Carrère: Description des combats. In: «Positif» Nr. 189. Januar. Paris 1977.

Serge Champenier: Les trois mousquetaires. In: «La Revue du Cinéma/Image et Son» Nr. 297. Paris 1975.

J. Chanjutin: Warum werden Filme über den Krieg gedreht? Zur Kriegsthematik in sowjetischen Filmen der endfünfziger und der sechziger Jahre. In: «Filmwissenschaftliche Beiträge» Nr. 1. Berlin (DDR) 1975.

Jim Chatelan: Swordplay on the Screen. In: «Films in Review» Nr. 9. November. New York 1960.

David Chierichetti: Interview With Douglas Fairbanks Jr. In: «Film Fan Monthly» Nr. 108. Juni. Teaneck 1970.

Edward Connor: The Genealogy of Zorro. In: «Films in Review» Nr. 8. August/September. New York 1957.

Edward Connor: The 12 Tarzans. In: «Films in Review» Nr. 8. Oktober. New York 1960.

Robert Coughlan: Generals' Mighty Chariots. Ben-Hur. In: «Life» Nr. 47. 16. Dezember. New York 1959.

O. S. Crohmălniceanu: Cinematograful în concurenţă cu romanul. In: «Cinema» Nr. 5. Mai. Bucaresti 1973.

Ralph C. Croizier: Beyond the East and West. The American Western and the Rise of the Chinese Swordplay Movie. In: «The Journal of Popular Film» Nr. 3. Sommer. Bowling Green 1972.

Alphonse Cugier: Cinéma et histoire. In: «Les Cahiers de la Cinémathèque» Nr. 10/11. Sommer/Herbst. Perpignan 1973.

John Cutts: Requiem for a Swashbuckler. In: «Films and Filming» Nr. 1. Oktober. London 1970.

John Cutts: Superswine. In: «Films and Filming» Nr. 6. März. London 1969.
John Davis: Captain Blood. In: «The Velvet Light Trap» Nr. 1. Juni. Madison 1971.
Jacques Demeure: Les Bidasses ou la continuité du cinéma français dans la débilité. In: «Positif» Nr. 211. Oktober. Paris 1978.
Cecil B. DeMille: Forget Spectacle – It's the Story That Counts. In: «Films and Filming» Nr. 1. Oktober. London 1956.
Michael Dempsey: War as Movie Theater. In: «Film Quarterly» Nr. 2. Winter. Berkeley 1971/72.
François Dhont: Le jour ou Cecil B. DeMille separa les flots de la Mer Rouge. In: «Ciné Revue» vom 29. August. Bruxelles 1974.
Hervé Dumont: Les trois mousquetaires à l'écran. In: «Travelling» Nr. 41. Februar/März. Lausanne 1974.
J. Durand: Le chevalerie à l'écran. In: «L'Avant-Scène du Cinéma» Nr. 221. Februar. Paris 1979.
Raymond Durgnat: Epic. In: «Films and Filming» Nr. 3. Dezember. London 1963.
Martin S. Dworkin: Clean Germans and Dirty Politics. In: «Film Comment» Nr. 1. Winter. New York 1965.
Peter John Dyer: From Boadicea to Bette Davis. In: «Films and Filming» Nr. 4. Januar. London 1959.
Peter John Dyer: The Rebels in Jackboots. In: «Films and Filming» Nr. 6. März. London 1959.
Peter John Dyer: Some Mighty Spectacles. In: «Films and Filming» Nr. 5. Februar. London 1958.
William K. Everson: Film Spectacles. In: «Films in Review» Nr. 9. November. New York 1959.
Allen Eyles: The State of the Legion. A Foreign Legion Filmography. In: «Focus on Film» Nr. 28. London 1977.
Olivier Eyquem/Michel Henry: Entretien avec Charlton Heston. In: «Positif» Nr. 191. März. Paris 1977.
Olivier Eyquem: Sur fond d'apocalypse. À propos de 7 films-catastrophes. In: «Positif» Nr. 179. März. Paris 1976.
William Fadiman: Blockbusters or Bust? In: «Films and Filming» Nr. 5. Februar. London 1963.
Douglas Fairbanks, Jr.: Producing versus Acting. In: «Films in Review» Nr. 8. Oktober. New York 1957.
Manny Farber: Movies in Wartime. In: «The New Republic» vom 3. Januar 1944.
Stephen Farber: The Spectacle Film. In: «Film Quarterly» Nr. 4. Sommer. Berkeley 1967.
Claudio Fava: Film di guerra. Un revival. In: «Bianco e Nero» Nr. 1. Januar/Februar. Roma 1977.
Franklin Fearing: Warriors Return. Normal or Neurotic. In: «Hollywood Quarterly» Nr. 1. Oktober. Berkeley 1945.
George N. Fenin: Behind the Lines: Italy. In: «Film Society Review» Nr. 3. 1968.
Mary Field: Making the Past Live. In: «Sight and Sound» Nr. 15. Herbst. London 1935.
Julian Fox: Maureen O'Hara. The Fighting Lady. In: «Films and Filming» Nr. 3. Dezember. London 1972.
Philip French: Qualified Epics. In: «London Magazine» Nr. 3. Juni. London 1968.

Samuel Fuller: War That's Fit to Shoot. In: «American Film» Nr. 2. November. Washington 1976.

Alain Garel: Le film historique américain. In: «Image et Son» Nr. 287. September. Paris 1974.

Jean A. Gili: La film de guerre. In: «Cinéma» Nr. 132. Paris 1969.

John Gillett: Westfront, 1957. In: «Sight and Sound» Nr. 1. Winter. London 1957/58.

Pierre Gires: Basil Rathbone. In: «L'Écran Fantastique». Dezember. Paris 1970.

Jacques Goimard: Grands thèmes du cinéma. 1. Le film historique. In: «La Cinématographie Française» Nr. 2042 vom 7. Dezember. Paris 1963.

Robert Goldstein: Technosplat! In: «Village Voice» vom 23. Dezember. New York 1974.

Kevin Gough-Yates: The Hero. In: «Films and Filming» Nr. 3. Dezember. London 1965.

Gordon Gow: Doug. In: «Films and Filming» Nr. 8. Mai. London 1973.

Gordon Gow: The Sabatini Springboard. In: «Films and Filming» Nr. 8. Mai. London 1977.

Gordon Gow: Survival. In: «Films and Filming» Nr. 1. Oktober. London 1970.

Gordon Gow: Swashbuckling. In: «Films and Filming» Nr. 4. Januar. London 1972.

Gordon Gow: Thrill a Minute. Adventure Movies of the '60's. In: «Films and Filming» Nr. 4. Januar 1967.

Bert Gray: Henry Daniell. In: «Films in Review» Nr. 10. Dezember. New York 1963.

Rory Guy: Hollywood Goes to War. In: «Cinema» Nr. 2. März. Los Angeles 1966.

Leslie Halliwell: Over the Brink. In: «Films and Filming» Nr. 12. September. Nr. 1. Oktober. London 1968.

Philippe Haudiquet: Le cinéma et la guerre. In: «Image et Son» Nr. 199. Paris 1966.

Philippe Haudiquet: La peinture des batailles. In: «Image et Son» Nr. 199. Paris 1966.

Charlton Heston: Mammoth Movies I Have Known. In: «Films and Filming» Nr. 7. April. London 1962.

Peter B. High: The War of Imperial Japan and its Aftermath. An Introduction. In: «Wide Angle» Nr. 4. Athens 1977.

Peter B. High: An Interview with Kihachi Okamoto. In: «Wide Angle» Nr. 4. Athens 1977.

Steven P. Hill: Behind the Lines: Russia. In: «Film Society Review» Nr. 3. 1968.

Penelope Houston: The Heroic Fashion. In: «Sight and Sound» Nr. 2. Oktober/Dezember. London 1951.

Penelope Houston/John Gillett: The Theory and Practice of Blockbusting. In: «Sight and Sound» Nr. 2. Frühjahr. London 1963.

Jeffrey Hunter: Actor's Choice. In: «Films and Filming» Nr. 7. April. London 1962.

Michael T. Isenberg: An Ambiguous Pacifism. A Retrospective on World War I Films, 1930–1938. In: «The Journal of Popular Film» Nr. 2. Bowling Green 1975.

Michael T. Isenberg: The Mirror of Democracy. Reflections of the War Films of World War I, 1917–1941. In: «The Journal of Popular Culture» Nr. 4. Bowling Green 1976.

Lewis Jacobs: Ambiguità di Hollywood nella Seconda Guerra Mondiale. In: «Cinema Nuovo» Nr. 190. November/Dezember. Milano 1967.
Lewis Jacobs: World War II and the American Film. In: «Cinema Journal» Nr. 1. Winter. Iowa City 1967/68.
Jean-Pierre Jeancolas: Le cinéma et la grande guerre. In: «Jeune Cinéma» Nr. 40. Juni–Juli. Paris 1969.
Dorothy B. Jones: Hollywood's War Films. 1942–1944. In« Hollywood Quarterly» Nr. 1. Oktober. Berkeley 1945.
Garth S. Jowett: The Concept of History in American Produced Films. An Analysis of the Films Made in the Period 1950–61. In: «The Journal of Popular Culture» Nr. 4. Frühjahr. Bowling Green 1970.
Stuart Kaminsky: The Samurai Film and the Western. In: «The Journal of Popular Film» Nr. 4. Herbst. Bowling Green 1972.
Paul Kirschner: Conrad and the Film. In: «Quarterly of Film, Radio and Televison» Nr. 4. Herbst 1957.
Howard Koch: The Historical Film. Fact and Fantasy. In: «The Screen Writer» Nr. 1. Januar. Hollywood 1946.
Hans-Peter Kochenrath: Von ‹Quo Vadis› bis Cleopatra. Der Antikfilm. In: «Filmstudio» Nr. 42. Frankfurt 1964.
Yamada Koichi: Destin de samourai. In: «Cahiers du Cinéma» Nr. 182. September. Paris 1966.
Max Kozloff/William Johnson/Richards Corliss: Shooting at Wars. Three Views. In: «Film Quarterly» Nr. 2. Winter. Berkeley 1967/68.
Eric Kreuger: Robert Aldrich's Attack. In: «Journal of Popular Film» Nr. 2. Sommer. Bowling Green 1973.
N. Kriuchkov: Russkii kharakter. In: «Iskusstvo Kino» Nr. 3. März. Moskva 1975.
John Kuiper: Civil War Films. A Quantitive Description of a Genre. In: «Cinema Journal» Vol. 5. Nr. 1. Iowa City 1965.
Francis Lacassin: Tarzan. Mythe triomphant, mythe humilié. In: «Bizarre» Nr. 29/30. Paris 1963.
Francis Lacassin: La caîda de un mito. In: «Cine cubano» Nr. 81–83. 1973.
Francis Lacassin: Tarzán hace cine. In: «Cine cubano» Nr. Nr. 81–83. 1973.
Larry N. Landrum/Christine Eynon: World War II in the Movies. A Selected Bibliography of Sources. In: «The Journal of Popular Film» Nr. 1. Frühjahr. Bowling Green 1972.
John Francis Lane: How to make a Spectacle. In: «Films and Filming» Nr. 4. Januar. London 1962.
John Francis Lane: The Money in the Muscles. In: «Films and Filming» Nr. 10. Juli. London 1960.
The Last Fifties Picture Show. In: «Films and Filming» Nr. 6. März. London 1975.
James Laver: Dates and Dresses. In: «Sight and Sound» Nr. 30. Sommer. London 1939.
Raymond Lee: The Great War Films. In: «Classic Film Collector» Nr. 42. Frühjahr. Indiana 1974.
Gérard Legrand: Sur trois Rééditions de films «à costumes». In: «Positif» Nr. 193. Mai. Paris 1977.
Gérard Legrand: Du «Boulevard du Crime» à «Cinecittà». Mélodrame e film à costumes dans the cinéma italien. In: «Positif» Nr. 190. Februar. Paris 1977.

Simon Le Puyat: Tarzan. Un mythe trahi. In: «Télécine» Nr. 212. November. Paris 1976.

Jacques Lourcelles: Allan Dwan. In: «Présence du Cinéma» Nr. 22/23. Herbst. Paris 1966.

Timothy Lyons: Hollywood and World War I. In: «The Journal of Popular Film« Nr. 1. Winter. Bowling Green 1972.

Joseph McBride/Michael Wilmington: The Civil War. In: «Film Comment» Nr. 3. Herbst. New York 1971.

Arthur F. McClure: Hollywood at War. The American Motion Picture and World War II, 1939–1945. In: «The Journal of Popular Film» Nr. 2. Frühjahr. Bowling Green 1972.

Judith McNally: Cine Scenes. The Trend Towards Disaster. In: «Filmmakers Newsletter». November. Ward Hill 1974.

Douglas McVay: The Rebel in a Kimono. In: «Films and Filming» Nr. 10. Juli. London 1961.

Douglas McVay: Samurai and Small Beer. In: «Films and Filming» Nr. 11. August. London 1961.

Axel Madsen: The Big Silence. In: «Sight and Sound» Nr. 1. Winter. London 1967/68.

Axel Madsen: Vietnam and the Movies. In: «Cinema» Nr. 1. Frühjahr. Los Angeles 1968.

Leonard Maltin: Interview With Binnie Barnes. In: «Film Fan Monthly» Nr. 151. Januar. Teaneck 1974.

Henri Marc: Grands thèmes du cinéma. La Guerre. In: «La Cinématographe Française» Nr. 2049. Februar. Paris 1964.

Martzluff: La guerre dans le cinéma d'Autant-Lara. In: «Les Cahiers de la Cinémathèque» Nr. 9. Frühjahr. Perpignan 1973.

Jim Meyer: Robert Douglas. In: «Film Fan Monthly» Nr. 132. Juni. Teaneck 1972.

Don Miller: Rowland Brown. In: «Focus on Film» Nr. 7. Herbst. London 1971.

Daniel Moosman: Biribi. In: «Les Cahiers de la Cinémathèque» Nr. 18/19. Frühjahr. Perpignan 1976.

Philippe Mora: Disaster Films. In: «Cinema Papers». März–April 1975.

Luc Moullet: La victoire d'Ercole. In: «Cahiers du Cinéma» Nr. 131. Mai. Paris 1962.

Friedrich Wilhelm Murnau: Der ideale Film benötigt keine Untertitel. In: «Filmfaust» Nr. 12. Februar. Frankfurt 1979.

Lawrence L. Murray: Monsters, Spies, and Subversives. The Filmindustry Responds to the Cold War, 1945–1955. In: «Jump Cut» Nr. 9. Chicago 1975.

Günther Netzeband: Geschäft mit Blut und Tränen. In: «Film und Fernsehen» Nr. 7. Juli. Berlin (DDR) 1977.

Dudley Nichols: Men in Battle. A Review of three Current Pictures. In: «Hollywood Quarterly» Nr. 1. Oktober. Berkeley 1945.

M. Page: Charles Wood: «How I Won the War» and «Dingo». In: «Film/Literature Quarterley» Nr. 3. Salisbury 1973.

Samuel A. Peeples: Films on 8 & 16. In: «Films in Review» Nr. 9. November. New York 1975.

Michael Petzel: Deutsche Helden. Karl May im Film. In: «F» Nr. 10. Februar. Ulm 1979.

Pierre Philippe/Alain C. Nauroy: Le dossier du mois. Le carnaval des demi dieux. In: «Cinéma» Nr. 85. April. Paris 1964.

Roy Pickard: Those Unforgettable Swashbucklers. In: «Photoplay Film Monthly» Nr. 1. Januar 1971.

Roy Pickard: War Movies. In: «Photoplay Film Monthly» Nr. 11. November 1970.

Karel Reisz: Milestone and War. In: «Sequence» Nr. 14. London 1952.

Jeffrey Richards: The Swashbuckling Revival. In: «Focus on Film» Nr. 27. London 1977.

Jeffrey Richards: Swashbucklers. A Select Filmography. In: «Focus on Film» Nr. 27. London 1977.

David Robinson: The Hero. Douglas Fairbanks. In: «Sight and Sound» Nr. 2. Frühjahr. London 1973.

David Robinson: The Old Lie. In: «Sight and Sound» Nr. 4. Herbst. London 1962.

David Robinson: Spectacle. In: «Sight and Sound» Nr. 1. Sommer. London 1955.

Daniel Rosenblatt: Behind the Lines: France. In: «Film Society Review» Nr. 3. 1968.

Leonard Rubenstein: Fascism Revisited. In: «Film Society Review» Nr. 3. November 1970.

O. Saparev: Superprodukcijata ili amfiteat«r»t na XX vek. In: «Kinoizkustvo» Nr. 10. Oktober 1973.

Andrew Sarris: As the Year Ends With a Whimper. In: «Village Voice» vom 30. Dezember. New York 1974.

Mel Schuster: Burt Lancaster. In: «Films in Review» Nr. 7. August/September. New York 1969.

Maiga Seydou: Cinéma et Karaté. Une Enquête. In: «Cinéma» Nr. 197. April. Paris 1975.

Irene Sharaff: Les costumes de «Cléopâtre». In: «Positif» Nr. 193. Mai. Paris 1977.

Jacques Siclier: L'age du péplum. In: «Cahiers du Cinéma» Nr. 131. Mai. Paris 1962.

James R. Silke: And Then Came the Dancing Girls. In: «Cinema» Nr. 5. August/September. Los Angeles 1963.

K. Slavin: Vo imia pobedyi i mira. In: «Iskusstvo Kino» Nr. 12. Dezember. Moskva 1973.

Julian Smith: Where Happiness Cost so Little. America at the Movies in World War Two. In: «The Journal of Popular Film» Nr. 1. Winter. Bowling Green 1974.

Peter A. Soderbergh: Aux Armes! The Rise of the Hollywood War Film, 1916–1930. In: «South Atlantic Quarterly». Herbst 1966.

Peter A. Soderbergh: The Grand Illusion. Hollywood and World War II, 1930–1945. In: «University of Dayton Review». Winter 1968/69.

Jack Spears: World War I on the Screen. In: «Films in Review» Nr. 5. Mai. New York 1966.

Vittorio Spinazzola: Le carnaval des demi dieux. In: «Cinéma» Nr. 85. April. Paris 1964.

Vittorio Spinazzola: Herkules erobert die Leinwand. In: «Filmkritik» Nr. 8. August. München 1964.

Lawrence Suid: The Making of «The Longest Day». In: «The Journal of Popular Film» Nr. 3–4. Bowling Green 1976.

Lawrence Suid: The Making of «The Green Berets». In: «The Journal of Popular Film» Nr. 2. Bowling Green 1977.

Swashbuckling Adventure Films. In: «Filmmaking» Nr. 2. Februar 1972.

John Sydney: Films and Peace. In: «Sight and Sound» Nr. 11. Herbst. London 1934.

J. E. Thayer: T-h-r-i-l-l-s. In: «Classic Film Collector» Nr. 47. Sommer. Indiana 1975.

Reinold E. Thiel: Acht Typen des Kriegsfilms. In: «Filmkritik» Nr. 11. November. München 1961.

Richard Thompson: Behind the Lines: America. In: «Film Society Review» Nr. 3. 1968.

Adrian Turner: Rich Pickings in the Arena. In: «Films Illustrated» Nr. 4. April. London 1977.

Roger Viry-Babel: La grande illusion de Jean Renoir. In: «Les Cahiers de la Cinémathèque» Nr. 18–19. Frühjahr. Perpignan 1976.

G. Weemaes: Oorlogsfilms. In: «Film en Televisie» Nr. 248. Januar. Bruxelles 1978.

W. Wertenstein: Zolnierz z kamera. In: «Kino» Nr. 10. Oktober. Warszawa 1973.

Jürgen Wehrhahn: Tarzan – Held des Dschungels. Dokumentation. Filmografie. In: «Retro» Nr. 2. März/April. München 1980.

What is an Epic? In: «ABC Film Review» Nr. 1. Januar. London 1961.

Which Epic? In: «ABC Film Review» Nr. 5. Mai. London 1971.

Richard Whitehall: Days of Strife and Nights of Orgy. In: «Films and Filming» Nr. 6. März. London 1963.

Richard Whitehall: 1...2...3? In: «Films and Filming» Nr. 11. August. London 1964.

Cesare Zavattini: First Outline for a Film on Peace. In: «Film Culture» Nr. 20. New York 1959.

O. Zlotnik: The Popularity of the Theme of Heroism. In: «Soviet Film» Nr. 203. Moskva 1974.

Register der Filmtitel

Kursive Seitenzahlen verweisen auf Abbildungen

Personenregister

Das Register bezieht sich auf den Text. Nicht aufgenommen wurden die Namen aus der Filmografie. *Kursive Seitenzahlen verweisen auf Abbildungen.*